LAS ACTIVIDADES ADMINISTRATIVAS DE FOMENTO

INSTITUTO INTERNACIONAL
DE DERECHO ADMINISTRATIVO -IIDA

COLECCIÓN DE DERECHO
ADMINISTRATIVO COMPARADO

INSTITUTO INTERNACIONAL
DE DERECHO ADMINISTRATIVO -IIDA

COLECCIÓN DE DERECHO
ADMINISTRATIVO COMPARADO

LIBARDO RODRÍGUEZ R.
(Director)

VOLUMEN IX

LAS ACTIVIDADES ADMINISTRATIVAS DE FOMENTO

GIUSEPPE FRANCO FERRARI
(Coordinador)

Volumen en homenaje a
ALEJANDRO NIETO

EDITORIAL TEMIS S. A.
Bogotá - Colombia
2024

Calle 17, núm. 68D-46, Bogotá.
www.editorialtemis.com
correo elec.: gerencia@editorialtemis.com

Hecho el depósito que exige la ley.
Primera imprresión en Editorial Nomos S. A.
Diagonal 18 Bis, núm. 41-17, Bogotá.

978-958-35-2077-8 (impreso)
3230 2024009600
978-958-35-2978-5 (e-book)

PRESENTACIÓN

El Instituto Internacional de Derecho Administrativo -IIDA (www.iida-deradm.com) es una institución sin ánimo de lucro, de carácter académico y científico, que tiene como objeto el fomento y la promoción de la ciencia del derecho administrativo en los diferentes países y en el marco de la comunidad internacional, para lo cual desarrolla actividades tendientes al cumplimiento de los siguientes objetivos específicos:

a) Promover el estudio, la investigación, la profundización y el conocimiento de las diversas expresiones del derecho administrativo en los diferentes países y desde la perspectiva del derecho comparado.

b) Propiciar la reflexión, el debate, el diálogo y el intercambio de ideas y experiencias entre sus miembros y entre ellos y otras personas u organizaciones interesadas en los temas propios del derecho administrativo.

c) Fomentar y fortalecer la docencia, la investigación, la divulgación y el desarrollo del derecho administrativo en los diferentes países.

d) Las demás que sean conducentes para el logro del objetivo general.

En cumplimiento de esos objetivos, el Instituto tiene la satisfacción de entregar a la comunidad jurídica internacional la Colección de Derecho Administrativo Comparado, cuyo propósito es publicar obras colectivas sobre temas básicos y actuales del derecho administrativo, que permitan, con fundamento en trabajos nacionales que desarrollen el respectivo tema desde la perspectiva de cada país, acometer un análisis de derecho comparado que contribuya al mejor conocimiento y comprensión de esos temas.

Para lograr ese cometido comparatista, el contenido de cada uno de los trabajos, en general, se circunscribe a los elementos conceptuales, doctrinales, normativos y jurisprudenciales vigentes en el respectivo país, sin perjuicio de las referencias necesarias a la doctrina, la normativa y la jurisprudencia de otros ordenamientos jurídicos nacionales o internacionales que sean indispensables para la comprensión del propio ordenamiento nacional. Sobre esa base, el Coordinador del volumen respectivo diseña algunas pautas que permitan responder los interrogantes básicos que plantea el tema analizado y que faciliten el análisis comparativo, los cuales deben ser respondidos por los autores, sin perjuicio de los demás análisis que ellos quieran incluir en el desarrollo del trabajo.

A su vez, con fundamento en los trabajos de los diferentes países, el Coordinador de cada volumen tiene a su cargo la elaboración de un documento de análisis comparativo del tema al cual está dedicado el volumen respectivo.

En ese orden de ideas, el Volumen IX de la Colección, que hoy publicamos, está consagrado al estudio de *Las actividades administrativas de fomento*, con el objetivo de que los estudiantes, especialistas y lectores en general puedan tener una visión global y comparada de esta materia, que constituye uno de los temas básicos del derecho administrativo.

En este volumen han participado académicos de nueve países, miembros del Instituto, cuyas ponencias se publican en orden alfabético de los respectivos países. La coordinación del volumen y el trabajo final de derecho comparado entre las nueve ponencias nacionales ha estado a cargo del profesor italiano Giuseppe Franco Ferrari, miembro del Instituto.

De otra parte, este volumen está dedicado a la memoria del ilustre administrativista español Alejandro Nieto, de quien se incluye una semblanza a continuación de esta presentación, redactada por el profesor Luciano Parejo Alfonso, miembro del Instituto.

Finalmente, la dirección de la Colección agradece a los autores y al coordinador el importante y generoso aporte realizado para la publicación de este volumen, que contribuye positivamente al cumplimiento de los objetivos del Instituto. De igual manera, agradece a la Editorial Temis por hacer posible la publicación de estos trabajos académicos.

Libardo Rodríguez Rodríguez
Presidente del IIDA y Director de la Colección

ALEJANDRO NIETO. VIDA Y OBRA

LUCIANO PAREJO ALFONSO*

Como él mismo dijo en entrevista realizada con ocasión de la aparición de su libro *El mundo visto a los 90 años*, A. NIETO dedicó su vida, en lo fundamental y con dedicación exclusiva, a la Universidad como Catedrático de Derecho administrativo —meta que alcanzó tras ultimar sus estudios en la Facultad de Valladolid, obtener en ella el grado de doctor, realizar una estancia de varios años en las Universidades de Poitiers, París y Göttingen y reinstalarse en España en la Universidad Complutense (en la que E. GARCÍA DE ENTERRÍA había pasado entretanto a ocupar Cátedra)— primero en la Universidad de La Laguna (única, a la sazón, en el archipiélago canario) y luego, sucesivamente, en las de Barcelona (Autónoma), Alcalá de Henares y Complutense de Madrid.

Él mismo reconoció ser un profesor vocacional, cuya vida había girado en torno a la Universidad. Y así fue, sin perjuicio de la compatibilización durante algunos pocos años con el ejercicio, muy contenido y normalmente defendiendo a la Administración, de la Abogacía, los tres años (entre 1980 y 1983) en que fue Presidente del Consejo Superior de Investigaciones Científicas y los años (entre 1985 y 1991) en los que desempeñó el cargo de Vocal de la Junta Electoral Central. En todas las Universidades en las que estuvo desempeñó cargos académicos (desde Decano de Facultad a Vicerrector) y se le distinguió con el doctorado *honoris causa* tanto en España (en la Universidad Carlos III de Madrid), como en Argentina (en la Universidad de Buenos Aires), además de haber sido nombrado miembro de la Real Academia de Ciencias Morales y Políticas. Pero trascendió el campo jurídico al otorgársele en 1997 el premio nacional de ensayo por su obra *Los primeros pasos del Estado constitucional: historia administrativa de la regencia de María Cristina de Borbón*, galardón en el que le precedieron autores tan destacados como el Catedrático y filólogo MANUEL ALVAR, el historiador de la filosofía y las ideas JOSÉ LUIS ABELLÁN, el historiador JOSÉ ANTONIO MARAVALL y el Catedrático y filósofo EMILIO LLEDÓ.

Es literalmente imposible sobrevalorar la obra jurídica que nos ha legado. La lista de sus artículos en revistas especializadas, colaboraciones en libros colectivos y libros (que no dejó de publicar prácticamente hasta el final) es, por demás, amplia, rebasando con mucho, la primera, el número de cien y la segunda y la tercera más de medio centenar (la cantidad dice muy poco, pues lo que importa es la calidad).

* Catedrático emérito de Derecho Administrativo, Universidad Carlos III de Madrid.

No puede dejarse de consignar los libros que él mismo quiso que figurasen en su biografía, que son los que figuran en la relación incluida al final de este texto.

Nos ha abandonado, pues, una figura de la disciplina, además de señera, singular, como atestiguan las numerosas necrológicas e *in memoriam* publicados por sus colegas y discípulos. A lo allí dicho, en lo que existe plena coincidencia, poco se puede añadir. La comprensión de su obra, el porqué y cuándo de la elección de los temas abordados y las tesis en cada caso mantenidas, requiere acercarse a la persona y la historia de su vida. Y hacerlo, además, de su propia mano, pues nos dejó un escrito (su libro *Testimonios de un jurista*, de 2017) que sirve a modo de guía a tal propósito. Además, solo así puede despejarse como mera apariencia el carácter arisco que él mismo se atribuyó y que podemos desmentir quienes le conocimos ya desde el inicio mismo de su andadura como Catedrático, cuando, pleno de ilusión e ímpetu, podría considerarse que aquella supuesta faceta debería haberse manifestado con mayor claridad en forma de rigor académico. Y ciertamente practicó el rigor en la exigencia, pero desde el ejemplo, con justicia y siempre procurando apoyar y canalizar a sus alumnos, discípulos o colaboradores, los cuales siempre podían estar seguros de su comprensión, estímulo y, de ser necesario, cobertura.

No descolló solo por su actividad investigadora. También lo hizo como docente y, sobre todo, conferenciante. Tenía el don de cautivar al auditorio. Como ha señalado el magistrado J. R. Chaves García, poseía ingenio expresivo, capaz de unir la metáfora, el adjetivo preciso, la palabra adecuada y la anécdota. Y lo desplegaba sin necesidad de elevarse a abstracciones teóricas, ni de adornarse con citas eruditas, que le habrían sido fáciles, sino yendo al grano de las cuestiones que abordaba. No puede sorprender, pues, la atención que se le prestaba en las aulas. Con entera independencia de su posición crítica respecto a la corriente reciente de seguidismo del Derecho anglosajón y, en particular, norteamericano, su posición intelectual y su aproximación al Derecho eran, por realista, pragmática y con tendencia al disentimiento, cercana a la del juez del Tribunal Supremo de Estados Unidos Oliver W. Holmes (coincidente con A. Nieto también en la longevidad lúcida), considerado precursor del realismo jurídico, al que se atribuye la afirmación de que la vida del Derecho no ha sido la lógica, sino la experiencia, la práctica frecuente del voto disidente y la apelación a la aplicación de un medido cinismo corrosivo para desentrañar las claves o la esencia del Derecho.

A tal realismo pragmático llegó según confesión propia tras despedirse sucesivamente (en su paso por las de La Laguna y Autónoma de Barcelona) de la universidad tradicional y del sueño de una universidad nueva, y despertarse para, afrontando la cruda realidad, empezar a asentar su pensamiento jurídico propio. La elaboración de este le condujo a un camino propio, en el que —aún sintiéndose él más bien solo— tuvo quien le acompañara, por más que no llegara, ni de lejos, a su altura.

De nuevo es él mismo quien nos proporciona las claves de la evolución de su pensamiento hasta desembocar en el que califica como “un empirismo exacerbado”.

Hay ciertamente una primera etapa (podría decirse que previa) de aportaciones jurídicas convencionales e incursiones en la ciencia de la Administración, ambas de gran valor (deben destacarse: *El mito de la Administración prusiana*, *Bienes comunales*, *Estudios de Derecho Administrativo especial canario*, *La retribución de los funcionarios en España* y *La burocracia* —obra que quedó incompleta—). Pero a mediados de la década de los años setenta del siglo XX aparece, según apreciación de E. García de Enterría (en "Honor de Alejandro Nieto", RAP núm. 153), que la considera capital para comprender la evolución de la obra científica de A. Nieto, la inclinación crítica hacia el Derecho Administrativo como técnica social y operativa, en su artículo "La vocación del Derecho Administrativo de nuestro tiempo" (RAP núm. 76); artículo, en el que postula la superación de la atención exclusiva a los derechos e intereses de los poseedores mediante la asunción del Estado social de derecho y el aseguramiento de la efectividad de los intereses colectivos.

El punto de partida de la evolución anunciada es, por ello, la insatisfacción con el legalismo positivista y el método jurídico imperantes, en tanto que conducen a la protección de pocos y la desprotección de la mayoría, para —venciendo las dudas que le generaba sobre los hombros de los autores realistas alemanes y americanos (y algún español, como Puig Brutau)— abrazar, al final del camino, el calificado como "Derecho practicado" en calidad de nuevo paradigma, que —aunque imperfecto e incompleto— pretende justamente reflejar la realidad de las cosas. Todo lo cual se traduce en la afirmación del Derecho como producto social (no exclusivamente estatal) montado sobre contradicciones que modelan su dinámica y su integración real tanto por normas generales (producto, a su vez y en mezcla inextricable, de la razón y la voluntad), como por decisiones concretas (resultantes no del tan manoseado mecanismo de subsunción, sino de una pluralidad de causas) que no expresan sino una de las posibilidades interpretativas factibles. De esta suerte, habiendo explotado el Derecho estatal en una suerte de *big bang* hasta alcanzar el planeta y el mundo de lo no jurídico, el Derecho ha dejado de ser solo del que manda para ser también del que de cualquier manera que sea puede imponerlo. El resultado: una situación de desorden en la que todas las piezas tradicionales se han desencajado, por más que deba suponerse que algún día la evolución cambiará de signo y volverá pendularmente la tendencia al orden y al equilibrio.

Se entiende que a lo largo de esta evolución los temas que interesaron y ocuparon principalmente a A. Nieto desbordaran el marco de lo jurídico-administrativo, pues fueron:

• Por de pronto, la universidad, cuyos procesos de cambio fueron para él progresivamente frustrantes, no llegando a entender la perspectiva de la última reforma denominada de "Bolonia". Fruto de esta frustración fue el libro *La tribu universitaria*, que, según él, ha sido, antes de pasar de moda, libro de cabecera de varias generaciones de profesores.

• La propia Administración y, dentro de ella, sus medios personales, es decir, los funcionarios; preocupación, que deriva de su condición inicial de funcionario de la escala técnica del Cuerpo de Administración Civil en el Ministerio competente en materia de Agricultura (de donde su tesis doctoral y libro sobre *Ordenación de pastos, hierbas y rastrojeras*). En este orden de cosas, su posición fue crítica con las políticas de reforma y "modernización" en la materia (la más benévola: la referida a la reforma inicial de L. López Rodó).

• Y la situación política económica y social, en la que estuvo atento a, y fustigó, los fenómenos de desvirtuación de las estructuras del Estado (claves aquí los libros *La organización del desgobierno*, *La nueva organización del desgobierno*, *El desgobierno judicial* y *El malestar de los jueces y el modelo judicial*) y la corrupción (clave aquí el libro *Corrupción en la España democrática*).

No abandonó por ello A. *Nieto* el campo de la investigación jurídico-administrativa. El magnífico libro de madurez *Derecho administrativo sancionador* representa un esfuerzo pionero de construcción jurídico-dogmática de un sector del ordenamiento tan importante como el sancionador administrativo, que ha pasado ya a ser un clásico imprescindible, cuya influencia ha llegado, trascendiendo nuestras fronteras, a Iberoamérica (como acredita la necrológica escrita por la Prof. Ana Fernanda Gómez González, Presidenta de la Asociación de Profesores de Derecho Administrativo de Chile).

No huelga aquí, por tanto, una referencia a las ideas de A. Nieto sobre las relaciones entre los sistemas jurídicos y los juristas de España y los países de Iberoamérica. Lamentando la escasa comunicación recíproca existente hasta la fecha (por haber privado, al menos hasta ahora, la unidireccional en sentido Este-Oeste), propugnó un conocimiento muto más intenso y hasta, como aspiración y teniendo en cuenta el fondo cultural común, la elaboración progresiva de una suerte de *ius publicum commune* hispano-iberoamericano.

Cabe concluir que la de A. Nieto ha sido una vida y obra logradas, que ha dejado huella perdurable y no, como él modestamente vaticinó, simplemente agotada en un esfuerzo puesto en la propia aventura intelectual, en el que cuenta este y no el éxito de sus resultados o la vana gloria de una fama efímera. En suma, la vida de un gran jurista e intelectual basada en la vocación de aprender y enseñar y, sobre todo, en la libertad, la plena consecuencia con ella y el aprovechamiento de la vida, con sus dolores y gozos.

Relación bibliográfica anunciada:

• *Ordenación de pastos, hierbas y rastrojeras*, Junta Provincial de Fomento Pecuario de Valladolid, 1959.

• *El mito de la Administración prusiana*, Sevilla, Instituto García Oviedo, 1962.

• *Bienes comunales*, Madrid, Editorial Revista de Derecho Privado, 1964.

• *La retribución de los funcionarios en España*, Madrid, Editorial Revista de Occidente, 1967.

• *La ideología revolucionaria de los estudiantes europeos*, Barcelona, Ariel, 1971.

• "Régimen jurídico del comercio Interior, con especial referencia a las Cámaras de Comercio, Industria y Navegación" (con J. A. Manzanedo), en la obra colectiva *Régimen jurídico del comercio interior*. Especial referencia a las Cámaras de Comercio, Industria y Navegación, III Congreso Italo-Español de Profesores de Derecho Administrativo, Santiago de Compostela, 1970.

• *La burocracia I. El pensamiento burocrático*, Madrid, Instituto de Estudios Administrativos, 1976.

• *Ideología y psicología del movimiento estudiantil*, con Carmelo Monedero, Barcelona, Ariel, 1977.

• *La responsabilidad de la Administración por actos administrativos*, con Avelino Blasco Esteve, Madrid, Civitas, 1981.

• *La organización del desgobierno*, Barcelona, Ariel, 1984.

• *La tribu universitaria: fenomenología de los catedráticos de la universidad española*, Madrid, Tecnos, 1985.

• *Estudios históricos sobre Administración y Derecho administrativo*, Madrid, Instituto Nacional de Administración Pública (INAP), 1986.

• *Bienes comunales de los Montes de Toledo*, Madrid, Civitas, 1991.

• *España en astillas*, Madrid, Tecnos, 1993.

• *La "nueva" organización del desgobierno*, Barcelona, Ariel, 1996.

• *Los primeros pasos del Estado constitucional: historia administrativa de la regencia de María Cristina de Borbón*, Barcelona, Ariel, 1996.

• *Corrupción en la España democrática*, Barcelona, Ariel, 1997.

• *Bienes comunales de los Montes de Toledo II*: Reforma Agraria Vecinal y Reforma Capitalista, Madrid, Aranzadi, 1997.

• *El derecho y el revés: diálogo epistolar sobre leyes, abogados y jueces*, con Tomás Ramón Fernández, Barcelona, Ariel, 1998.

• *El arbitrio judicial*, Barcelona, Ariel, 2000.

• *Estudios de Derecho y ciencia de la Administración*, Madrid, Centro de Estudios Políticos y Constitucionales, 2001.

• *El pensamiento burocrático*, con José Luis Monereo Pérez, Granada, Comares, 2002.

• *Balada de la justicia y la ley*, Madrid, Trotta, 2002.

• *Las limitaciones del conocimiento jurídico, con Agustín Gordillo*, Madrid, Trotta, 2003.

• *El arte de hacer sentencias o teoría de la resolución judicial*, con Sergio Alonso Valverde Alpizar, San José de Costa Rica, S. Valverde A., 2003.

• *El desgobierno judicial*, Madrid, Trotta, 2005.

• *Tariego de Riopisuerga (1751-1799): Microhistoria de una villa castellana con María del Carmen Nieto*, Junta de Castilla y León, 2005.

• *Derecho Administrativo sancionador*, Madrid, Tecnos, 2005.

• *Los "sucesos de Palacio" del 28 de noviembre de 1843*: discurso de recepción del académico de número Excmo. Sr. D. Alejandro Nieto García: sesión del 20 de febrero de 2007, Madrid, Real Academia de Ciencias Morales y Políticas, 2007.

• *Crítica de la razón jurídica*, Madrid, Trotta, 2007.

• *El desgobierno de lo público*, Barcelona, Ariel, 2008.

• *El malestar de los jueces y el modelo judicial*, Madrid, Trotta, 2010.

• *Mendizábal: apogeo y crisis del progresismo civil: historia política de las cortes constituyentes de 1836-1837*, Barcelona, Ariel, 2011.

• *Derecho administrativo sancionador*, Barcelona, Ariel, 2012.

• *La rebelión militar de la Generalidad de Cataluña contra la República*: el 6 de octubre de 1934 en Barcelona, Madrid, Fundación Alfonso Escudero, 2014.

• *Testimonios de un jurista (1930-2017)*, Sevilla-Madrid, Global Law Press - Editorial Derecho Global e INAP, 2017.

• *La primera república española: la Asamblea Nacional de febrero-mayo 1873*, Granada, Comares Historia, 2021.

• *Responsabilidad ministerial en la época isabelina*, Madrid, Iustel, 2022.

• *El mundo visto a los noventa años*, Granada, Comares, 2022.

ÍNDICE GENERAL

ARGENTINA

RÉGIMEN DE FOMENTO EN LA REPÚBLICA ARGENTINA

HERNÁN A. CELORRIO

BRASIL

LA ACTIVIDAD DE FOMENTO EN EL DERECHO ADMINISTRATIVO BRASILEÑO

RAFAEL VALIM

COLOMBIA

LA ACTIVIDAD ADMINISTRATIVA DE FOMENTO EN COLOMBIA

JORGE ENRIQUE SANTOS RODRÍGUEZ

PÁG.

ESPAÑA

LA ACTIVIDAD ADMINISTRATIVA DE FOMENTO EN ESPAÑA

MANUEL REBOLLO PUIG
ANTONIO BUENO ARMIJO

ITALIA

LA ACTIVIDAD DE FOMENTO EN EL CONTEXTO ITALIANO

GIUSEPPE FRANCO FERRARI

PERÚ

LA ACTIVIDAD DE FOMENTO HONORÍFICA, JURÍDICA Y ECONÓMICA EN PERÚ: ESTADO DE LA CUESTIÓN

JUAN CARLOS MORÓN URBINA

URUGUAY

LAS ACTIVIDADES ADMINISTRATIVAS DE FOMENTO

CRISTINA VÁZQUEZ

VENEZUELA

LA ACTIVIDAD ADMINISTRATIVA DE FOMENTO EN VENEZUELA

JUAN DOMINGO ALFONZO PARADISI

PÁG.

ESTUDIO DE DERECHO COMPARADO

ARGENTINA

RÉGIMEN DE FOMENTO EN LA REPÚBLICA ARGENTINA

HERNÁN A. CELORRIO*

1. INTRODUCCIÓN

Una simple apreciación de toda evidencia acredita la notoria evolución de institutos tradicionales de Derecho Administrativo en las últimas décadas, sensiblemente acelerada por los desarrollos tecnológicos y la expansión de los cometidos estatales exigibles, lo que no excluye verificar la permanencia de principios vertebrales de esta rama jurídica, consolidados a tenor de los lineamientos propios a la "interdicción de arbitrariedad" y a la afirmación de los derechos individuales frente a las prerrogativas del poder. Bien lo puntualiza el Profesor STEWART, sintetizando que "El Derecho Administrativo es al mismo tiempo" altamente evolutivo y profundamente conservador, conclusión aparentemente paradojal, pero de fina precisión en la amalgama de dos aspectos trascendentes en la esencia de este Derecho, usualmente considerado como categoría histórica, dadas las dificultades de su encasillamiento en una definición cerrada[1]. Sin dudas, el instituto de fomento constituye un ejemplo claro de tal referencia evolutiva, y más aún, quizás sus connotaciones acreditan tan radical dinamismo, que en consideración actual se aleja severamente de la concepción tradicional elaborada en simplificación tripartita de la actividad estatal[2]. Este singular dinamismo se fundamenta, entre otros, en dos aspectos claves: a) la sensible evolución de los esquemas intervencionistas del Estado no solo en lo estructural desde el llamado Estado liberal al Estado social de derecho, sino también en el orden operativo, transitando desde el Estado limitado, al Estado prestacional, y hoy al Estado garante, y b) la relación Estado-Sociedad, desde su perspectiva rígida en función de comportamientos estancos con considera-

* Presidente del Centro Iberoamericano de Derecho Público y Tecnología; Ex Presidente de la Asociación Argentina de Derecho Administrativo; Profesor Titular de Derecho Administrativo y de Cursos de Posgrado en la Universidad de Buenos Aires; Miembro del IIDA y del FIDA; Autor de numerosas publicaciones y expositor en seminarios internacionales de Derecho.

[1] Ampliar en KINGSBURY y STEWART, *Hacia el derecho administrativo global*, Global Law Press INAP 2016, págs. 42-44.

[2] Ampliar en JUAN C. CASSAGNE, *La intervención administrativa*, Buenos Aires, Abeledo Perrot, 1994, págs. 89-92.

ciones contradictorias, conformadas a través del principio de subsidiariedad, con sus sucesivas variables, hasta la configuración de la perspectiva de la concatenación púbico-privado, en la cual además de pergeñarse modalidades ordinarias de acción común, se vale con naturalidad del accionar privado como partícipe en el ejercicio de la función administrativa[3].

Un correcto análisis del instituto de fomento torna necesaria la referencia, al menos genérica, a los alcances de dicho fenómeno evolutivo, en cuanto hace a la acción administrativa ordinaria. En muy escueta síntesis y apuntando solo a aquellos aspectos de directa proyección sobre el fomento cabe evaluar las siguientes áreas: a) instrumental, b) estructural y c) funcional.

En cuanto a lo instrumental, es preponderante la actividad reglamentaria[4] como eje de la acción administrativa, con una dimensión muy superior a la contingente a actos y contratos administrativos, con una revalorización doctrinaria de los consecuentes de tal actividad sobre sus destinatarios, fueren beneficiarios o afectados según corresponda, presentes o futuros. Una necesaria profundización de tales condicionamientos jurídicos permitirá una visualización más ajustada, de los alcances del instituto de fomento, entendiendo que excede en mucho una simple relación de base contractual, o al menos de bilateralidad de efectos, para mejor conformarse en condiciones abiertas de *status* reglamentario, con necesario análisis de márgenes de revocabilidad diversos.

En lo atinente a lo estructural es indubitable la superación de concepciones rígidas de "división de poderes" para acentuarse no solo criterios de acción mancomunada y áreas de espectro conjunto, sino que adicionalmente es verificable un sensible incremento de atribuciones ejercibles por el poder administrador con suficiente resguardo jurídico (v. gr. planteos ampliatorios del concepto prístino de delegación), y también con sustento más objetable, aunque simple corolario de necesidades propias de cometidos estatales expansivos, de exigibilidad directa y de sincronía temporal indispensable. Estos elementos han generado la configuración del denominado *Administrative State* en el derecho americano[5], que en nuestra visión continental se materializa en serias restricciones a facultades tradicionalmente legislativas, por limitantes formalmente jurídicas en muchos casos no solo como excepción, pragmáticas en otras, y siempre con interpretaciones extensivas de la noción de "delegación", inclusive en niveles inferiores del Ejecutivo; o bien por medio de institutos específicos, como las agencias regulatorias. Quizás, a este respecto,

[3] Hernán Celorrio, "Estudios de derecho administrativo", *La Ley Uruguay*, núm. 22, Año 2020, "Concatenación público-privada, págs. 592-598.

[4] Iñigo Guayo Castiella, *Regulación*, Marcial Pons, 2017, págs. 20-31 y 164-173.

[5] Adrián Vermeule, *Law´s Abnegation*, Harvard University Press, Cambridge 2016, From Law´s Empire to the Administrative State, págs.1-12 y 56-74.

la conjunción en el mismo ente de atribuciones ejecutivas, jurisdiccionales y normativas, sea un ejemplo notorio de la evolución reseñada.

La configuración del *Administrative State* es pauta sustancial ineludible en el análisis del instituto de fomento, en cuando habilita la amplísima gama de medios jurídicos de implementación, que en mucho exceden las tradicionales pautas promocionales de textos legales formales específicos (v. gr. leyes de promoción industrial, minería, etc.), para insertarse en la acción administrativa ordinaria, plena de medidas de incentivos a la actividad privada, en función del interés general, a cuyo servicio debe entenderse la actividad administrativa (v. gr. art. 103 de la Constitución española)[6], y por ello es necesario, desde ya, avanzar en la conjunción de *Administrative State* y "proyección reglamentaria", como esencia actual del fomento, según profundizaremos.

La tercera vía enumerada, referida a la funcionalidad, es aún más relevante, en cuanto hace a la necesaria comprensión de la dinámica administrativa actual y así perfila su correcta caracterización jurídica. En efecto, superada la visión administrativista, exclusivamente forense[7], con preocupación excluyente, en la protección de derechos ante el eventual ejercicio arbitrario de potestades públicas, surge el "período de madurez", en la terminología del Prof. CASSESE[8], en el cual debe visualizarse "un Derecho Administrativo impulsado por la necesidad que la sociedad tiene de las administraciones públicas y ordenado con el fin de que estas presten servicios y en consecuencia, el centro de gravedad no está en el juez, ni en los controles, sino en la legislación, en los reglamento administrativos y en la eficacia". Es esta la concepción funcional, que se constituye en vector esencial para caracterizar el fomento; y a su tenor determinar el complejo de relaciones jurídicas propias de su entramado programático.

Precisamente, dentro del amplio abanico de definiciones abarcativas de la concepción del fomento o de las ayudas públicas, dos variables lucen especial prevalencia: aquellas que pivotean sobre la naturaleza de su prestación constitutiva y otras que aluden primariamente a la finalidad perseguida[9]; y sin desconocer la necesidad de integrar a ambas en su tipificación cabal, dado el principio de intercambiabilidad de técnicas administrativas, entendemos que

[6] Ampliar en *Fundamentos de la ciencia política y de la administración*, dirigida por GEMA y RUBÉN SÁNCHEZ MEDERO, Madrid, Tecnos, 2015, págs. 90-106; GEMA PASTOR ALBALADEJO, "El Estado en acción y las políticas púbicas"; y también en *Derecho constitucional y políticas públicas* de ALFONSO SANTIAGO y IGNACIO BOULIN, Buenos Aires, Astrea, 2023, págs. 61-74.

[7] SABINO CASSESE, *Las bases del derecho administrativo*, Colección Estudios del MAP, Madrid, 1994, págs. 13-16, Prólogo de Luis Ortega.

[8] SABINO CASSESE, *Derecho administrativo: historia y futuro*, INAP, Global Law Press, 2014, págs.373-383.

[9] CASSAGNE, JUAN C., "La intervención administrativa", ob. cit., págs. 27 y ss.

el criterio finalista es el que mejor define el carácter del instituto, en consonancia con la madurez del derecho administrativo, ya aludida[10].

Sin perjuicio de la corrección de la aseveración expuesta, cabe reconocer su limitación en cuanto no es aceptable entender que existen actividades administrativas cuya finalidad no fuere la consecución del interés general, y por ende se requieren notas adicionales para una configuración distintiva de la actividad de fomento, y tampoco es suficiente la referencia a su naturaleza ampliatoria de derechos de personas físicas o jurídicas, pues en el marco del concepto de "concatenación público-privada" aludido, excluyendo las llamadas potestades ablatorias[11], numerosas son las acciones administrativas así considerables. Por ello, el vector finalista es pauta definitoria, con la salvedad de verificar en la actividad administrativa, proyecciones superpuestas en estos términos: coexistencia de una finalidad inmediata ampliatoria de los derechos existentes del beneficiario, y una finalidad mediata, de un beneficio general, a través de la habilitación otorgada al particular.

Con los lineamientos expuestos, abordaremos una integración conceptual del instituto, con la expresa salvedad de que su adecuada configuración exige un detallado análisis de sus términos de referencia, propios de la dinámica actual de la actividad pública, conforme a los subsiguientes parágrafos.

2. Conceptualización tentativa

Es de toda evidencia, la imposibilidad de precisar el fomento; mediante una acotada definición, considerando que su caracterización tradicional comprende gran parte de la actividad administrativa, sin límites precisos, y además con alta volatilidad de sus extremos, se torna equívoca toda pretensión definitoria. Ello no inhibe la correlación del detalle del marco en el cual se materializa, según se expusiera en párrafos anteriores; y aunque una definición estrecha suene débil y huidiza, entendemos procedente y muy orientativa la consignación de sus elementos esenciales en los lineamientos referidos por el Prof. Cassagne[12], a saber:

a) Dentro de la acción interventora de la Administración, se encuadra en la técnica de actos favorables, cuya esencia perfila una ampliación del *status* jurídico del particular.

b) Conforma una relación de atribución que apunta a un beneficio directo al administrado, sin perjuicio del beneficio mediato al interés general, siendo

[10] Pablo Leiza Zunino, *Derecho público económico*,tomo I, Montevideo, Editorial BdeF, 2021, págs. 113-128.

[11] Juan C. Cassagne, *Curso de derecho administrativo*, tomo II, 13ª ed., Buenos Aires, Editorial La Ley, 2021, págs. 152-154.

[12] Juan C. Cassagne, ob. cit., págs. 93-99.

ambas coexistentes y conjuntamente participes de la misma finalidad, elemento distintivo del instituto.

c) El fomento es una actividad connatural a la intervención subsidiaria del Estado, y se vincula a las notas de la concatenación de acción público-privada para la satisfacción de cometidos estatales exigibles.

d) Puede converger con actividades de limitación (policiales) y de prestación (servicios públicos) por el principio de intercambiabilidad de técnicas públicas que coinciden en forma promiscua, en muchas ocasiones[13].

e) El focus del instituto incluye tanto medidas de promoción como de protección, fenómeno visualizable en forma conjunta, en áreas productivas (v. gr. promoción industrial o promoción minera).

f) Las relaciones jurídicas que origine, pueden encuadrar tanto en conformaciones contractuales, como reglamentarias, siendo normalmente bilateral; tanto en su formación, como en sus efectos.

g) Se integra en la función administrativa, caracterizándose como una relación de atribución y, por ende, en materia interpretativa es procedente la consideración a favor del beneficiario.

Precisados los elementos constitutivos del instituto, cabe aventurar una definición, sin desmedro de las reservas reseñadas, y a tal efecto suena elocuente el Prof. MARTÍNEZ LÓPEZ MUÑIZ quien define la actividad dispensadora de ayudas y recompensas como aquella consistente en el otorgamiento directo o indirecto de bienes o derechos a determinados administrados-privados o públicos con carácter no devolutivo y por razón de ciertas actividades que le son propias, ya realizadas o aun para desarrollar, quedando en este último caso afectados a su realización.

De esta definición, son sus notas relevantes:

• La calificación de propia que implica que la actividad promocionada debe ser connatural al beneficiario, dentro de su operativa ordinaria y, por ende, sin perjuicio del interés general de consecución inmediata, que se conjuga con el interés directo del subvencionado.

• Más allá de la liberalidad ínsita en la promoción dispensada existe un interés público mediato en su otorgamiento, finalidad que condiciona sus alcances, y estructura el entramado de la relación jurídica así engendrada.

• La consideración de ayudas no exclusivamente a personas privadas, sino también a entes públicos, habilita un campo de por sí de mayor complejidad jurídica, nominado como "ayudas públicas interadministrativas".

• En cuanto al concepto clave de "fin público perseguido", se alcanzará como consecuencia de la actividad, pero con independencia de la intencionalidad específica del beneficiario.

[13] IGNACIO DE LA RIVA, *Ayudas públicas*, Buenos Aires, Ed. Hammurabi, 2004, págs. 122-125.

De algún modo, entendemos que la concreción efectiva de las notas distintivas, sumadas a las consideraciones de los párrafos anteriores, permiten pergeñar una concepción cierta del instituto, en el marco actual de la evolución de nuestro régimen jurídico.

3. Criterios conceptuales

No es posible aventurar consideraciones conceptuales relativas a ningún instituto de Derecho Administrativo, sin una correcta valoración de la naturaleza altamente evolutiva de esta rama jurídica, de crónica celeridad en las recientes décadas de aún mayor notoriedad en la noción de fomento, por enmarcarse plenamente en los pliegues del Derecho Público Económico, y con precisa localización en la actividad intervencionista del Estado. La dinámica de los cometidos estatales, acaecida en función de los alcances de las proyecciones del neoconstitucionalismo, ha provocado una sostenida agudización del Intervencionismo estatal bajo formas muchas veces ajenas a los cánones tradicionales. Así, hoy no es extraño avanzar en supuestos de función administrativa, ejercida por particulares, como tampoco lo es verificar la trascendencia de normativas generales originadas en el sector privado (por ejemplo *soft law* financiero), ni resulta objetable la conjunción de atribuciones, jurisdiccionales, reglamentarias y administrativas en un mismo ente (por ejemplo agencias reguladoras), con aparente demerito de principios tradicionales de "división de poderes". Quizás, una correcta visión de la realidad administrativa presente y de su perspectiva, conduce a contemplar cómo, con su profundidad explicita, el Prof. Cassese afirma que "en la legislación administrativa[14], conviven las dos tradiciones del Derecho Administrativo, la del período inicial y la de su madurez". De un lado, un Derecho Administrativo con énfasis en los controles, de formación bipolar entre la autoridad y el ciudadano; y del otro, el Derecho Administrativo impulsado por la necesidad que tiene la sociedad de las administraciones públicas y ordenado con el fin de que estas presten servicios a los ciudadanos, cuyo centro de gravedad está en la legislación, en los reglamentos administrativos y en la eficacia de la administración. En un enfoque actual, que elude un perfil exclusivo forense de la dogmática administrativista, el concepto de fomento enclaustrado en una visión excluyentemente tripartita de la actividad administrativa debe ser reconsiderado en el contexto aludido.

Sin perjuicio de abordar posteriormente una noción conceptual específica, desde ya corresponde dadas las dificultades propias, en nuestra temática, configurar definiciones hábiles, optar siguiendo la posición sentada por el Prof. Santiago Muñoz Machado, por la preferencia de una referencia descriptiva

[14] Sabino Cassese, ob. cit., págs. 99-100.

que habilita dos notorias ventajas, en cuanto permite apreciar en plenitud el marco en el cual se desenvuelve la proyección del instituto y además brinda lineamientos muy útiles para visualizar sus perspectivas[15].

Múltiples son las facetas, que se deben considerar en tal concepción descriptiva, que por supuesto deben ser orientadas a la definición de un vector unitario que contemple prioritariamente la utilidad específica del instituto en la implementación de la actividad estatal al servicio de los intereses generales, y la correlativa apreciación de los derechos de los eventuales beneficiarios o afectados por la misma. En tal espectro, surgen prevalentes las siguientes:

- Cometidos estatales expansivos
- Subsidiariedad y concatenación público-privada
- Incidencia del derecho administrativo global

Estos aspectos permiten dimensionar el actual marco de proyección del Instituto de fomento, que al presente solo puede ser correctamente apreciado como una tipología específica de acción pública en el contexto de los cometidos estatales constitucionalmente exigibles.

A) *Cometidos estatales expansivos*

La notable expansión de derechos fundamentales, explicitada en los neoconstitucionalismo (s) en la terminología del Prof. CARBONELL[16], al incorporar los derechos económicos, sociales y culturales, a la protección constitucional directa, ha originado una amplia integración privada en su debida consecución, curso de acción que ha de canalizarse sustancialmente, aunque no en forma exclusiva, a través de figuras propias de la tipología del fomento. No son ya actividades particulares de excepción las alcanzadas en tal régimen jurídico, sino de múltiples desarrollos privados, que la acción estatal alentará, mediante aportes de diversa índole, para asegurar una relevante sumatoria activa acorde con la dimensión de las exigencias del cometido encomendado. Por supuesto, queda implícita una visión integral, bastante alejada de aquel planteo tradicional tripartito, en el cual la actividad de fomento pareciera revestir una entidad muy limitada respecto al margen de acción del servicio público, o bien de la actividad policial. Los lineamientos apuntados suponen un análisis integral de la acción pública, en el contexto de las pautas de "madurez" enunciadas por el Prof. CASSESE, con elementos definitorios genéricos, sin perjuicio de posteriores delimitaciones de especies precisas, habilitando una mejor configuración de su régimen jurídico.

[15] SANTIAGO MUÑOZ MACHADO, *Tratado de derecho administrativo*, tomo 2, Madrid, B.O.E., 2015, págs. 11-29.

[16] MIGUEL CARBONELL, *Neoconstitucionalismo*, Madrid, Edit. Trotta, 2009, "Nuevos tiempos para el constitucionalismo", págs. 9-13.

Consecuentemente, la caracterización esbozada acredita con amplio margen de operatividad a la acción de fomento, entendida en su noción sustancial, que mucho se aleja de los criterios restringidos y estancos en el que la confinaba la teoría tradicional, pues en síntesis implica la cooptación en términos legítimos y formales de la acción privada para satisfacción de intereses públicos, configurados como cometidos estatales exigibles, a los cuales la acción estatal sola, de por sí, carece de la virtualidad necesaria para acometer.

Estos aspectos, sustanciales, no han arraigado aún con suficiente gravitación en la doctrina nacional, la cual de todos modos, se proyecta ya alejada del esquema tradicional, que hoy luce en notoria asincronía ante los requerimientos jurídicos realistas de las políticas públicas vigentes.

Solo una clara apreciación del fenómeno expuesto permitirá configurar el amplio campo de acción prospectivo del fomento, y la consecuente adecuación de reglas exigibles, lo cual conduce inexcusablemente en primer término, a una valoración actual del complejo de relaciones Estado-sociedad.

B) *Subsidiariedad y concatenación público-privada*

Los regímenes de fomento constituyen parte del derecho público de la economía y así ha sido tradicionalmente reconocido[17], y objeto de diversas sistematizaciones, siendo habituales, las referidas a su naturaleza sectorial o territorial; un marco de mayor precisión exige abordar el tema en un nivel superior; la relación sociedad-Estado.

Sin una visión actual de los alcances del principio de subsidiariedad no es dable concebir un criterio moderno del fomento dado que este constituye el vector definitorio del principio de concatenación público-privado que hace a la esencia vital de la moderna relación de Estado-sociedad, conteste a los nuevos cometidos estatales exigibles.

Por ello, la correcta precisión del concepto de subsidiariedad al presente, con su implícito consecuente cual es la cabal configuración de la acción privada en los marcos constitucionales vigentes, en pos de los objetivos de interés general, pergeñados para la acción estatal, es el elemento decisivo para una caracterización hábil del instituto de fomento, que hoy constituye un criterio esencial de la acción pública, acorde a un ajustado análisis de la relación Estado-sociedad.

Según se consignará, luce el Derecho Administrativo como altamente evolutivo, lo cual, suena a verdad de Perogrullo, pero como bien apuntaba Ortega y Gasset, en *Meditaciones de la técnica*[18], no cabe amilanarse en su

[17] Pierre Delvolvé, *Droit Public de l'Economie*, Paris, Dalloz, 1995, págs. 409-412.

[18] Hernán Celorrio, "Neoconstitucionalismo y acto administrativo" en *Estudios de derecho administrativo*, La Ley Uruguay, núm. 18, 2018, págs. 393-395.

aseveración, pues el problema real radica en no entenderlas, extremo que sucede con lamentable asiduidad, inclusive en campos correlativos a la dogmática administrativista. Como ya hemos referido, "el Derecho Administrativo es altamente evolutivo, pero al mismo tiempo fuertemente conservador", en dos polos que debemos respetar y confluir, en función de una realidad compleja, en la cual la magnitud y expansión de los cometidos estatales conduce a un activismo estatal, con necesaria profundización principialista, para evitar desbordes publicísticos que vulneren pautas de "interdicción de arbitrariedad", pues sin duda tal continuidad principial constituirá el ancla que asegure al ciudadano, ante este fragoroso océano evolutivo. Con especial acierto, el Prof. Rivero Ortega puntualizaba que "la crisis económica nos ha mostrado la apremiante necesidad de replantear nuestro modelo administrativo" y a tal extremo, nos incumbe corresponder con una actualización dogmática, que mantenga incólume la raigambre principial consolidada[19]. Por ello, en síntesis, se debe encarar el replanteo de institutos tradicionales sin afectar su esencia garantista.

Las pautas de subsidiaridad no constituyen excepción. Nota fundamental radica en la aseveración de la cabal vigencia del principio de subsidiaridad, lo cual no inhibe de perfilar alcances diferenciales del mismo, atento a las nuevas exigencias del activismo estatal propio de la constitucionalización del Estado social de derecho, y de la dinámica regulatoria implícita, y más aun de la integración privada en el ejercicio de la función administrativa; y en dicho espectro, varias pautas deben valorarse.

En primer término, son decisivas precisiones conceptuales que eviten quedar inmersos en consideraciones que estimamos obsoletas pese a lo cual ciertas derivaciones de las mismas obstan al correcto análisis de situaciones actuales[20]. Así, en modo alguno hoy podemos calificar de antinómica la relación Estado y sociedad, y menos aún pretender que intervencionismo y subsidiaridad por naturaleza se oponen, cuando en verdad el planteo correcto es la concatenación de la acción pública y la actividad privada, tanto en el área ejecutiva, como en la normativa, tal como la continua expansión de notas de *soft-law* lo acreditan, sin olvidar tampoco las figuras arbitrales, en la vertiente jurisdiccional.

También es significativo, según se expusiera, captar con amplitud la incidencia y magnitud de los cometidos estatales, derivados del neoconstitucionalismo, no solo por su constitución cuantitativa, corolario de la expansión de los derechos fundamentales, sino por la diversidad de naturaleza, atento que su debida satisfacción implica conductas públicas activas, a diferencia de las pertenecientes a los llamados derechos de primera generación, propios

[19] J. Ponce Sole, "Crisis económica, economía y eficacia", en *Actas del VI Congreso de la Asociación Española de Derecho Administrativo*, febrero 2011, págs. 91 y ss.

[20] Silvia Diez Sastre, *La formación de conceptos en el derecho público*, Madrid, Marcial Pons, 2018, págs. 27-35.

del constitucionalismo tradicional. Obviamente, el activismo estatal fluye a través de una severa dinámica regulatoria y de una proficua acción administrativa directa, integradas en una concepción intervencionista, que han de concatenarse en debida forma, con la acción privada, sin desnaturalizar el plexo vertebral del principio de subsidiaridad, con notoria proyección sobre el instituto de fomento.

Tal sensible ejecución en la calidad de la acción estatal torna de plena evidencia la falencia de operar en términos estrictos, con conceptos forjados y consolidados en estadios anteriores, de actitudes estatales limitadas; y conociendo que el activismo estatal delineado proyecta vertiginosamente conductas diversas, acentuadas también por pautas internacionales (v. gr. regulaciones financieras), el *target* que se debe perseguir radica en impedir que tal vorágine socave fundamentos principiales. Así, con concepción realista, que como tal consolide su plena vigencia, amerita notoria aplicabilidad al principio de subsidiariedad, y a su complementación con adecuado enfoque de la concatenación público-privada ya referida, y la interacción privada en el ejercicio de la función administrativa.

Parafraseando a Muñoz Machado[21], quien aludiendo a la actividad reglamentaria puntualizaba que en un sentido amplio, podría contemplarse en ella toda la acción administrativa, cabe afirmar que en una dimensión abierta, la actividad de fomento, cubre gran parte de la acción estatal, y se constituye en núcleo esencial del diseño de políticas públicas tendientes a la debida satisfacción de los cometidos estatales expansivos.

C) *Derecho administrativo global*

Así como la evolutiva formación de la conjunción estado-sociedad perfila ámbitos disimiles, con el correr de los tiempos para la dinámica de la acción de fomento, lo propio ocurre con la acelerada composición de intereses, consecuente al fenómeno de la globalización y su proyección jurídica. El fenómeno expansivo del instituto, en áreas propias del ejercicio de la soberanía territorial, se debilita por las limitantes originadas en los alcances de las normativas globales de notoria evidencia en los supuestos de integración política consolidada (por ejemplo C.E.E.). No es un fenómeno absolutamente novedoso, pues tradicionalmente las relaciones comerciales internacionales concretaron limitantes en estas áreas (por ejemplo reglamentos de *dumping*), y también la relevancia de las disputas al respecto, históricamente habilitaron la estructuración de organismos supranacionales de reconocido poderío (por ejemplo O.M.C.). Todo ello, sin reconocer además la acelerada vinculación normativa pública y la dinámica en las regulaciones de origen privado (v. gr. *soft law*).

[21] Santiago Muñoz Machado, ob. cit., tomo XIV, págs. 26 y ss.

Es fundamental apreciar la incidencia del derecho administrativo global sobre este instituto, pues así como los elementos referidos anteriormente proyectan una dimensión ampliada de gran dinámica, lo atinente al régimen jurídico global implica una perspectiva eficiente, en continuo avance; por cuanto ya no surgen las limitantes solo en virtud de acuerdos comerciales específicos, sino que se proyectan en función de integraciones económicas formalmente configuradas.

Los esquemas globalizadores formales (convencionales o estructurales) han retraído la dinámica de fomento, propia de las pautas tradicionales de soberanía territorial, emanadas de regulaciones públicas, pero también han incidido en la apreciación privada de sus alcances, dado que la integración jurídica de sectores privados, en el contexto de proyecciones de *soft law* también han arbitrado acuerdos limitativos, reflejados específicamente en convenciones comerciales empresariales y en compromisos en áreas de complementación industrial. Más allá de la validez normativa que se reconozca al derecho administrativo global, y más precisamente, a su eficacia sustantiva, no existen dudas acerca de su claridad limitativa de los márgenes nacionales de fomento, desde antaño, en virtud de acuerdos comerciales particulares; y ya desde décadas, a través de disposiciones generadas por organizaciones mundiales de amplio espectro (v. gr. Organización Mundial de Comercio).

Estas limitantes conectadas habitualmente a acuerdos comerciales específicos, han asumido alcances muy extensivos, en los acuerdos de integración, cuyos factores restrictivos relevantes se aplican a planteos tradicionalmente concebidos en el marco de la promoción industrial local, como así también a disposiciones propias del régimen de contrataciones públicas, sobre todo en lo atinente a "preferencias nacionales", reduciendo significativamente la órbita de "subvenciones", instrumento tradicional de las políticas de fomento.

4. Conformación jurídica

Adentrándonos en la conformación jurídica de la relación, cabe perfilar al menos tres aspectos diferenciados pero concurrentes: a) elementos de la relación, b) bilateralidad formal y c) *status* reglamentario prístino.

1. En la perspectiva propia de los elementos de la relación surge un elemento subjetivo activo, que ha de corresponderse a un poder público en sentido amplio[22]. Esta aseveración refiere a la administración en sus diversas manifestaciones, incluyendo entes reguladores, y aun excepcionalmente entes privados en ejercicio de función administrativa. De todos modos, la nota distintiva en casos equívocos estriba en el origen público de los fondos transferidos o

[22] Ignacio de la Riva, ob. cit., págs. 144-160.

condonados, sea tal origen directo o mediato[23]. Así, con arreglo a este planteo, cabe entender las medidas de fomento como "relaciones de atribución", con prestación principal a cargo de la administración e interpretación de la duda en favor de la entidad beneficiaria; debiendo puntualizarse que en todos los supuestos la actividad de fomento pertenece a la función administrativa objetivamente considerada[24].

En cuanto al destinatario del beneficio, si bien en principio debe ser una persona privada, también en casos excepcionales puede alcanzar a entes públicos, en cuyo caso resulta complicado deslindar los alcances concretos de la relación; y más aún, dado que la finalidad mediata es el interés público, suena contradictoria su afirmación cuando tal finalidad es consustancial a toda la actividad del ente público; pese a la cual la doctrina española habilita el concepto de "ayudas públicas interadministrativas"[25].

La referencia al elemento finalista, decisivo en la consideración estructural del instituto excluye totalmente la finalidad del privado beneficiario, para circunscribirse al fin perseguido por la administración otorgante, siendo de alta relevancia las precisiones sobre los objetivos apuntados por el legislador o bien la administración concedente al respecto, para facilitar las operativas de contralor ulteriores. Todo lo relativo al elemento objetivo merece un análisis especial que desarrollaremos en el Capítulo dedicado a la subvención.

2. Los alcances de la bilateralidad de las relaciones de fomento, obliga a abordar en profundidad su origen, deslindando los supuestos convencionales, de mayor o menor formalidad, de aquellos que reconocen excluyente raigambre reglamentaria.

El principio general apunta a que la relación de fomento es bilateral tanto en su formación como en sus efectos, que se evidencia con mayor nitidez en la promoción industrial, que en el derecho nacional en muchas normativas se ha plasmado incluso como contrato formal, calificable como contrato administrativo de atribución. La inexistencia de tal contrato formal salvo disposición normativa explicita, no enerva la naturaleza bilateral de la relación y sus consecuentes obligaciones recíprocas. Sin perjuicio de ello, también se configura la relación bilateral plena, en los supuestos de regímenes normativos que estatuyen las reglas, a cuya formación estatutaria el particular se integra mediante un acto de acogimiento, con las formalidades requeridas por el régimen[26]. La jurisprudencia de la Corte Suprema ha precisado que "la voluntad del interesado debía en consecuencia manifestarse para la incorporación al

[23] Ver Ignacio de la Riva, ob. cit., pág. 145, nota 4.

[24] Juan C. Cassagne, ob. cit., págs. 160-162.

[25] Ignacio de la Riva, ob. cit., págs. 153-155.

[26] Juan C. Cassagne, ob. cit., págs. 157 y ss.

régimen", pero desde el momento que aquella era aceptada, otra voluntad, la de la administración pública, en conjunción con aquella, daba nacimiento al acto administrativo que resultaba de ese modo bilateral en su formación y también en sus efectos[27].

La tesis expuesta es de gravitación relevante, en cuanto se integra con modalidades más reiteradas de los regímenes de promoción industrial y minera vigentes, habilitando una perspectiva de sumo pragmatismo para la expansión del instituto, y evitando dilatados procedimientos precontractuales en la elaboración de la relación formal indicada. Por otra parte, la adecuada comprensión actual de la notable expansión de la acción promocional estatal, sería imposible sin una correspondiente dinámica estructurada, bajo las condiciones estatutarias tradicionales, que básicamente implican una predeterminación normativa de base reglamentaria, y un acto de particular integración al régimen, que conforma la relación bilateral plena.

Es fundamental precisar que aun asumiendo una generación bilateral, no surge una obligación directa del beneficiario ante la administración que configure eventuales resarcimientos, sino un "deber" en la caracterización de García de Enterría, que no reviste naturaleza de contraprestación, sin perjuicio del cese del beneficio y eventuales sanciones aplicables en caso de incumplimiento[28].

Capítulo especial merece la referencia a la bilateralidad consecuente a relaciones de fomento, estatuidas como corolario del acogimiento a regulaciones genéricas. Estos supuestos presentan la peculiaridad de que se integran en la actividad ordinaria de la administración, y tradicionalmente no se han contemplado como encuadre especifico de fomento, En efecto, la actividad administrativa, orientada a la satisfacción del interés general, hace a su esencia, y como tal es operativa ordinaria; y la incorporación del sector privado a cooperar a tal finalidad es connatural a la concepción de concatenación público-privada, ya expuesta, que hace a la gestión pública moderna, lejos ya de concepciones estrechas del principio de subsidiariedad, y por ello, sumado a la preponderancia de la actividad reglamentaria, en las técnicas de instrumentación del accionar estatal, se afianza la presencia de estímulos a la acción de los particulares orientadas a la consecución del concepto de "subvención" a cuyo tenor fuera analizado el instituto de fomento en su noción original.

Una concepción moderna del instituto debe proyectarse en desarrollos mucho más amplios que la relación individual de promoción industrial o similares, analizada desde su origen bilateral, formal o informal, es decir, debe

[27] CSJN "Metalmecánica S.A. c/ Gobierno Nacional" (Fallos 296:672).

[28] Eduardo García de Enterría y Tomas R. Fernández, *Curso de derecho administrativo*, tomo II, Madrid, Civitas, 2000, págs. 33 y ss.

atenderse a los incentivos generales que las regulaciones públicas ofrecen y a los cuales los particulares se integran, generalmente mediante aceptaciones simples, sin ningún tipo de formalidad, que se integran solo por el cumplimiento directo de las condiciones reglamentarias estipuladas (v. gr. regímenes de importación preferencial). Obviamente, en todos estos casos, si hay incumplimiento, procede el cese del beneficio, y las sanciones pertinentes, como corolarios del régimen general aplicable a los reglamentos administrativos.

Otro aspecto que se debe referenciar es el atinente a la visión del instituto como elemento central en la gestión pública moderna, en el contexto del principio de buena administración y en las perspectivas modernas del concepto de gobernanza, caracterizado por Pinar Mañas como una "línea de gestión pública que garantice la satisfacción de las aspiraciones reales de desarrollo sostenible de la comunidad", extremos que orientan a la actividad de fomento, al meollo de formación de políticas públicas, y a una valoración jurídica más profunda de su espectro de aplicación ordinaria, con consecuente análisis de sus principios jurídicos rectores, que contemplen su expansión, conforme los lineamientos referidos, pero tambien sus mayores limitantes, propios de la globalización jurídica existente y su acelerado desarrollo[29].

Precisamente, a partir de las limitantes originadas por el derecho administrativo global es cuando mejor puede comprenderse la relevancia de la visión amplia de la perspectiva reglamentaria expuesta, por cuanto es en esa órbita donde surgen limitantes con mayor agudeza. No constituye fenómeno nuevo, pues es tradicional en los regímenes de comercio exterior (en áreas de *dumping* o bien de "restricciones no arancelarias"), pero si es mayor su envergadura en los procesos de integración económica (v. gr. C.E.E.), y de formación de mercados comunes. Aquí debe profundizarse, con actualidad, la vigencia del instituto, en la conjunción de sus cinco factores sustantivos: a) finalidades públicas de interés general y su correlato de políticas públicas; b) concatenación público-privada y actualización del enfoque tradicional de subsidiariedad; c) visión sustancial de la actividad reglamentaria como vector principal del instituto; d) valoración sustantiva de las relaciones bilaterales emergentes, sin prisma excluyente de origen contractual, y con incorporación precisa de las obligaciones generadas en condiciones estatutarias, y e) delimitación de las restricciones motivadas por la creciente injerencia del derecho global administrativo.

A) *Principios rectores*

La vertiginosa evolución general del derecho administrativo, que entre otros cauces habilitó una preocupación especifica por la eficiencia en paridad

[29] Martín Galli Basualdo, *La buena administración en las organizaciones públicas nacionales y en la gobernanza global*, Madrid, Marcial Pons, 2019 págs. 51 y ss.

con la tradicional y plenamente vigente devoción a la legitimidad, ha proyectado la necesidad imperiosa de acentuar la tendencia principialista por cuanto la inmersión en campos no tradicionales exige como *conditio sine qua non* una exacerbación de los principios que aseguren debidamente los valores sustanciales que hacen a la esencia de nuestra rama jurídica.

Ese aspecto es aun de mayor significación en la perspectiva amplia en la cual enmarcamos el instituto de fomento, más allá de sus estrictos contornos originarios, por lo cual corresponde reseñar algunos principios rectores de la actividad.

a) *Subsidiariedad.* Señalaba JORDANA DE POZAS que la acción de fomento es una via media entre la inhibición y el intervencionismo del Estado, que apunta a conciliar la libertad con el bien común mediante la influencia indirecta sobre la voluntad del individuo para que quiera lo conveniente para la satisfacción de la necesidad pública de que se trate. Este planteo orienta a una intervención estatal de envergadura menor, pero no excluyente de la presencia pública, en el campo de la actividad privada[30]. Se ha explicitado la dinámica propia del principio, pero cabe recalcar que el esquema de fomento, solo debe proceder en la clara insuficiencia de la acción privada, para coadyuvar debidamente en la consecución de la finalidad perseguida y, a la vez, sin alterar pautas básicas de competitividad privada, pues en caso contrario se estarían alterando aspectos sustanciales de la aludida concatenación público-privada.

Es decisiva la relevancia de la correcta visualización del objetivo y en su función utilizar los instrumentos públicos o privados adecuados al efecto, con la consecuente necesidad de abstenerse de conceptualizaciones obsoletas, ajenas al pragmatismo exigible por la gravitante expansión de cometidos que se deben satisfacer y medios de escasez proporcional creciente. Este planteo pragmático habilita plena justificación a la especial circunstancia de que en épocas de mayor activismo estatal, correspondiente a las proyecciones del Estado social de derecho, se generan mayores desarrollos privados, materiales (v. gr. procesos de "privatización" de servicios públicos) y jurídicos (v. gr. *soft law*).

Indudablemente, corresponde ajustar concepciones, valorando con prevalencia la configuración de un instrumental coherente con la finalidad comprometida, con énfasis especial en el pleno respeto de los derechos fundamentales en su plenitud, lo cual implica una visión prospectiva que excede las limitantes de ciertos institutos tradicionales[31], Así, el notable suceso de *Welfare State*, reseñaba RIVERO ORTEGA, evidenció la "Apremiante necesidad de reacomodar nuestras tesis a los nuevos condicionantes económicos y políticos de la realidad actual".

[30] IGNACIO DE LA RIVA, ob. cit., págs. 194 y ss.

[31] Ampliar en JOSÉ ESTEVE PARDO, *La nueva relación entre Estado y sociedad*, Madrid, Marcial Pons, 2013, págs. 38-54.

En verdad, lo primordial es la necesidad de un esquema instrumental hábil a las exigencias estatales presentes, sin desmedro del reconocimiento pleno de derechos y libertades individuales y en el cual, a tal finalidad, han de confluir aspectos típicos regulatorios, que como tales no revisten exclusivamente naturaleza limitativa, con planteos abiertos en el marco de la libre competencia, extremo que supone establecer los cauces adecuados para su ejercicio conjunto, y con relevante acento en la eficiencia de las prestaciones que se deben cumplimentar.

Del mismo modo conforme al cual no caben oposiciones excluyentes entre Estado y sociedad, no cabe arbitrar dicotomías no integrables entre libre competencia y regulaciones de fomento, pues siempre suponen áreas de interacción, y más aún, en conformación complementaria acordes a la eficiencia de las prestaciones económicas y sociales involucradas[32].

b) *Igualdad.* Siendo el instituto de fomento un instrumental que de por si tiende a privilegiar determinada acción privada, corresponde a su respecto un énfasis muy especial en cuanto al respeto del principio de igualdad[33]. Sostuvo la Corte Suprema, desde antaño, que el principio de igualdad consagrado por el artículo 16 de la Constitución Nacional es el derecho que no se concede a otros en iguales circunstancias; es decir que este principio natural lleva implícita la interdicción de discriminación arbitraria e irrazonable. La particular relevancia del principio de igualdad en relación al fomento, observa una doble faz: a) en primer término, opera en relación a quienes pretenden ser beneficiarios en el sistema, a cuyo respecto deben cumplimentarse en extremo, condiciones igualitarias de acceso, para todo eventual interesado. Cabe aquí una firme diferenciación entre calidades de fomento excluyentes, en las cuales la integración al sistema no alcanza a cualquier solicitante, pues la apertura a un número indiscriminado atentaría contra la finalidad habilitante del instituto (v. gr. ciertos supuestos de promoción industrial), y los supuestos en los cuales la extensión del sistema no registra limitantes cuantitativas (v. gr. en general, aquellas de estructura estatuaria abierta). En el primer caso, los recaudos para resguardar el aludido principio, exige un preciso celo procedimental, dada la preferencia competitiva inherente, y b) también, corresponde certera cautela en el análisis de eventuales violaciones al principio, en cuanto pueden cercenarse aspectos propios de condiciones de libre competencia respecto a partícipes del mismo mercado, eventuales afectados por el fomento dispensado, en cuanto su nivel competitivo. Es este un supuesto que requiere amplitud de enfoque dado que no solo se configura en materia de ámbito productivo (v. gr.

[32] OSCAR DE JUAN ASENSO, *La Constitución española*, Madrid, Centro de Estudios Constitucionales, 1984, págs. 90 y ss.

[33] JUAN C. CASSAGNE, *Los grandes principios del derecho público*, Buenos Aires, La Ley, 2015, págs. 189-202.

promociones en sectores industriales específicos) sino también en órbita territorial (v. gr. promociones provinciales), cuyo consecuente directo configura un desplazamiento severo de actividad económica dentro de las mismas fronteras nacionales[34].

Las consideraciones expuestas reflejan de por si la dificultad de elaborar pautas para definir extremos violatorios del principio de igualdad, en la acción pragmática del instituto, lo cual no impide perfilar criterios sustantivos que se deben respetar, para un adecuado régimen de contralor. En primer lugar, es imperiosa la necesidad de estipular criterios precisos para la selección del adjudicatario de la subvención, habilitando una comparación objetiva, y paralelamente determinar procedimientos de lata transparencia, para concretar su efectividad ulterior. También, es ineludible el cabal respeto al criterio de la detallada motivación y causación, con justificación objetiva y razonable, para habilitar tratamientos diferentes en supuestos de hecho similares.

La definición de la instauración de un régimen de fomento para determinada actividad, sin duda puede configurar detrimento, tanto en lo atinente a competitividad sectorial como a la territorial, extremo que no constituye de por sí generador de responsabilidad estatal, si su estructuración fue concebida conforme a la normativa vigente, por corresponder al ejercicio de facultades discrecionales, y en cuanto no se hubiere afectado el principio de interdicción de arbitrariedad. Esta aseveración de cabal vigencia en la emisión del régimen, exige mayores calificaciones en su aplicación ulterior, tanto en la selección del adjudicatario, como en el contralor del efectivo cumplimiento de las condiciones arbitradas para su otorgamiento.

c) *Eficacia.* Dada su común raigambre conceptual, sin desconocer las diferencias específicas entre eficacia y eficiencia, procederemos a su referencia conjunta, para mayor brevedad, puesto que esencialmente en cuanto hace a su proyección en el instituto, el análisis conjunto es válido, aunque una correcta apreciación en términos de ciencias de la administración, y aun en derecho administrativo económico, forzaría precisar ciertas diferencias en su enfoque pragmático[35].

Recordaba Parejo Alfonso que el problema de la eficacia en la actividad pública prestacional se plantea con notable envergadura a partir de la crisis del *Welfare State*, y las limitantes económicas del Estado para satisfacer cometidos estatales expansivos, constitucionalmente exigibles, lo cual decanta en la necesidad de una ponderación más cuidadosa de los alcances de la acción administrativa[36].

[34] Confr. el régimen especial fiscal y aduanero dispuesto por la ley 19.640.

[35] Hernán Celorrio, ob. cit., págs. 411 y ss. y Marcos Vaquer Caballería, "El criterio de la eficacia en el derecho administrativo", en *R.A.P.* núm. 186, Madrid, 2011.

[36] Luciano Parejo Alfonso, "La eficacia como principio jurídico de actuación de la administración pública", en *Revista de Documentación Administrativa*, Madrid, 1989, págs. 218-219.

En efecto, la noción de interés general como finalidad del instituto, exige delicada consideración, atento la afectación a la competitividad expuesta. El interés general, específicamente requiere condiciones de eficiencia, para la debida satisfacción de cometidos estatales, a tenor de la evolución tecnológica, y de las limitantes económicas, a cuyo efecto deben considerarse con precisión los alcances de una correcta complementación del accionar público con la dinámica privada. Con dicha perspectiva, resulta indispensable una profundización sobre la relevancia de la eficiencia, en una visión prospectiva del intervencionismo estatal.

Con su reconocida agudeza, el Profesor CASSESE resaltaba entre las notas fundamentales del derecho administrativo, la velocidad y la continuidad de su transformación; y en el mismo sentido, entre otros distinguidos juristas, cabe recordar al Dr. GARRIDO FALLA, que allá en la década del cincuenta publicara *Las transformaciones del régimen administrativo*, a cuyo tenor desarrollara a través de ciertos institutos obviamente orientado a la realidad jurídica española de aquellas épocas, las modificaciones en su estructura y alcances a las cuales obligaba la necesidad de adecuación a las finalidades, de la acción estatal. Baste la referencia a estos calificados juristas del derecho administrativo, pese a lo cual, estos aspectos no han sido entendidos en su debida magnitud, en el tratamiento doctrinario específico, y también contextual de los principales institutos del régimen administrativo, en los que el fomento no constituye excepción notoria[37].

La naturaleza instrumental del orden jurídico, como elemento básico en toda técnica de organización social, evidencia de por sí la ineludible necesidad de su constante evolución, acompasada con las transformaciones sociopolíticas, incluido el vector económico, que cada sociedad exige en función de su desarrollo histórico; y esta connotación propia del plexo jurídico en plenitud, se agudiza en el derecho administrativo, sea cual fuere la definición o caracterización sustancial que se pretenda, pues conforma básicamente el régimen jurídico de la administración, brazo ejecutivo del Estado, y por ende aquel debe operar con continuidad y eficiencia, para la correcta satisfacción de los cometidos estatales que la sociedad civil en instancias diversas determina.

Perfilada así, a grandes trazos, la relevancia superior de esta connotación evolutiva, corresponde precisar que sus alcances no apuntan solo y exclusivamente a un análisis individualizado de sus principales figuras jurídicas, sino que lejos de ello, alude a los aspectos vertebrales de su estructuración. En tal sentido, es imperioso enfocar correctamente el objetivo final para evitar contradicciones soslayables; sin riesgo de extravío, en el caso del fomento, pues

[37] FERNANDO GARRIDO FALLA, *Las transformaciones del derecho administrativo*, Madrid, 1954.

precisamente tal vector finalista constituirá el plexo interpretativo que defina su potencialidad. He ahí la primera aproximación clave para la comprensión de una gestión "eficiente", en el marco de la actividad administrativa de fomento.

En esta proyección analítica tampoco cabe obviar que la generación de nuevos cometidos estatales, propios del *Welfare State*, y más aún del Estado social de derecho y sus sucedáneos, no implica exclusión de objetivos anteriores ni mera yuxtaposición, sino, muy por el contrario, como liminarmente se refiriera *ut supra*, supone ampliación y consecuente prelación de finalidades o cometidos no excluyentes. Este criterio que, en muchas ocasiones, no ha sido objeto de debido reconocimiento se explicita en modernos textos constitucionales donde la vasta ampliación de derechos fundamentales con protección constitucional conduce a serias dificultades interpretativas, para evitar colisión indiscriminada de derechos; forzando clasificaciones heterodoxas al constitucionalismo tradicional, con derechos de distinta generación justificativos de prelación en sus alcances, en pos de interpretaciones integrativas que eviten demerito constitucional. Pese a ello, la única distinción relativa relevante, en términos normativos directos proviene de la diversidad del régimen de garantías (v. gr. Constitución española de 1975)[38].

Las exigencias del Estado social de derecho se concretan en un activismo estatal, plasmado en una dinámica regulatoria severa y en una actitud prestacional amplia que confrontada con situaciones de reconocida crisis económica estructural, ineluctablemente proyectan el principio de eficiencia, como vector cardinal de la operativa de la administración, y en especial en la actividad de fomento, como con certera observación señalara el Profesor PONCE SOLE, "la crisis económica refuerza la necesaria legitimidad administrativa por rendimientos", dado que "los principios constitucionales de economía y eficiencia deben ser ponderados como componentes del derecho a la buena administración". Por ello, la condición de eficiencia adquiere en el derecho administrativo moderno una relevancia especial que la equipara a la tradicional condición de legitimidad, incorporándose en su espectro. Su vigencia no se debe exclusivamente a

[38] HERNÁN CELORRIO, "Derechos sociales y tutela judicial", en Estudios de derecho administrativo, Montevideo, 2014, págs. 3-20. La ampliación del espectro de los derechos fundamentales se configura básicamente por la incorporación de derechos económicos, sociales y culturales (DESC) en un proceso de constitucionalización de los mismos, precedido por un amplio reconocimiento internacional formalizado en diversos tratados. La tendencia internacional apunta a su interpretación cabal a un plexo normativo unitario, abarcativo del conjunto de los DESC, sin perjuicio de su enumeración específica; y paralelamente, en contraposición a los DESC, se difunde también un espectro unitario de los derechos civiles y políticos (DCP), lo cual se proyecta en regímenes diferenciales de garantías entre DESC y DCP. En principio, los DCP gozan de reconocimiento constitucional directo, mientras que la normativa internacional prefiere un esquema de "progresividad", condicionado a aspectos técnicos y económicos, para la plena vigencia de los DESC.

la configuración de estadios de crisis económica estructural, pero, sin lugar a dudas, en su función se proyecta con especial jerarquía.

Así, la eficiencia, en sentido amplio, surge como elemento esencial en la actividad administrativa en la conjunción de tres factores que se afianzan desde mediados del siglo pasado: a) la aludida nota de activismo estatal; b) la fuerza expansiva de los derechos fundamentales, y c) la crisis económica estructural, y cabe puntualizar con énfasis que a diferencia de la condición de legalidad que puede ser visualizada en cada elemento de la acción administrativa, individualmente, la condición de eficiencia exige la valoración integral, en la cual ciertas áreas de la acción pública, revisten mayor relevancia relativa, por su incidencia sustancial en el complejo económico-social a satisfacer como "cometidos estatales", en función del principio de concatenación público-privada, ya expuesto[39].

En síntesis, más allá de la relevancia propia de la eficiencia en toda la acción administrativa, dada su especial incidencia en el contexto del principio de subsidiariedad y del régimen de intervencionismo estatal, es particularmente significativa en la acción de fomento, en conjunción con el principio de buena administración.

5. Fuentes

Habitualmente se considera que los regímenes de Fomento encuentran raigambre constitucional en el artículo 75 inciso 18 de la Constitución Nacional, en cuanto estatuye como atribución del Congreso Nacional "proveer lo conducente a la prosperidad del país [...] promoviendo la industria [...] por leyes protectoras de estos fines". Esta cláusula que con mucho detalle enumera las acciones que el poder legislativo debe encarar para proveer a dicho principio es denominada la "cláusula de progreso y la prosperidad", y la doctrina en forma consistente y con claro respaldo en su texto explícito, sostiene que dicho artículo habilita al legislador a otorgar privilegios y recompensas de estímulo en la consecución del bienestar general y, en tal sentido, los regímenes de promoción económica utilizan técnicas que proyectan al destinatario en una situación más favorable para el desarrollo de su actividad[40]. La nota

[39] En el mismo sentido, Alejandro Nieto, *La organización del desgobierno*, Barcelona, Ariel, 1984, págs. 159 y ss.

[40] El art. 75, inc. 18 de la Constitución Nacional incluye entre las atribuciones del Congreso la de "Proveer lo conducente a la prosperidad del país, al adelanto y bienestar de todas las provincias, y al progreso de la ilustración, dictando planes de instrucción general y universitaria, y promoviendo la industria, la inmigración, la construcción de ferrocarriles y canales navegables, la colonización de tierras de propiedad nacional, la introducción y esta-

constitucional apuntada, evidencia que la esencia del sistema no radica en favorecer la rentabilidad de un proyecto, sino en la satisfacción de un interés público, en finalidad coincidente.

Los fundamentos expuestos perfilan con notoriedad la necesidad de reiterar que la actividad promocional tiene por objeto encauzar la acción de los particulares en determinado sentido, pero sin interferir negativamente en el proceso económico, pues su uso excesivo puede motivar distorsiones económicas, de severas consecuencias relativas, tanto en la perspectiva sectorial, como en lo territorial.

En el caso argentino, cabe recordar la sanción de leyes nacionales (leyes 22.021 y 22.702 y concordantes y ampliatorias) que establecieron amplios beneficios promocionales para quienes se instalaren en determinadas provincias de menor desarrollo relativo (Provincias de La Rioja, Catamarca, San Luis y San Juan), lo cual si bien coadyuvó a su impulso económico, trajo aparejado importantes restricciones en la evolución económica de Provincias limítrofes, o de directa vinculación comercial a las mismas, más allá de otras distorsiones en el flujo comercial ordinario, por disfunción de pautas normales de competitividad[41].

Corresponde consignar que la prescripción constitucional referida encuadra en el concepto de cláusula programática, en la tradicional distinción entre disposiciones constitucionales operativas y programáticas; y si bien la teoría constitucional moderna apunta a atenuar y quizás excluir esa diferencia, tendiendo a la exigibilidad plena de ambas, cierto es que el tenor de su redacción, impide tal conclusión por cuanto se enraíza claramente en la discrecionalidad legislativa, lo cual no impide ser calificable como un mandato constitucional, de apreciación legislativa abierta. Adicionalmente, debe observarse que las facultades en análisis tampoco operan como disposiciones programáticas genéricas que deben ser concretadas con normas directas de exigibilidad especifica, tal cual se ejemplificara con derechos económicos, sociales y culturales contenidos como derechos fundamentales (v. gr. "Principios rectores de la política social y económica", Título 1°, Capítulo 2°, Sección 3° de la Constitución Española). Ello así, por cuanto no encuentran correspondencia directa con derechos individuales exigibles, sino que configuran el marco natural de las políticas públicas, que como tales abordan en el genérico *focus* del principio de buena administración, y en el amplio marco de la gobernanza, según teorías más modernas, que comprenden, pero no se limitan a pautas tradicionales del derecho administrativo.

---

blecimiento de nuevas industrias, la importación de capitales extranjeros y la exploración de los ríos interiores, por leyes protectoras de estos fines y por concesiones temporales de privilegios y recompensas de estímulo".

[41] Confr. leyes 19.640, 22.021, 22.702 y 22.973, entre otras.

También, constituye fuente el inciso 19 del referido artículo 75 de la Constitución Nacional[42] en cuanto puntualiza como atribución del Congreso Nacional "proveer lo conducente al desarrollo humano, al proceso económico con justicia social, a la productividad de la economía nacional", cláusula considerada por el Dr. ALFONSO SANTIAGO como "programa constitucional actualizado de políticas públicas"[43]. Si bien tales cláusulas no implican prescripciones de exigibilidad directa, se constituyen en mandatos orientadores de la acción legislativa, que deben ser considerados como vector definitorio de las políticas públicas, en su definición normativa, a todo nivel estatal. Son normas dirigidas a orientar la acción de los poderes constituidos fijando rumbos hacia los que deben dirigirse la acción de gobierno y la vida social, por lo cual adquieren particular incidencia en la acción de fomento.

En cuanto a las facultades específicas para emitir normativa de fomento, debe recordarse que siendo la República Argentina un país de estructura federal, tanto las provincias como la Nación, pueden hacerlo, en tanto operen dentro de sus orbitas definidas por la Constitución Nacional. Por ahora nos referiremos, solo a las habilitaciones generales del régimen.

Toda autoridad administrativa, y obviamente las legislativas, pueden dictar medidas de fomento, incluidos los entes reguladores, siempre en el marco de su competencia habilitada, la cual se define básicamente por la calidad del incentivo. A título ejemplificativo, si se tratare de exenciones tributarias, la competencia excluyente es del gobierno nacional, a quien compete vía legislativa la potestad impositiva; y si se tratare de un doctorado *ad honorem* su diferimiento deberá ajustarse a las prescripciones de los estatutos de la Universidad otorgante. Además, existen sistemas amplios de delegaciones acordes

[42] "Corresponde al Congreso: [...] Proveer lo conducente al desarrollo humano, al progreso económico con justicia social, a la productividad de la economía nacional, a la generación de empleo, a la formación profesional de los trabajadores, a la defensa del valor de la moneda, a la investigación y al desarrollo científico y tecnológico, su difusión y aprovechamiento.

"Proveer al crecimiento armónico de la Nación y al poblamiento de su territorio; promover políticas diferenciadas que tiendan a equilibrar el desigual desarrollo relativo de provincias y regiones. "Para estas iniciativas, el Senado será Cámara de origen.

Sancionar leyes de organización y de base de la educación que consoliden la unidad nacional respetando las particularidades provinciales y locales, que aseguren la responsabilidad indelegable del Estado, la participación de la familia y la sociedad, la promoción de los valores democráticos y la igualdad de oportunidades y posibilidades sin discriminación alguna, y que garanticen los principios de gratuidad y equidad de la educación pública estatal y la autonomía y autarquía de las universidades nacionales.

"Dictar leyes que protejan la identidad y pluralidad cultural, la libre creación y circulación de las obras del autor; el patrimonio artístico y los espacios culturales y audiovisuales".

[43] ALFONSO SANTIAGO e IGNACIO BOULIN, *Derecho constitucional y políticas públicas*, Buenos Aires, Astrea, 2023, págs. 21-45.

a los alcances pretendidos con el fomento planteado, e inclusive en casos excepcionales, pueden habilitarse a privados que ejerzan función administrativa. En general, en materia de incentivos para actividades de comercio exterior, se verifican esquemas abiertos de delegación, consustanciales a la celeridad que las operaciones de esa área económica exigen. Por ello, un planteo esencial para el análisis cabal del fomento, requiere salir de la concepción tradicional que visualizaba el instituto, a través de la subvención o asimilables, o bien en función de un conjunto preciso de promoción, para entender que se trata de una acción constante de la administración, con muy diverso instrumental y, por ende, las competencias habilitantes, sus fuentes, conforme a las prescripciones constitucionales genéricas, deben contemplarse en relación a la calidad y naturaleza del beneficio acordado.

Así, en síntesis:

a) La fuente principal es la Constitución Nacional en las prescripciones de los incisos 18 y 19 de su artículo 75, conforme a su texto de la reforma del año 1994 (cláusulas de progreso y prosperidad)

b) Tanto la Nación como las provincias dentro de sus atribuciones constitucionalmente estatuidas pueden dictar medidas de fomento.

c) En cada órbita, nacional o provincial, no solo las autoridades legislativas sino también la administración es competente para autorizar incentivos de fomento.

d) Las relaciones jurídico-administrativas de fomento, pueden originarse en muy diversas fuentes: ley, hecho y actos jurídicos, contratos y cuasi contratos[44].

e) La naturaleza de la medida promocional dictada determinará la competencia del emisor al respecto.

f) Las facultades de delegación, en este ámbito, se han interpretado en sentido amplio, y todos los entes públicos, y también entes reguladores, en el marco de sus competencias habilitadas, pueden dispensar medidas de fomento.

g) Si bien la esencia del instituto apunta a que su emisor sea pública (v. gr. concepto de "ayudas públicas"), en casos excepcionales, puede serlo un privado en ejercicio de función administrativa, por ser la actividad de fomento connatural a dicha función[45].

6. Fomento regional y sectorial

Las autoridades nacionales, como las provinciales, pueden dictar regímenes promocionales, en tanto los beneficios otorgados operen en el marco de su

[44] Juan C. Cassagne, ob. cit., págs. 159-161.

[45] Ampliar en Javier Barnes, "El derecho administrativo como el verdadero derecho de la sociedad", en *Revista Digital de la Asociación Argentina de Derecho Administrativo*, núm. 1, Buenos Aires, 2016.

competencia ordinaria. La Constitución Nacional es terminante en prescribir que las provincias conservan todo el poder no delegado en el gobierno federal por la Constitución (art. 121), entre los cuales quedan comprendidas habitualmente facultades impositivas. Ello no obsta a que la Constitución Nacional establezca en su artículo 31 la llamada cláusula de supremacía, que puntualiza que las autoridades provinciales deben conformarse a dicha Constitución, las leyes federales dictadas en su consecuencia y los tratados internacionales, extremo que se complementa con la cláusula de "poderes implícitos" (art. 75 inc. 32) que habilita al Congreso Nacional a dictar todas las normas necesarias para poner en ejercicio los poderes atribuidos al gobierno federal, por lo cual, de existir poderes concurrentes, el ejercicio de las atribuciones provinciales no puede ir en desmedro de las federales, en caso de incompatibilidad de ejercicio.

Por ello, los regímenes de promoción provinciales no son muy significativos, pero sí lo han sido los regímenes federales generalmente sectoriales; aunque en muchas ocasiones de muy precisa implicancia territorial, aludiendo sustancialmente a la localización de la industria beneficiada sin distinguir su naturaleza industrial. Obviamente, los beneficios más significativos de estos regímenes fueron impositivos, aduaneros y de comercio exterior, todos ellos de competencia federal, excepto niveles inferiores de la potestad tributaria.

De todos modos, cabe señalar que la referencia a fomento regional y sectorial torna necesario distinguir los regímenes orgánicos, tales como promoción minera o promoción industrial, de los numerosos casos de medidas promocionales de la actividad económica en normas aisladas específicas, cual habitualmente se percibe en áreas vinculadas al comercio exterior[46].

Los regímenes federales de comercio exterior de promoción sectorial (v. gr. industrias minera, pesquera, etc.) configuradas por leyes y reglamentos ulteriores ordinariamente se estructuraron conforme a los siguientes lineamientos: a) determinación de objetivos generales y particulares; b) determinación de actividades susceptibles de promocionar; c) calidad y condiciones del beneficiario; d) detalle de las medidas promocionales generales; e) eventuales promociones especiales para casos significativos; f) condiciones ambientales; g) régimen de sanciones, y h) autoridad de aplicación.

Dentro de ese esquema, el rubro capital lo constituye las medidas promocionales consistentes en exenciones tributarias, sistemas especiales de comercio exterior, y tratamiento fiscal de inversiones; medidas todas ellas de competencia federal. En casos excepcionales, pueden quedar incluidos aspectos propios de la tributación provincial, como en la garantía de la estabilidad fiscal, en el

[46] José A. Lapierre, "Regímenes de promoción económica" en *Servicio público, policía y fomento*, Buenos Aires, Ediciones RAP, 2005, págs. 585-588.

régimen de promoción minera (ley 24.196), sin que ello afecte los ingresos provinciales, y tampoco violente las competencias provinciales al efecto[47].

Nada obsta a que se superpongan en algún caso regímenes federales y provinciales, como también pueden adicionarse promociones municipales si procedieren, pues los beneficios acordables surgen de competencias diversas. Tampoco el ingreso a un régimen específico limita la posibilidad de acceder a condiciones promocionales genéricas en tanto las regulaciones vigentes no estipulen impedimentos específicos. En el régimen legal argentino, se suele diferenciar en la actividad de fomento la promoción de la actividad económica, de su protección, Sin desconocer que tanto promoción como protección son dos formas de realizar el fomento, la promoción tiende a ampliar la esfera jurídica del beneficiario, sin directo desmedro de la posición de terceros, y en los supuestos de protección, pueden definirse medidas restrictivas o limitantes que afectarían derechos de terceros[48].

Los regímenes generales de fomento regional presentan aspectos diferenciales, que exigen consideraciones especiales. En efecto, conforme se señaló, normalmente un régimen de estímulos apareja sectores favorecidos y consecuentemente, otros afectados, y algún agravio de mayor o menor envergadura a principios de libre competencia, de ahí la exigencia de especiales recaudos de transparencia en su disposición. Tales circunstancias pueden ponerse de manifiesto tanto entre partícipes del mismo sector, en la promoción sectorial, como también en relación a empresas de otros sectores que pueden resultar indirectamente afectados en su evolución normal.

Estas situaciones presentan problemas que más allá de lo jurídico, implican distorsiones de directa naturaleza económica, que se agudizan en los regímenes federales de fomento regional, en los cuales su base territorial ha motivado en Argentina serias observaciones tanto jurídicas como políticas[49].

En efecto, las consecuencias directas de la promoción regional pueden implicar una retracción económica de las provincias cercanas, cuyas perspectivas de receptar inversiones son seguramente limitadas por una competencia de alta gravitación, de aquellas beneficiarias de incentivos tributarios, entre otros beneficios. Pero la expansión de las ondas anticompetitivas alcanzan también a otras provincias que, aunque alejadas territorialmente, están integradas en un orden económico nacional común, extremo fácilmente visualizable en los beneficios otorgables en materia de comercio exterior. En síntesis, las promociones provinciales en cuanto comprendan exclusivamente aspectos de su

[47] José A. Lapierre, ob. cit., págs. 590-591.

[48] Los aspectos conflictivos si bien existen tanto en las relaciones de promoción como de protección, se agudizan en estas últimas.

[49] Ver ley 19.640, ya referida.

competencia excluyente, son plenamente aceptables, con las connotaciones ya apuntadas, pero aquellas que benefician áreas gravitacionales, con beneficios de competencia federal, presentan riesgos específicos que deben ser prolijamente evaluados, aunque siempre quedan enmarcados en las competencias federales de ejercicio discrecional, y por ello, en principio, no habilitan revisión judicial ulterior, salvo la existencia de vicios procedimentales en su elaboración, definición o ejecución.

7. Medios de fomento

Tradicionalmente, suele plantearse una escisión tripartita en los medios de fomento entre: a) honoríficos, b) jurídicos y c) subvencionales, pero entendemos que, en términos pragmáticos, corresponde clasificarlos entre honoríficos y económicos, dado que la referencia jurídica se proyecta naturalmente en una valoración económica y asimismo, aunque el concepto de subvención es de notable amplitud, no alcanza a cubrir debidamente medidas proteccionistas, cuya incidencia beneficiosa respecto a determinada actividad, bien puede ser de mayor relevancia que la dación ínsita en la noción subvencional.

Los medios honoríficos, de amplio abanico ya que pueden consistir en premios, condecoraciones, menciones e inclusive calificaciones distintivas, tienden a estimular condiciones de mejoramiento social, mediante referencias ejemplificadoras en la comunidad a la cual se vincula el beneficiario. Señalaba el Prof. de la Riva[50] que en el fomento, la línea diferencial entre lo jurídico y lo metajurídico no es tan clara y que genera un amplio espacio para el ejercicio de la discrecionalidad, aseveración de precisa gravitación en el otorgamiento de medios honoríficos, dado que, a diferencia de las ayudas económicas, no se verifica con tanta certeza la configuración de derechos afectados por la decisión administrativa, susceptibles de revisión judicial ulterior.

Los medios económicos presentan mayores dificultades. La doctrina suele diferenciar entre subsidio, prima y subvención, atento la calidad del beneficiario, diferencia que no estimamos relevante. Estos derechos se configuran, tanto en el caso de un contrato específico, de bilateralidad manifiesta, como en los supuestos de acogimiento formal a un régimen promocional estatutario, pues tal acto de integración al régimen implica bilateralidad, que excluye discrecionalidad administrativa en el reconocimiento de sus efectos[51].

El fomento puede materializarse en proyecciones prestacionales y también, de corte proteccionista. Un simple análisis pragmático acredita que todas ellas

[50] Ignacio de la Riva, "La figura del fomento en servicio público, policía y fomento", en *R.A.P.*, 2005, págs. 415 y 465.

[51] Manuel M. Diez, *Derecho administrativo*, Buenos Aires, Omeba, 1969, tomo IV, pág. 146.

tienen incidencia económica directa sobre la actividad promocionada, pero sin duda en una de ellas, la formalmente prestacional, puede identificarse, con diversos grados de precisión, una bilateralidad generadora de derechos, mientras que, en la proteccionista, sin negar tal carácter latente, no surge explícita dicha relación. Así, en general, las medidas de fomento vía promocional estriban en ventajas impositivas, mientas que las proteccionistas, se vinculas más con regímenes arancelarios u otras disposiciones de comercio exterior (v. gr. restricciones aduaneras para arancelarias). Es del caso reiterar que la posición doctrinaria dominante sostiene que la relación jurídica de fomento industrial es bilateral tanto en su formación como en sus efectos, pese a lo cual consideramos que aquellas encuadradas en la esfera proteccional, obedecen a un marco genérico de naturaleza reglamentaria, esencialmente unilateral, salvo convención ulterior y, por ende, de amplia discrecionalidad en su definición, En conclusión de tales premisas, se perfilan esquemas de revocabilidad muy diversos.

También es procedente asumir que, si bien las potestades impositivas no son negociables, nada obsta a una autolimitación estatal al respecto por tiempo y alcances predeterminados, lo cual habilita a configurar derechos subjetivos exigibles, a favor del beneficiario, en tanto los actos administrativos que los concedieron no adolezcan de vicios sustanciales (v. gr. competencia). Además, dadas las características del fomento, en el contexto de fuerte celeridad evolutiva de los cometidos estatales, ya comentado, es de plena aplicabilidad el principio de la intercambiabilidad de las técnicas de intervención administrativa, no solo en su marco institucional directo, sino extensivo a áreas de cuño policial y asimismo de servicios públicos, en la concepción tradicional francesa[52].

No escapa a simples reflexiones pragmáticas la plena identificación de las medidas proteccionistas de fomento, con la estructuración unitaria de políticas públicas, pues así como las disposiciones promocionales encuentran allí vertebración sólida, cierto es que su configuración bilateral les genera calificaciones diferenciales, con notas muy específicas en cuanto a revocabilidad atañe. Consecuentemente, a todo lo relativo a esquemas de fomento proteccionista, le alcanza la tendencia jurisprudencial de la Corte Suprema sobre la constitucionalidad de leyes que instrumentan políticas públicas. La Corte ha sido históricamente reticente a inmiscuirse en la temática de las políticas públicas, pese a lo cual se advierten en los últimos años pasos progresivos desde un control judicial de constitucionalidad más general, limitado y discrecional, hacia otro más intenso y estricto[53].

[52] JUAN C. CASSAGNE, ob. cit., pág. 158.

[53] IGNACIO DE LA RIVA, ob. cit. pág. 416, nota 11.

Tal transición es coincidente con la perspectiva presente de la Suprema Corte, de profundizar los lineamientos de revisión en el contexto de examen de proporcionalidad, propio de la jurisprudencia alemana al juzgar la constitucionalidad de leyes que reglamentan derechos constitucionales. En el régimen legal argentino, esta tendencia se vivifica a través del "control de razonabilidad", admitiéndose que si se configura una lesión al contenido esencial de un derecho, procede la interdicción restringida, dado que un análisis estricto implicaría una alteración del papel constitucional del juez. Esta aseveración queda fundamentada en cuanto la garantía de los derechos constitucionales es propia y específica de los jueces mientras que la determinación de las políticas públicas es función propia y específica de los poderes legislativo y ejecutivo[54].

Como corolario, cabe precisar en acotada síntesis que:

a) Las ayudas económicas originadas en planteos promocionales, admiten vasto reconocimiento, dado su origen bilateral.

b) Aquellas originadas en planteos proteccionistas de fomento registran cobertura legal sensiblemente inferior, por enmarcarse en la naturaleza discrecional del régimen de políticas públicas.

8. Revisión judicial

Las relaciones jurídicas instauradas bajo regímenes de fomento, generan, conforme a la jurisprudencia reinante, diversas situaciones en función a dos parámetros básicos:

a) La configuración de una estructuración bilateral, y

b) La determinación de una configuración esencial de base reglamentaria.

A) *Bilateralidad*

La bilateralidad de los efectos puede originarse en un contrato formal, o bien a través de acto unilateral de acogimiento a regímenes promocionales, con posterior aceptación formal de la administración. En el primer supuesto es evidente la bilateralidad en el origen, en tanto que, en el segundo caso, se plantean discrepancias doctrinarias. Así, se sostiene que la concesión del beneficio es de naturaleza unilateral calificable como acto administrativo necesitado de aceptación, posición compartida por Fernández Ferreres; mientras la doctrina mayoritaria tiende a considerarlo un mero acto jurídico bilateral en su formación y efectos. De todos modos, existe coincidencia en que en ambos supuestos los derechos del beneficiario son equivalentes, salvo alguna digresión en materia de prescripción. También en estos lineamientos

[54] Alfonso Santiago, ob. cit., págs. 134 y ss.

se integra el fallo de la Corte Suprema en el caso "Metalmecánica", que sentó jurisprudencia en la materia, consignando la bilateralidad de la relación tanto en sus orígenes como en sus efectos.

Dadas las muy diferentes calidades de las medidas promocionales, sobre todo en materia de comercio exterior, su proyección en decisiones judiciales son disimiles por la variedad de alcances de los diversos regímenes que han oscilado desde el régimen de promoción industrial de la ley 20.560 hasta el otorgamiento de beneficios de reembolsos de exportación, en sistemas de promoción de la industria automotriz, pero siempre la jurisprudencia se expidió por el pleno reconocimiento de los derechos adquiridos en función de contratos formales de promoción; y también los originados en la bilateralidad de efectos, aunque su estructura fuere de apariencia unilateral de origen, según ya se comentó.

B) *Estructuración reglamentaria*

En líneas generales, los regímenes promocionales generan beneficios fiscales (impositivos o aduaneros) y, por ende, les alcanzan las consideraciones restrictivas sobre la negociabilidad de la potestad tributaria, lo cual no implica negación absoluta de la misma, sino interpretación limitativa, extremo que surge con mayor envergadura, al conjuro del principio de la revocabilidad de los reglamentos. Esta aseveración no supone admitir afectaciones a derechos adquiridos en las condiciones de bilateralidad del párrafo anterior, pero sí impide admisibilidad amplia de "legítimas expectativas" al mantenimiento de normas de exención impositiva, estatuidas en regímenes generales. Obviamente, esta afirmación no habilita en modo alguno, la afectación a derechos adquiridos, que no pueden ser desconocidos por normas ulteriores, en cuanto su existencia se haya configurado con el cumplimiento de los recaudos normativos vigentes[55].

Por ello, la proyección bilateral de estructuración exclusivamente reglamentaria, exige una muy explícita admisión del beneficiario en el régimen, aunque no necesariamente una aceptación formal de la administración, y en caso contrario, sus eventuales derechos calificarán en base al criterio sustantivo de no alteración ulterior de derechos legislativamente adquiridos, lo cual no afecta la plena vigencia del principio de revocabilidad que se adjudica la actividad reglamentaria.

9. Observaciones complementarias

Así como la consistencia de una jurisprudencia consolidada acusa notorias falencias originadas en la diversidad de regímenes y en especial la amplia

[55] Ignacio de la Riva, "La figura del fomento", en *Servicio público, policía y fomento*, ob. cit., pág. 418.

gama de posibilidades para conceptualizar la bilateralidad de la relación de fomento, elemento definitorio para la conformación de responsabilidad estatal emergente, por el contrario, la jurisprudencia administrativa emanada del más alto órgano jurídico de la Administración, la Procuración del Tesoro de la Nación, ofrece un amplio panorama al respecto. En muy apretada síntesis, como corolario de la misma, cabe precisar los siguientes conceptos básicos[56]:

• Aun admitida la bilateralidad de la relación en su conformación y efectos, no se configura una situación plenamente asimilable a aquellas contractuales de derecho común.

• Integrada la relación, se configuran derechos adquiridos y obligaciones plenas para ambas partes, no susceptibles de modificación unilateral.

• Si bien es improcedente condicionar la política impositiva del Estado, ello no implica legislar decisiones administrativas que desconozcan derechos adquiridos al amparo de regímenes promocionales.

• Las facultades impositivas del Estado no puede ser objeto de pacto o compromiso con particulares, lo cual no excluye admitir el resarcimiento pertinente, en caso de violación de derechos legislativamente adquiridos.

• La relación promocional es una relación jurídica de derecho público, que debe ante todo ser interpretada acorde a los criterios publicísticos, donde no rige un principio de conmutación similar al régimen privado.

• En caso de tener que optar entre normas de fomento y de carácter fiscal, de ser necesario, parece razonable estar a favor de la tutela promocional.

• Los proyectos promocionales deben evaluarse no desde una perspectiva estática, sino desde una concepción dinámica, conforme a principios de realidad económica.

• El apoyo promocional del Estado es siempre subsidiario del esfuerzo privado.

• Los beneficios promocionales solo pueden concederse a proyectos de ejecución futura, con relación a obras nuevas u ampliaciones.

• Lo normal es que los beneficios que se otorgan tiendan a disminuir los costos de radicación o expansión, pero con temporalidad limitada.

• La procedencia de otorgar una promoción industrial constituye una facultad discrecional de la administración, con finalidad exclusiva al bien común, asegurando la aplicación de criterios uniformes, evitando que situaciones similares se contemplen de manera desigual.

Las referencias explicadas permiten diseñar un marco genérico de la concepción jurídica de la administración, respecto a los caracteres básicos de la faz promocional del instituto de fomento.

[56] Ampliar en María J. Rodríguez, "La promoción industrial en la jurisprudencia de la procuración del tesoro", en *Servicio púbico, policía y fomento*, ob. cit. págs. 679-704.

BRASIL

LA ACTIVIDAD DE FOMENTO EN EL DERECHO ADMINISTRATIVO BRASILEÑO

RAFAEL VALIM*

1. LAS ACTIVIDADES ADMINISTRATIVAS A LA LUZ DEL ORDEN CONSTITUCIONAL BRASILEÑO

Para nuestros propósitos es de gran interés examinar el modelo de Estado establecido por la Constitución Federal de 1988. Aunque una mirada diacrónica del Estado constituya un campo de investigación fascinante, nos interesa específicamente la formación actual del Estado brasileño, es decir, el modelo de Estado brasileño *vigente.*

La Constitución Federal de 1988 funda, inequívocamente, un *Estado social de derecho*, como resultado de la unión de los aspectos jurídico-positivos del *Estado de derecho* —dignidad de la persona humana, soberanía popular, separación de las funciones estatales, principio de la igualdad, principio de la legalidad, sistema de derechos fundamentales dotado de carácter pétreo, principio de la inamovilidad del control jurisdiccional, el principio de la seguridad jurídica y principio de la publicidad[1]— y del *Estado social* —elenco de los derechos fundamentales sociales, titulación de servicios públicos y amplia intervención en materia económica y social—.

No está de más recordar, por otra parte, algunos de sus fundamentos (Const. Fed. art. 1°) y los objetivos fundamentales (Const. Fed., art. 3°) de la República Federativa del Brasil: valores sociales del trabajo (Const. Fed., art. 1°, inc. IV); construcción de una sociedad libre, justa y solidaria (Const. Fed., art. 3°, inc. I) garantía de desarrollo nacional (Const. Fed., art. 3°, inc. II); erradicación

* Doctor en Derecho Administrativo por la PUC-SP, donde enseñó desde 2015 a 2018, y profesor visitante en la Universidad de Manchester (Inglaterra), en el Goethe Universität de Frankfurt am Main (Alemania) y en la Université Le Havre (Francia). También es profesor en la Maestría de Antiocorrupoción en la Universidad Panamericana (México) y en la especialización en Derecho Administrativo de la Universidad de Comahue (Argentina). Miembro del Instituto Iberoamericano de Derecho Administrativo y del Instituto Brasileiro de Direito Administrativo. Director del IREE.

[1] RAFAEL VALIM, *O princípio da segurança jurídica no direito administrativo brasileiro*, São Paulo, Malheiros, 2010, pág. 34.

de la pobreza y de la marginación y reducción de las desigualdades sociales y regionales (Const. Fed., art. 3°, inc. III).

Es natural concluir, por lo tanto, que el *Estado brasileño, atendido su notorio compromiso hacia la justicia social, representa la antítesis del neoliberalismo.* Altruismo de que el Estado no debe interferir en la vida económica, a la luz del presupuesto del todo contestable, de que el mercado sería un instrumento más eficiente en la asignación de recursos y en el desarrollo de la sociedad, se contrapone un Estado con señalado protagonismo en la organización de los campos económico y social.

Del mismo modo, las formulaciones abstractas, descontextualizadas y cínicas del discurso liberal, nacidas del presupuesto falso de que las personas nacen iguales en derechos y obligaciones[2], al contrastarlas con un catálogo interdependiente y complementario de derechos fundamentales, construido a partir de comprobar de manera obvia, que los derechos de libertad solo cobran sentido si están acompañados de determinadas condiciones materiales. Como enseña MANUEL GARCÍA-PELAYO, "mientras que en los siglos XVIII y XIX se entendió que la libertad era una exigencia de la dignidad humana, ahora se piensa que la dignidad humana (materializada en principios socioeconómicos) es una condición para el ejercicio de la libertad"[3].

Del núcleo del Estado social de derecho brasileño surge, pues, una administración pública que, además de las finalidades ochocentistas de conservar el orden y la seguridad, debe alcanzar, por medio de servicios públicos y políticas públicas, los elevados objetivos que le imponen la Constitución Federal. Es el "Estado telocrático" de que habla el Profesor FÁBIO KONDER COMPARATO, que se contrapone a la nomocracia liberal y cuya legitimidad reposa en la capacidad de realización de fines predeterminados[4].

A) *La ideología constitucional*

En estos términos, la Constitución Federal positiviza una determinada cosmovisión[5] o, en otras palabras, consagra, de forma impositiva, *cierta*

[2] RAFAEL VALIM, "Apontamentos sobre os direitos sociais", en ANTONIO CARLOS MALHEIROS; JOSEPHINA BACARIÇA; RAFAEL VALIM (Coord.), *Direitos humanos*: desafios e perspectivas, Belo Horizonte, Fórum, 2011, pág. 173.

[3] MANUEL GARCÍA-PELAYO, *As transformações do Estado contemporáneo*, Rio de Janeiro, Forense, 2009, pág. 14.

[4] FÁBIO KONDER COMPARATO, "Ensaio sobre o juízo de inconstitucionalidade de políticas públicas, en *Revista de Informação Legislativa*, 138, págs. 43 y 44.

[5] MANUEL ALBERTO MONTORO BALLESTEROS, "Ideologías y fuentes del derecho", en *Revista de estudios políticos*, 40: 69.

ideología[6]. Se trata, en el léxico de la doctrina nacional[7] y extranjera, de la *ideología constitucional*, entendida, según CÉSAR ENRIQUE ROMERO, como un "conjunto de factores que se integran en una *concepción del mundo* y de la vida —de una *cosmovisión*— enderezada a aclarar o explicar la *organización, el ejercicio y los objetivos del poder político en la sociedad*"[8].

Cabe señalar que la ideología constitucionalmente adoptada cumple un papel dogmático, a saber: constituye un ineludible criterio interpretativo de todo el orden jurídico, es decir, ella preside la interpretación del texto constitucional y de cualquier texto infraconstitucional.

Se trata, en rigor, de un *imperativo de lealtad con la Constitución Federal, cuya normativa no se corresponde con el talante de las ideologías de sus intérpretes.* Al intérprete se le impone la comprensión y aplicación de la ideología del texto constitucional, aunque de ella difiera. A propósito, es pertinente citar textualmente al Profesor GILBERTO BERCOVICI: "La batalla ideológica en torno a la Constitución de 1988 es cada vez más acerada. *Todas las críticas conservadoras pueden ser solucionadas, formalmente, por una hermenéutica constitucional leal a la Constitución*"[9].

La ideología constitucional no encierra, naturalmente, la proclamación de una doctrina específica, sino que traduce un conjunto heterogéneo de ideas. Dos ideologías, de las cuales la Constitución de 1988 es tributaria, reclaman nuestra atención especial, a saber: *la ideología desarrollista y la ideología del servicio público.*

[6] El término "ideología" es uno de los más polisémicos de los lenguajes filosófico, sociológico y político (MICHAEL LÖWY, *Ideologías y ciencia social*: elementos para un análisis marxista, 19ª ed., São Paulo, Cortez, 2010, pág. 10). Aquí se utiliza, según enseña NORBERTO BOBBIO, el significado "débil" de la palabra, que se tradujo como un "conjunto de ideas y valores relacionados con el orden público y cuya función es guiar la conducta política colectiva". El significado "fuerte" se vincula con el concepto marxista de ideología, concebido como una falsificación de la realidad (MARIO STOPPINO, "Ideologia", en NORBERTO BOBBIO, NICOLA MATTEUCCI y GIANFRANCO PASQUINO, *Dicionário de Politica*, vol. I, 13ª ed., Brasília, Editora Universidade de Brasília, 2010, págs. 585 y 586; KARL MANNHEIM, *Ideologia e utopia*, 2ª ed., Rio de Janeiro, Zahar Editores, 1972, págs. 81-85). A esta oposición la designa ALFREDO BOSI como el "sentido valorativo" y el "sentido no valorativo" (ALFREDO BOSI, *Ideologia e contraideologia*: temas e variações, São Paulo, Companhia das Letras, 2010, pág. 72).

[7] WASHINGTON ALBINO DE SOUZA, *Teoria da Constituição Econômica*, Belo Horizonte, Del Rey, 2002, págs. 75-99 y 361-384; EROS ROBERTO GRAU, *A ordem econômica na Constituição de 1988,* 13ª ed., São Paulo, Malheiros, 2008, págs. 169 y 170; GILBERTO BERCOVICI, *Constituição econômica e desenvolvimento*: uma leitura a partir da Constituição de 1988, São Paulo, Malheiros, 2005, págs. 40 y 41; RICARDO MARCONDES MARTINS, *Regulação administrativa à luz da Constituição Federal,* São Paulo, Malheiros, 2011, pág. 48-57.

[8] CÉSAR ENRIQUE ROMERO, "Constitución e ideologia: apuntes para una reforma" en *Revista de Estudios Políticos*, núm. 198, 1974, pág. 224.

[9] GILBERTO BERCOVICI, *Constituição econômica e desenvolvimento*: uma leitura a partir da Constituição de 1988, São Paulo, Malheiros, 2005, pág. 40.

La ideología desarrollista postula un Estado dotado de competencias para intervenir, *de manera permanente y planificada*, en los ámbitos económico y social, con vistas a mejorar las condiciones de vida de las personas. Se cuida de un proceso a largo plazo, que se caracteriza por una acción gubernamental programada en el campo social y económico[10], con el consecuente abandono de una visión meramente coyuntural o excepcional de la actuación estatal[11].

En este contexto, el *desarrollo* comprende una transformación de las estructuras sociales, distanciándose de la noción cuantitativa de crecimiento económico[12]. Nadie mejor que Celso Furtado para aclarar esta distinción:

"[...] *el crecimiento económico*, tal cual lo conocemos, viene fundándose en la preservación de los privilegios de las élites que satisfacen su afán de modernización; ya el desarrollo se caracteriza por su proyecto social subyacente. Disponer de recursos para invertir está lejos de ser condición suficiente para preparar un mejor futuro para la masa de la población. Pero cuando el proyecto social prioriza el efectivo mejoramiento de las condiciones de vida de esa población, el crecimiento se transforma en desarrollo"[13].

En los artículos 3º, 170 y 225, *caput*, de la Constitución Federal radican los trazos fundamentales del desarrollo que el Estado brasileño debe perseguir: *nacionalista*[14], *socialmente inclusivo, reductor de las desigualdades sociales y regionales, obediente a la dignidad humana, defensor del medio ambiente y de carácter transgeneracional.* Se trata del aclamado *desarrollo nacional sostenible*, traducción elocuente del contenido transformador de la Constitución Federal[15].

[10] Fábio Konder Comparato, *A afirmação histórica dos direitos humanos,* 5ª ed., São Paulo, Saraiva, 2007, pág. 399.

[11] Vital Moreira, *A ordem jurídica do capitalismo,* 3ª ed., Coimbra, Centelho, 1978, pág. 225.

[12] Eros Roberto Grau, *A ordem econômica na Constituição de 1988,* 13ª ed., São Paulo, Malheiros, 2008, págs. 216 y 217.

[13] Celso Furtado, "Os desafios da nova geração", en *Revista de Economia Política,* vol. 24, núm. 4, pág. 484.

[14] Aludimos al nacionalismo económico, que no debe confundirse con el nacionalismo étnico, de rasgo xenófobo y, de carácter belicista. Aquel nace de la convicción de que es necesario defender los intereses del trabajo, del capital y del conocimiento nacionales. Nótese, en su momento, que a finales del siglo xx "nacionalismo" se ha convertido en una palabra maldita. La ideología internacionalista, incorporada en el discurso neoliberal, fue utilizada por los países ricos para neutralizar la lucha de los países subdesarrollados por la autonomía nacional y por el desarrollo.

[15] Rafael Valim, "La contratación pública sostenible en Brasil", en Jaime Rodríguez-Arana Muñoz, Marta García Pérez (Coords.), *Reforma del Estado y transformación del Derecho Administrativo*, Madrid, Bubok Publishing, 2014, págs. 455-468.

La ideología del servicio público, a su vez, promovió una verdadera revolución copernicana en la comprensión del Estado moderno.

Hasta el siglo XIX la exaltación del poder constituía la base de construcción del derecho público, del que son ejemplos las lecciones, en el Derecho alemán, de GERBER, LABAND, IHERING y JELLINEK y, en el Derecho francés, de CARRÉ DE MALBERG[16]. Para estos eminentes autores, el Estado —titular de la *Herrschaft* o de la *puissance publique*— se imponía de forma irresistible, y las personas, entonces "súbditos", le debían irrestricta obediencia.

He aquí, a finales del siglo XIX, bajo el influjo de las ideas solidaristas, LÉON DUGUIT emprende, en palabras de JACQUES CHEVALIER, "un assaut impétueux, et à proprement parler sacrilège"[17] de las concepciones de Estado obsequiosas al poder. Se experimenta una radical transformación en el concepto de Estado, que se convierte simplemente en un conjunto de servicios públicos. Es decir, la idea-fuerza "poder" es sustituida por la idea-fuerza "deber" y esto, es ocioso señalarlo, subvierte por completo la estructura y las finalidades del Estado.

No obstante, en términos teóricos, está superada la Escuela del servicio público, una vez que la noción de servicio público es insuficiente para definir el derecho administrativo contemporáneo, *permanece el modelo de Estado producto de la "inversión ideológica" a que rindió oportunidad*[18]. Prueba de esto es exactamente la Constitución Federal de 1988, *cuyo modelo de Estado se orienta, en última instancia, a la promoción de la dignidad de la persona humana.*

B) *Derecho constitucional y derecho administrativo*

La breve incursión que hicimos en el Derecho Constitucional, para revelar el modelo de Estado brasileño y algunas de sus bases ideológicas, no es desdeñable, pues corresponde a una exigencia de orden metodológico.

Según se acepta actualmente, "el Derecho Administrativo es el Derecho Constitucional concretizado"[19], lo que significa que los trazos fundamentales del Derecho Administrativo están comprendidos, ineludiblemente, en el Derecho Constitucional[20]. *De eso resulta que la construcción de las categorías*

[16] SANTIAGO MUÑOZ MACHADO, *Servicio público y mercado*, tomo I, Madrid, Civitas, 1998, págs. 100 y 101.

[17] JACQUES CHEVALLIER, *Le service public*, 3ème ed., Paris, PUF, 1994, pág. 19.

[18] RICARDO MARCONDES MARTINS, *Regulação Administrativa à luz da Constituição Federal*, São Paulo, Malheiros, 2011, págs. 145-148.

[19] Esta expresión es del antiguo presidente del Tribunal Administrativo Federal Alemán, Fritz Werner (MARTIN IBLER, Derecho administrativo como derecho constitucional concretizado. *República*, núm. 2, pág. 40).

[20] CELSO ANTÔNIO BANDEIRA DE MELLO, *Curso de direito administrativo*, 31ª ed., São Paulo, Malheiros, 2014, pág. 29; THÉODORE FORTSAKIS, *Conceptualisme et empirisme en Droit*

jurídico-administrativas siempre tendrá como punto de partida la Constitución Federal[21], rechazándose la asimilación acrítica de las nociones extraídas del Derecho Comparado[22] y, asimismo, la aceptación irreflexiva de conceptos tradicionales de la doctrina jusadministrativista.

En la elegante síntesis de Ruy Cirne Lima, "el Derecho Constitucional califica, por implicación, la administración pública, en tanto actividad, y establece los fundamentos de la existencia y organización de los sujetos activos que la desempeñan"[23].

De esta relación también deriva el incesante y, no raro, veloz proceso de mutación del Derecho Administrativo, cuyas reglas y principios deben acompañar los cambiantes y complejos cometimientos del Estado contemporáneo. Con admirable exactitud, dijo el Vizconde del Uruguay: "El Derecho Administrativo [...] se resiente mucho más del estado de la sociedad que el Derecho Civil"[24].

Tales premisas cobran enorme importancia para esta investigación en la medida en que la actividad de fomento es comúnmente explicada por la doctrina según principios y reglas que nada tienen que ver con el modelo del Estado brasileño y la ideología que le subyace, al margen, por tanto, de nuestro marco constitucional.

C) *Principio de subsidiariedad*

De hecho, la generalidad de los estudiosos brasileños vincula, a la luz de la realidad extranjera, la actividad de fomento al llamado *principio de subsidiariedad*, de cuyo sentido *funcional*[25] se extrae la idea de que la actuación del

Administratif français, Paris, LGDJ, 1987, págs. 338-341; Jaime Rodríguez-Arana, *Derecho administrativo y Constitución*, Granada, CEMCI, 2000, págs. 77 y ss.

[21] Antonio Trancoso Reigada, "Dogmática Administrativa y Derecho Constitucional: el caso del servicio público", en *Revista Española de Derecho Constitucional*, 57/87-164; Gilberto Bercovici, *Constituição econômica e desenvolvimento*: uma leitura a partir da Constituição de 1988, São Paulo, Malheiros, 2005, pág. 59.

[22] Celso Antônio Bandeira de Mello, *Curso de direito administrativo*, 31ª ed., São Paulo, Malheiros, 2014, pág. 29.

[23] Ruy Cirne Lima, *Sistema de direito administrativo brasileiro*, vol. I, Porto Alegre, Editora Santa Maria, 1953, pág. 40.

[24] *Ensaio sobre o Direito Administrativo*, tomo I, Rio de Janeiro, Typographia Nacional, 1862, pág. 38.

[25] El principio de la subsidiariedad comporta dos sentidos: funcional (u horizontal), y territorial (vertical). En aquella acepción, la subsidiariedad funciona como un criterio de delimitación material de las funciones del Estado, mientras en esta opera como regla de distribución de competencias (Franck Moderne, "Existe-t-il un principe de subsidiarité fonctionnelle? à propos des rapports entre initiative économique publique et initiative économique privée

Estado debe circunscribirse, por una parte, al estímulo de la actividad individual y de los pequeños grupos y, por otro, al desempeño de actividades de interés colectivo que la sociedad, por sí sola, se revela incapaz de proveer. Así, a los particulares asistiría el protagonismo en los campos social y económico, correspondiéndole al Estado un papel excepcional, que se reduce atender las insuficiencias del sector privado[26].

No obstante que algunas voces sostienen una supuesta neutralidad del "principio de subsidiariedad"[27], nos parece evidente su carácter liberal-individualista, que apela a la primacía de lo económico sobre lo social, colocando el mercado en el centro del edificio institucional. De ello resulta, por consiguiente, un específico modelo de Estado, al que muchos denominan *Estado subsidiario*[28], distinto, a todas luces, del Estado social de derecho brasileño.

En este contexto, *es forzoso subrayar que el orden constitucional brasileño no adoptó el sentido funcional del "principio de subsidiariedad"*[29]. A diferencia de la Constitución de 1937, en cuyo artículo 135 se prescribía que "la intervención del Estado en el dominio económico solo se legitima para suplir las deficiencias de la iniciativa individual y coordinar los factores de producción", y de la Constitución de 1967, en cuyo artículo 170 se estatuía que a las empresas privadas competía "preferentemente, con el estímulo y el apoyo del Estado, organizar actividades económicas "(art. 170, *caput*) y que "solo con carácter suplementario de la iniciativa privada el Estado organizará y explorará

dans les États européens)", en *Revue française de droit administratif*, 2011, pág. 563; Jaime Rodríguez-Arana, *Cuatro estudios de derecho administrativo europeo,* Granada, Editorial Comares, 1999, pág. 54; Vital Moreira, A ordem jurídica do capitalismo, 3ª ed., Coimbra, Centelho, 1978, pág. 221.

26 Kenneth E. Boulding, *The economy of love and fear*: a preface to grants economics, Belmont, Wadsworth, 1973, págs. 1 y ss.

27 Margarida Salema d'Oliveira Martins, *O princípio da subsidiariedade em perspectiva jurídico-política,* pág. 78; Franck Moderne, "Existe-t-il un principe de subsidiarité fonctionnelle? (à propos des rapports entre initiative économique publique et initiative économique privée dans les Etats européens)", en *Revue française de droit administratif*, 2011, pág. 564; Diogo de Figueiredo Moreira Neto, *Curso de direito administrativo*, 16ª ed., Rio de Janeiro, Forense, 2014, pág. 606; Silvia Faber Torres, *O princípio da subsidiariedade no direito público contemporáneo,* Rio de Janeiro, Renovar, 2001, págs. 111-107.

28 Coincide con nuestra posición el Profesor Silvio Luís Ferreira da Rocha (*Terceiro Setor*, 2ª ed., São Paulo, Malheiros, 2006, pág. 19).

29 Emerson Gabardo, *Interesse público e subsidiariedade*: o *Estado e a sociedade para além do bem e do mal*, Belo Horizonte, Fórum, 2009, págs. 225 y 226; Gilberto Bercovici, *Direito econômico do petróleo e dos recursos naturais*, São Paulo, Quartier Latin, 2011, pág. 271; Daniel Wunder Hachem, "A noção constitucional de desenvolvimento para além do viés econômico: reflexos sobre algumas tendências do Direito Público brasileiro", en *A&C – Revista de Direito Administrativo & Constitucional*, Belo Horizonte, año 13, núm. 53, jul./sept. 2013. Disponible en <http://www.bidforum.com.br/bid/PDI0006.aspx?pdiCntd=97395>.

directamente la actividad económica" (art. 170, § 1º), en la Constitución de 1988 *el fundamento de la intervención estatal en los dominios económico y social radica en el interés público y no en el "principio de subsidiariedad"*.

Como se evidenció líneas atrás, la ideología que informa el texto constitucional es claramente antagónica al contenido del "principio de subsidiariedad". En palabras de Claudio Pereira de Souza Neto y José Vicente Santos de Mendonça, sostener la vigencia del "principio de subsidiariedad" en la Constitución de 1988 significa nada menos que una "captura ideológica del texto"[30].

Al Estado brasileño no se le permite esperar, pasivamente, que la iniciativa privada busque la satisfacción de los intereses colectivos, sino que está obligado a concretar, mediante políticas públicas y servicios públicos, los derechos fundamentales contemplados en la Constitución Federal. Valiéndonos de las palabras del profesor Emerson Gabardo, "el adecuado fundamento para el fomento de cualquier actuación privada por el Estado exige la evaluación concreta del interés público en la actividad. *Por lo tanto, implica un análisis de mérito y no una aplicación apriorística de un principio fundamental*". (Énfasis añadido)[31].

Si en materia de fomento ya nos parece equivocada la aplicación del principio de subsidiariedad, *en materia de los servicios públicos la invocación del aludido principio configura un grosero error*, que desafía nuestro texto constitucional. El Estado presta servicios públicos porque esta misión le fue confiada por la Carta Magna, y no por una supuesta incapacidad privada de los particulares para prestarlos. En otros espacios, los servicios públicos traducen el campo natural del Estado, así como la actividad económica constituye el campo propio de los particulares[32].

En resumen, se impone una lectura de la actividad de fomento como una valiosa herramienta del Estado social de derecho brasileño para la consecución de sus fines. No se trata, como se ha dicho, de una actividad subsidiaria, incidente en deficiencias del mercado, pero de una actuación planificada del Estado destinada a la satisfacción de intereses públicos.

[30] Cláudio Pereira de Souza Neto, José Vicente Santos de Mendonça, "Fundamentalização e fundamentalismo na interpretação do princípio constitucional da livre iniciativa", en Cláudio Pereira de Souza Neto, Daniel Sarmento, (Coords.), *A constitucionalização do Direito: fundamentos teóricos e aplicações específicas*, Rio de Janeiro, Lumen Juris, 2007, págs. 734-741.

[31] Augusto César Leite de Resende y Emerson Gabardo, "A atividade administrativa de fomento na gestão integrada de resíduos sólidos em perspectiva com o desenvolvimento sustentável", en *A&C – Revista de Direito Administrativo & Constitucional,* Belo Horizonte, año 13, núm. 53, jul./set. 2013. Disponible en <http://bid.editoraforum.com.br/bid/PDI0006.aspx?p diCntd=97394>.

[32] Celso Antônio Bandeira de Mello, *Curso de direito administrativo,* 31ª ed., São Paulo, Malheiros, 2014, págs. 703 y 704.

2. Panorama de las actividades administrativas

A la luz del mencionado carácter indisociable entre el Derecho Constitucional y el Derecho Administrativo, es indudable que el advenimiento del Estado social de derecho provocó una profunda ampliación y diversificación de las actividades administrativas[33], las cuales, según la aguda observación de Adolf Merkl, son "los termómetros de la cultura nacional, indicadores de las orientaciones de las políticas dominantes"[34].

Las administraciones públicas pasaron a asumir nuevos deberes ante la sociedad, desconocidos por completo en otros momentos históricos y, con eso, el rayo de actuación y la complejidad del Derecho Administrativo se ampliaron exponencialmente.

En este escenario, José Bermejo Vera llega a afirmar que "cualquier intento de delimitar conceptualmente la variadísima gama de acciones administrativas, desde cualquier punto de vista que se adopte, está condenado al fracaso"[35].

No obstante, la acentuada *heterogeneidad* de las actividades administrativas[36], a la que se suma su carácter contingente y variable, nos parece útil para su *tipificación*, con el propósito de singularizar específicos regímenes jurídicos.

El Profesor Daniel Hugo Martins, con total claridad exalta la necesidad de estudiar las actividades que están a cargo de la administración pública y, citando a Giuseppe Cataldi, sugiere que el jurista debe "a) interpretar las normas referentes a las distintas actividades de la administración conforme a los principios generales, b) investigar la validez de los principios generales, confrontándolos con la legislación especial, c) deducir los principios generales de cada materia especial"[37].

Regístrese, oportunamente, que, dentro de la doctrina jusadministrativista brasileña, pocos se ocuparon, con profundidad, de la sistematización de las actividades administrativas. Se testimonia un notable esfuerzo en la delimitación de determinadas actividades administrativas, sobre todo la actividad de

[33] Hans J.Wolff, Otto Bachof y Rolf Stober, *Direito administrativo*, vol. I, Lisboa, Fundação Calouste Gulbenkian, 2006, pág. 65; Jaime Orlando Gamboa Santofímio, *Tratado de derecho administrativo*, tomo I, 3ª ed., Bogotá, Universidad Externado de Colombia, 2007, pág. 38.

[34] Adolfo Merkl, *Teoría general del derecho administrativo*, Granada, Comares, 2004, pág. 289.

[35] *Derecho administrativo: Parte especial*, 7ª ed., Madrid, Civitas, 2009, pág. 45.

[36] Celso Antônio Bandeira De Mello, *Curso de Direito Administrativo*, 31ª ed., São Paulo, Malheiros, 2014, pág. 685; Juan Alfonso Santamaría Pastor, *Princípios de derecho administrativo general*, vol. II, 2ª ed., Madrid, Iustel, 2009, pág. 251.

[37] *Introducción al derecho administrativo*: fundamentos históricos, políticos, filosóficos y jurídicos. Montevideo, Fundación de Cultura Universitaria, 1982, pág. 120.

policía y la actividad de servicio público, pero se carece de estudios orientados para organizar coherentemente el conjunto de actividades desempeñadas por la administración pública.

Además, en los últimos años se verifica una clara tendencia a elaborar *clasificaciones sectoriales* de la acción administrativa, en detrimento de sistematizaciones que permitan ordenar de manera transversal las actividades administrativas[38]. Es en esta coyuntura donde se advierte gran proliferación de estudios dedicados a los sectores sobre los cuales recae la actuación administrativa, tales como saneamiento básico, telecomunicaciones, puertos, petróleo y gas, electricidad y carreteras.

Para nuestros propósitos, importa explicitar, así sea brevemente, el método de que nos valdremos para identificar las actividades administrativas y, en seguida, indicar sus principales especies.

A) *Clasificación y tipificación*

La realidad puede ser organizada según dos expedientes lógicos: la *clasificación* y la *tipificación*[39].

Aunque *tipo* y *clase* configuren formas ordenadoras que agrupan objetos cubiertos por un concepto, ellos no se confunden. Mientras la clasificación permite una organización exhaustiva de la realidad, a la vista de un determinado criterio rígido e inflexible, la tipificación conduce a una descripción reconocidamente abierta e incompleta de la realidad[40].

La ciencia del Derecho Administrativo ofrece interesantes ejemplos de los mencionados métodos. El célebre debate acerca de la *clasificación* de las funciones estatales es uno de ellos. A pesar del criterio elegido por el estudioso —subjetivo, objetivo-material, objetivo-formal[41]—, por medio de esta clasificación se alcanza una comprensión completa de las funciones del Estado. Ya en lo tocante a la *tipificación*, debe aludirse a la frecuente relación de actos administrativos en especie[42]. Se verifica, en este caso, una rica descripción

[38] Gladys Camacho Cepeda, "Las modalidades de la actividad administrativa y los principios que rigen la actuación de la Administración del Estado" en Rolando Pantoja Bauzá (Coord.). *Derecho administrativo chileno*, Ciudad de México, Porrúa, 2007, págs. 156 y 157.

[39] Misabel de Abreu Machado Derzi, *Direito tributário, direito penal e tipo*, 2ª ed., São Paulo, *Revista dos Tribunais*, 2007, págs. 102-104.

[40] Karl Engisch, *La idea de concreción en el derecho y en la ciencia jurídica actuales,* Granada, Comares, 2004, págs. 353-424.

[41] Celso Antônio Bandeira de Mello, *Curso de direito administrativo,* 31ª ed., São Paulo, Malheiros, 2014, págs. 32-36.

[42] Celso Antônio Bandeira De Mello, *Curso de direito administrativo,* 31ª ed., São Paulo, Malheiros, 2014, págs. 442-452; Maria Sylvia Zanella Di Pietro, *Direito administrativo,*

de las notas caracterizadoras de los diversos tipos de actos administrativos, todos articulados sobre una base común, sin pretender, sin embargo, agotar la multiforme realidad jurídico-administrativa.

Se advierte que empleamos el concepto de tipo en cuanto instrumento gnoseológico, o sea, como forma de ordenación del conocimiento jurídico. Nos situamos, por lo tanto, en los dominios del *lenguaje de la ciencia del derecho*[43].

Además, la reducción a tipos ostenta una virtud de trascendental importancia, a saber: *posibilita la inserción de conceptos en un contexto elaborado bajo idénticos presupuestos*. A propósito, resulta imprescindible transcribir las palabras del Profesor Giuseppe Pericu: "*la riduzione a tipo giuridico differisce da altre forme di classificazione in quanto le nozioni elaborate con il primo di tali procedimenti trovano una precisa collocazione in un contesto concettuale costituito da nozioni formate su identici presupposti*"[44].

En estos términos, resulta imperativo reconocer que la enorme heterogeneidad y la dinamicidad de las actividades administrativas es incompatible con la rigidez del expediente clasificatorio y reclama exactamente la permeabilidad conceptual del pensamiento tipológico.

Formuladas estas muy breves consideraciones de orden metodológico, pasemos al examen de las principales actividades administrativas deducibles del derecho brasileño.

B) *Especies de actividades administrativas*

Es de rigor no confundir las vías *técnico-jurídicas* de *acción administrativa* con las *actividades administrativas*[45]. Mientras aquellas constituyen los *instrumentos formales* por medio de los cuales opera la administración pública —acto administrativo, regulación, proceso administrativo y contrato administrativo—, estas traducen el *contenido típico* de las acciones administrativas. En palabras del Profesor Santamaría Pastor, las actividades administrativas traducen "qué cosas hace la Administración", al paso que las vías técnico-jurídicas significan "cómo las hace"[46].

27ª ed., São Paulo, Atlas, 2014, págs. 236-246; Silvio Luís Ferreira da Rocha, *Manual de direito administrativo,* São Paulo, Malheiros, 2013, págs. 321-332.

[43] Lourival Vilanova, *Estruturas lógicas e o sistema do direito positivo,* São Paulo, Noeses, 2005, págs. 162-166.

[44] Pericu, Giuseppe *Le sovvenzioni come strumento di azione amministrativa*, vol. I. Milán, Giuffrè Editore, 1967, pág. 93.

[45] Celso Antônio Bandeira de Mello, *Curso de direito administrativo,* 31ª ed., São Paulo, Malheiros, 2014, pág. 685; Gaudemet Yves, *Droit administratif*, 20ème ed., Paris, LGDJ, 2012, pág. 370.

[46] Juan Alfonso Santamaría Pastor, *Princípios de derecho administrativo general,* tomo II, 2ª ed., Madrid, Iustel, 2009, pág. 19.

Naturalmente, el reconocimiento de las actividades administrativas resulta de generalizaciones del sistema normativo. Se quiere con eso significar que la individualización de determinada actividad administrativa debe radicar en trazos jurídico-positivos que permitan identificar su *intimidad estructural*. Elementos extrajurídicos o mismo los fines objetivados por las actividades administrativas no son idóneos para categorizarlas[47].

A título de ejemplo, la desapropiación para los fines de reforma agraria, modalidad expropiatoria prevista en el artículo 184 de la Constitución Federal y de competencia exclusiva de la Unión, cuya finalidad es favorecer la función social de la propiedad agraria, no por ello debe ser entendida como especie de "fomento rural". Se trata, indudablemente, de una manifestación de la *actividad ablatoria*, o, precisamente, del *sacrificio del derecho*.

Son innúmeras las tipologías de las actividades administrativas en la doctrina nacional. Desde concepciones tricotómicas —fomento, policía administrativa y servicio público—[48], fundadas en las célebres enseñanzas de Luís Jordana de Pozas, hasta enumeraciones pormenorizadas del plexo de actividades administrativas[49].

Merece especial referencia la tipología que sugiere el eminente Profesor Celso Antônio Bandeira de Mello, para quien son identificables las siguientes actividades administrativas: servicios públicos; intervención del Estado en el dominio económico y social; limitaciones administrativas a la libertad y a la propiedad o al "poder de policía"; imposición de las sanciones previstas para las infracciones administrativas; sacrificios de derechos y, finalmente, gestión de bienes públicos[50].

Acompañamos, con ligeras adaptaciones terminológicas, las lecciones del Profesor Celso Antônio Bandeira de Mello a este respecto. De hecho, divisamos las siguientes actividades administrativas: (i) *servicio público*; (ii) *actividad de policía administrativa*; (iii) *actividad ablatoria;* (iv) *actividad sancionatoria*; (v) *actividad económica*; (vi) *actividad de gestión de los bienes públicos*; (vii) *actividad verificadora*, (viii) *actividad de fomento*.

Para evitar logomaquias estériles, emprendamos una rápida descripción de las aludidas actividades administrativas.

[47] No compartimos en este particular la opinión del Profesor Diogo de Figueiredo Moreira Neto, *Curso de direito administrativo*, 16ª ed., Rio de Janeiro, Forense, 2014, pág. 579.

[48] Maria Sylvia Zanella Di Pietro, *Direito administrativo*, 27ª ed., São Paulo, Atlas, 2014, págs. 55-57.

[49] Odete Medauar, *Direito administrativo moderno*, 16ª ed., São Paulo, Revista dos Tribunais, 2012, págs. 117 y 118.

[50] Celso Antônio Bandeira De Mello, *Curso de direito administrativo*, 31ª ed., São Paulo, Malheiros, 2014, pág. 684.

De hecho, los *servicios públicos* son actividades materiales que ofrecen comodidades y utilidades, disfrutables singularmente por los administrados y que el Estado asume como propias[51], prestándolas directamente o patrocinándoles la ejecución[52]. En la dicción precisa de MARCELLO CAETANO, son servicios organizados con el fin de satisfacer una "necesidad colectiva individualmente sentida"[53].

La *actividad de policía administrativa*, a su vez, comprende las limitaciones administrativas a la libertad y a la propiedad o, bajo otro rótulo, los condicionamientos administrativos de derechos. Se trata de actividad de armonización de los intereses individuales con los intereses de la colectividad, cuya vetusta denominación, no obstante que la reputemos como indeseable, merced a su innegable raíz autoritaria[54], continuamos empleando por cuanto es ampliamente acogida en el derecho positivo brasileño[55].

Junto a la actividad de policía administrativa, mediante la cual se delinea el perfil de los derechos, se colocan las técnicas de sacrificios de derechos, las cuales integran la *actividad administrativa ablatoria*. En esta actividad se incluyen la desapropiación, la requisición, la servidumbre y la preservación, institutos de que se vale el Estado para eliminar o restringir, legítimamente, los derechos de los administrados.

Y la *actividad sancionatoria* traduce la acción de la administración pública preordenada a la depuración de infracciones administrativas y el establecimiento de las correspondientes sanciones administrativas, en los términos de la ley. No se confunde, pues, con la actividad de policía administrativa, tampoco con la actividad ablatoria, en la medida que, como bien señala el Profesor JOSÉ ROBERTO PIMENTA OLIVEIRA, presupone el ilícito administrativo[56].

[51] DINORÁ ADELAIDE MUSETTI GROTTI, *O serviço público e a Constituição de 1988*, São Paulo, Malheiros, 2003, pág. 87.

[52] CELSO ANTÔNIO BANDEIRA DE MELLO, *Curso de Direito Administrativo,* 31ª ed., São Paulo, Malheiros, 2014, pág. 689.

[53] *Princípios fundamentais do direito administrativo*, Coimbra, Almedina, 2003, pág. 216.

[54] LÚCIA VALLE, *Curso de direito administrativo,* 9ª ed., São Paulo, Malheiros, 2008, págs. 304 y ss.; LUIS MANUEL FONSECA PIRES, *Limitações administrativas à liberdade e à propriedade*, São Paulo, Quartier Latin, 2006, pág. 155.

[55] Basta recordar que la propia Constitución Federal se vale de la expresión: "Art. 145. La Unión, los Estados, el Distrito Federal y los municipios podrán instituir los siguientes tributos: [...] II – tasas, en razón del ejercicio del *poder de polícia* o por la utilización, efectiva o potencial, de servicios públicos específicos y divisibles, prestados al contribuyente o puestos a su disposición" (También censuran la locución: CELSO ANTÔNIO BANDEIRA DE MELLO, *Curso de direito administrativo*, 31ª ed., São Paulo, Malheiros, 2014, págs. 839 y 840; HERALDO GARCIA VITTA, *Poder de polícia,* São Paulo, Malheiros, 2010, págs. 19 y 20; CLÓVIS BEZNOS, *Poder de polícia*, São Paulo, Revista dos Tribunais, 1979, págs. 46-60.

[56] JOSÉ ROBERTO PIMENTA OLIVEIRA, *Os princípios da razoabilidade e da proporcionalidade no direito administrativo brasileiro,* São Paulo: Malheiros, 2006, pág. 472.

Corresponde a la administración pública, además, actuar directamente en el dominio económico, *participando* del mercado o absorbiéndolo, en régimen monopolístico, en los términos de la Constitución Federal. He aquí *la actividad económica* del Estado, desempeñada por empresas públicas o sociedades de economía mixta, las cuales, nunca es demasiado recordar, a diferencia de las empresas privadas, están teleológicamente orientadas a la satisfacción de intereses públicos y no a la búsqueda del lucro. Nótese que, en la perspectiva que ahora se adopta, no se incluyen en la actividad económica del Estado las intervenciones por "dirección" y por "inducción", en términos del Profesor EROS GRAU, visto que están correspondidas, respectivamente, en la actividad de policía administrativa y en la actividad de fomento[57].

La *actividad de gestión de bienes públicos* contempla la acción administrativa centrada en la adquisición, utilización y enajenación de bienes que integran el dominio público.

También es posible reconocer una *actividad verificadora* de la administración pública, preordenada a la depuración o documentación de una situación de facto o de derecho[58]. Son ejemplos de esta importante actividad los actos notariales y de registro previstos en el artículo 236 de la Constitución Federal y disciplinados en la ley 9.835 de 1994.

La *actividad de fomento*, finalmente, reúne las técnicas de transferencias de bienes y derechos a favor de los sujetos de derecho privado, sin contraprestación o con contraprestaciones en condiciones favorables, con vistas a la satisfacción directa o indirecta de los intereses públicos.

Tras este repertorio conceptual, pasemos a examinar en detalle la actividad de fomento.

3. APROXIMACIÓN AL SIGNIFICADO DE LA ACTIVIDAD DE FOMENTO

No obstante que la actividad de fomento se ha desarrollado desde hace mucho tiempo, su teorización es reciente y, en el contexto brasileño, aún es muy embrionaria. Mientras la policía administrativa y el servicio público disfrutan de una posición privilegiada en la doctrina nacional, ostentando

[57] EROS ROBERTO GRAU, *A ordem econômica na Constituição de 1988*, 13ª ed., São Paulo, Malheiros, 2008, pág. 147.

[58] CELSO ANTÔNIO BANDEIRA DE MELLO, *Curso de direito administrativo*, 32ª ed., São Paulo, Malheiros, 2015, pág. 431. Otrora el Profesor CELSO ANTÔNIO BANDEIRA DE MELLO denominó esta actividad como "intervención en actos y hechos de la vida de los particulares para conferirles certeza y seguridad jurídicas" (*Prestação de serviços públicos e administração indireta,* São Paulo, RT, 1973, pág. 17), en lo que fue seguido por la Profesora LÚCIA VALLE FIGUEIREDO (*Curso de direito administrativo,* 9ª ed., São Paulo, Malheiros, 2008, pág. 77).

notable sofisticación teórica, la actividad de fomento continúa sin recibir la necesaria atención de los estudiosos.

Cabe señalar que, aunque tengamos en cuenta las críticas que se hacen al término "fomento", que habitualmente vienen acompañadas de propuestas de sustitución por otros rótulos como, por ejemplo, "ayudas públicas", continuamos usándolo merced a su amplia aceptación en la legislación y doctrina nacionales.

A) *Trazos fundamentales de la actividad de fomento*

Nos parece que la actividad de fomento ostenta un significado mínimo e indisputable, con arreglo al cual se descubren las características jurídico-positivas correspondientes a cada sistema normativo.

En este sentido, anótese, que la actividad de fomento traduce ejercicio de la función administrativa y, en razón de ello, no puede ser vista como una "liberalidad" de la Administración[59]. En verdad, no hay espacio en el derecho administrativo para los actos de liberalidad, por cuanto el interés público no es algo que se entrega al albedrío del administrador. De ahí que se proclama, en el derecho administrativo francés, un "principio de interdicción de liberalidades" y, que en el derecho administrativo brasileño se reconozca el principio de la indisponibilidad del interés público como uno de los pilares fundamentales del sistema de derecho administrativo.

Cuando la administración pública, transfiere, a título de fomento bienes en favor de los particulares, sin contraprestación o con contraprestaciones más favorables que las del mercado, no distribuye donaciones, sino, simplemente, pone en marcha un medio legítimo para la consecución de finalidades públicas.

Adviértase que la *actividad de fomento está dirigida a los particulares*, o sea, en uno de los polos de la relación jurídica de fomento deben comparecer, necesariamente, sujetos de derecho privado. A pesar de respetables opiniones en contrario[60], no nos parece admisible el fomento en provecho de sujetos de derecho público por una razón muy simple: estos, como sujetos que cumplen una *función*, tienen el *deber* de conseguir las finalidades públicas que el orden jurídico les señala. No hay que animarlos o estimularlos a cumplir sus cometidos[61].

[59] José Roberto Pimenta Oliveira, *Os princípios da razoabilidade e da proporcionalidade no direito administrativo brasileiro*, São Paulo, Malheiros, 2006, pág. 518.

[60] Diogo de Figueiredo Moreira Neto, *Curso de direito administrativo*, 16ª ed., Rio de Janeiro, Forense, 2014, pág. 579; Célia Cunha Mello, *O fomento da administração pública,* Belo Horizonte, Del Rey, 2003, pág. 32; José Roberto Pimenta Oliveira, *Os princípios da razoabilidade e da proporcionalidade no direito administrativo brasileiro,* São Paulo, Malheiros, 2006, pág. 518; Fernando Garrido Falla, *Tratado de derecho administrativo*, vol. 2, 10ª ed., Madrid, Tecnos, 1992, pág. 301.

[61] Rodrigo Cuesta, *La subvención*, Buenos Aires, Abeledo-Perrot, 2012, pág. 58.

Es evidente, de este modo, la que hay incompatibilidad entre la lógica que preside las competencias públicas[62] y la finalidad de la actividad de fomento.

A pesar de la equivocada terminología que emplea en diversas legislaciones, incluso la brasileña, las relaciones establecidas entre los sujetos de derecho público traducen nada más que las transferencias patrimoniales interadministrativas cuya disciplina jurídica difiere, ante toda evidencia, aquella que incide sobre las medidas de fomento.

Otra nota fundamental de la actividad de fomento es la *voluntariedad*. Fomento obligatorio, coactivo, es una contradicción terminológica. Las relaciones jurídico-administrativas que nacen en el seno de la actividad de fomento son delimitadas por el concurso de la voluntad del particular[63].

La última característica del núcleo conceptual del fomento está ligada a la *ampliación de la esfera jurídica de los administrados*, por significar que tal actividad implica, invariablemente, otorgar ventajas en favor de los particulares. De ahí se extrae la incoherencia del llamado "fomento negativo", concebido por Luis Jordana de Pozas como "obstáculos o cargas creadas para dificultar por medios indirectos aquellas actividades o establecimientos contrarios a los que el gobernante quiere fomentar" y asimilado por muchos doctrinantes brasileños[64]. Con el debido respeto, el aludido "fomento negativo" es simplemente una manifestación de la actividad de policía y representa un ejemplo muy claro de los resultados poco útiles que ofrece una visión teleológica de las actividades administrativas.

Incursionemos ahora en el examen de la compostura de la actividad de fomento en el derecho administrativo brasileño.

4. El fomento en el derecho administrativo brasileño

Como es de conocimiento general, la formulación de un concepto jurídico implica limitar el derecho positivo según algunos trazos *convencionalmente*

[62] Es insuperable la definición de competencia del Profesor Celso Antônio Bandeira de Mello: "[...] la competencia puede ser conceptuada como el círculo comprensivo de un plexo de deberes públicos que deben ser satisfechos mediante el ejercicio de correlatos y demarcados poderes instrumentales, legalmente conferidos para la satisfacción de intereses públicos" (*Curso de direito administrativo*, 31ª ed., São Paulo: Malheiros, 2014, pág. 148).

[63] Diogo de Figueiredo Moreira Neto, *Curso de direito administrativo*, 16ª ed., Rio de Janeiro, Forense, 2014, pág. 578; Célia Cunha Mello, *O fomento da administração pública*, Belo Horizonte, Del Rey, 2003, pág. 30; Carlos Ari Sundfeld, *direito administrativo ordenador*, São Paulo, Malheiros, 2003, pág. 20; André Luiz Freire, "Responsabilidade patrimonial na atividade administrativa de fomento", en Priscilia Sparapani, Adri, Renata Porto (coords.), *Intervenção do Estado no domínio econômico e no domínio social*: Homenagem ao Profesor Celso Antônio Bandeira de Mello, Belo Horizonte, Fórum, 2010, pág. 166.

[64] Ricardo Marcondes Martins, *Regulação administrativa à luz da Constituição Federal*, São Paulo, Malheiros, 2011, pág. 263.

establecidos. En la lección clásica de GENARO CARRIÓ, no hay conceptos verdaderos o falsos, sino conceptos útiles o inútiles según los puntos de vista científico, didáctico o práctico[65].

La extensión de los conceptos, además, es inversamente proporcional a la cantidad de criterios elegidos para la delimitación de la realidad. Es decir, será tanto más específico un concepto cuanto más numerosos sean sus elementos e, inversamente, tanto más genérico en cuanto menos elementos ostente[66].

En la actualidad, reina una profunda divergencia acerca del concepto de fomento, prevaleciendo, de modo general, definiciones en términos negativos, por medio de las cuales se indica lo que aquella actividad *no* significa, pero que son insuficientes para circunscribir adecuadamente su campo denotativo[67], o concepciones excesivamente amplias y, por esta misma razón, de parca utilidad científica porque son aglutinadoras de situaciones muy dispares.

De esta manera, en atención a la necesaria definición en términos positivos y restrictivos[68] de la actividad de fomento, esta puede entenderse como la *transferencia de bienes y derechos en favor de los particulares, sin contraprestación o con contraprestación en condiciones favorables, en orden a satisfacer directa o indirecta intereses públicos.*

Precisemos los términos de esta definición, de forma que podamos explicar su universo denotativo.

A) *Términos de la definición de fomento*

El primer elemento que se debe destacar es el de la *transferencia de bienes y derechos.*

Esto significa decir que la actividad de fomento implica, en palabras del Profesor RAMÓN PARADA[69], una *atribución patrimonial* en favor de los admi-

[65] GENARO R. CARRIÓ, *Notas sobre derecho y lenguaje,* 4ª ed., Buenos Aires, Abeledo-Perrot, 1994, pág. 99.

[66] CELSO ANTÔNIO BANDEIRA DE MELLO, *Ato administrativo e direito dos administrados*, São Paulo, Malheiros, 1981, pág. 4.

[67] La más célebre definición en términos negativos de la actividad de fomento es la de JORDANA DE POZAS: "la acción de la administración encaminada a proteger o promover aquellas actividades, establecimientos o riquezas debidos a los particulares y que satisfacen necesidades públicas o se estiman de utilidad general, sin usar de la coacción ni crear servicios públicos" ("Ensayo de una teoría del fomento en el Derecho Administrativo", en *Revista de Estudios Políticos*, pág. 46). A propósito, ver ítem 3.1 de la parte 1.

[68] El Profesor JOSÉ ROBERTO PIMENTA OLIVEIRA también postula una definición más restrictiva de la actividad de fomento (*Os princípios da razoabilidade e da proporcionalidade no direito administrativo brasileiro*, São Paulo, Malheiros, 2006, pág. 524).

[69] RAMÓN PARADA, *Derecho administrativo*, vol. I, 15ª ed., Madrid, Marcial Pons, 2004, pág. 396.

nistrados. O sea, hay una ampliación de la esfera jurídica de los administrados mediante la traslación de bienes y derechos y no por la mera supresión de obligaciones, deberes, encargos y limitaciones a derechos[70].

Como señala el Profesor MANUEL MARÍA DIEZ, la actividad de fomento traduce *obligaciones de dar*, en cuya estructura relacional comparece el particular como sujeto activo y la administración pública como sujeto pasivo.

También, a partir de esta característica conceptual el Profesor JOSÉ LUIS MARTÍNEZ LÓPEZ-MUÑIZ, en un estudio cuya lectura es indispensable, propone, como alternativa a la noción de fomento, una "actividad administrativa dispensadora de ayudas y recompensas"[71].

El segundo componente de la definición concierne a los destinatarios de las acciones de fomento. Al decir "*en favor de particulares*", por las razones ya expuestas, limítase la actividad de fomento a las transferencias de bienes y derechos en pro de sujetos de derecho privado, que no se confunden, en términos jurídicos, con las transferencias patrimoniales interadministrativas[72].

El tercer término de la definición atina a la posición jurídica en que se inserta el particular beneficiario de la actividad de fomento. Como tendremos oportunidad de observar, el sujeto fomentado ora recibirá bienes y derechos sin *contraprestación* ante la administración pública —subvenciones, subsidios y cesión gratuita de bienes públicos—, ora recibirá bienes y derechos asumiendo la *contraprestación* en condiciones más favorables que las que rigen en el mercado —medios crediticios, cesión onerosa de bienes públicos y participación minoritaria del Estado en sociedades privadas—. Esto justifica, por lo tanto, la *expresión "sin contraprestación o con contraprestación en condiciones favorables"* en el concepto de fomento.

El último elemento de la definición revela la finalidad de la actividad de fomento. Aunque a primera vista la expresión "*en orden a la satisfacción directa o indirecta de intereses públicos*" pueda parecer un truismo, en ella se encierra una característica decisiva del concepto de fomento que propugnamos.

Al contrario de lo que defiende la mayoría de la doctrina[73], nos parece que en el derecho brasileño, la actividad de fomento no se limita a salvaguardar

[70] RAFAEL VALIM, *O princípio da segurança jurídica no direito administrativo brasileiro,* São Paulo, Malheiros, 2010, pág. 86.

[71] JOSÉ LUIS MARTÍNEZ LÓPEZ-MUÑIZ, "La actividad administrativa dispensadora de ayudas y recompensas: una alternativa conceptual al fomento en la teoría de los modos de acción de la administración pública", en RAFAEL GÓMEZ-FERRER MORANT, (Coord.), *Libro homenaje al profesor José Luis Villar Palasi,* Madrid, Civitas, 1989, págs. 757 y 758.

[72] MARIA SYLVIA ZANELLA DI PIETRO, *Direito administrativo,* 27ª ed., São Paulo, Atlas, 2014, pág. 56.

[73] SILVIO LUÍS FERREIRA DA ROCHA, *Terceiro setor*, 2ª ed., São Paulo, 2006, pág. 23; JOSÉ ROBERTO PIMENTA OLIVEIRA, *Os princípios da razoabilidade e da proporcionalidade no direito administrativo brasileiro*, São Paulo, Malheiros, 2006, pág. 516.

indirectamente los intereses públicos, sino que comprende relevantes instrumentos de satisfacción *directa* de intereses públicos.

Así, junto con las transferencias de bienes y derechos con el propósito de *estimular* actividades revestidas de interés público —satisfacción *indirecta* de intereses públicos—, se erigen transferencias de bienes y derechos destinadas a *proteger* los derechos fundamentales —satisfacción *directa* de intereses públicos—, de lo que son ejemplos en Brasil los programas de transferencia de ingreso en favor de personas en situaciones de vulnerabilidad social[74].

Aclarado el concepto de la actividad de fomento, veamos el tratamiento que le asigna el texto constitucional.

B) *La disciplina constitucional de la actividad de fomento*

La Constitución Federal, aunque con arreglo a terminología varia e imprecisa, está plagada de alusiones, explícitas e implícitas, a la actividad de fomento.

Ya en su pórtico, enuncia que constituyen objetivos fundamentales de la República Federativa del Brasil *garantizar* el desarrollo nacional (art. 3°, inc. I) y *promover* el bien de todos, sin prejuicios de origen, raza, sexo, color, edad y cualquier otra forma de discriminación (art. 3°, inc. IV).

En sede de organización político-administrativa, se prohíbe que la Unión, los Estados, el Distrito Federal y los municipios *subvencionen* cultos religiosos o iglesias (art. 19, inc. I).

Más adelante, a propósito de las regiones, preceptúa la Carta Magna que los *incentivos* regionales comprenderán, además de otros, las *tasas de interés favorables para financiación de actividades prioritarias* (art. 43, § 2°, inc. II).

En el capítulo dedicado al poder legislativo, se impone que la fiscalización contable, financiera, presupuestaria, operacional y patrimonial de la Unión y de las entidades de la administración directa e indirecta, en cuanto a la legalidad, legitimidad, economicidad, *aplicación de las subvenciones* y renuncia de recetas, será ejercida por el Congreso Nacional, por medio del control externo, y por el sistema de control interno de cada poder.

En materia de finanzas públicas, atribúyese a las leyes de directrices presupuestarias, el establecimiento de la política de aplicación de las *agencias financieras oficiales de fomento* (art. 165, § 2°). En seguida, se prevé que el proyecto de ley presupuestaria sea acompañado de un demostrativo regionalizado del efecto, sobre las ingresos y gastos, resultantes de subsidios y *beneficios de naturaleza financiera y crediticia* (art. 165, § 4°).

En el contexto del orden económico y financiero, establece explícitamente que el Estado, en su calidad de agente normativo y regulador de la actividad

[74] Vale citar la ley 10.836 de 2004, que establece el "Programa Bolsa Família".

económica, ejercerá la función de *incentivo* (art. 174, *caput*). En el mismo dispositivo, prescribe que la ley *apoyará* y *estimulará* el cooperativismo y otras formas de asociación.

Además, ordena la Constitución que el Estado brasileño *favorezca* la organización de la actividad minera artesanal en cooperativas, teniendo en cuenta la protección del medio ambiente y la promoción económico-social de los mineros (art. 174, § 3º). Del mismo modo, se impone a la Unión, a los estados, al distrito federal y a los municipios la *promoción* e *incentivo* al turismo como factor de desarrollo social y económico (art. 180). En lo tocante a la política agrícola, se confiere singular atención a los *instrumentos crediticios* (art. 187, inc. I) y al *incentivo* a la investigación y la tecnología (art. 187, inc. II).

Aun en los confines del orden económico y financiero, se estatuye que los recursos recaudados por medio de la contribución de intervención en el dominio económico relativa a las actividades de importación o de comercialización de petróleo y de sus derivados, gas natural y sus derivados y alcohol combustible deben ser destinados al pago de *subsidios* al precio o transporte de alcohol combustible, gas natural y de los derivados del petróleo, al *financiamiento* de proyectos ambientales relacionados con la industria del petróleo y del gas y a la *financiación* de programas de infraestructura de transportes (art. 177, § 4º, inc. II, lits. a, b y c).

En el orden social de la Constitución, hay copiosa previsión de la actividad administrativa del fomento, a partir del artículo 199, según el cual se prohíbe destinar recursos públicos para *auxilios* o *subvenciones* a las instituciones privadas de asistencia a la salud con fines lucrativos.

La educación, además de su consagración como derecho de todos y deber del Estado y de la familia, debe ser *promovida* e *incentivada* con la colaboración de la sociedad, teniendo en cuenta el pleno desarrollo de la persona, su preparación para el ejercicio de la ciudadanía y su calificación para el trabajo (art. 205). En el campo cultural, se ordena que el Estado a*poye* e *incentive* la valoración y difusión de las manifestaciones culturales (art. 215).

En relación con las prácticas deportivas, se asigna al Estado el deber de *fomentarlas*, observada la destinación de recursos públicos para la *promoción prioritaria* del deporte educacional y, en casos específicos, del deporte de alto rendimiento (art. 217, inc. II), y la *protección* y el *incentivo* a las manifestaciones deportivas de creación nacional (art. 217, inc. IV). En la misma norma constitucional se dispone que el poder público *incentivará* el ocio, como una forma de promoción social (art. 217, § 3º).

En el ámbito de la ciencia y la tecnología emerge, con igual fuerza, la actividad administrativa de fomento. En efecto, en los términos del artículo 218, *caput,* de la Constitución Federal, corresponde al Estado *promover* e *incentivar* el desarrollo científico, la investigación y la capacitación tecnológica. Se estipula, además, que el Estado *apoyará* la formación de recursos humanos en las áreas de ciencia, investigación y tecnología, y concederá a los que de ellas se ocupen medios y condiciones de trabajo (art. 218, § 3). Hay previsión para que la ley *apoye* y *estimule* las empresas que invierten en investigación, creación de tecnología adecuada para el país, formación y perfeccionamiento de sus recursos humanos y que practiquen sistemas de remuneración que aseguren al empleado, desvinculado del salario, participación en las ganancias económicas resultantes de la productividad de su trabajo. Se faculta aun a los estados y al distrito federal para vincular partidas presupuestarias a las *entidades públicas de fomento* a la enseñanza y a la investigación científica y tecnológica (art. 218, § 5). Se preceptúa, en fin, que el mercado interno integra el patrimonio nacional y será incentivado de forma que sea viable el desarrollo cultural y socioeconómico, el bienestar de la población y la autonomía tecnológica del país, en los términos de la ley federal (art. 219).

Para rematar la extensa relación de previsiones de la actividad de fomento en la Constitución Federal, se señala la especial protección para el niño, el adolescente y el joven, lo que abarca, conforme a las disposiciones del artículo 227, § 3, inciso VI, el *estímulo* del poder público, a través de la asistencia jurídica, incentivos fiscales y *subsidios*, en los términos de la ley, a la acogida, bajo la forma de guarda, de niños o adolescentes huérfanos o abandonados.

C) *Planificación y actividad de fomento*

Todas las actividades administrativas, indistintamente, deben ser ejercidas de modo *planificado*. Providencias administrativas *ad hoc*, excepcionales, marcadas por el apresuramiento y el carácter provisorio, son incompatibles con el Estado democrático de derecho que consagra la Constitución Federal. En la formulación precisa de Profesor Gilberto Bercovici, "la planificación coordina, racionaliza y da unidad de fines a la actuación del Estado, diferenciándose de una intervención coyuntural o casuística"[75].

En la esfera económica se acostumbra a identificar tres especies de planes, en función de su fuerza vinculante: *planes indicativos*, consistentes en datos, proyecciones y pronósticos vehiculados por el Estado a fin de orientar la acción de los particulares; *planes incitativos*, en que los objetivos públicos son trazados y los particulares son estimulados a alcanzarlos mediante ventajas ofrecidas por el Estado, y *planes imperativos*, a los cuales los particulares son obligados a adherir, bajo pena de sufrir sanciones[76].

[75] "Planejamento e políticas públicas: por uma nova compreensão do papel do Estado", en Maria Paula Dallari Bucci (Coord.), *Políticas públicas*: reflexões sobre o conceito jurídico, São Paulo, Saraiva, 2006, pág. 145.

[76] Almiro do Couto e Silva, "Problemas jurídicos do planejamento", en *Revista de Direito Administrativo*, págs. 3 y 4; Hans Peter Ipsen, "Cuestiones sobre un derecho de la planificación

A tenor de lo que dispone el artículo 174 de la Constitución Federal, a que acabamos de aludir, reconócese en Brasil la pertinencia del plan *indicativo* y del plan *iniciativo.* Al parificarlos, se coloca la obligatoriedad ante el poder público y la facultatividad ante el sector privado. En el *plan iniciativo*, sin embargo, *que traduce el ejercicio planificado de la actividad de fomento* y que algunos denominan "indicación activa"[77], se señala la dirección, a la semejanza en el plan indicativo, y, además, proporciónanse *incentivos* para que los agentes económicos la persigan.

Conforme veremos, la indispensable planificación de la actividad de fomento suscita interesantes discusiones, sobre todo frente al principio de seguridad jurídica.

D) *Modalidades de fomento*

Las medidas de fomento, merced a su profunda variedad tipológica, no son susceptibles de una catalogación exhaustiva. Por eso, en este momento, nos limitaremos a indicar de las principales manifestaciones de la actividad de fomento.

Aunque existan diversas tentativas doctrinarias de ordenación de los medios de fomento, la ya citada clasificación de Jordana de Pozas, a la luz de la cual se dividen los medios de fomento en *honoríficos, jurídicos* y *económicos*, sigue siendo, sin duda, la más influyente.

Nos parece, sin embargo, que los denominados medios "honoríficos" y "jurídicos" no pueden ser calificados como especies de fomento público.

En lo que respecta a los medios honoríficos, comprensivos de las condecoraciones y distinciones honoríficas que se otorgan en vista de un acto o de una conducta ejemplar[78], no hay, así como bien lo observa el Profesor Juan Alfonso Santamaría Pastor, "una relación directa de causa y efecto entre una acción pública dirigida a un sujeto y la realización por este de una conducta o una actividad de interés general"[79]. Se trata de meros actos de *reconocimiento público,* y no de satisfacción directa o indirecta de intereses públicos[80].

---

económica", en Joseph H. Kaiser (Coord.), *Planificación* I: Estudios jurídicos y económicos, Madrid, Instituto de Estudios Administrativos, 1974, pág. 59; Agustín A. Gordillo, *Planificación, participación y libertad en el proceso de cambio*, Buenos Aires, Ediciones Macchi, 1973, págs. 75-82.

[77] Eros Roberto Grau, *Planejamento econômico e regra jurídica*, São Paulo, RT, 1978, págs. 120 y 121.

[78] Enuncia el art. 84, inc. XXI, de la Constitución Federal: "Compete de forma privativa al presidente de la República: conferir condecoraciones y distinciones de honor".

[79] *Princípios de derecho administrativo general*, tomo II, 2ª ed., Madrid, Iustel, 2009, pág. 358.

[80] Interesante es observar que la Constitución de Weimar rechazaba los "medios honoríficos". Así disponía: "Art. 109. El Estado no otorgará condecoraciones ni distinciones de honor".

Aun acerca de los supuestos "medios honoríficos", adviértase que ellos se someten a un régimen jurídico radicalmente distinto de aquel que incide en la actividad de fomento, mayormente en lo que concierne a los principios constitucionales de legalidad y de igualdad. Mientras en la actividad de fomento, conforme veremos, sobrellevan las exigencias de legalidad e igualdad, resultando en la depreciación de la discrecionalidad administrativa, en el otorgamiento de condecoraciones y distinciones honoríficas hay una connatural debilitación de aquellos principios, que redundan en la ampliación de la discrecionalidad administrativa.

En cuanto a los llamados "medios jurídicos", entendidos como instrumentos jurídicos destinados a la creación de una situación favorable al desempeño de una actividad (por ejemplo, imposición de consumo de productos fabricados por determinada persona o empresa; dispensa o suspensión de prohibiciones establecidas en las leyes; instauración de monopolios o restricción de competencia tendientes a asegurar fragmentos del mercado), hay evidente incompatibilidad con las características fundamentales de la actividad de fomento y, sobre todo, con el concepto jurídico-positivo de fomento formulado *supra*. En la preciosa lección del Profesor GARRIDO FALLA, los ejemplos generalmente asociados a los "medios jurídicos de fomento" están marcados por la *coercitividad*, en absoluto contraste, pues, con la *voluntariedad* que caracteriza la actividad de fomento[81].

Hay aun quien reflexiona sobre *medios psicológicos* de fomento[82], entre los cuales se incluye la publicidad gubernamental prevista en el artículo 37, § 1°, de la Constitución Federal. Es fácil verificar, sin embargo, que la publicidad promovida por la Administración para fines educativos, informativos y de orientación social nada tiene que ver, en términos jurídicos, con la actividad de fomento[83]. *Del hecho de que ambas puedan ser parificadas en el plan sociológico, visto que logran estimular las conductas de las personas, no se sigue que puedan serlo en el plan jurídico.* En resumen, ninguno de los trazos de la actividad de fomento está presente en los pregonados "medios psicológicos".

Queda claro, por tanto, que, a nuestro juicio, el fomento se limita a los denominados "medios económicos", de los cuales deriva, invariablemente, una ventaja patrimonial en favor del sujeto beneficiario de la actividad administrativa.

[81] FERNANDO GARRIDO FALLA, *Tratado de derecho administrativo*, vol. 2, 10ª ed., Madrid, Tecnos, 1992, pág. 315. En igual sentido: JOSÉ ROBERTO PIMENTA OLIVEIRA, *Os princípios da razoabilidade e da proporcionalidade no direito administrativo brasileiro*, São Paulo, Malheiros, 2006, pág. 523; HÉCTOR JORGE ESCOLA, *Compendio de Derecho Administrativo*, vol. II. Buenos Aires, Depalma, 1990, pág. 865.

[82] CÉLIA CUNHA MELLO, *O fomento da administração pública*, Belo Horizonte, Del Rey, 2003, págs. 90-92.

[83] JOSÉ ROBERTO PIMENTA OLIVEIRA, *Os princípios da razoabilidade e da proporcionalidade no direito administrativo brasileiro*, São Paulo, Malheiros, 2006, pág. 524; MARIANO BAENA DE ALCÁZAR, Sobre el concepto de fomento, en *Revista de Administración Pública*, págs. 70 y 71.

Nos parece que la clasificación más útil de los medios económicos de fomento radica en la posición jurídica del particular. Se tienen, así, los medios de fomento que no envuelven contraprestación del particular, a los que denominamos "medios gratuitos"[84], y aquellos que implican una contraprestación del beneficiario, pero en condiciones más favorables que las del mercado, a la que ponemos el rotulo de "medios onerosos"[85].

Son medios gratuitos de fomento: la subvención, el subsidio, el premio y la enajenación o utilización privativa de bienes públicos a título gratuito.

Por otro lado, constituyen medios onerosos de fomento: financiamientos o participaciones minoritarias en sociedades privadas bajo condiciones facilitadas y la enajenación o el uso privativo de bienes públicos a precios más favorables que los de mercado.

En los medios onerosos de fomento, por oposición a los medios gratuitos, hay un *precio*, aunque sea reducido, que el particular se obliga a pagar a la administración pública. Es decir, el particular remunera al poder público por los bienes públicos que se le entregan.

Cumple observar que no toda enajenación o transferencia de uso privativo de bienes públicos en pro de particulares puede ser configurada como instrumento de fomento, solo aquellas que ostentaren las características de la actividad de fomento, o sea, si fueren operadas sin contraprestación o con contraprestación en condiciones favorables, en orden a la satisfacción directa o indirecta de los intereses públicos, podrán ser así consideradas.

En verdad, el encuadramiento de la enajenación o de la transferencia del uso privativo de bienes públicos como actividad de fomento es el que autoriza a la administración pública a abdicar, total o parcialmente, de recetas públicas. De no existir el título jurídico de fomento, estaría prohibida la concesión de ventajas en favor de particulares, prevaleciendo el deber de la administración pública de gestionar eficientemente su patrimonio, lo que, *in casu*, se traduciría en obtener de recetas de acuerdo con los parámetros de mercado. Por otra parte, el agente público que desatienda esta orientación fatalmente incurrirá en acto de improbidad administrativa, en los términos del artículo 10, incisos I, II, III y IV de la ley 8429/92.

a) *La figura prototípica del fomento: la subvención.* Hay una enorme confusión en torno de las subvenciones. Doctrina, legislación y jurisprudencia no están de acuerdo respecto del *contenido conceptual* de esta figura, su *régimen jurídico* y su *denominación.* La profunda equivocidad del término

[84] Con el término "gratuito" pretendemos designar el hecho de que la administración reduce su patrimonio sin que le corresponda una contraprestación del particular.

[85] Ya el término "oneroso" quiere significar que la administración pública transfiere un bien o un derecho al particular mediante determinada compensación.

"subvención" exige, en esta medida, la estipulación de una definición clara y precisa de sus contornos jurídico-positivos.

Evidentemente, en este trabajo no se pretende disertar sobre pormenores de la hipertrofiada y heterogénea legislación brasileña sobre las subvenciones. Se buscará, de manera inductiva, qué hay de esencial en esta categoría jurídica, apartando los elementos que le sean accidentales.

A semejanza de la postura que adoptamos ante el concepto de la actividad de fomento, proponemos una *definición restricta de subvención,* de suerte de poder delimitar un específico régimen jurídico-administrativo. Pues bien, a nuestro juicio, *la subvención es una relación jurídico-administrativa típica, caracterizada por una prestación pecuniaria del Estado en favor de un sujeto de derecho privado, al cual corresponde aplicar los valores percibidos, desinteresadamente y con la concurrencia de recursos o bienes propios, en el desarrollo de una actividad revestida de interés público.*

Aclaremos, así sea brevemente, los elementos de esta definición.

Principiemos por la noción de *relación jurídico-administrativa típica.* La subvención —en cuanto relación jurídico-administrativa compleja, en el interior de la cual tanto el Estado y el particular asumen diversas posiciones jurídicas activas y pasivas— ostenta una peculiar fisionomía, inconfundible con las demás especies de relaciones jurídico-administrativas[86]. De ahí que sostengamos que se trata de una *relación jurídico-administrativa típica.*

La segunda nota del concepto tiene que ver con la expresión "prestación pecuniaria del Estado". De eso resulta que la subvención siempre consistirá en una obligación estatal cuyo objeto es *dinero público*[87], Los traspasos gratuitos de bienes públicos, muebles o inmuebles, reciben tratamiento jurídico distinto.

El tercer elemento de la definición, atinente al beneficiario de la subvención, evidencia los variados significados jurídicos que asume la subvención en el derecho administrativo y en el derecho financiero. Mientras en este la subvención puede tener como sujeto pasivo entidades públicas y privadas, en aquel, por oposición, solamente entidades privadas, con o sin fines lucrativos, pueden realizar dicho vínculo jurídico con el Estado.

El cuarto aspecto de la definición, concerniente al deber de aplicación de los recursos públicos, indica, a un solo tiempo, la *afectación* de los bienes públicos traspasados al particular y el carácter *ex ante* de la subvención, o sea, la instauración de la relación de subvención siempre precede la materialización

[86] La doctrina tiene por hábito abordar cogitar de "actos administrativos típicos". Entretanto, nos parece que la tipicidad no está en el acto administrativo, sino que en la relación jurídico-administrativa.

[87] Clóvis V. do Couto e Silva, *A obrigação como proceso*, Rio de Janeiro, Editora FGV, 2006, págs. 139-149.

de la actividad de interés público, de la cual es causa determinante. No se confunda, sin embargo, el momento de la instauración de la relación de subvención con el momento del pago de la subvención, visto que este último puede ser anterior o posterior a la realización del comportamiento subvencionado.

Otro componente del concepto es la aplicación "desinteresada" de los recursos públicos, por medio del cual se explicita el carácter *no lucrativo* de la subvención. Esto significa decir que *tan solo el costo de la actividad subvencionada será cubierto por el Estado, no pudiendo la subvención convertirse jamás en fuente de lucro* para los sujetos de derecho privado, como tampoco para aquellos que desempeñan actividad económica.

Y el penúltimo término de la definición, alusivo a la "concurrencia de recursos o bienes propios", expresa la idea de que, por medio de la subvención, no es permitido costear *toda* la actividad del sujeto de derecho privado. Porque como medida de *estímulo*, cumple al beneficiario concurrir, con patrimonio propio, para el costeo de la actividad subvencionada. Se trata del llamado "principio de distribución de riesgos", del cual nos ocuparemos más adelante.

Se señala el último elemento de la definición: "actividad revestida de interés público". Naturalmente, la subvención no se prestará al fomento de toda y cualquier actividad, sino que incidirá sobre aquellas *actividades cualificadas como de interés público por el sistema normativo*[88].

E) *El principio de legalidad en la actividad de fomento*

Para concluir nuestras reflexiones, examinemos brevemente la incidencia del principio de legalidad en la actividad de fomento.

Durante largo período, se consideró la actividad de fomento y, por consiguiente, la subvención, ajena al principio de legalidad. Modernamente, en cambio, la actividad de fomento rinde obediencia a la legalidad presupuestaria (art. 165 de la Constitución Federal) y a la legalidad administrativa (art. 37, *caput*, de la Constitución Federal).

Significa decir que la previsión presupuestaria es insuficiente para atender la exigencia constitucional de legalidad. Ya decía GERALDO ATALIBA, con razón, que "en nuestro sistema, solamente la ley puede disponer sobre la destinación de dineros públicos". Nada más correcto. A la ley le compite establecer, en lo mínimo, los requisitos objetivos de acceso a las medidas de fomento, los criterios que permitan determinar, también en términos objetivos, su conte-

[88] Como lo aclara el Profesor CELSO ANTÔNIO BANDEIRA DE MELLO, "Una cosa es la estructura del interés público, y otra es la inclusión y la propia delineación, en el sistema normativo, de tal o cual interés que, ante este mismo sistema, será reconocido como que dispone de esta calidad" (*Curso de direito administrativo*, 31ª ed., São Paulo, Malheiros, 2014, pág. 68).

nido, los deberes que recaerán sobre sus beneficiarios y el procedimiento por medio del cual se otorgará.

El Profesor José Roberto Pimenta Oliveira participa del mismo entendimiento:

La estructuración funcional de los deberes-poderes administrativos promocionales debe estar consignada en la ley, con la especificación clara de las condiciones exigibles de sus beneficiarios, de las limitaciones cuantitativas y cualitativas de las ventajas ofrecidas, del ámbito material albergado por la actividad, del plazo de vigencia previsto para las medidas fomentadoras y, por fin, de las limitaciones procesales que deben ser observadas en el proceso administrativo de concesión[89].

Sin embargo, no obstante que defendemos este imperativo de legalidad, no resulta correcto afirmar que de este dispositivo de la Ley de Responsabilidad Fiscal se deduzca la necesidad de autorización legislativa, caso a caso, para conceder subvenciones. Esto se traduciría en indebida intromisión del poder legislativo en la actuación típica del poder ejecutivo, en grave atentado al principio de separación de los poderes. En la lección clásica de Meirelles Teixeira, "las excepciones al principio de la separación, es decir, todas aquellas participaciones de cada poder, a título secundario, en funciones que teórica y normalmente competirían a otro poder, solamente serán admisibles cuando la Constitución las establezca, y en los términos en que lo hiciere".

Como ya dijimos, es absolutamente vana la formulación de innumerables sujeciones para la administración, en favor de la libertad de los administrados, si no va acompañada por mecanismos de control de la actuación administrativa, especialmente de un efectivo control jurisdiccional. Es importante que, a la par de la consagración del principio de legalidad, se reconozca el derecho a una protección judicial efectiva contra violaciones a ese principio.

En Brasil la jurisdicción es una, correspondiendo al poder judicial resolver, con fuerza de cosa juzgada, todo y cualquier litigio, a despecho de las partes implicadas o de la relación jurídica controvertida. Así, al poder judicial le compete, con exclusividad y cuando sea provocado, ejercer el control de legalidad de los comportamientos de la administración pública, que comprende las medidas de fomento, del que puede resultar la invalidación de actos ilegales, la orden de cumplimiento de deberes administrativos y la indemnización de lesiones provocadas a la esfera jurídicamente protegida de los ciudadanos

Es importante poner de relieve que el artículo 5°, inciso XXXV, de la Constitución Federal, acoge no solo la tutela jurisdiccional represiva, sino también

[89] José Roberto Pimenta Oliveira, *Os princípios da razoabilidade e da proporcionalidade no direito administrativo brasileiro*, São Paulo, Malheiros, 2006, pág. 525.

la tutela jurisdiccional preventiva de los derechos subjetivos, al referirse explícitamente a la "amenaza a derecho". Otro punto que merece ser considerado es el relativo a los derechos susceptibles de protección judicial. Ante la unidad de jurisdicción que rige en Brasil, no hay que reflexionar sobre la noción de interés legítimo. Se debe ampliar la noción vetusta de derecho subjetivo, propia del derecho privado, para que se torne comprensiva del universo de relaciones del derecho público. Así, se tratará de derecho subjetivo, *ergo* sindicable, cuando "(a) la ruptura de la legalidad cause al administrado un agravio personal del cual estaría libre si se conserva en su integridad el orden jurídico o (b) le sea sustraída una ventaja a la que accedería o a la que pretendería acceder en los términos de la ley y de la cual personalmente disfrutaría, o a la que le cabría el derecho de disputar si no hubiera ruptura de la legalidad, sin importar que la ilegalidad argumentada alcance a uno o a un conjunto de individuos, por encontrarse en la situación objetiva y abstracta"[90].

[90] Celso Antônio Bandeira de Mello, *Curso de direito administrativo*, 27ª ed., São Paulo, Malheiros, 2011, pág. 970.

CHILE

LA ACTIVIDAD DE FOMENTO EN CHILE

CLAUDIO MORAGA KLENNER*

1. EL CONCEPTO DE LA ACTIVIDAD DE FOMENTO EN EL DERECHO PÚBLICO DE LA ECONOMÍA: EL PUNTO DE VISTA CHILENO

A) *Fomento como facilitador de una función de arbitraje del Estado*

Está asentado en la conciencia del país, que desde 1980 se provocó un cambio profundo en la forma de visualizar el Estado. De hacedor y prestacional, se explica, pasó a ser subsidiario, con lo que todo el sector privado asumió un protagonismo en la prestación de bienes y servicios, de interés general y privado[1]. La disminución del papel del Estado en materia empresarial y económica fue causada y promovida por una visión política que resaltaba al individuo por sobre el grupo, a lo privado por sobre lo público. El Estado debía dar más espacio a un sistema de tipo capitalista y, para poder configurarlo legítimamente, sería la Constitución la llamada a establecer las bases de una nueva organización de la economía, donde subyaciera la promoción del esfuerzo y emprendimiento individual, y un marcado retraimiento del Estado en la economía, por lo que quedaría como residual una función administrativa, sobre todo de tipo regulatoria antes que operativa de servicios de interés general. La Constitución generó este nuevo orden económico fundado principal (más no exclusivamente) en las ideas de los "grupos intermedios", "subsidiariedad", la "libertad de emprendimiento económico y empresarial" de los particulares, las exigencias más gravosas que debe cumplir el Estado para participar en esas áreas, y los derechos "a la propiedad" y "de propiedad". Las actas de la Comisión de Estudios de la nueva Constitución (a cargo de redactar el anteproyecto de la Constitución de 1980) dejan en evidencia, asimismo,

* Prof. asociado de la Facultad de Derecho de la Universidad de Chile, cmoragak@derecho.uchile.cl

Agradezco la colaboración de mis ayudantes de la cátedra de Derecho Administrativo, Viviana Abarca, Francisco Zúñiga, Sebastián Silva, Valentina Ahumada, Josefa Henríquez y Constanza Jamett.

[1] Cfr. KATANNYA JABLONSKI VARAS y CAROLINA NEIRA CAÑETE, *Naturaleza Jurídica y sus consecuencias derivadas de la determinación del vínculo existente entre el concesionario de obra pública y el usuario*, Santiago, Facultad de Derecho, Universidad de Chile, 2012, pág. 142.

que el centro de gravedad del principio de subsidiariedad se concretaría en la garantía de emprendimiento económico y empresarial.

No obstante lo que se viene explicando, aun cuando los agentes económicos siguen fortaleciendo su papel preferente de promotores del libre emprendimiento, donde el Estado no debe competir en calidad de empresario, se han presentado dos problemas medulares. El primero, que cuando se formuló el principio de subsidiariedad, se entendía que el ordenamiento jurídico del Estado pasaría a ser el marco jurídico de contención de la actividad privada, básicamente por medio de instrumentos clásicos (v. gr. autorizaciones, licencias, prohibiciones, sanciones). Sin embargo, con el tiempo aquella actividad normativa se transformó en "regulación", que permite a la administración no solo cumplir lo anterior, sino, además, dirigir o direccionar, sugerir, motivar, guiar y condicionar muchas de las actividades que despliegan los particulares. El segundo problema, tan palpable como el anterior, dice relación con la apreciación de que los particulares, para y en el despliegue de sus actividades propias, necesitan arrimarse al Estado en busca de medios, ayudas, seguridades y colaboraciones que estiman esenciales, a tal punto que sin ellas advierten no emprenderlas. En otras palabras, ya no se trata de contener al Estado justificado en que los particulares están desarrollando sus propias actividades de un modo adecuado; ahora se entiende que, si no es en conjunto con el Estado, la actividad privada no se puede desplegar adecuadamente. De allí que el Estado se debe concentrar en ambos polos de la relación del servicio de interés general (productores y usuarios o consumidores de bienes públicos) y, más aún, debe hacerlo buscando fórmulas que permitan dar ventajas o beneficios o de repartir ganancias a ambos, de manera que así se pueda sostener el correcto y necesario funcionamiento del mercado de los bienes públicos, tanto en lo que respecta a su fortaleza y viabilidad futura (medidas pro empresarios), como en lo que concierne al adecuado grado de satisfacción que debe percibir la sociedad en general (medidas de ayuda social).

En el contexto que se nos presenta, la actividad de fomento ha dejado de ser solamente una más de entre las áreas tradicionales de actuación administrativa (intervención, prestación de servicios de interés general, regulación), para expresarse más como un instrumento flexible y multimodal que, en manos de las administraciones, les permite entregar colaboraciones monetarias a las personas que carecen de ciertos bienes necesarios para su subsistencia (subsidios), promover o fortalecer ciertas actividades económicas y sociales de importancia nacional, regional o local (beneficios fiscales, crediticios), facilitar el desarrollo de los territorios extremos (beneficios fiscales), garantizar la continuidad y calidad de servicios de interés general que son prestados por empresarios privados (subvenciones) o, por último, servir como medio monetario transferible a los privados para que con ellos se realicen labores y trabajos que por razones legales, técnicas o presupuestarias no pueden ser asumidas directamente por los cuadros orgánicos administrativos. Estas son las razones de la persistente vigencia de la actividad de fomento que, bajo ningún respecto, es posible considerarla como de inferior relevancia respecto de otras actividades que despliegan las administraciones. El fomento, por tanto, debe ser entendido como un medio imprescindible del cometido arbitrador que tiene que desempeñar el Estado, en cuanto organización que conduce y fija la ruta del bien común, articula las relaciones entre grupos de interés público y privado, y al interior de ellos mismos, que espera que cooperen, lo que estos últimos harán en tanto crean que recibirán un trato justo y razonable.

El fomento recae sobre actividades que interesan al Estado, pero respecto de las cuales el legislador no ha decidido que sean asumidas por la propia administración. De allí que hay espacio para que los particulares actúen alineados con tales intereses públicos evitando, así, una posible *publificación* de la respectiva actividad. Dicha alineación de intereses se produce, precisamente, como consecuencia de esta especial "técnica de inducción"[2]. El fomento debe ser visto, en consecuencia, como una acción del Estado y las administraciones en un espacio amplio que, en uso de una variedad de instrumentos o técnicas de acción, tanto jurídicas, económicas como de otros tipos[3], busca encauzar el comportamiento de las personas, individualmente consideradas, y de la sociedad, en general, sin uso directo del instrumental de intervención ni la prestación directa de bienes y servicios públicos.

B) *Actividad de fomento en la doctrina*

En comparación con las actividades de intervención, regulatoria y prestacional, la doctrina nacional ha puesto una menor atención al fomento, no obstante que representa una forma irrenunciable de actuación pública, enmarcada en un ambiente generalizado de formas colaborativas (participación público-privada), de promoción y aseguramiento de la libertad de cada quien para elegir los caminos de su propio desarrollo personal (arts. 1° incs. 1° y 4° Const. Pol.), y de reconocimiento de la autonomía en los grupos intermedios (art. 1° inc. 3°), que fuerza al sector público a cambiar el ejercicio de acciones directas, por un deber de vigilancia y colaboración en las posibilidades ciertas que tiene el sector privado de alcanzar objetivos de interés particular, cuando ellos son coincidentes con alguna dimensión del interés general[4].

Parte de la doctrina especializada cree ver la base de la actividad de fomento en el principio de subsidiariedad de la acción estatal. Así, entre otros,

[2] Juan Carlos Cassagne, *Derecho administrativo*, tomo II, Lima, Palestra, 2010, pág. 458.

[3] Cfr. Gladys Camacho Cepeda, "La actividad sustancial de la administración del Estado, en *Derecho administrativo chileno*", Rolando Pantoja Bauzá (coord.), Ciudad de México, Porrúa, 2007, pág. 542.

[4] *Ibidem*, pág. 543.

los reconocen o afirman EDUARDO SOTO KLOSS, GLADYS CAMACHO, ROLANDO PANTOJA BAUZÁ y ALEJANDRO VERGARA BLANCO. Para este último, el fomento representa el papel de actor subsidiario que debe cumplir el Estado, que por su virtud se reconocen y amparan los grupos intermedios y se les garantiza la adecuada autonomía para cumplir sus fines específicos, y que contribuye a crear condiciones sociales que permitan a las personas su mayor realización material y espiritual, en los términos que exige el artículo 1° incisos 4° y 5° de la Constitución Política, por lo que nuestro autor hace suya la idea de SEBASTIÁN MARTÍN-RETORTILLO de que el fomento es un medio de "colaboración con la actividad privada en la consecución de esos intereses"[5]. Esta visión, que ha primado en el país por cuatro décadas, refleja en concreto un modelo neoliberal que propicia que la acción empresarial privada asuma preferentemente el cumplimiento de tareas públicas, lo que WILLIAM GARCÍA MACHMAR ha denominado el traslado del "impulso económico desde el Estado a la empresa privada"[6].

Por nuestra parte, sostenemos que la mayor o menor acción de fomento que despliega el Estado no atiende tanto a un entendimiento clásico de lo que es o representa el principio de subsidiariedad, sino a su incapacidad propia de monopolizar todas las actividades de interés general y de reconocer la utilidad que conlleva otorgar beneficios, garantías y recompensas que permiten a sus receptores cumplir con los proyectos en que están embarcados, generando así beneficios y rentabilidad social. En otras palabras, la respuesta está en una insuficiencia de medios e instrumentos públicos de distinta naturaleza (debilidad del mismo Estado), vista en función de todos los asuntos que en un momento dado se consideran de interés social. Por ello, el fomento es la respuesta que da el sector público para que el sector privado siga también interesado en resolver u obtener objetivos que tienen beneficios agregados y, desde allí, se trata más bien de una expresión de actividad pública más cercana al Estado benefactor, antes que al Estado liberal, meramente regulador o garante.

La actividad de fomento que despliegan las administraciones busca promover, estimular, orientar[7] y persuadir actuaciones (acciones u abstenciones) e iniciativas privadas en al menos tres distintos sentidos. Primero, buscando que el comportamiento de la persona o grupo destinatario se encamine en una precisa dirección que satisfaga sus intereses privados y que al mismo tiempo redunde en un beneficio para la comunidad[8], precisamente querido por el

[5] ALEJANDRO VERGARA BLANCO, *Derecho administrativo económico*, Santiago, Thomson Reuters, 2018, pág. 56.

[6] WILLIAM GARCÍA MACHMAR, *Ayudas públicas. La subvención en el derecho administrativo* (1), Memoria de Grado de Magister en Derecho, Universidad de Chile, 2011, pág. 64.

[7] Cfr. JUAN ALFONSO SANTAMARÍA PASTOR, *Principios de derecho administrativo general*, tomo II, 4ª ed., Iustel, Madrid, 2016, pág. 392.

[8] CASSAGNE, *op. cit.*, pág. 456.

sector público. Segundo, supliendo una falta de motivación de los privados para actuar en áreas que no muestran ser económicamente atractivas, porque les falta rentabilidad económica, pero no social. Tercero, cubrir un déficit o insuficiencia de recursos (financiamiento, tecnología, u otro) y de esfuerzos de los privados en el despliegue de actividades que se estiman rentables, tanto individual como socialmente[9].

Como en el fomento el comportamiento privado no es guiado u ordenado compulsivamente, subyace la idea de permitir y facilitar la auto ordenación del sector privado, en función de fines y objetivos de interés público[10]. En alguna medida, como se ve, el fomento es una "apuesta" que hace la administración de poder dirigir el comportamiento de las personas y de la sociedad, sin hacer uso de su potestad normativa, reguladora e interventora, esto es, con menor desgaste de recursos y medios compulsivos.

En el caso de Chile, la actividad de fomento puede ser analizada desde tres distintas dimensiones: la de mera ayuda pública colaborativa, la presupuestaria y la orgánica.

La ayuda pública colaborativa explica que los instrumentos de fomento son una técnica particular que permite sostener actividades organizadas de los particulares, sean ellas propiamente de naturaleza empresarial y, por tanto, lucrativas, o si se trata de actividades de mero interés social y que, en cualquier caso, interesa al Estado que no desaparezcan o, mejor todavía, que se amplíen y fortalezcan. Dentro de las primeras categorías se ubican prestaciones de bienes y servicios públicos en gestión empresarial (v. gr. transporte público urbano de pasajeros, movilidad terrestre y aérea). Dentro de las segundas se hallan las fundaciones y corporaciones, sin fines de lucro, cuya finalidad es la promoción del interés general, en materia de derechos ciudadanos, asistencia social, educación, salud, medio ambiente, o cualquiera otra de bien común, en especial las que recurran al *voluntariado* (ley 20.500, art. 15 inc. 1º).

La dimensión presupuestaria dice relación con la regulación financiera y presupuestaria aplicable al fomento. Como en la gran mayoría de los casos, el fomento se realiza mediante transferencias de dinero desde el sector público al privado, se hace evidente que se trata de una actividad sujeta imperativamente a las leyes anuales de presupuestos de la Nación, así como a la legislación orgánica de administración financiera del Estado (decr.-ley 1263 de 1975). Presupuestariamente, el principal medio de fomento —subvención, subsidio— es tratado en el clasificador presupuestario, como *transferencias corrientes* en materia de gastos (Subtítulo 24, ítem 01), destinadas a financiar

[9] Cfr. José Roberto Dromi, *Derecho administrativo*, 8ª ed., Madrid, Ciudad Argentina, 2000, pág. 770.

[10] Cfr. Luciano Parejo Alfonso, *Lecciones de derecho administrativo*, Valencia, Tirant lo Blanch, 2018, pág. 523.

gastos corrientes del receptor, es decir, su finalidad no es la adquisición de un activo o servicio para el sector público[11].

La dimensión orgánica del fomento tiene su expresión más representativa en dos organismos públicos particularmente relevantes por su trayectoria histórica y por haber estado siempre concentrados en el fomento desde la dimensión de desarrollo económico. Esto último no ha de extrañar, si se considera que durante parte del siglo XX se estimaba que el fomento comprendía el crédito como actividad preponderante, para fomentar determinadas actividades e industrias (v. gr. Caja Agraria, Caja Minera, Caja de Crédito Industrial y Caja de Comercio Exterior)[12]. Nos referimos al Ministerio de Economía, Fomento y Turismo y a la Corporación de Fomento de la Producción (CORFO). El Ministerio, cuyo nombre original era Ministerio de Economía y Comercio (1942), a consecuencia del terremoto de 1960 tomó el nombre de Ministerio de Economía, Fomento y Reconstrucción[13]. En ese momento de catástrofe y por influjo del keynesianismo, se entendió que él debía hacerse cargo de coordinar los planes y la inversión pública para la reconstrucción de la infraestructura dañada por dicho evento telúrico y para llevar adelante el fomento productivo. Por tal razón, su ley orgánica (art. 1° DFL 88, de 1953) le encomienda formular un plan general de política comercial y adoptar las medidas que estime conveniente para la mejor orientación, coordinación, fomento y desarrollo del comercio interno y externo; el fomento de las inversiones extranjeras en Chile y el fomento y desarrollo de líneas internacionales de transporte marítimo y aéreo. La CORFO, por su parte, antecede al Ministerio. Se crea en 1939, también a consecuencia de otro terremoto, y su objetivo inicial fue impulsar la industrialización del país con intervención del Estado[14]. En la actualidad, ese organismo tiene por misión el fomento de la inversión y el emprendimiento, el fortalecimiento del capital humano y el desarrollo tecnológico para mejorar la productividad del país[15].

A otros varios organismos públicos de más reciente data también se les ha encargado llevar adelante actividades de fomento. Relevamos de entre ellos al Ministerio de Ciencia, Tecnología, Conocimiento e Innovación y a la Agencia Nacional de Investigación y Desarrollo, ambos creados por ley 21.205 de 2018, y son destacables porque dentro de las funciones asignadas, ellas

[11] Cfr. JULIO PALLAVICINI MAGNÈRE, *Derecho público financiero*, Santiago, Thomson Reuters, 2014, pág. 41.

[12] GUILLERMO VARAS, *Derecho administrativo*, Santiago, Nascimiento, 1940, pág. 159.

[13] Otros ejemplos son el Ministerio de Educación, el Ministerio de las Culturas, las Artes y el Patrimonio.

[14] Vid. Memoria Chilena, Biblioteca Nacional de Chile, https://www.memoriachilena.gob.cl/602/w3-article-3508.html

[15] https://www.corfo.cl/sites/cpp/movil/quienessomos

preponderantemente corresponden a dimensiones particulares del fomento en los ámbitos de diseño de programas o instrumentos para el otorgamiento de subvenciones, préstamos u otras ayudas para el desarrollo de la ciencia, la tecnología e innovación de base científico-tecnológica.

2. Las formas típicas del fomento y sus actuaciones positivas

Chile sigue de cerca la triple tipología instrumental del fomento: medidas honoríficas, jurídicas y económicas. Áreas en las que se ha utilizado amplia y permanentemente este medio de actuación administrativa son la cultura, la educación, el desarrollo industrial y económico y la protección del medio ambiente, entre otros. Desde el punto de vista de su fuente normativa, en muchos casos se trata de la ley, sin desechar la posibilidad de que la actividad tenga una fuente habilitadora en normas de rango sub-legal (v. gr. Premio Nacional a la Calidad, creado por el decreto 729 de 1996, del Ministerio de Economía[16]).

A) *Medidas honoríficas*

Las medidas honoríficas reconocen y celebran un comportamiento socialmente admirable[17]. Son ejemplos de ellas las condecoraciones diplomáticas y militares, los grados académicos *honoris causa* y la concesión de nacionalidad chilena por especial gracia de nacionalización por ley. También lo son los premios nacionales[18], destinados, como lo señala el artículo 1° de la ley 19.169 (1992), a reconocer la obra de chilenos por su excelencia, creatividad, aporte trascendente a la cultura nacional y al desarrollo de campos y áreas del saber y de las artes. Estos se confieren cada dos años, a partir del trabajo que hacen jurados compuestos por integrantes públicos y privados, según lo dispone la ley. La materialidad del premio consiste en un diploma, el pago por una vez de una cantidad de dinero y una pensión vitalicia mensual compatible con cualquier otra pensión o remuneración que perciba el receptor. En otro ámbito,

[16] Este decreto fue reemplazado por el DS 130 de 2009, del Ministerio de Economía Fomento y Reconstrucción, hoy vigente.

[17] Juan Carlos Flores Rivas, "El régimen jurídico de los premios nacionales en el derecho chileno" (1), en *Ius Publicum*, núm. 29, 2012, pág. 72.

[18] Por ley 19.169 se han creado los premios nacionales de literatura, Periodismo, Ciencias Exactas, Ciencias Naturales, Ciencias Aplicadas y Tecnológicas, Historia, Ciencias de la Educación, Artes Plásticas, Artes Municipales, Artes de Representación y Audiovisuales y de Humanidades y Ciencias Sociales. Por ley 19.712 se creó el Premio Nacional del Deporte de Chile. En el DS 729 de 1996, Ministerio de Economía, se regula el Premio Nacional a la Calidad y la Gestión de Excelencia. El DS 130 de 2009, Ministerio de Economía, regula el Premio PYME. El DS 240 de 2002, del Ministerio de Vivienda creó el Premio Nacional de Urbanismo. La Resolución 365 de 2002, del Ministerio de Vivienda regula el Premio Nacional de Buenas Prácticas Urbanas.

la ley 19.712 (2001), creó el "Premio Nacional del Deporte de Chile", que se otorga anualmente al deportista o equipo de deportistas chilenos, que en el año calendario anterior, se haya distinguido por sus resultados competitivos o por su trayectoria destacada y ejemplar para la juventud del país.

Como se aprecia, las medidas honoríficas, en particular esta clase de reconocimientos —los premios nacionales—, no se orientan a guiar el comportamiento futuro del receptor, sino a reconocer su trabajo, misión o labor anterior. De allí que son todos, en alguna medida, una recompensa y galardón. En todo caso, se espera que a partir de la celebración de la valorable conducta pasada del galardonado, se genere un efecto hacia el futuro, si es que motiva a que otros desplieguen en lo sucesivo comportamientos que bien pudieren ser recompensados del mismo modo. Luego, también se debe relevar que, en algunas de ellas, la medida no solo constituye un honor para el receptor, porque tiene un componente económico de mayor o menor relevancia. Inclusive, tratándose de los premios nacionales, su contenido económico es transmisible al cónyuge sobreviniente y a los hijos menores.

Distinto sucede en otros premios que se inscriben en el ámbito económico, de calidad y gestión empresarial. Nos referimos al Premio Nacional a la Calidad y a la Gestión de Excelencia y el Premio PYME a la Gestión Competitiva. Su finalidad es promover el aumento de la aptitud de los bienes y servicios producidos por las empresas, que permita elevar la competitividad del país, fomentar la satisfacción plena de los consumidores y mejorar la calidad de vida de todos los chilenos. Receptores de tal premio son las empresas y organizaciones sin fines de lucro, que destacan por su esfuerzo sistemático e integral de implementar una gestión de calidad moderna y eficaz, promoviendo la mejora continua de la gestión (parte considerativa del DS 130 de 2009, del Ministerio de Economía). El Premio Nacional a la Calidad y a la Gestión de Excelencia es un *sello de distinción* que las empresas pueden utilizar en sus productos. Por su parte, el Premio PYME a la Gestión Competitiva se expresa en tres categorías de reconocimiento: Oro, Plata y Cobre. Como se ve, estos reconocimientos de corte empresarial buscan no solo honrar al receptor, sino generar la motivación de otros agentes económicos por actuar también en la consecución de objetivos de interés general, que luego les permita presentarse sus clientes como organizaciones con valor social añadido, oficialmente reconocido por el Estado.

B) *Medidas jurídicas*

Se trata de casos como el otorgamiento al receptor de un estatuto jurídico especial para la actividad que decide emprender y que sea de interés general, o la garantía de que el estatuto jurídico que se le aplica actualmente no se alterará para él en el futuro. Para el Tribunal Constitucional son también medidas de esta clase las dispensas para el cumplimiento de particulares obligaciones legales (STC rol 1295-2008, consid. 90°). Por nuestra parte, incluiremos en este grupo las medidas que otorgan un tratamiento fiscal o cambiario especial a una persona mientras realice una cierta actividad, cumpliendo las condiciones que le exige la ley respectiva (la doctrina mayoritaria las clasifica dentro de las medidas económicas indirectas)[19]. Dentro de esta subclase se puede mencionar la ley 20.444 de 2010, que creó el Fondo Nacional de la Reconstrucción, a causa del terremoto de 27 de febrero de 2010 (8,8° Richter) con la finalidad de establecer instrumentos de financiamiento que permitan responder de manera rápida y eficaz ante emergencias y catástrofes. En particular, interesa esta ley porque consagra un mecanismo de beneficio fiscal para las entidades privadas que financien obras de construcción, reconstrucción, reposición, remodelación, restauración, reemplazo o rehabilitación de infraestructura, instalaciones, obras y equipamiento afectadas por terremotos, maremotos, erupciones volcánicas, inundaciones, aluviones u otras catástrofes que puedan ocurrir en el territorio nacional (arts. 1° y 8°). El beneficio tributario, atendidas las características particulares de cada donante y con ciertas limitaciones, permite en algunos casos descontar como gasto, en forma total o parcial, el monto donado y, en otros, aprovecharlo como crédito contra los impuestos que debe pagar el contribuyente.

Debido a la naturaleza de las medidas jurídicas, ellas deben necesariamente contemplarse en una ley, porque en principio se trata de dar un beneficio, una dispensa o una garantía a una persona, sin que se encuentre a disposición u ofrezca a todos o a un grupo amplio de personas, con lo que puede significar un quebrantamiento de principios de rango constitucional: igualdad ante la ley y la prohibición de establecer diferencias arbitrarias (art. 19 num. 2), la igual repartición de los tributos en proporción a las rentas o en la progresión o forma que fije la ley, y la igual distribución de las cargas públicas (art. 19 num. 20 inc. 1°) y la no discriminación arbitraria en el trato que deben dar el Estado y sus organismos en materia económica (art. 19 num. 22).

Son también ejemplos de esta clase de medidas, los derechos que se otorga a inversionistas extranjeros que se sujetan a la ley 20.848 (2015) que establece el marco para la inversión extranjera directa en Chile, a saber: derecho a remesar al exterior el capital transferido y las utilidades; acceso al mercado cambiario formal; exención del impuesto sobre las ventas y servicios en la importación de bienes de capital, y la sujeción del inversionista extranjero al régimen jurídico común aplicable a los nacionales, sin que puedan ser discriminados arbitrariamente, de manera directa o indirecta. Se mencionan también como

[19] La doctrina suele incluirlas dentro del ámbito de franquicias o beneficios indirectos. Cfr. ARTURO FERMANDOIS VÖHRINGER, *Derecho constitucional económico*, tomo I, 2ª ed., Santiago, Ediciones UC, 2001, pág. 288 y s.

ejemplos la reserva a naves chilenas de cabotaje de pasajeros y de carga en el mar territorial o en la zona económica exclusiva; el establecimiento de un régimen especial para la modificación, suspensión o extinción de relaciones laborales (v. gr. normas de protección de la maternidad) y disminución de requisitos que deben cumplir las microempresas familiares para obtener patente municipal que les permite operar[20].

C) *Medidas económicas*

En las medidas económicas, como bien explica el profesor GASPAR ARIÑO ORTIZ, se está en presencia de una actuación financiera que incentiva o disuade, ya sea en materia económica, para la producción de bienes y servicios que requiere la colectividad[21], o ya sea simplemente para motivar la actuación de personas en un sentido que se estima como valioso socialmente y que debe ser difundido. La administración ofrece un beneficio o advierte de un gravamen, según si lo que quiere es una actuación positiva o una abstención. Los supuestos que hacen atractivo el uso de los instrumentos económicos del fomento vienen dados, primero, por la demostración de que el Estado, por sí solo, no es capaz de alcanzar siempre el bien común, lo que hace necesario atraer las voluntades de los particulares y, segundo, el reconocimiento de que en el sector privado hay un potencial de ideas y medios que pueden ser puestos en ejercicio, a un mismo tiempo, para satisfacer intereses privados y generales de la comunidad.

Las medidas económicas, por su diversidad, son las más usadas por el sector público. No obstante, falta uniformidad en el tratamiento que el legislador da a los subsidios, subvenciones, transferencias y otros, lo que impide realizar una categorización jurídica precisa de las mismas[22]. En cualquier caso, son ejemplos claros de un Estado orientado a lo prestacional y asistencial y, por lo mismo, pertenecen al amplio grupo de instrumentos de que se vale la administración para mejorar, beneficiar, compensar o auxiliar a personas y entidades.

Las medidas económicas pueden ser distinguidas en las que otorgan beneficios económicos directos e indirectos. Las directas toman habitualmente el nombre de *subvenciones* y *subsidios*. Por un lado, las *subvenciones* constituyen pagos o transferencias corrientes que hace el Estado a una persona natural o jurídica, en dinero o como especies avaluables monetariamente, sin cargo de devolución, pero afectos a un fin de interés general preestablecido, sea que tengan por finalidad incentivar o recompensar una actuación coetánea

[20] CAMACHO CEPEDA, *op. cit.*, pág. 548.

[21] Cfr. GASPAR ARIÑO ORTIZ, *Principios de derecho público económico*, Lima, ARA Editores, 2004, pág. 337.

[22] PALLAVICINI MAGNÈRE, *op. cit.*, pág. 251.

o futura, o asegurar el funcionamiento o sostenibilidad de organismos privados dedicados a objetivos de interés público[23]. Los *subsidios*, por su parte, constituyen una medida de pura asistencia a un receptor que se encuentra en un estado particular de carencia personal, existencial o de supervivencia. Las medidas indirectas, a su turno, dicen relación más bien con condonaciones de obligaciones monetarias que ceden a favor del Estado, o exenciones monetarias, arancelarias o franquicias y desgravaciones; créditos o garantía sobre créditos que otorga una institución financiera para que destine los recursos así recibidos al financiamiento o refinanciamiento de agentes económicos específicos, por ejemplo, a empresas generadoras de energía eléctrica por medios renovables. Por ello, esta clase de medidas forman parte estructurante de las leyes que consagran medidas jurídicas.

D) *Subsidios y subvenciones*

La terminología más ampliamente aceptada del fomento en el orden económico es la de subvenciones y subsidios. El concepto de *ayuda pública* —originario de la Unión Europea[24]— no es utilizado frecuentemente en el medio nacional como un aglutinante de todas las posibles variantes del fomento económico (financieras, crediticias, dinerarias[25]).

a) *Subvención.* La *subvención*, señala JUAN CARLOS FLORES, es una "suma de dinero, consignada presupuestariamente, que el Estado transfiere en forma gratuita a un particular a título no devolutivo, es decir, sin cargo a devolución, sometida a la afectación jurídica de utilizar dicha cantidad de dinero para la satisfacción de una necesidad pública o la realización de la conducta calificada de interés público"[26]. Desde el momento que la subvención ingresa en el patrimonio del receptor —muchas veces una persona natural o física o jurídica de Derecho Privado— deja de ser dinero público[27] y, por tal motivo, acrecienta el patrimonio del receptor porque queda con más de lo que habría tenido si no hubiera operado la transferencia[28]. Las subvenciones, en todo

[23] Como ejemplo, ley 21.516, de Presupuestos del Sector Público de 2023, Glosa núm. 17, asignación 138, ítem 03, subtítulo 24 del programa 01, partida 29 del Ministerio de las Culturas, las Artes y el Patrimonio, recursos para el "Fomento y Desarrollo de Ecosistemas Creativos y Organizaciones Culturales Colaboradoras; Resoluciones 2, de 2020, y 18, de 2023, de la Subsecretaría de las Culturas y las Artes. Ver, además, D.CGR 19.751 de 1986.

[24] Cfr. MIGUEL SÁNCHEZ MORÓN, *Derecho administrativo. Parte general*, Madrid, Tecnos, 2010, pág. 788.

[25] CASSAGNE, *op. cit.*, pág. 458.

[26] Cfr. FLORES RIVAS, *op. cit.* (2), pág. 341.

[27] *Vid.* dictámenes CGR 19.467-1983, 23.721-1984, 10.690-1987, 20.211-1993, 12.583-2007, 32.682-2011 y 6.684-2014). Cfr. PALLAVICINI MAGNÈRE, *op. cit.*, pág. 252.

[28] HARTMUT MAURER, *Allgemeines Verwaltungsrecht*, 18ª ed., München, C.H. Beck, 2011, pág. 454.

caso, no son meras liberalidades que concede el sector público, porque de no entregarse posiblemente obligará al legislador a disponer que sea el Estado o alguna de sus administraciones quien asuma la actividad que es financiada con la subvención[29], lo que no garantiza una mayor eficiencia en la actividad de que se trate.

Como la subvención tiene un fin público que cumplir, su entrega no se hace en función de garantizar o asegurar los intereses particulares del receptor, sino que en la realidad se trata de aquel fin de interés general[30]. Es decir, en la subvención de orden económico (a diferencia de la asistencial), el apoyo que se da al receptor no es un fin en sí mismo, sino que es un medio para alcanzar el fin verdadero: el interés general[31].

Considerando su destinación, la subvención muchas veces se transforma en una ayuda de larga duración, pues la transferencia dineraria puede mantenerse o renovarse año a año, si es que el fin de interés público se mantiene y el receptor da efectivo cumplimiento al objeto para el que debe ocuparse[32]. Como ejemplos de este tipo de subvenciones, en 1951, la ley 9.864, estableció las subvenciones a los establecimientos particulares gratuitos de educación primaria, secundaria, profesional y normal, y en 1952, el artículo 104 de la ley 10.343, creo una subvención a favor de los colegios particulares de educación secundaria no comprendidos en la ley 9.864[33].

En consecuencia, las subvenciones permiten a la administración gestionar de un modo indirecto el interés general y el bien común. Es indirecto porque permite que sean entidades colaboradoras —frecuentemente se trata de organizaciones no gubernamentales, que no persiguen fines de lucro, que reciben tales dineros públicos con el objetivo de aplicarlos al cumplimiento de sus fines estatutarios u orgánicos, porque ellos redundan finalmente en algún tipo de beneficio hacia la colectividad—. De esta clase son las subvenciones que corporaciones y fundaciones sin fines de lucro reciben para los ámbitos vecinales, barriales, artísticos y culturales, entre otros. En estos casos, las subvenciones son recibidas o formalizadas previa suscripción de un convenio entre la entidad pública aportante y la organización administrativa cuyo objeto es establecer el monto y la forma de la ayuda pública, el destino que debe darse a los recursos, la periodicidad con que debe informarse el avance de la actividad que se financia con esos recursos públicos y la obligación del receptor de hacer rendiciones de cuentas, entrega de garantías y otros aspectos que

[29] Enrique Silva Cimma, *Derecho administrativo chileno y comparado. El servicio público*, Santiago, Editorial Jurídica de Chile, 1995, pág. 278.

[30] Maurer, *op. cit.*, pág. 456.

[31] *Ibidem*, pág. 457.

[32] Silva Cimma, *op. cit.*, pág. 278.

[33] *Idem*.

se estima necesario regular. La importancia del diseño del referido convenio es de gran importancia, pues estas subvenciones no tienen mayor regulación normativa, por lo que de lo que se deje u omita estipular dependerán las seguridades que puede tener la administración de que se hará buen y adecuado uso de los recursos públicos.

b) *El subsidio.* La voz *subsidio* tiene un uso multifuncional porque puede referirse a una ayuda pública directa o indirecta o, también, en las concesiones de obras públicas, a una modalidad de pago del precio que debe hacer el Estado a un concesionario como contraprestación por la construcción y operación de una obra pública. En este último caso, el subsidio en cuanto precio pagado directamente por el Estado persigue una serie de finalidades (arts. 7º letra c y 11 DS MOP 900, de 1996, Ley de Concesiones de Obras Públicas): pago por menor percepción de tarifas de los usuarios (propio del mecanismo de ingresos mínimos garantizados); elemento de la estructura tarifaria que aplica el concesionario a los usuarios de la obra y, en los casos en que no es el usuario final del servicio concesionado el obligado al pago (recintos penitenciarios, hospitales públicos), el subsidio representa el precio por la obra construida o el costo de operarla y conservarla (subsidios de construcción y de operación)[34].

Fuera del ámbito de las concesiones de obras públicas, en términos generales se tiene a los subsidios como beneficios de carácter asistencial, que no importan carga para el receptor, no afectados a un fin público porque su objetivo es simplemente que el receptor supere una carencia o compense una carga desproporcionada. En estos casos, el subsidio no siempre opera como una transferencia directa al beneficiado, sino que la transferencia se hace por el Estado a los establecimientos educacionales o compañías prestadoras de servicios de interés general. Un ejemplo de estos últimos lo da el artículo 151 de la Ley General de Servicios Eléctricos (DFL 4, 2006). En este caso se autoriza al presidente de la República para establecer un subsidio transitorio al pago del consumo de energía eléctrica que favorecerá a usuarios residenciales de escasos recursos, cuando dentro de un período igual o menor a seis meses, las tarifas eléctricas para usuarios residenciales, urbanos y rurales, registrasen un incremento real acumulado, igual o superior a 5 por ciento. Este subsidio debe ser descontado por las empresas concesionarias de servicio público de distribución de energía eléctrica en las boletas de cobro que emite a sus clientes

[34] Cfr. Juan Carlos Flores Rivas, "Concepto y Naturaleza de la Subvención en el Derecho Chileno. El caso de la Concesión de Obra Pública (2)", en *Revista de Derecho PUCV*, 2do. semestre 2011, págs. 329-367. Nuestro autor incluye una cuarta función del subsidio: la de compensar los perjuicios que causan las modificaciones unilaterales o convenidas en los bienes y servicios concesionados. Por nuestra parte, consideramos que se trata de dineros que se reciben como reparación de los perjuicios que la modificación de las obras y servicios contratados generan para el concesionario.

beneficiarios del subsidio. Una vez efectuados los descuentos, las empresas concesionarias deben acreditar ante la Superintendencia de Electricidad y Combustibles los montos descontados, a efectos que esta autorice el pago del monto respectivo a través de resolución administrativa exenta, que será título suficiente para que la Tesorería General de la República proceda al pago a dichas empresas. Como se aprecia, dada su naturaleza, los subsidios pueden ser considerados como medidas de aseguramiento de un mínimo existencial del receptor (v. gr. subsidio habitacional, subsidio al agua potable) o como una ayuda que busca promover o facilitar el desarrollo de esa persona receptora (becas educacionales)[35].

Como se ha señalado, no todos los subsidios se entregan como una suma de dinero que queda directamente a disposición del beneficiado (*subsidio asistencial*), sino que en otros casos se reconoce por medio de un título transferible o un certificado (subsidio mediante título transferible) que es incausado y, por tanto, constituye un título de crédito que facilita obtener financiamiento[36]. Ejemplo de esto último lo da la ley 19.712 (2001), que crea un sistema estatal de subsidios para la adquisición, construcción y habilitación de recintos deportivos (subsidio para el deporte), y para la adquisición de inmuebles destinados a la práctica del deporte y al funcionamiento de las organizaciones deportivas (art. 51). Este aporte se otorga por una sola vez al beneficiario[37], sin cargo de restitución, y constituye un complemento del ahorro previo que ha cumplido el beneficiario. Este subsidio, por último, se representa por un "certificado de subsidio para el deporte", que solo puede aplicarse para los fines antes mencionados.

E) *Los fondos como expresión financiera del fomento*

La actividad de fomento está estrechamente vinculada con la creación de fondos, entendiendo por estos un conjunto de recursos monetarios que el legislador adscribe a fines específicos, y que son administrados por el propio fisco —usualmente, la Tesorería General de la República— o por otros organismos públicos ya existentes, o por sí mismos, en cuyo caso el mismo fondo es una persona jurídica de derecho público creada por ley, v. gr. Fondo de Garantía para Pequeños y Medianos Empresarios del decreto ley 3.472 (1980).

Los fondos permiten llevar adelante aplicaciones financieras para hacer realidad programas de inversiones públicas (v. gr. Fondo Nacional de Desa-

[35] Walter Georg Leisner, *Existenzsicherung im Öffentlichen Recht*, Tübingen, Mohr Siebeck, 2007, pág. 456 y s.

[36] William García Machmar, "Clasificación de los procedimientos para otorgar subvenciones (2)", en *Revista de Derecho Administrativo*, núm. 7, 2012, pág. 144.

[37] Pueden postular al subsidio organizaciones deportivas o comunitarias, que cuenten con personalidad jurídica y se encuentren inscritas en el registro especial de la ley 19.712.

rrollo Regional), de distribución solidaria (v. gr. Fondo Común Municipal) o, también, para promover y fomentar actividades de particulares que interesan al Estado. De entre estos últimos los hay en variadas áreas de interés general. Por ejemplo, en el área cultural existe el Fondo Nacional de Fomento y Desarrollo de las Artes Escénicas, administrado por el Ministerio de las Culturas, las Artes y el Patrimonio (ley 21.175), destinado a financiar programas, proyectos, medidas y acciones de fomento, desarrollo, conservación y salvaguardia de las artes escénicas del país. A este se suma el Fondo Nacional de Fomento del Libro y la Lectura (ley 19.227), el Fondo Nacional de Desarrollo Cultural y las Artes (ley 19.891) y el Fondo del Patrimonio Cultural (ley 21.045). En materia científica y tecnológica, existe el Fondo Nacional de Desarrollo Científico y Tecnológico (DFL 33, de 1981, del Ministerio de Educación). En materia de consumo de energía eléctrica, el Fondo de Estabilización de Tarifas (ley 21.472) y que, como indica su nombre, tiene por objetivo estabilizar las tarifas eléctricas para clientes regulados. En materia de telecomunicaciones, el Fondo de Desarrollo de las Telecomunicaciones (ley 18.168, General de Telecomunicaciones) promueve el aumento de la cobertura de los servicios de telecomunicaciones preferentemente en áreas rurales, y urbanas de bajos ingresos. En materia forestal, el Fondo de Conservación, Recuperación y Manejo Sustentable del Bosque Nativo (ley 20.283), que otorga una bonificación destinada a contribuir a solventar el costo de las actividades que favorecen la regeneración, recuperación y protección de formaciones de bosques nativos, actividades silviculturales para obtención de productos no madereros, manejo y recuperación de bosques nativos para fines de producción maderera, etc. En protección medioambiental, el Fondo de Protección Ambiental (ley 19.300), cuyo objeto es financiar total o parcialmente proyectos o actividades orientados a la protección o reparación del medio ambiente, el desarrollo sustentable, la preservación de la naturaleza o la conservación del patrimonio ambiental.

Los fondos se nutren de recursos que se les asigna anualmente a través de la Ley de Presupuestos del Sector Público, sin perjuicio de que, en algunos casos, también pueden provenir de la cooperación internacional o del sector privado, sea como donaciones y herencias, o aportes de agentes económicos y empresariales o de los mismos usuarios o beneficiarios de servicios de interés general. Por su parte, la asignación de los recursos se hace previo concursos públicos de los proyectos respectivos, por lo que, por regla general, no es posible hacer asignaciones discrecionales con los recursos que se dota a los fondos.

Estas estructuras que constituyen meros patrimonios de afectación sin perjuicio de que, a veces, son verdaderos organismos administrativos, constituyen, en último término y en medida importante, la forma como la política determina el *quantum* de actividad de fomento que el Estado y sus organismos pueden desplegar anualmente. Por ello, la actividad de fomento —su intensidad, efectividad y eficacia—, a diferencia de la interventora y prestacional de la administración, puede verse expuesta más fuertemente a fluctuaciones presupuestarias, que vienen condicionadas por consideraciones exógenas, económicas o financieras, puedo que amplias dimensiones del fomento no tienen directa relación con niveles de subsistencia de las personas o con la concreción de derechos fundamentales o humanos.

3. Las fuentes positivas

A) *Nivel constitucional*

Tanto el deber del Estado de llevar adelante actividades de fomento, como la legitimación para su despliegue como un título de actuación administrativa *ad extra* y *ad intra*, vienen establecidos por la Constitución. De partida, su artículo 1° inciso 4° impone el deber del Estado de promover el bien común, para lo que debe contribuir a crear las condiciones sociales que permitan a todos y a cada uno de los integrantes de la comunidad nacional su mayor realización espiritual y material posible. Luego, la Constitución también impone al Estado las tareas de promover la integración armónica de todos los sectores de la Nación y asegurar el derecho de las personas a participar con igualdad de oportunidades en la vida nacional (art. 1° inc. 5°); promover el fortalecimiento de la regionalización del país y el desarrollo equitativo y solidario entre las regiones, provincias y comunas del territorio nacional (art. 3° inc. 2°); promover los derechos esenciales que emanan de la naturaleza humana (art. 5° inc. 2°): v. gr. promoción de la educación parvularia (art. 19 num. 10 inc. 4°), fomento del desarrollo de la educación en todos sus niveles, y el estímulo de la investigación científica y tecnológica, la creación artística y la protección e incremento del patrimonio cultural de la Nación (art. 19 num. 10 inc. 6°); y la promoción de la salud y rehabilitación del individuo (art. 19° num. 9 inc. 2°); y la actuación de las municipalidades en la promoción y difusión del arte, la cultura y el deporte, o el fomento de obras de desarrollo comunal y productivo (art. 118 inc. 6°).

Se suman a lo dicho, reglas y principios constitucionales de buen orden administrativo y presupuestario, aplicables a la actividad de fomento. Nos referimos, por cierto, a la legalidad, igualdad, publicidad, transparencia, probidad y control.

• *Legalidad*, en sus expresiones de reserva legal de la disposición del gasto (art. 65 inc. 3°), en la iniciativa exclusiva de ley en manos del presidente de la República (art. 65 inc. 4° num. 2) y en el deber de otorgar la ayuda a través de un procedimiento administrativo (art. 63 num. 18).

• *Igualdad*, en cuanto el Estado debe asegurar el derecho de las personas a participar con igualdad de oportunidades en la vida nacional (art. 1° inc. 5°); y la prohibición del Estado de discriminar arbitrariamente en materia económica (art. 19 num. 22).

• *Publicidad* (art. 8°), en cuanto los actos y resoluciones de los órganos del Estado son públicos, así como sus fundamentos y los procedimientos. Una de sus manifestaciones concretas se encuentra en el principio de transparencia activa, que obliga a los órganos de la administración del Estado a mantener a disposición permanente del público, a través de sus sitios electrónicos, entre otros, "Las transferencias de fondos públicos que efectúen, incluyendo todo aporte económico entregado a personas jurídicas o naturales, directamente o mediante procedimientos concursales, sin que estas o aquellas realicen una contraprestación recíproca en bienes o servicios" (ley 20.285, art. 7° letra f[38]).

• *Probidad* (art. 8°), que se constituye como una obligación que persigue todas las actuaciones de las autoridades y funcionarios públicos, y cuyo sentido concreto es observar una conducta funcionaria intachable y un desempeño honesto y leal de la función o cargo, con preeminencia del interés general sobre el particular, y a cuyo incumplimiento se asignan responsabilidades y sanciones constitucionales y legales (art. 52 de la ley 18.575 de Bases Generales de la Administración del Estado, 1986).

• El *control* del gasto y las inversiones públicas a través de la acción de la Contraloría General de la República (CGR), encargada de fiscalizar el ingreso y la inversión de los fondos del fisco, de las municipalidades y de los demás organismos y servicios que determinen las leyes, y del examen y juzgamiento de las cuentas de las personas que tengan a su cargo bienes de esas entidades (art. 98). La ley orgánica constitucional de la CGR complementa lo anterior, estableciendo que el ámbito de la fiscalización es la verificación de que se ha hecho una correcta inversión de los fondos públicos por parte de la persona o institución privada que perciba por leyes permanentes a título de subvención o aporte del Estado para una finalidad específica y determinada (art. 25 Ley de Organización y Atribuciones de la CGR).

• En conexión con el control y la publicidad, la *transparencia* es tenida por el Tribunal Constitucional como principio inspirador del sistema presupuestario público, en cuanto obliga al gobierno a entregar al Congreso Nacional información acerca de la ejecución presupuestaria para que este pueda ejercer, según las competencias de las respectivas cámaras legislativas, función fiscalizadora sobre el uso e inversión de los dineros públicos (STC 1867, de 2010, consid. 30).

[38] El art. 7° lit. f) se complementa con el inc. 4° de la misma disposición, que obliga a las instituciones otorgantes de ayudas públicas, cuando se trata de transferencias reguladas por la ley 19.862 (establece Registros de las Personas Jurídicas receptoras de Fondos Públicos) de incluir, en su sitio electrónico institucional, los registros a que obliga dicha ley; y que las transferencias no regidas por dicha ley deben incorporarse a un registro separado, al cual también deberá accederse desde el sitio electrónico institucional.

B) *Nivel legislativo*

En Chile no se cuenta con una ley marco de ayudas públicas (subvenciones, subsidios u otros). No obstante, se verifica una intensa actividad legislativa en autorización y otorgamiento de subsidios, aportes, ayudas públicas y otros[39], además de un destacadísimo papel que cumplen las leyes anuales de presupuestos de la Nación porque muchas veces son la fuente inmediata y única de alguna actividad o instrumento de fomento aplicado en programas determinados[40]. Al plano legislativo se suma la potestad normativa del Ministerio de Hacienda, que le confiere específicamente la Ley de Presupuestos de la Nación, para regular por medio de instrucciones que se contienen en oficios circulares los convenios para transferencias de recursos desde el sector público al privado (en 2023, el Ministerio ha dictado dos circulares sobre la materia, núm. 4, de 1 de febrero, y núm. 20, de 11 de agosto).

Por su transcendencia, corresponde mencionar particularmente la ley 19.862 (2003), sobre Registro de Personas Jurídicas Receptoras de Fondos Públicos, así como la ley 21.516, de Presupuestos de Ingresos y Gastos del Sector Público para el año 2023.

[39] Considerando la legislación dictada desde el 11 de marzo de 1990 a la fecha, se verifican múltiples leyes y decretos con fuerza de ley. *Año 1990:* leyes 18.987, 18.998, 19.007. *Año 1991:* leyes 19.030, 19.059, 19.061, 19.073. *Año 1992:* leyes 19.117, 19.129, 19.152, 19.163, 19.167, 19.173, 19.181, 19.185. *Año 1993*: leyes 19.214, 19.228, 19.227, 19.243, 19. 246, 19.249, 19.253, 19.267, 19.278, 19.275. *Año 1994*: leyes 19.287, 19.299, 19.316, 19.337, 19.333, 19.338, 19.355, 19.357, 19.359. *Año 1995*: leyes 19.360, 19.398, 19.403, 19.406, 19. 410, 19.420, 19.429, 19.432. *Año 1996*: leyes 19.454, 19.457, 19.478, 19.485. *Año 1997*: leyes 19.494, 19.498, 19.502, 19.514, 19.517, 19.533. *Año 1998*: leyes 19.561, 19.564, 19.578, 19.595, 19.599. *Año 1999*: leyes 19.604, 19.606, 19.635, 19.644, 19.649. *Año 2000*: leyes 19. 662, 19.677, 19.691, 19.707, 19.703. *Año 2001*: leyes 19.731, 19.768, 19.775. *Año 2002*: ley 19.843. *Año 2003*: leyes 19.873, 19.899, 19.891, 19.917. *Año 2004*: leyes 19.965, 19.981, 19. 985. *Año 2005*: leyes 20.002, 20.032, 20.063, 20.079. *Año 2006*: leyes 20.102, 20.098, 20.112, 20.134, 20.135. *Año 2007*: leyes 20.159, 20.190, 20.197, 20.206, 20.196, 20.201, 20.202, 20. 203, 20.219, 20.225, 20.233. *Año 2008*: leyes 20.241, 20.246, 20.247, 20.248, 20.258, 20.278, 20.268, 20.269, 20.283, 20.326, 20.289, 20.284, 20.313, 20.320. *Año 2009*: leyes 20.338, 20. 351, 20.378, 20.374, 20.401. *Año 2010*: leyes 20.412, 20.432, 20.444, 20.452, 20.461. *Año 2011*: leyes 20.488, 20.522, 20.550, 20.553. *Año 2012*: leyes 20.567, 20.570, 20.595, 20.605, 20.597, 20.637. *Año 2013*: leyes 20.655, 20.658, 20.696, 20.716. Año 2014: leyes 20.743, 20. 765, 20.763, 20.792, 20.794. *Año 2015*: leyes 20.807, 20.809, 20.874, 20.868. *Año 2016*: leyes 20.920, 20.895, 20.928, 20.935, 20.948, 20.958, 20.954, 20.971, 20.970. *Año 2017*: leyes 20.006, 20.996, 21.010, 21.043. *Año 2018*: leyes 21.055, 21.072, 21.061, 21.084, 21.107, 21.112. *Año 2019*: leyes 21.127, 21.140, 21.135, 21.139, 21.175, 21.185, 21.189. Año 2020: leyes 21.205, 21.218, 21.230, 21.288, 21.294. Año 2021: leyes 21.307, 21.360, 21.374, 21.381, 21.387. *Año 2022*: leyes 21.423, 21.433, 21.443, 21.452, 21.456, 21.465, 21.472, 21. 489, 21.503, 21.514. Año 2023 (junio): leyes 21.537, 21.543, 21.550, 21.570, 21.564, 21.572, 21.578, 21.584.

[40] García Machmar, *op. cit.* (1), pág. 68.

La ley 19.862 obliga a los órganos facultados para otorgar ayudas públicas[41] llevar registros públicos que individualicen a las entidades (privadas) receptoras, comprendiendo en estas últimas a todas las entidades susceptibles de recibir recursos públicos contemplados en la respectiva Ley de Presupuestos, las entidades receptoras de transferencias de fondos públicos, las entidades que reciban donaciones reguladas en las leyes 18.985, 18.681, 19.247 y 19.712, y las personas jurídicas o naturales que realicen la donación correspondiente. La ley 19.862 entiende por "transferencias" las "subvenciones a personas jurídicas, sin prestación recíproca en bienes o servicios, y, en especial, subsidios para financiamiento de actividades específicas o programas especiales y gastos inherentes o asociados a la realización de estos; sea que tales recursos se asignen a través de fondos concursables o en virtud de leyes permanentes o subsidios, subvenciones en áreas especiales, o contraprestaciones establecidas en estatutos especiales, y otras de similar naturaleza [...]" (art. 2°). Dada esta especial definición de transferencias como aportes en dinero, se genera el problema de que los subsidios reales (en bienes o servicios) no pueden registrarse y, por lo mismo, se debilitan las capacidades de un efectivo control (D.CGR 12.583-2007[42]). A esto último se suma, además, que la jurisprudencia de la Contraloría General de la República (CGR) ha restringido el universo de receptores que deben estar inscritos, solo a personas jurídicas de derecho privado (D.CGR 38.921-2008 y 51.611-2007).

Es un requisito ineludible para proceder a realizar la transferencia, que la entidad receptora se encuentre previamente inscrita en el registro correspondiente (art. 6° inc. 1°). La información que se registrará corresponde básicamente a: (i) la existencia, antecedentes de constitución y funcionamiento de las entidades favorecidas; (ii) la individualización de las entidades receptoras, área de especialización, naturaleza jurídica y antecedentes financieros; (iii) actividades, trabajos o comisiones que se hayan encargado a los receptores por parte de las entidades públicas y municipios; (iv) recursos públicos recibidos y el resultado de los controles efectuados por la CGR y otros órganos fiscalizadores, cuando corresponda (arts. 3° y 4°)[43].

[41] V. gr.: órganos y servicios públicos incluidos en la Ley de Presupuestos, municipalidades que efectúen transferencias, instituciones que aprueban transferencias o que sancionan la asignación de los fondos públicos recibidos con cargo a la partida presupuestaria del Tesoro Público y las instituciones que autoricen donaciones con derecho a crédito fiscal o franquicias tributarias.

[42] También, Pallavicini Magnère, *op. cit.*, pág. 260.

[43] En adición, el art. 5° del reglamento dispone como información registrable: a) individualización del órgano o servicio público, o municipio que realice la transferencia; b) en el caso de donación con derecho a crédito fiscal, la individualización de la persona natural o jurídica que realice la donación correspondiente, su naturaleza jurídica, su nombre o razón social, su Rol Único Tributario, y su domicilio; c) individualización de la persona jurídica receptora de estos fondos públicos, su naturaleza jurídica, indicación de su constitución u obtención de su personalidad jurídica y su vigencia, su nombre o razón social, su Rol Único Tributario,

La Ley de Presupuestos del año 2023, por su parte, regula en su artículo 23 de manera limitada las transferencias de dinero desde el sector público al privado. A tal efecto, establece los requisitos para proceder válidamente a las transferencias, así como impone prohibiciones de transferencias en casos especiales y establece obligaciones particulares que deben cumplir las entidades públicas involucradas. Los requisitos para dichas transferencias son: (i) concurso obligatorio para la asignación de recursos correspondientes a transferencias corrientes a instituciones privadas, salvo que la ley expresamente señale lo contrario; (ii) suscripción de un convenio entre las partes, en el que debe estipularse, a lo menos, las acciones que se deben desarrollar, las metas, plazos y forma de rendir cuenta de su uso; (iii) los convenios no podrán considerar transferencias de todo o parte de lo convenido en un plazo distinto del que resulte de relacionar dichas transferencias con el avance efectivo de la ejecución de las iniciativas durante el año presupuestario, salvo autorización de la Dirección de Presupuestos; (iv) los convenios no podrán establecer compromisos que excedan el ejercicio presupuestario, salvo que cuenten con la autorización previa de la Dirección de Presupuestos; (v) las instituciones privadas que reciban fondos públicos, por cualquier concepto, por un monto total superior a UTM 2.000 (aprox. USD 150.000), deberán publicar los convenios en su sitio electrónico, junto con sus estados financieros, balance y memoria anual de actividades. Luego, el artículo 23 prohíbe que las instituciones receptoras puedan recibir nuevos fondos mientras no cumplan con las obligaciones que les impone la ley 19.862, antes vista. Por último, se establece que los organismos públicos responsables de las transferencias de recursos deberán velar por el cumplimiento de las disposiciones del artículo 23, y que el incumplimiento de sus normas, así como de las instrucciones que dicte el Ministerio de Hacienda, o de los términos de los respectivos convenios, trae aparejada la imposibilidad de efectuar cualquier nueva transferencia de recursos públicos a la respectiva institución privada hasta que dicha situación sea subsanada. Lo anterior, sin perjuicio de la responsabilidad administrativa que pueda derivarse de este incumplimiento en la institución responsable.

4. El fomento en el marco de los entes territoriales

Las municipalidades (administración local) como los gobiernos regionales (administración regional) están facultados para realizar actividades de fomento.

---

su objeto social, la composición de su directorio, su domicilio, su área de especialización y sus antecedentes financieros; d) el monto y fecha de la transferencia, señalándose el marco legal de su aplicación; e) el objeto o destino de la aplicación de dichos fondos públicos, con indicación de los trabajos, actividades o comisiones encargadas; f) la Región y comuna donde la transferencia de fondos públicos se materializará, y g) el resultado de los controles efectuados por la CGR y por otros organismos fiscalizadores, según corresponda, cuando lo hubiere.

Las municipalidades son tanto otorgantes como receptoras de subvenciones. Como otorgantes, la Ley Orgánica Constitucional de Municipalidades (DFL 1, de 2006, del Ministerio del Interior y Seguridad Pública) les faculta otorgar subvenciones y aportes con cargo al presupuesto municipal, para fines específicos a personas jurídicas, que pueden ser tanto de carácter público como privado, pero en todo caso sin fines de lucro, y que colaboren directamente en el cumplimiento de sus funciones. También pueden ser receptoras de aportes monetarios y subvenciones las corporaciones y fundaciones en las que participe la municipalidad (art. 132). En todo caso, las subvenciones y aportes no pueden exceder el 7 por ciento del presupuesto municipal (art. 6° letra g)[44]. A los ojos de la CGR, las subvenciones municipales constituyen un acto discrecional del municipio y consiste en la entrega de una determinada cantidad de dinero, a título gratuito, temporal o precario, simple o condicionado, que tienen por objeto la satisfacción de necesidades de carácter social o público y cuyo uso está sujeto a control[45].

Las subvenciones municipales no están sujetas a procedimientos especiales previos de selección de receptores y, por ello, prácticamente se otorgan de modo discrecional por el alcalde, pero siempre con previo acuerdo del concejo (art. 65 letra h). A este último órgano colegiado le corresponde fiscalizar las subvenciones, si bien de una forma limitada: el concejo puede solicitar directamente a las entidades receptoras que informen, pero solo sobre el destino dado a los aportes o subvenciones municipales percibidos (art. 79 letra j). Por esta causa, la menor o mayor posibilidad de realizar controles efectivos respecto del uso y destino de los aportes queda supeditado a las reglamentaciones generales que se puedan contener en la ordenanza municipal respectiva, o en los términos y exigencias particulares que se establezcan en el mismo acto municipal que las otorga o en el convenio que la municipalidad suscriba con la entidad receptora, a saber, la obligación de hacer periódicamente rendiciones de cuentas documentadas, la obligación de entregar una garantía de buen uso de los recursos, los deberes de informar hechos relevantes o esenciales durante el período en que se utilizan los aportes, etc. En lo que respecta a la identificación de los receptores de ayudas municipales, el artículo 7° inciso 4° de la Ley Orgánica Constitucional de Municipalidades establece el deber

[44] Aunque dicho límite no incluye a las subvenciones y aportes que las municipalidades destinen a las actividades de educación, de salud o de atención de menores que les hayan sido traspasadas en virtud de lo establecido en el DFL 1-3.063, de 1980, del Ministerio del Interior, cualquiera sea su forma de administración, ni las destinadas a los Cuerpos de Bomberos. Asimismo, el límite del 7 por ciento tampoco incluye a las subvenciones o aportes que las municipalidades de Santiago, Vitacura, Providencia y Las Condes efectúen a la "Corporación Cultural de la I. Municipalidad de Santiago", para el financiamiento de actividades de carácter cultural que beneficien a los habitantes de dichas comunas.

[45] D.CGR 44.447-2010, 11.504-2003 y 66.995-2009.

de la Subsecretaría de Desarrollo Regional y Administrativo, dependiente del Ministerio del Interior y Seguridad Pública, de establecer un registro central de colaboradores municipales, que se llenará con la información que ellas proporcionen. Un reglamento de la misma Subsecretaría regula la organización, actualización y operación del registro a su cargo.

Las municipalidades también son receptoras de subvenciones o aportes, principalmente provenientes del gobierno para financiar servicios que se les han traspasados desde el nivel central o para programas o proyectos de su interés, pero que son ejecutados por aquellas. Programas y acciones destacables que suponen tales transferencias monetarias son los referidos a educación y vivienda. Estas transferencias monetarias interadministrativas, a diferencia de las ayudas y subvenciones que se otorgan a entidades y personas privadas, quedan sujetas completamente a las normas sobre administración financiera del Estado (decr.-ley 1263 de 1975, y ley 18.482 de 1985).

En el caso de los gobiernos regionales, la respectiva ley orgánica constitucional (DFL 1-19.175, de 2005, del Ministerio del Interior y Seguridad Pública) dispone en el artículo 18 sus atribuciones en materias de fomento. Ellas abarcan variadas dimensiones que van desde la facultad de formular políticas regionales y prioridades estratégicas de fomento de las actividades productivas, y de mejoramiento de la innovación para la competitividad; la de aprobar el plan regional de desarrollo turístico; la promoción de la investigación científica y tecnológica, y el fomento al desarrollo de la educación superior y de enseñanza media técnico profesional en la región, y la elaboración de una Política Regional de Ciencia, Tecnología, Conocimiento e Innovación para el Desarrollo, entre otros. A lo anterior se suma la atribución de los gobiernos regionales de otorgar subvenciones, estableciendo que el gobierno regional podrá proponer criterios para su distribución y, cuando corresponda, distribuir las subvenciones a los programas sociales, con arreglo a la normativa nacional correspondiente (art. 20 letra h). Quien tiene a su cargo proponer los criterios para la distribución de las subvenciones es el gobernador regional, mientras que al consejo regional le corresponde aprobar dicha propuesta.

5. El fomento en el modelo nacional de economía: entre Estado social de derecho y pulsiones hacia la globalización

Chile se encuentra actualmente en un cambio de paradigma social: desde un prolongado y estrecho acercamiento hacia el libre mercado (1980 en adelante), con un Estado abstencionista en materia social y garante en materia económica, va hacia una declaración de Estado social anclada expresamente en el texto de una nueva Constitución Política, para que, desde allí, guíe a los poderes del Estado en el entendimiento que hagan de la idea de que el Estado existe porque debe servir a las personas. No obstante, como se enunció al inicio de este trabajo, la actuación o participación del Estado en la economía es tan evidente como permanente, y se muestra en las siguientes dimensiones: la dirección de la economía (v. gr. política monetaria y cambiaria en un Banco Central autónomo, política fiscal y presupuestaria en manos del Gobierno), supervigilancia de la economía (v. gr. protección de la libre competencia y regulación de sectores ambiental, social y económicamente sensibles), y producción directa de bienes y servicios de interés general a través de empresas públicas creadas por ley o de sociedades privadas participadas por el sector público (v. gr. Fisco, CORFO u otro). A estos aspectos se suman programas de promoción de desarrollo económico en zonas aisladas, de corte habitacional, estratégico-energético, de transporte público, entre otros; todos los cuales demuestran el fuerte involucramiento del Estado en la economía, con uso de instrumentos propios del fomento.

En materia de industrialización, son ejemplos significativos la ley 18.392 (1985), también conocida como "Ley Navarino", la ley 19.420 (1995) y la ley 19.606 (1999). Estos cuerpos normativos establecen regímenes fiscales y aduaneros preferenciales o exclusivos, de duración determinada, para el desarrollo industrial y económico de las zonas extremas del país[46]: la Región de Aysén y de la Provincia de Palena, la Región de Magallanes y de la Antártica Chilena, y las Provincias de Arica y Parinacota. Los beneficiarios son empresas que desarrollen exclusivamente actividades industriales, mineras, de explotación de las riquezas del mar, de transporte y de turismo, que se instalen físicamente en terrenos ubicados dentro de los límites de la porción del territorio nacional antes indicado.

En otro ámbito, destacan los programas habitacionales del Ministerio de Vivienda y Urbanismo, destinados a superar históricos defectos del mercado de viviendas, a saber, escasez de terrenos para construir viviendas sociales y económicas, deficiente acceso oportuno a soluciones habitacionales para personas de bajos recursos o con discapacidad que requieren una solución habitacional definitiva, o bien, de personas que por cambios laborales o crecimiento

[46] Según las referidas leyes, los regímenes especiales pueden comprender las eximición de pago del impuesto de primera categoría de la ley sobre Impuesto a la renta por las utilidades devengadas o percibidas en sus ejercicios comerciales; o el derecho a un crédito tributario por las inversiones que efectúen, equivalente a un porcentaje del valor de los bienes físicos del activo inmovilizado que correspondan a construcciones, maquinarias y equipos, incluyendo los inmuebles destinados preferentemente a su explotación comercial con fines turísticos, directamente vinculados con la producción de bienes o prestación de servicios del giro o actividad del contribuyente; o el derecho de importación de mercancías necesarias para sus procesos productivos o de prestación de servicios, materias primas, artículos a media elaboración y partes o piezas que se incorporen o consuman en dichos procesos, sin quedar afectos al pago de derechos, impuestos, tasas y demás gravámenes que se cobran por las aduanas.

de sus grupos familiares, necesitan de una solución provisoria (usualmente tomar en arrendamiento una vivienda), mientras esperan la solución definitiva que se ubica en el nuevo lugar de actividad laboral o profesional de los jefes de familia. De este modo, el subsidio puede tomar distintas modalidades: para construcción de vivienda en sitio propio, para adquisición de vivienda nueva, para pago de renta de arrendamiento, etc., y también se complementa con otra serie de subsidios adicionales, tales como, subsidio diferenciado a la localización, de factibilidad, de incentivo y premio al ahorro adicional, de densificación en altura, por grupo familiar, para personas con discapacidad, entre otros[47].

En el campo de las telecomunicaciones, la ley ha creado un Fondo de Desarrollo de las Telecomunicaciones (ley 18.168, arts. 28 A, B, C, D, E, F, G, H e I Ley General de Telecomunicaciones), dotado de recursos asignados por la Ley de Presupuestos, con el objeto de promover el aumento de la cobertura de los servicios de telecomunicaciones preferentemente en áreas rurales, y urbanas de bajos ingresos. El Fondo financia proyectos de telecomunicaciones que son seleccionados por la Subsecretaría de Telecomunicaciones, a partir de la información que reciben desde las municipalidades acerca de necesidades de telecomunicaciones que afectan a la comuna respectiva[48]. Los proyectos así seleccionados son convocados a concursos públicos conforme a unas bases o pliegos de posiciones que ponen especial énfasis en especificar la zona de servicio mínima; las tarifas máximas que se podrán aplicar a los usuarios; los plazos para la ejecución de las obras y la iniciación del servicio; el monto máximo del subsidio y el tipo de emisión, tratándose de servicios de telecomunicaciones de libre recepción o de radiodifusión locales, cuyas transmisiones están destinadas a la recepción libre y directa por el público en general, incluidos los servicios de radiodifusión de mínima cobertura. A dichos concursos públicos pueden presentarse las personas jurídicas que cumplan con los requisitos legales y reglamentarios para ser titulares de la concesión o permiso del servicio de telecomunicaciones, según los casos. Finalmente, los correspondientes subsidios a las concesionarias, permisionarias o licenciatarias se financian con los recursos del Fondo y se pagan a través

[47] *Vid.* DS 49, reglamenta el Programa Fondo Solidario de Elección de Vivienda; DS 52 (2013), reglamenta el programa de Subsidio de Arriendo de Viviendas; DS 12 (1995), regula el Programa sobre Arrendamiento de Viviendas con Promesa de Compraventa; y DS 1 (2011), reglamenta el Sistema Integrado de Subsidio Habitacional.

[48] Tipos de proyectos subsidiables: a) teléfonos públicos o centros de llamadas; b) telecentros comunitarios de información; c) servicios de telecomunicaciones de libre recepción o de radiodifusión locales, cuyas transmisiones están destinadas a la recepción libre y directa por el público en general, sean emisiones sonoras, de televisión abierta o limitada, o de otro género, y d) cualquier otro servicio de telecomunicaciones que beneficie directamente a la comunidad en la cual habrá de operar.

de la Tesorería General de la República. La ley incluso otorga a las empresas adjudicatarias de los concursos un beneficio fiscal adicional, a saber, el hecho de que el subsidio no constituirá renta.

En materia de energía, por último, el Estado permanentemente lleva adelante programas de fomento de acceso a la energía en zonas aisladas, de desarrollo de energías renovables, de eficiencia y reconversión energética. Estos programas están orientados para beneficiar particularmente proyectos de organizaciones privadas que desarrollan actividades de interés público y para las micro, pequeñas y medianas empresas. Por ejemplo, desde 2014, el Ministerio de Energía lleva el programa público denominado "Fondo de Acceso a la Energía", propiciando, financiando y desarrollando proyectos de acceso a energía renovable, con la finalidad de dar solución a requerimientos energéticos de pequeña escala en dichas comunidades (vid. res. (E) 85, de 28 de abril 2023, de Subsecretaría de Energía). Otro ejemplo de mucha mayor envergadura y donde participan no solo el Estado a través de la CORFO, sino también organismos internacionales y extranjeros, es el recientemente lanzado Fondo para el Desarrollo del Hidrógeno Verde en Chile (junio 2023[49]). Se trata de un programa financiero para inversiones privadas en proyectos de producción y demanda de hidrógeno verde que sirvan de apoyo al desarrollo de la demanda local para la creación de un mercado de consumo interno que genere las capacidades de producción nacional para convertir al país en un exportador[50].

6. Las entidades reguladoras y los órganos jurisdiccionales frente a las actividades de fomento

A) *Sede administrativa*

Como parte importante de la actividad de fomento está vinculada con la unión entre entidades públicas y privadas colaboradoras del Estado en la satisfacción de necesidades generales de la población[51], es evidente que esa clase de colaboradores deban ser controlados o supervigilados por el sector público[52]. No obstante, a la antes vista dispersión legislativa o regulatoria en asuntos propios del fomento, se suma la carencia de un sistema integral de control jurídico, contable y presupuestario del correcto uso de las ayudas públicas. Últimamente, y causado por reportes investigativos que han dado cuenta del mal uso y descontrol sobre los recursos públicos transferidos a

[49] BID, Banco Mundial, Banco de Desarrollo de Alemania y la Unión Europea.

[50] https://energia.gob.cl/noticias/nacional/gobierno-presenta-fondo-por-us-1000-millones-para-el-desar rollo-del-hidrogeno-verde-en-chile, accesado el 20.8.2023, 8,46 a.m.

[51] Silva Cimma, *op. cit.*, pág. 277.

[52] *Ibidem*, pág. 279.

organizaciones privadas, el gobierno ha creado una Comisión Asesora Ministerial para la regulación de la relación entre las instituciones privadas sin fines de lucro y el Estado (DS 15 de 2023, del Ministerio Secretaría General de la Presidencia), y de cuyo trabajo se esperan propuestas concretas que debieran luego servir como insumo para futuros proyectos legislativos y reglamentarios.

Quienes primeramente están obligados a ejercer control sobre las medidas de fomento que se aplican o se entregan a terceros, son las mismas entidades que los conceden, porque para ese efecto han dispuesto del uso de recursos públicos para unos fines que deben cumplir los receptores o beneficiados. Sin embargo, el sistema de control de cumplimiento desplegado por tales organismos otorgantes de medidas de fomento se muestra débil e, incluso, como seriamente cooptado por la política y su permanente necesidad de hacerse con recursos monetarios. A ello se suma el hecho de que, por regla general, los controles que efectivamente se emplean no hacen más que limitarse a verificar "si la subvención se ha empleado en las finalidades perseguidas por la institución, o, preventivamente, para resolver si su otorgamiento es legalmente procedente"[53].

Dos organismos públicos tienen, en todo caso, un especial papel que cumplir en materia fiscalizadora: el Ministerio de Hacienda-Dirección de Presupuestos y la CGR.

a) *El Ministerio de Hacienda.* El Ministerio de Hacienda cumple tanto una función reguladora como fiscalizadora. La Ley 19.862 establece que el Ministerio de Hacienda debe regular los registros de personas receptoras de ayudas públicas y la forma en que deberán uniformarse los datos provenientes de las diversas entidades, los que incorporará en su propia base de datos. Además, está facultada para requerir información de los órganos y servicios públicos (excluidas las municipalidades), para constituir un registro central de colaboradores del Estado, que será llevado por la Subsecretaría del Ministerio. Finalmente, a través del reglamento; al Ministerio de Hacienda le corresponde normar la organización, coordinación, actualización y gestión de los registros (art. 7º). También, el Ministerio asume un papel de fiscalizador a través de su Dirección de Presupuestos, en cuanto le concierne ejercer control de legalidad y gestión de los gastos públicos.

Sin embargo, la debilidad del control por el Ministerio de Hacienda se encuentra en el hecho de que las instrucciones de ese Ministerio[54] son de

[53] *Idem.*

[54] Las instrucciones del Ministerio de Hacienda, vigentes en 2023, contienen órdenes o prohibiciones, de entre las cuales, destacan la obligación de que se suscriban convenios entre las entidades dadoras y receptoras, que los receptores sean seleccionados a través de procedimientos concursales en los que se acredite antigüedad y experiencia (mínimo dos años de existencia), la obligación de acreditar que el objeto social del receptor es congruente

rango inferior al legal y reglamentario; ellas rigen solo durante el respectivo ejercicio presupuestario (1° de enero a 31 de diciembre) y porque no existen herramientas efectivas que permitan a la autoridad comprobar su real cumplimiento por parte de las entidades otorgantes de ayudas públicas.

b) *La Contraloría General de la República.* La CGR es el máximo órgano de control administrativo, con un estatuto de autonomía constitucional que le dota de suficiente blindaje para no verse influenciado por el Gobierno, ni por el poder legislativo ni por la política y grupos de presión. Como tal, sus herramientas de control han sido específicamente diseñadas para controlar actuaciones de órganos, autoridades y funcionarios de la administración del Estado. Por ello, sus instrumentos son débiles cuando se trata de personas privadas. El ámbito máximo de control sobre el sector privado lo determina el artículo 25 de su ley orgánica: el objeto de su fiscalización se limita a establecer si se ha dado cumplimiento a la finalidad específica y determinada tenidas en vistas en el convenio o acto de transferencia respectivo. Si bien se suma a lo anterior la circunstancia de que todos los registros de las entidades receptoras (sea del Estado, municipalidades o de otros organismos descentralizados) deben encontrarse siempre a disposición de la CGR, con el propósito de facilitar su fiscalización (ley 19.862, art. 9°), el control que pueda hacer la CGR también es de poca envergadura y efectividad.

La debilidad del instrumental de la CGR se percibe, además, por el hecho de que como los convenios y actos de transferencias de subvenciones muchas veces comprometen sumas de dinero público que, a nivel agregado son de bajo monto, su celebración, ejecución, cierre y liquidación no pasan por controles de legalidad preventivos (toma de razón), al mismo tiempo que incluso de ser factible realizar auditorías a tales convenios, se trata de verificaciones que se hacen *ex post* y únicamente en el interior de los organismos públicos involucrados, que no en las entidades receptoras y, por ello, no es fácil hacerse de información relevante que obra en manos de estas últimas. Por otro lado, los convenios son deficientes en su diseño, porque su contenido es mínimo, vago o genérico, lo que dificulta a la CGR evaluar si se han ejecutado correctamente y en tiempo.

El Contralor General ha criticado el sistema que gobierna las transferencias corrientes de recursos públicos, básicamente porque en él reina una excesiva

---

con el destino que debe darse a la subvención que recibe, la obligación de utilizar el sistema de rendición electrónica de cuentas de la CGR (SISREC), el deber del receptor de entregar garantías a favor de la administración, para velar por el cumplimiento de las obligaciones que asume en el respectivo convenio, la obligación de restituir los recursos recibidos si se comprueba que ellos fueron utilizados en un objetivo distinto al establecido en el respectivo convenio, y la prohibición de fraccionar en distintos convenios la asignación de recursos a una misma institución privada, cuando ellos sean destinados al mismo objetivo dentro de una región o sean ejecutados nacionalmente.

discrecionalidad que se aprecia en la definición de los subtítulos (24, 31 o 33) de la Ley de Presupuestos, en las modificaciones presupuestarias, en la definición de los proyectos que se financian por vía de transferencias y en la utilización de "asignación directa" y "asignación nominativa" a personas jurídicas privadas; y porque no se permite a la CGR desarrollar controles de mérito o conveniencia de los proyectos que se financian de este modo y, por último, porque es evidente la falta de transparencia y de mecanismos que eviten conflictos de interés e impongan reglas sobre probidad aplicables directamente a las entidades receptoras[55]. Fundado en lo anterior, el Contralor ha propuesto una serie de medidas, como son hacer aplicable las regulaciones existentes para convenios a todas las transferencias, que no solo a las "transferencias corrientes a instituciones privadas", según se lee en el inciso 1° del artículo 23 de la Ley de Presupuestos del año 2023; que el Ministerio de Hacienda dicte un instructivo de aplicación general sobre el contenido obligatorio de los convenios de transferencia; exigir en los convenios la constitución de garantías a partir de determinados montos transferidos, así como la aplicación de sanciones en caso de mala utilización de los recursos; aplicar el estatuto de probidad de la ley de compras públicas a los destinatarios de transferencias; facilitar la interfaz del registro de la ley 19.862, junto con establecer su interoperabilidad y generar reportes sobre las transferencias recibidas y, por último, trabajar en la formulación de un proyecto de ley sobre transferencias del Estado, y diseñar un sistema de información en que se plasmen todas las transferencias de recursos que realiza el Estado a entes privados, cuya información sea relativamente coetánea a la realización de la transferencia.

B) *Sede jurisdiccional*

En la sección previa se ha explicado los problemas que presenta la fiscalización en sede administrativa, así como las limitadas competencias asignadas al Ministerio de Hacienda y a la CGR, que impiden no solo verificar preventivamente la legalidad con que se opera en determinados campos del fomento, sino que hacen imposible evaluar su rendimiento y eficiencia. Este estado se agrava porque no se cuenta con cuerpos legales directamente vinculantes a todos los organismos del Estado y a las municipalidades, que establezcan bases y exigencias sustanciales y procedimentales que deban cumplirse para asignar válidamente ayudas públicas. Si bien, en materias vinculadas con la promoción y desarrollo de áreas económicas, energéticas o de telecomunicaciones, las respectivas leyes establecen con claridad las condiciones y requisitos que debe cumplirse por los receptores interesados[56], sin embargo,

[55] Con más detalle, nota de prensa en periódico *La Tercera*, de 12 de junio de 2023.

[56] (a) Ejemplos de asignaciones sujetas al cumplimiento de exigencias previamente establecidas por la ley: subvención a la educación escolar, financiamiento público de las institu-

hay un riesgo apreciable en los casos de subsidios o subvenciones que todavía se otorgan sujetos a la sola discreción de la autoridad, sin apego a reglas objetivas, preestablecidas[57].

Los tribunales de justicia están preparados para operar siempre por vía reactiva, en casos referidos a la comisión de delitos penales por funcionarios y personas particulares involucrados en las respectivas operaciones, o, por otro lado, en litigios civiles, en los que se discute sobre el incumplimiento de las obligaciones del beneficiario, que emanan del convenio o acto administrativo que ha otorgado la ayuda pública, o de la validez de actos administrativos dictados en el marco de aquellos, con el objeto de ordenar la restitución de los dineros recibidos, la ejecución de las garantías constituidas por el beneficiario, aplicar sanciones u otros. Divergencias de esta naturaleza se encuentran sometidas a procedimientos ordinarios, de lato conocimiento, por lo que la resolución del litigio no será pronta sino que se emitirá muchos años después del uso indebido de los dineros públicos.

En cualquier caso, la CGR también es pieza fundamental del control jurisdiccional de la actividad de fomento, a través del juicio de cuentas, porque dentro de su orgánica están constituidos los tribunales de cuentas de primera y segunda instancia[58]. En el juicio de cuentas se ejerce una acción contencioso-administrativa de defensa de recursos públicos, la cual es dirigida en contra de las personas (funcionarios públicos y municipales[59] o personas particulares)

---

ciones de educación superior, fomento forestal, subsidios al transporte público de pasajeros, y el financiamiento público a las campañas políticas. (b) Ejemplos de asignaciones previo concurso público: subsidios a la vivienda, al deporte, a las obras de riego, para la conservación, recuperación y manejo sustentable del bosque nativo; fomento a las artes y la cultura, al deporte, a la educación y la investigación, del transporte y las telecomunicaciones y el fomento social: pobreza, trabajo y consumo, por medio del Fondo Mixto de Apoyo Social, DS 266, de 2004, de Ministerio de Desarrollo Social y Familia; subsidios de cesantía, subsidio familiar, de agua potable, tarifas eléctricas, permiso de circulación de vehículos híbridos y eléctricos, beneficio a deudores de crédito universitario, etc.) *Vid.* PALLAVICINI MAGNÈRE, *op. cit.*, págs. 256 y 258, y GARCÍA MACHMAR, *op. cit.* (2), pág. 143.

[57] Ejemplos de asignaciones sin criterios preestablecidos: subvenciones con cargo al Tesoro Público, Partida 50 Capítulo 01, Programa 02, y subvenciones municipales, o porque fracasa el procedimiento concursal previo: v. gr. Fondo de Desarrollo Indígena, Fondo de Protección Ambiental, Financiamiento de Prestación Educacional en Régimen de Jornada Completa, Fondo de Fomento Audiovisual, Fondo de Fomento de la Música Nacional, y Fondo de Conservación, Recuperación y Manejo Sustentable del Bosque Nativo. Vid. PALLAVICINI MAGNÈRE, *op. cit.*, pág. 256 y s. y GARCÍA MACHMAR, *op. cit.* (1), pág. 41.

[58] El Subcontralor General de la República es el tribunal de primera instancia, mientras que el tribunal de segunda instancia, se integrado por el Contralor General —quien lo preside— y por dos abogados designados por el presidente de la República —a propuesta del Contralor General—.

[59] Arts. 95 a 130 LOCCGR y art. 54 LOCM.

que, habiendo manejado y tenido a su cargo dichos recursos, no han presentado la cuenta exigida por ley, o aquellas cuya cuenta presentada a revisión hubiere sido reparada por la Contraloría, con la finalidad de declarar su responsabilidad civil en los hechos, de manera de obligarlas a la reparación del perjuicio que se hubiere irrogado al fisco, a las municipalidades o a otros organismos y servicios públicos personificados.

COLOMBIA

LA ACTIVIDAD ADMINISTRATIVA DE FOMENTO EN COLOMBIA

Jorge Enrique Santos Rodríguez*

Introducción

La actividad administrativa de fomento ha comenzado a tener notable importancia en el derecho administrativo colombiano, no solo desde la perspectiva del derecho positivo —en donde siempre ha estado presente de manera más o menos consciente—, sino también en cuanto a los desarrollos de la jurisprudencia y de la doctrina, cada vez mayores y más precisos. En ese sentido, se puede afirmar que se ha consolidado en Colombia el fomento como una actividad típica de la administración pública, cuyas características y particularidades pretendemos presentar en este estudio.

Para el efecto, en primer lugar, veremos cómo históricamente se ha reconocido y en la actualidad se reconoce una intensa actividad de fomento por parte de las autoridades administrativas, para lo cual será necesario dotarla de un concepto y contenido (1), para luego hacer un análisis de cómo funciona el fomento en el modelo económico constitucional, cometido que supondrá analizarlo desde las perspectivas del Estado social de derecho y de los derechos constitucionales económicos, así como de las influencias internacionales (2).

Más adelante, presentaremos las fuentes constitucionales, legales, reglamentarias e internacionales aplicables a las actuaciones de fomento (3), así como las diversas medidas de fomento que puede adoptar la administración conforme al derecho positivo colombiano y, en particular, nos detendremos sobre el régimen de las subvenciones (4). Por último, estudiaremos los controles administrativos y judiciales que se prevén en el ordenamiento jurídico sobre la conducta de los diversos intervinientes en el otorgamiento y ejecución de instrumentos de fomento (5).

* Profesor titular de derecho administrativo de la Universidad Externado de Colombia. Miembro del Instituto Internacional de Derecho Administrativo.

1. El reconocimiento de la categoría jurídica del fomento y la necesidad de dotarla de contenido

A) *La existencia de la actividad administrativa de fomento en el derecho positivo y la práctica administrativa*

La promoción y el fomento de actividades económicas y sociales de carácter privado que son, a la vez, de interés general, mediante el otorgamiento de ayudas y recompensas, es un asunto que desde siempre les ha interesado a las autoridades públicas y, en particular, a las autoridades administrativas, pues de alguna manera es la expresión de la razón de ser del Estado y, en especial, para el caso colombiano, una de las obligaciones derivadas del Estado social que alguna doctrina afirma haberse adoptado a partir de 1936[1].

En ese sentido, con poca o mucha consciencia, desde hace tiempo, el ordenamiento jurídico colombiano ha venido fijando reglas sobre la manera como la administración pública debe seleccionar las actividades que debe promocionar, los medios de fomento que puede utilizar y, especialmente, la forma en que puede destinar recursos públicos a esa promoción de actividades privadas de interés para el Estado. Incluso en el ordenamiento constitucional colombiano vigente hasta 1991 se reconocía expresamente la competencia del Congreso para expedir leyes que fomentaran empresas útiles o benéficas que fueran dignas del apoyo del Estado, dando lugar a la creación de un marco normativo en el cual la administración pudiera ejecutar actividades concretas de fomento a la actividad de las empresas privadas[2].

Ahora bien, desde el punto de vista de la doctrina e, incluso, de la jurisprudencia, no se solía aceptar el fomento como una de las actividades administrativas típicas, seguramente como consecuencia de la influencia francesa que suele limitar tales actividades a la policía administrativa y el servicio público[3].

[1] Cfr. Álvaro Tirado Mejía, *La reforma constitucional de 1936*, Bogotá, Fundación Naumann y Oveja Negra, 1982.

[2] Cfr. Jaime Vidal Perdomo, "Bases constitucionales del derecho económico", en *Revista de la Academia Colombiana de Jurisprudencia*, núm. 267-269, Bogotá, Academia Colombiana de Jurisprudencia, julio-diciembre 1985, y Francisco de Paula Pérez. *Derecho constitucional colombiano*, 6ª ed., Bogotá, Pontificia Universidad Javeriana, 1992, págs. 277-278.

[3] Cfr. Jacques Moreau, *Droit administratif*, Paris, Presses Universitaires de France, 1989, págs. 309 y ss.; Jacques Petit y Pierre-Laurent Frier, *Droit administratif*, 16ème ed. Paris, LGDJ, 2022, págs. 251 y ss., e Yves Gaudemet, *Droit administratif*, 24ème ed., Paris, LGDJ, 2022, págs. 401 y ss., aunque en ediciones recientes se ha adicionado a las tradicionales policía administrativa y servicio público, la actividad de regulación. Sin embargo, debe ponerse de presente que la doctrina francesa del derecho administrativo económico sí ha venido reconociendo a la actividad de fomento como actividad administrativa: cfr. Pierre Delvolvé, *Droit public de l'économie*, 2ème éd, Paris, Dalloz, 2021, núm. 321 y ss., y Sophie Nicisnki, *Droit public des affaires*, 8ème éd. Paris, LGDJ, 2021, núm. 424 y ss.

En efecto, los autores de derecho administrativo, en general, cuando se referían a las actividades administrativas, no solían incluir al fomento[4], situación que ha venido cambiando en tiempos recientes en los que ya algunos autores, esta vez con clara influencia española, reconocen que tal actividad efectivamente sí existe, a pesar de que el texto constitucional de 1991 es mucho menos expreso en ese sentido de lo que lo era el texto anterior[5].

En cualquier caso, la realidad es que tanto el ordenamiento jurídico en abstracto como la acción administrativa real en concreto revelan que sí existen diversas expresiones de otorgamiento de ayudas y recompensas tendientes a promocionar la realización de actividades económicas privadas que son de interés para el Estado, lo cual equivale a decir que efectivamente es posible advertir la existencia de una intensa actividad administrativa de fomento por parte de la administración pública.

En consecuencia, más allá que esa actividad administrativa de fomento haya sido la menos atendida por la doctrina y jurisprudencia nacionales, la verificación objetiva de la realidad normativa y práctica de las actividades administrativa lleva a la conclusión de que inequívocamente ella efectivamente existe y, por lo tanto, es necesario dotarla de contenido y de algunos principios y reglas generales que permitan su correcto entendimiento.

B) *El contenido de la actividad administrativa de fomento en el derecho colombiano*

La noción de actividad de fomento presenta diversas variaciones desde el punto de vista del entendimiento que de ella ha dado la doctrina, especialmente a partir de los trabajos de Jordana de Pozas[6], que pueden considerarse los

[4] Cfr. Diego Younes Moreno. *Curso de derecho administrativo*, 11ª ed., Bogotá, Temis, 2020, págs. 291 y ss., y Efraín Gómez Cardona, *Nuevo derecho administrativo colombiano. General y especial*, Medellín, Diké, 1995, págs. 261 y ss., y 364 y ss.

[5] Cfr. Libardo Rodríguez Rodríguez, *Derecho administrativo. General y colombiano*, tomo II, 21ª ed., Bogotá, Temis, 2021, págs. 453 y ss. —quien solo se refirió a la actividad administrativa de fomento a partir de la 21ª ed.—; Jaime Vidal Perdomo y Carlos Molina Betancur, *Derecho administrativo*, 14ª ed., Bogotá, Legis y Universidad de Medellín, 2016, págs. 278 y ss. —libro que, en algunas ediciones incluyó al fomento, actividad que luego desapareció de las materias estudiadas, para finalmente volver a aparecer a partir de la 12ª ed.—; Hugo Andrés Arenas Mendoza, *Derecho administrativo*, Bogotá, Legis, 2020, págs. 396 y ss., y Lida Yannette Manrique Alonso, "Sobre la necesidad de una regulación integral y coherente de la actividad de fomento en Colombia", en *Derecho procesal administrativo, modernización del Estado y territorio. Estudios en homenaje a Augusto Hernández Becerra*, Bogotá, Grupo Editorial Ibáñez, 2014, págs. 747 y ss.

[6] Cfr. Luis Jordana de Pozas, "Ensayo de una teoría de fomento en el derecho administrativo", en *Revista de Estudios Político*s, núm. 48, Madrid, Instituto de Estudios Políticos, 1949, págs. 41 y ss.

primeros que sistematizan el modelo de las ayudas y recompensas públicas a las actividades privadas. Sin embargo, en términos generales, la doctrina asocia la actividad administrativa de fomento a la idea de las diversas acciones jurídicas y materiales que realiza la administración pública para la promoción de actividades económicas privadas que son de interés para el Estado porque le sirven para alcanzar finalidades de interés general, con la precisión de que no se trata de prestaciones que el Estado realiza directamente (como en el servicio público) ni tampoco de mecanismos coactivos que limitan el ejercicio de las libertades y derechos (como en la policía administrativa)[7].

En el derecho colombiano, la escasa doctrina que ha reconocido la existencia de la actividad administrativa de fomento coincide con esa idea general. Es así como SANTOFIMIO entiende que el fomento "implica el desarrollo concreto y efectivo de las políticas de presencia estatal en la promoción del desarrollo social y la generación de oportunidades económicas propias de todo Estado social de derecho"[8], mientras que LIBARDO RODRÍGUEZ lo define así: "las diversas actuaciones de la administración pública cuya finalidad es la ayuda, la promoción o el estímulo a la ejecución de actividad privadas que son de interés general, sin que para el efecto se utilice la coacción ni se proporcionen prestaciones concretas por las autoridades"[9].

Como se ve, la doctrina colombiana ha adoptado una noción de actividad administrativa de fomento que se asemeja bastante con la definición positiva que la doctrina española ha dado de tal actividad en cuanto que se trate de acciones que buscan encauzar la buena marcha de las actividades privadas que son de interés del Estado. De esta manera, como se verá más adelante (puntos 4 y 5), en Colombia se entiende que forman parte de la actividad de fomento, además de las tradicionales subvenciones, otros instrumentos que incluyen las desgravaciones fiscales, las líneas blandas de crédito, los incentivos a la industria, las concesiones y privilegios, los premios y reconocimientos e, incluso, en algunos casos, los subsidios a los sectores económicos más pobres.

[7] Cfr. JOSÉ LUIS MARTÍNEZ LÓPEZ-MUÑIZ. "La actividad administrativa dispensadora de ayudas y recompensas: una alternativa conceptual al fomento, en la teoría de la administración pública", en RAFAEL GÓMEZ-FERRER MORANT (coord.), *Libro homenaje al profesor José Luis Villar Palasí*, Madrid, Civitas, 1989, págs. 751-768; GERMÁN FERNÁNDEZ FARRERES, *Sistema de derecho administrativo*, tomo II, 6ª ed., Madrid, Thomson-Reuters Civitas, 2022, págs. 37 y ss.; JOSÉ ESTEVE PARDO, *Lecciones de derecho administrativo*, 10ª ed., Barcelona, Marcial Pons, 2021, págs. 421 y ss.; MIGUEL SÁNCHEZ MORÓN, *Derecho administrativo. Parte general*, 17ª ed., Madrid, Tecnos, 2021, págs. 816 y ss., y FERNANDO GARCÍA PULLÉS, *Lecciones de derecho administrativo*, Buenos Aires, Abeledo Perrot, 2015, págs. 561 y ss.

[8] JAIME ORLANDO SANTOFIMIO GAMBOA, *Compendio de derecho administrativo*, 2ª ed., Bogotá, Tirant Lo Blanch y Universidad Externado de Colombia, 2023, pág. 428.

[9] LIBARDO RODRÍGUEZ RODRÍGUEZ, *Derecho administrativo. General y colombiano*, cit., pág. 456.

2. El fomento en el modelo nacional de la economía colombiana

Como lo ha reconocido la jurisprudencia de la Corte Constitucional, la Constitución Política de 1991 consagró un modelo económico que busca lograr una conciliación entre los objetivos clásicos de la economía de mercado y las necesidades de protección derivadas del carácter social del Estado, en lo que se ha denominado una "economía social de mercado"[10], de tal manera que todas las instituciones económicas del Estado deben estar orientadas a garantizar la armonía entre lo social y el mercado, asunto que claramente no es ajeno al fomento[11].

Pero, además, dado el estímulo a la globalización de la economía y a la integración regional, esa armonía constitucional también debe tener en cuenta la relación que la economía nacional tiene con las extranjeras, de lo cual se derivan algunas otras características del modelo e instrumentos de fomento en el derecho colombiano.

A) *La cláusula de Estado social de derecho y la consecuente obligación del Estado de dispensar ayudas a los ciudadanos*

De acuerdo con el artículo 1° de la Constitución Política, Colombia no es simplemente un Estado de derecho en donde las autoridades públicas se someten a las reglas propias del ordenamiento jurídico, sino que también es un Estado social, lo cual pone sobre el Estado unos deberes concretos de fomentar una calidad de vida mínima a sus habitantes y unas condiciones de dignidad para el desarrollo de sus actividades, así como la obligación de lograr un disfrute efectivo de los derechos individuales y colectivos[12].

Así, del carácter social del Estado de derecho en Colombia se desprenden unas obligaciones positivas, de hacer, para las autoridades públicas, las cuales están destinadas a garantizar y promocionar los derechos fundamentales y colectivos consagrados en el texto constitucional. El reconocimiento de la existencia de esas obligaciones positivas permite a las autoridades adoptar

[10] Cfr. Corte Constitucional, sents. T-533 de 1992, C-535 de 1997 y C-616 de 2001.

[11] Cfr. Jaime Orlando Santofimio Gamboa. "Ponderada articulación de las cláusulas del Estado social de derecho y de las libertades económicas y empresariales en los fundamentos de la concepción constitucional de los servicios públicos", en Bernardo Carvajal Sánchez y Aníbal Zárate Pérez (coords.), *Balance y desafíos del Estado regulador, supervisor, promotor y empresario*, tomo 1, Bogotá, Universidad Externado de Colombia, 2023, págs. 107 y ss.

[12] Así lo ha entendido la jurisprudencia colombiana prácticamente desde la expedición de la Constitución Política de 1991: cfr. Corte Constitucional, sent. T-426 de 1992. Sobre la relación del concepto Estado social de derecho y la intervención del Estado en la economía, cfr. Magdalena Correa Henao, *Libertad de empresa en el Estado social de derecho*, Bogotá, Universidad Externado de Colombia, 2009, págs. 99 y ss.

diversas clases de medidas tendientes a esa garantía y promoción de derechos, medidas dentro de las que se encuentran, en lo que interesa al presente estudio, la creación legal y la aplicación concreta de instrumentos de fomento a la actividad económica privada, pero también medidas específicas de apoyo directo a la población más vulnerable, medidas dentro de las cuales se destacan de manera especial los subsidios y las ayudas públicas directas.

Es así como el texto constitucional, de una parte, expresamente avala el otorgamiento de ciertos subsidios y ayudas públicas: entre otros, el subsidio a la mujer embarazada y lactante (art. 43), el subsidio alimentario en caso de indigencia (art. 46), los programas de acceso a la vivienda (art. 51), los estímulos al deporte (art. 52), la promoción del acceso a la propiedad (art. 60), la educación pública gratuita (art. 67), el fomento a las ciencias y la cultura (arts. 70 y 71) y el subsidio a los servicios públicos domiciliarios (art. 368).

Así, buena parte de las medidas de fomento que prevé la Constitución Política, antes que reflejarse de forma concreta sobre la actividad de las empresas privadas que forman parte de la economía de mercado —que suele ser el objeto más comúnmente—, buscan el incentivo y la ayuda directa a los sectores sociales que requieren más apoyo del Estado, lo cual implica, de alguna manera, que el esquema económico constitucional impone al Estado la obligación concreta de estimular a ciertos sectores sociales a fin de que puedan integrarse al mercado formal, lo cual, naturalmente, también supone un apoyo o estímulo indirecto a la economía en general.

Sin embargo, el fomento en términos constitucionales, como es lógico, también busca extenderse a estímulos directos a ciertas actividades económicas y no se agota simplemente en ayudas sociales como las explicadas. En efecto, ha sido criterio de la jurisprudencia constitucional que los artículos 333 y 334, al consagrar los poderes generales de intervención del Estado en la economía, implícitamente permiten la adopción de otros programas, subsidios, incentivos o ayudas a otros sectores económicos y sociales que, a juicio de las autoridades, lo requieran porque se considera que su actividad resulta beneficiosa para la comunidad y para lograr la efectividad de los derechos constitucionales[13].

Esas normas constitucionales permiten, de manera concreta, crear programas y planes que buscan encauzar el crecimiento económico de actividades y sectores específicos que se consideran de interés para el Estado en la medida en que sus objetivos coinciden con los del Estado y que indirectamente le permiten satisfacer necesidades sociales y promocionar derechos individuales y colectivos. Son estas normas precisamente las que han permitido al legislador expedir normas sectoriales tendientes a estimular el funcionamiento de ciertos sectores económicos que, por razones coyunturales —piénsese en los efectos

[13] Cfr. Corte Constitucional, sents. C-507 de 2008, C-324 de 2009, C-294 de 2020, C-110 de 2019 y C-331 de 2020.

del Covid y las medidas posteriores de estímulo a las empresas de los sectores turísticos, gastronómicos y de transporte aéreo— o estructurales —por ejemplo, las diversas medidas de apoyo a las micro, pequeñas y medianas empresas—, pues lo cierto es que se considera que la buena marcha de esas actividades tiene un efecto positivo tanto en el crecimiento económico general del Estado como en la promoción de los derechos específicos de ciertos sectores que, a juicio del Estado, lo requieren.

En suma, en virtud de la cláusula de Estado social, en el derecho colombiano la actividad administrativa de fomento —como expresión de la intervención del Estado en la economía— permite, con recursos públicos o beneficios otorgados por el Estado, el estímulo o promoción de ciertas actividades económicas y el otorgamiento de ciertas ayudas sociales, pero implica que no se trata simplemente de una forma de estimular el crecimiento general de la economía, sino que también parte de la base de la atención de sectores sociales y económicos que lo requieren a efectos de lograr el goce efectivo de los derechos constitucionales. Se trata, entonces, de la consecuencia directa del reconocimiento constitucional de una economía social de mercado y no simplemente de una economía de mercado.

B) *El derecho a la libre competencia económica como condicionamiento del ejercicio de la actividad de dispensa de ayudas y recompensas*

Ahora bien, para comprender integralmente cómo funciona la actividad de fomento en el modelo de la economía social de mercado que introdujo la Constitución Política, también debe tenerse en cuenta que la jurisprudencia ha considerado que la libre competencia económica, como derecho constitucional consagrado expresamente en el artículo 333, como bien lo ha reconocido la jurisprudencia, impone unas limitaciones al Estado en cuanto al ejercicio de sus poderes y actividades, a la vez que le impone deberes específicos de intervención económica para lograr su efectividad[14].

Esa libre competencia económica, en relación con la actividad de dispensa de ayudas y recompensas o actividad de fomento, implica unas limitaciones específicas para el Estado en cuanto a que ellas no pueden alterar injustificadamente el funcionamiento del mercado en beneficio de uno u otro actor de este, a la par que le obliga a hacer procesos competitivos para la selección de los beneficiarios de los estímulos.

En cuanto a las limitaciones mencionadas, debe señalarse que si bien es cierto que el Estado en general y, más particularmente, las autoridades administrativas, goza de una cierta discrecionalidad para adoptar medidas de

[14] Cfr. Magdalena Correa Henao, *Libertad de empresa en el Estado social de derecho*, ob. cit., págs. 577 y ss.

fomento y, en esa medida, puede escoger libremente el sector económico que desea apoyar y el contenido específico de la forma de apoyo, también lo es que esas medidas de fomento no pueden tener como efecto directo o indirecto una distorsión injustificada en el mercado, bien sea para mejorar la posición de algún sujeto o sector o para perjudicar la posición de otro.

La jurisprudencia ha señalado que es evidente que cualquier medida de fomento va a afectar el mercado de una u otra manera y, necesariamente, por ser su naturaleza y finalidad, va a mejorar la posición de un agente y a empeorar la posición de otros. Sin embargo, para la jurisprudencia lo relevante es que esa distorsión de mercado tenga una justificación y no resulte del mero capricho de la autoridad que la adopta, de tal manera que ella debe estar precedida de un análisis del impacto en el mercado y del beneficio específico que generará en algunos actores del mercado, así como de la determinación de la necesidad de ese beneficio. De otra manera, existiría una afectación injustificada a la libre competencia económica e, incluso, al derecho a la igualdad de los participantes en un determinado mercado[15].

Esta consideración de la jurisprudencia resulta particularmente importante para el control de las decisiones de las autoridades del orden territorial, quienes, si bien constitucionalmente tienen competencias para el diseño y ejecución de programas y actividades de fomento a las empresas seccionales y locales (arts. 300-2 y 305-6 para los departamentos, y arts. 313-2 y 315-5 para los municipios), no podrán ejercer tales competencias mediante programas de fomento que excluyan del mercado productos o productores de otras regiones, a menos que se demuestre un hecho específico que sea justificación suficientemente válida para que el mercado se cierre a productores locales.

Pero, además, el derecho a la libre competencia, en concordancia con el de la igualdad, impone a las autoridades administrativas el deber de analizar la existencia o no de más de un sujeto que pueda ser beneficiario de la medida de fomento y, por eso mismo, la obligación de diseñar procedimientos para su otorgamiento en el cual exista publicidad y una invitación pública, de tal manera que los interesados puedan participar. Se trata de la administración de una especie de recurso escaso que, para garantizar los citados derechos, requiere de procesos de convocatoria pública para que los interesados en el estímulo puedan acceder a él en idénticas condiciones y con las mismas oportunidades.

C) *Los límites al ejercicio del fomento de la economía derivadas de la presencia en Colombia en organizaciones internacionales*

Como complemento a lo anterior y en concordancia con lo expresado, de una parte, la Constitución Política colombiana promueve la integración regio-

[15] Cfr. Corte Constitucional, sent. C-234 de 2009 y C-331 de 2020.

nal (preámbulo, y arts. 9º, 226 y 227) y, de otra, Colombia no ha sido un Estado ajeno a los fenómenos de globalización de la economía, todo lo cual se refleja, en cuanto a la actividad administrativa de fomento, en la presencia de Colombia en diversas organizaciones internacionales y de integración en el seno de las cuales se han adoptado medidas para encauzar correctamente las medidas nacionales de fomento, de tal manera que no sean un mecanismo de afectación de la libre competencia económica más allá de las fronteras nacionales.

En ese sentido, se debe destacar la presencia de Colombia en la Organización Mundial del Comercio y en la Comunidad Andina de Naciones, organizaciones dentro de las cuales se han adoptado medidas concretas que buscan la limitación del otorgamiento de subvenciones y, en general, ayudas públicas con miras a que los recursos públicos destinados a ciertos sectores económicos no tengan incidencia negativa en el mercado y, en particular, no pongan a las empresas nacionales en una situación ilegítima de ventaja frente a empresas extranjeras.

Es así como, en el marco de la Comunidad Andina de Naciones, como parte del desarrollo de las normas sobre competencia comercial y desarrollo agropecuario contenidas en el Acuerdo de Cartagena de 1968, se han adoptado normas que buscan el fortalecimiento del intercambio comercial y la prevención o corrección de los daños que las medidas internas puedan generar a esos intercambios comerciales, como lo es la decisión 457 de 1999 de la Comisión de la CAN que contiene normas para prevenir o corregir las distorsiones en la competencia generadas por prácticas de subvenciones en importaciones de productos originarios de Países Miembros de la Comunidad, norma que, como todas las comunitarias, goza de eficacia directa y primacía en el ordenamiento jurídico colombiano[16].

Así mismo, desde un punto de vista más global, Colombia incorporó a su ordenamiento jurídico, mediante la ley 170 de 1994[17], diversos acuerdos comerciales adoptados en el seno de la Organización Mundial del Comercio, entre ellos y para lo que interesa al presente estudio, el denominado "Acuerdo sobre Subvenciones y Medidas Compensatorias", que tiene como objetivo fundamental establecer condiciones y límites al otorgamiento de subvenciones por parte de los Estados a sus empresas, en la medida en que estos tengan como efecto directo o indirecto la afectación del libre intercambio de bienes y servicios entre productores privados de los Estados.

[16] En relación con el efecto de las normas comunitarias andinas en el derecho colombiano, cfr. LIBARDO RODRÍGUEZ RODRÍGUEZ y JORGE ENRIQUE SANTOS RODRÍGUEZ, "The Incorporation of the Acts of the Andean Community of Nations into Internal Legal Systems", en JAIME RODRÍGUEZ-ARANA (ed.), *Recognition of foreign administrative acts*, Springer, 2016, págs. 33 y ss.

[17] La constitucionalidad de esta ley fue declarada por la Corte Constitucional, en sent. C-137 de 1995.

Como se ve, la perspectiva internacional no tiene relación alguna con las ayudas sociales —v. gr., los subsidios a la prestación de servicios públicos o el otorgamiento de ayudas económicas a sectores desfavorecidos que los requieran para garantizar su mínimo vital—, sino que busca limitar que los recursos públicos se destinen a fomentar la actividad de empresas privadas nacionales que producen bienes y servicios en perjuicio de las de otros Estados que actúan en un mercado en competencia con las empresas nacionales, lo cual constituye una fuente de límites a las medidas de fomento y un respaldo a la libre competencia económica, sin perjuicio de ser consciente de las necesidades sociales de los Estados, que es precisamente la razón por la cual tales instrumentos internacionales no versan sobre ayudas sociales.

Se trata, entonces, de un límite complementario al que se desprende del derecho constitucional a la libre competencia económica en el sentido de que las medidas de fomento son un instrumento que pueda ser utilizado para favorecer algunos actores del mercado —en este caso, los productores y productos nacionales— en perjuicio injustificado de otros —en este caso, los productores y productos internacionales—.

3. Las fuentes del régimen jurídico del fomento

El régimen jurídico de la actividad administrativa de fomento se encuentra a lo largo del ordenamiento jurídico, y puede tener fuentes nacionales del orden constitucional, legal y reglamentario, así como fuentes internacionales contenidas en tratados internacionales propiamente dichos e instrumentos normativos vinculantes propios de un esquema de integración regional.

A) *El fomento en la Constitución Política*

Como se advirtió en el punto anterior, el texto constitucional contiene tanto normas generales como disposiciones específicas que inciden en la regulación de la actividad administrativa de fomento. Concretamente las normas constitucionales pueden ser clasificadas en dos grupos: aquellas que avalan expresamente la autorización de otorgamiento de estímulos, incentivos, beneficios, ayudas, subsidios y recompensas, y aquellas que tienen un aval general de intervención del Estado en la economía, a las cuales deben agregarse los principios constitucionales que, en general, también limitan y condicionan el ejercicio del fomento administrativo.

Dentro de las primeras, como ya se anunció, se encuentran: el subsidio a la mujer embarazada y lactante (art. 43), el subsidio alimentario en caso de indigencia (art. 46), la atención gratuita en salud de los recién nacidos (art. 50), los programas de acceso a la vivienda de interés social (art. 51), los estímulos al deporte y la recreación (art. 52), los estímulos para que los trabajadores participen en la gestión de las empresas (art. 57), la promoción del acceso a la propiedad (art. 60), los estímulos al acceso a la tierra y a los servicios de los trabajadores agrarios, así como a programas de créditos y desarrollo del agro con recursos públicos (arts. 64 y 66), la educación pública gratuita (art. 67), el acceso a la educación universitaria y la financiación de la investigación universitaria (art. 69), la promoción y fomento a actividades científicas, tecnológicas, culturales y artísticas (arts. 70 y 71), el fomento a las empresas, industrias y actividades departamentales (arts. 300-2 y 305-6), el apoyo a actividades privadas de beneficencia (art. 355) y los subsidios a las tarifas de los servicios públicos domiciliarios (art. 368)[18].

A su vez, como también se expresó, en cuanto al segundo tipo de normas constitucionales relacionadas con la actividad administrativa de fomento, se encuentran los artículos 333 y 334, que establecen el marco general de la intervención del Estado en la economía, en virtud de los cuales la jurisprudencia ha considerado —luego de algún debate sobre la necesidad de autorizaciones expresas— que es posible que las autoridades administrativas ejecuten programas de fomento que hubieren sido previamente creados por el legislador con apego a los principios constitucionales de intervención del Estado en la economía[19].

De esta manera, existe una clara flexibilidad para el legislador y para las autoridades administrativas en cuanto a la selección de los sectores objeto de fomento, los tipos de programas para desarrollar los incentivos y los medios o medidas de fomento, pues lo cierto es que la jurisprudencia vigente eliminó la necesidad de una autorización constitucional expresa a las medidas de fomento que impliquen la ejecución de recursos del presupuesto público.

B) *El fomento en el nivel legal y reglamentario*

Como se expresó, cuando quiera que las medidas administrativas de fomento requieren de la ejecución de recursos presupuestales, están sometidas a una estricta habilitación constitucional o del legislador, de tal manera que no es posible que la Administración decida autónomamente crear y aplicar una medida concreta de fomento que implique una erogación dineraria para la administración. Por ello, la intervención del legislador en materia de fomento resulta particularmente importante, pues de ella nacen las competencias para

[18] Sobre las normas constitucionales que específicamente reflejan la actividad de fomento, cfr. LIDA YANNETTE MANRIQUE ALONSO, "Sobre la necesidad de una regulación integral y coherente de la actividad de fomento en Colombia", cit., págs. 677 y ss., y HUGO ANDRÉS ARENAS MENDOZA, *Derecho administrativo*, cit., págs. 403-404.

[19] Cfr. Corte Constitucional, sents. C-507 de 2008 y C-324 de 2009.

que la administración pueda efectivamente otorgar la subvención, el incentivo, el subsidio, la ayuda, el premio o la recompensa.

Sin embargo, respecto de esa intervención del legislador, es preciso hacer notar que a diferencia de lo que ha ocurrido en otras latitudes —por ejemplo, en España—, en Colombia no existe una suerte de código o de ley general aplicable a las actividades administrativas de fomento y ni siquiera existe una ley general de subvenciones. Por el contrario, la manera en que el legislador ha asumido el fomento administrativo ha sido a través de leyes sectoriales que regulan de manera específica la forma de invertir los recursos presupuestales en el incentivo del desarrollo de ese sector específico.

En ese sentido, se pueden mencionar, por ejemplo, leyes que buscan crear diversas formas de estímulos para el sector agropecuario que contemplan créditos blandos, exenciones tributarias y tratamientos impositivos especiales, subvenciones y seguros (leyes 41 de 1993, 69 de 1993, 101 de 1993 y 302 de 1996); leyes que fomentan la práctica del deporte, las producciones cinematográficas y las expresiones culturales y artísticas en general, las cuales incluyen premios, reconocimientos, subvenciones y créditos (leyes 181 de 1995, 397 de 1997, 814 de 2003, 1237 de 2008, 1556 de 2012 y 1834 de 2017); leyes que buscan la creación y el fortalecimiento de micro, pequeñas y medianas empresas, otorgándoles especiales oportunidades particulares en materia de contratación pública y flexibilidades tributarias (leyes 590 de 2000, 905 de 2004, 1429 de 2010 y 2069 de 2020), leyes que buscan apoyar la industria turística con beneficios tributarios, subvenciones y financiación del turismo social (leyes 300 de 1996, 1101 de 2006 y 1558 de 2012) y leyes que buscan apoyar las diversas formas de emprendimiento empresarial (ley 2069 de 2020), normas todas estas que suelen estar complementadas por los planes de desarrollo que se expiden en cada período de gobierno nacional.

La posición que ha asumido el legislador colombiano —quizás sin mucha consciencia específica—, en nuestro criterio es una posición correcta que permite una mejor regulación de la actividad de fomento en cuanto a que propicia la evaluación de las características y necesidades puntuales de cada sector económico que será objeto de fomento y que, además, es coherente con lo que ocurre con otras actividades administrativas en donde tampoco existen leyes generales, sino siempre sectoriales, así sucede con los grandes servicios públicos y con las policías administrativas especiales, dejando en el mundo de lo general apenas unos principios comunes y transversales que guíen de manera global la correspondiente actividad administrativa, dejando a las normas especiales el desarrollo detallado del régimen jurídico, circunstancia que hace que esas regulaciones sectoriales formen parte de lo que metodológicamente se denomina parte especial del derecho administrativo.

En todo caso, de esas leyes, especialmente de aquellas que se refieren al otorgamiento de subvenciones, resultan ciertos principios y reglas comunes que permiten construir un régimen legal común a la actividad administrativa de fomento, asunto sobre el cual nos referiremos en detalle más adelante en el punto 4, al explicar la noción y régimen jurídico de las subvenciones en el derecho colombiano.

Ahora bien, el régimen normativo de la actividad administrativa de fomento también encuentra desarrollo en normas de nivel administrativo, las cuales son, por demás, las que le dan el principal contenido y constituyen el referente más directo para el desarrollo práctico de la citada actividad. En ese sentido, además de la reglamentación general de la ley que le corresponde al presidente de la República (art. 189-11 de la Constitución Política), es común encontrar normas de nivel inferior que, incluso en ocasiones por mandato expreso del legislador, establecen tanto reglamentos o lineamientos técnicos como procedimientos específicos para el acceso al estímulo y para su uso.

Pero, respecto de las normas del nivel administrativo, es preciso recordar que en ejercicio de la habilitación constitucional precisa, también es posible encontrar normas departamentales, específicamente ordenanzas que dictan las asambleas departamentales —corporaciones político-administrativas de elección popular del orden seccional con competencias normativas—, las cuales pueden crear medidas especiales de fomento para las industrias, actividades y empresas departamentales, siendo en consecuencia otra fuente de regulación de la actividad administrativa de fomento.

C) *El fomento en las fuentes internacionales*

Finalmente, como también se advirtió en el literal C de punto 2, el tercer orden de fuentes relevantes para conocer el régimen jurídico de la actividad administrativa de fomento es el de las fuentes internacionales. En ese sentido, debe recordarse que el derecho administrativo contemporáneo se caracteriza por haber dejado de ser un derecho puramente nacional y, en cambio, nutrirse de fuentes internacionales que se concretan, principalmente, en tratados y convenios internacionales, así como en normas principales y derivadas propias del ordenamiento jurídico de integración.

En el caso concreto de la actividad administrativa de fomento en el derecho colombiano, dos son los cuerpos normativos internacionales aplicables que tienen normas específicamente relacionadas con los medios de fomento: (a) el Acuerdo sobre Subvenciones y Medidas Compensatorias de la Organización Mundial del Comercio, y (b) la decisión 457 de 1999 de la Comisión de la CAN.

En cuanto al Acuerdo sobre Subvenciones y Medidas Compensatorias —incorporado al ordenamiento jurídico colombiano mediante ley 170 de 1994— considera como subvención "una contribución financiera de un gobierno o de cualquier organismo Público" específica a una empresa o a un ramo de producción que implique una transferencia directa existente o futura de fondos (aporte económico o garantía de préstamo), una condonación o la renuncia a la obtención de un ingreso público, un suministro o compra de bienes o servicios necesarios o resultantes de la producción o un pago de un mecanismo de financiación. Sin embargo, el citado Acuerdo no prohíbe de manera general el otorgamiento de subvenciones, sino que únicamente las prohíbe cuando estén supeditadas a los resultados de exportación o al empleo de productos nacionales con preferencia a los importados.

Por su parte, la decisión 457 de 1999 —que, como norma andina derivada, tiene eficacia directa y primacía dentro del ordenamiento jurídico colombiano— busca prevenir o corregir los daños causados a una rama de la producción de los países miembros, que sean el resultado de distorsiones en la competencia generadas por importaciones de productos subvencionados originarios de países miembros de la CAN. Para el efecto, se utiliza el concepto de subvención de la Organización Mundial del Comercio y se imponen deberes a los países miembros de aplicar medidas compensatorias a las importaciones de productos subvencionados, cuando quiera que tales subvenciones pueden alterar la libre competencia entre empresas andinas.

Es decir, que en el ordenamiento jurídico colombiano se han incorporado normas internacionales que, de una parte, tienen por objetivo limitar el otorgamiento de subvenciones y ayudas públicas a empresas o sectores de empresas específicos que distorsionen la libre competencia y, de otra, imponen obligaciones al Estado colombiano de establecer medidas compensatorias para evitar la afectación del mercado como consecuencia de productos cuya producción fue objeto de subvenciones que se entienden prohibidas en el mundo del comercio internacional.

4. Las medidas de fomento administrativo reconocidas en el derecho positivo colombiano y, en particular, las subvenciones: noción y régimen jurídico

En términos de teoría general y de derecho comparado, las medidas, técnicas o instrumentos de fomento se suelen clasificar en medidas honoríficas, jurídicas y económicas, las cuales corresponden, respectivamente, a recompensas, reconocimientos y distinciones que otorga el Estado a un particular por la realización de actividades que son de interés para el Estado (medios honoríficos); a situaciones de privilegio otorgadas por normas jurídicas que indirectamente representan ventajas económicas para su destinatario (medios jurídicos), y a incentivos económicos (dinerarios u otras ventajas de carácter patrimonial) que facilitan el ejercicio de una actividad de interés público, incluyendo la posibilidad de utilización de bienes públicos, la creación de ventajas fiscales y tributarias, el otorgamiento de créditos o la garantía de créditos con terceros y la entrega directa de recursos presupuestales destinados a la ejecución de la actividad de interés del Estado (medios económicos).

A) *La utilización de las diversas técnicas de fomento en el derecho colombiano*

El derecho colombiano aplica las tres clases de instrumentos o técnicas clásicas de fomento[20].

Así, es posible encontrar, como medios honoríficos, medallas por la trayectoria en actividades como las comunicaciones, la educación o el ejercicio judicial, aunque en realidad se trata de asuntos excepcionales que carecen de verdadera importancia como instrumentos de fomento, pues realmente no crean ventajas comerciales o de mercado y, por el contrario, se convierten en meros instrumentos de reconocimiento social y político.

De la misma manera, el derecho colombiano reconoce diversos medios jurídicos que buscan estimular la actividad económica o el goce de derechos de sectores económicos y sociales específicos, dentro de los cuales se destacan, por encima de todos, la incorporación de criterios sociales y ambientales y de compra pública sostenible y socialmente responsable, en virtud de los cuales grupos como las micro, pequeñas y medianas empresas, las empresas que emplean personas en situación de discapacidad o a adulto mayor, las empresas que adquieren productos locales o las empresas que son de iniciativa de mujeres o de sujetos de especial protección constitucional tienen requisitos de participación especiales, criterios preferentes de asignación de puntajes y o factores de desempate en su favor.

Finalmente, los medios de fomento de naturaleza económica son claramente utilizados por las autoridades administrativas colombianas. En efecto, como se explicó al hacer mención de los sectores en que la ley ha adoptado medidas de fomento, las diversas leyes han establecido exenciones y beneficios tributarios a micro, pequeñas y medianas empresas o empresas de sectores específicos como el turismo o el agro e, igualmente, han creado líneas de crédito en condiciones favorables para campesinos, productores agropecuarios, artistas y empresas turísticas, entre otros. Pero, además, se han adoptado programas de acceso a la propiedad por parte de comunidades campesinas a partir de propiedades de origen público.

Respecto de las mencionadas técnicas de fomento, es preciso hacer notar que en Colombia carece de contenido específico la noción de "ayudas públi-

[20] Cfr. Libardo Rodríguez Rodríguez, *Derecho administrativo. General y colombiano*, cit., págs. 472 y ss., y Hugo Andrés Arenas Mendoza, *Derecho administrativo*, cit., págs. 398 y ss.

cas"» —tan importante en el mundo europeo[21]— o alguna similar de significado amplio, pues lo cierto es que no se ha creado una noción general que cubra la idea de estímulos económicos directos o indirectos que potencialmente puedan afectar el funcionamiento del mercado. Por el contrario, la figura a las que se refieren tanto el ordenamiento jurídico interno como las normas internacionales y de integración es la de "subvención", que es, de alguna manera, el arquetipo de la actuación administrativa de fomento y a la que mayor atención dedica el ordenamiento jurídico colombiano.

En ese sentido, el asunto más interesante en el que ha intervenido el legislador es en la fijación de reglas para el otorgamiento de ayudas económicas —entendidas en términos de entrega de recursos presupuestales— a empresas dedicadas a actividades agropecuarias, turísticas, deportivas, culturales, científicas y de servicios, cuyo régimen legal pasamos a estudiar en detalle.

B) *La utilización de las subvenciones como instrumento de fomento de las actividades privadas en el derecho colombiano*

Las subvenciones, entendidas como aportes dinerarios que entrega la administración pública a particulares con el fin de apoyar o estimular una determinada actividad privada que es de interés público y que no requieren una contraprestación directa o una devolución, son la técnica de fomento más frecuentemente utilizada en el ordenamiento jurídico, naturalmente sin que ello signifique que las otras técnicas no sean viables o no se utilicen.

Sin embargo, a pesar de que doctrinaria y jurisprudencialmente el concepto de subvención resulta más o menos claro y más o menos pacífico en el sentido expuesto —que coincide con lo expresado por la doctrina extranjera, especialmente la española[22]—, la realidad es que el legislador colombiano históricamente ha dado muy variados usos a la expresión haciendo que su contenido se convierta en uno con sentido incierto.

En efecto, en el ordenamiento jurídico colombiano, además de la noción asociada a la técnica de fomento que fue expuesta, es posible encontrar que se usa la expresión subvención referida a una recompensa de guerra, a una compensación por la prestación de servicios en el ejército, a una compensación por perjuicios causados por la actividad del Estado o a una prestación

[21] Cfr. José Luis Martínez López-Muñiz, "Ayudas públicas", en Luis Antonio Velasco San Pedro (coord.), *Derecho europeo de la competencia*, Madrid, Lex Nova, 2005, págs. 485-580, y Tania García Sedado, "Regulación y competencia", en *Derecho administrativo económico*, Madrid, Dykinson, 2018, págs. 65-66.

[22] Cfr., Juan Alfonso Santamaría Pastor, *Principios de derecho administrativo general*, tomo II, 3ª ed., Madrid, Iustel, 2015, págs. 383-384, y José Esteve Pardo, *Lecciones de derecho administrativo*, cit., pág. 424.

social de algunos empleados públicos, significados estos que claramente se alejan del contenido de la noción en el marco de la utilización de las técnicas de fomento por parte de las autoridades administrativas[23].

En todo caso, a pesar de los usos variados de la expresión, el entendimiento técnico de la noción de subvención en el derecho colombiano, especialmente si se utiliza en el marco del estudio de la actividad administrativa de fomento, se da estrictamente sobre la idea de que se trata de una erogación presupuestal a fondo perdido a favor de un particular con el objetivo de promocionar una actividad privada de interés para el Estado[24].

Así, entonces, la noción de subvención aceptada en el derecho colombiano tiene tres elementos fundamentales. En primer lugar, un elemento objetivo en el sentido de que se trata de la entrega directa de dineros públicos a un particular, excluyendo con ello la simple puesta a disposición de bienes o medidas de contenido legal que indirectamente generan beneficios económicos, como una exención tributaria. De otra parte, un segundo elemento referido a que se trata de un dinero que se entrega, de un lado, sin que exista una obligación de reintegro o devolución por el particular y, de otro, sin que se pretenda una contraprestación directa a favor de la autoridad administrativa que hace entrega de los recursos. Finalmente, un elemento teleológico o finalístico en cuanto a que la finalidad de la entrega de la subvención siempre será el apoyo, estímulo o promoción de una actividad de naturaleza privada cuya ejecución resulta de interés público y, por ende, de interés para el Estado[25].

Precisada la noción aceptada en el derecho colombiano, es necesario reiterar que en Colombia no existe una ley general de subvenciones y, por el

[23] Esta variedad de significados de "subvención" en el derecho positivo colombiano es puesto de presente por JORGE IVÁN RINCÓN CÓRDOBA, "¿Subvención, subsidio o ayuda pública? En la búsqueda de un concepto para el ordenamiento jurídico colombiano", en JULIÁN ANDRÉS PIMIENTO ECHEVERRI (coord.), *Balance y desafíos del Estado regulador, supervisor, promotor y empresario*, tomo 2, Bogotá, Universidad Externado de Colombia, 2023, págs. 337 y ss.

[24] Sobre esta noción, cfr. LIBARDO RODRÍGUEZ RODRÍGUEZ, *Derecho administrativo. General y colombiano*, cit., pág. 477.

[25] La jurisprudencia ha definido los elementos de las subvenciones en el derecho colombiano, en los siguientes términos: "La subvención como instrumento jurídico típico de las actividades administrativas de fomento, tiene las siguientes características: i) es una prestación generalmente expresada en dinero; ii) el sujeto activo es el Estado o una persona de derecho público; iii) el sujeto pasivo es otra persona jurídica de derecho público, un particular que ejerza funciones administrativas por disposición de la ley o un particular que realice actividades que puedan ser identificadas con una finalidad de interés general, no pueden tener, por lo tanto, como objetivo principal, directo e inmediato el enriquecimiento del beneficiario, aun cuando indirectamente afecte de manera positiva su patrimonio; iv) no tiene el carácter de contraprestación por un servicio prestado, lo que la excluye de toda consideración contractual; v) los dineros percibidos deben ser utilizados para el fin de interés general para el cual se otorga el referido beneficio" [Consejo de Estado, Sala de lo Contencioso Administrativo, Sección Tercera, Subsección A, sent. de 20 de mayo de 2013, exp. 25000-23-26-000-2010-03126-01(AP)]

contrario, lo que ocurre es que cada vez que el legislador crea una subvención específica, la dota de un régimen jurídico particular aplicable exclusivamente a esa subvención y a ninguna otra, lo cual resulta de trascendental importancia porque, como lo vimos al analizar las fuentes legales de las subvenciones en Colombia (literal B del punto 3), en materia de fomento se aplica de manera estricta el *principio de legalidad.*

En virtud del citado principio de legalidad es la ley —y, eventualmente y de forma subsidiaria, las ordenanzas departamentales y los acuerdos municipales— la única facultada para la creación de la subvención, y a la ley también le corresponde dotar a cada subvención específica de las reglas generales sobre su contenido y otorgamiento, debiendo esta señalar el procedimiento de otorgamiento, las reglas específicos para el acceso, las actividades específicas en que pueden ser utilizados los recursos presupuestas, los valores que se deben otorgar e, incluso, las formas de control del uso de la subvención.

Es así como, por ejemplo, en su momento la ley 1133 de 2007 creó una subvención que tuvo por objetivo proteger los ingresos de los productores del sector agropecuario durante un período específico a fin de que pudieran poner en marcha procesos de reconversión y, en general, medidas de desarrollo de tecnologías y nuevas técnicas de producción que redundaran en una mejora en la productividad y en la explotación de la tierra, de tal manera que el sector mismo pudiera tener una mejor competitividad. En dicha ley se dejaron expresos los objetivos de la subvención, los valores máximos, las reglas generales para su entrega —que debían ser complementadas por el reglamento—, las reglas generales del procedimiento —que también requerían un desarrollo reglamentario— y los principios aplicables para su puesta en marcha.

Algo similar hizo el legislador en la ley 2068 de 2020 en relación con la actividad turística en el sentido de crear una subvención tendiente a fortalecer dicha industria que se había visto afectada como consecuencia de las medidas administrativas de limitación adoptadas en el marco de la pandemia derivada del Covid-19. Igualmente ocurre respecto de las diversas subvenciones a las que se refiere la ley 2069 de 2020 que tienen como objetivo el apoyo a los proyectos privados de emprendimiento e innovación, emprendimiento en industrias verdes y emprendimiento en industrias de base tecnológica, buscando en últimas la creación de fuentes de empleo e ingreso que se perdieron en el marco de la pandemia derivada del Covid-19.

Frente a la aplicación del principio de legalidad, es preciso hacer notar que los artículos 136-4 y 355 de la Constitución Política prohíben la entrega de auxilios o donaciones dinerarias a particulares, norma que inicialmente fue interpretada en el sentido de que los únicos subsidios y subvenciones autorizados constitucionalmente eran los expresamente previstos en las normas constitucionales[26]. Sin embargo, con posterioridad, la jurisprudencia interpretó que esa norma implicaba una prohibición apenas general[27], pero que debía leerse en armonía con los artículos 333 y 334 que avalan la intervención del Estado en la economía, intervención que le permite al legislador crear otras subvenciones distintas a las previstas expresamente en la Constitución, interpretación que ratifica la importancia de la aplicación del principio de legalidad en materia de subvenciones[28].

Pero además de la aplicación del principio de legalidad, representado en las mencionadas leyes y los desarrollos reglamentarios que de ellas se desprendan, las normas que crean subvenciones suelen estar guiadas por la aplicación de los *principios de igualdad, concurrencia y objetividad y publicidad y transparencia*[29]. Estos principios, en términos generales, se concretan en las mencionadas leyes en la creación de un procedimiento administrativo especial para su otorgamiento, el cual suele ser de naturaleza pública y concurrencial, de tal manera que en él pueden participar, en igualdad de condiciones y bajo unas reglas previamente fijadas por la administración —informadas de manera abierta a los interesados— que hace entrega de la subvención, quienes estén interesados en obtener el estímulo. Sin embargo, no siempre las leyes establecen procedimientos públicos, sino que en ocasiones se limitan a crear una especie de bancos de proyectos, informados de manera pública, que son adjudicados discrecionalmente a quienes manifiesten su interés y cumplan con los requisitos objetivos señalados en las reglamentaciones correspondientes.

[26] Cfr. Corte Constitucional, sent. C-205 de 1995: "Según la jurisprudencia reiterada de la Corte Constitucional, la prohibición de decretar auxilios o donaciones a personas naturales o jurídicas de derecho privado, solo tiene las excepciones que la misma Constitución establece o que se derivan de sus normas. Todo subsidio estatal a usuarios de un servicio público o beneficiarios de una inversión pública, necesariamente posee un componente de transferencia de recursos del Estado a un particular, que deja de tener una inmediata contraprestación, total o parcial, a cargo de este. A la luz del artículo 355 de la C. P., puede afirmarse que los subsidios del Estado a los particulares, por regla general, se encuentran prohibidos. La excepción solo es procedente si el subsidio, concedido por la ley, se basa en una norma o principio constitucional, y resulta imperioso para realizar una finalidad esencial del Estado". En el mismo sentido, cfr. Corte Constitucional, sents. C-159 de 1998 y C-661 de 1998, y Consejo de Estado, Sala de Consulta y Servicio Civil, concepto de 23 de mayo de 2002, rad. 1407.

[27] Cfr. Corte Constitucional, sent. C-221 de 2011.

[28] Cfr. Corte Constitucional, sents. C-507 de 2008, C-324 de 2009, C-110 de 2019, C-294 de 2020 y C-331 de 2020.

[29] Sobre la importancia de estos principios en la actividad administrativa de fomento, cfr. Libardo Rodríguez Rodríguez, *Derecho administrativo. General y colombiano*, cit., págs. 467-471. Desde el punto de vista jurisprudencial, cfr. Corte Constitucional, sent. C-507 de 2008: "la asignación de recursos públicos debe estar sometida al principio de igualdad y no discriminación. Cuando se trata de la entrega de recursos sin contraprestación económica directa, el proceso de asignación debe tener fundamento en una ley y debe contar con garantías suficientes para respetar la igualdad".

En otras palabras, la creación concreta de una subvención debe cumplir los siguientes requisitos: (a) que cumplan con el principio de legalidad del gasto en el sentido de que sean creados o autorizados por la ley (con excepción de la celebración de los convenios cuya autorización debe provenir de un reglamento constitucional autónomo); (b) que encuentren fundamento en una norma constitucional, esto es, en el artículo 355 para los convenios, en el artículo 334 para los instrumentos económicos y en las normas constitucionales precisas para los casos específicos señalados; (c) que se respeten los principios de igualdad, concurrencia, publicidad y objetividad en su asignación y que no busque beneficiar simplemente a un grupo arbitrario de personas, y (d) que tenga como objetivo exclusivo garantizar el cumplimiento de una finalidad esencial del Estado[30].

En suma, en el marco de la actividad administrativa de fomento, las subvenciones se han entendido en el sentido técnico aceptado por el derecho comparado, sin que exista un régimen común o general en el derecho positivo colombiano, aunque en sus desarrollos puede identificarse la existencia de unos principios comunes: legalidad, igualdad, concurrencia y objetividad y publicidad y transparencia, los cuales resultan directamente de las exigencias constitucionales de ejecución del gasto público y de acceso a las oportunidades del Estado.

5. Controles a las medidas administrativas de fomento

La comprensión del régimen jurídico de la actividad administrativa de fomento implica también la presentación de los instrumentos de control que consagra el ordenamiento jurídico tanto al otorgamiento del fomento como al de la utilización de los recursos públicos asociados con tal fomento. En ese sentido, existen controles específicos de naturaleza administrativa y controles de naturaleza judicial, los cuales pasamos a estudiar separadamente.

A) *Los controles administrativos a las medidas de fomento*

Desde el punto de vista administrativo, existen dos grandes clases de controles a las medidas de fomento: de una parte, un control desde el punto de vista de la capacidad de que una subvención o cualquier otro instrumento de fomento pueda generar a la competencia y, de otra, unos controles disciplinario y fiscal, que están más asociados a quienes intervienen en el otorgamiento y ejecución de la medida de fomento.

En cuanto al primer tipo de control, es preciso hacer notar que el artículo 2º de la ley 1340 de 2009 prevé que las normas relacionadas con el *control de la competencia* se aplican no solamente a los comerciantes, sino, en general, a

[30] Sobre estas exigencias, cfr. Corte Constitucional, sents. C-294 de 2020 y C-331 de 2020.

todo aquel que desarrolle una actividad económica que afecte o pueda afectar la competencia, así como a las conductas que tengan o puedan tener efectos total o parcialmente en los mercados nacionales. En ese orden de ideas, no cabe duda de que las medidas de fomento forman parte de las conductas a las que se les aplican las normas relacionadas con el control de la competencia, como quiera que, como lo hemos expresado en varias ocasiones, pueden llegar a generar distorsiones injustificadas en el funcionamiento de los mercados. En consecuencia, ese control de la libre competencia —que, de forma general, le corresponde a la Superintendencia de Industria y Comercio, e incluye diversos tipos de medidas propias de la actividad de inspección, vigilancia y control del Estado sobre las actividades económicas— es el primero de los controles administrativos aplicables a las medidas de fomento[31].

De otra parte, dado que las medidas administrativas de fomento implican el manejo o administración de recursos públicos, es claro que tanto en su fase de otorgamiento como en su fase de ejecución, en los términos del artículo 3° de la ley 610 de 2000, constituyen el desarrollo de una gestión fiscal, la cual abre la puerta a la posibilidad de que exista un *control fiscal* por parte de las contralorías, esto es, un control asociado a la determinación de la existencia de una conducta dolosa o gravemente culposa, por parte del gestor del recurso público, que genere un daño al patrimonio público. Dicho control fiscal, en el derecho colombiano, le corresponde a un órgano de control, que tiene unas características de notable autonomía e independencia, a quien se le asigna la función de ejercer dicho control como una función puramente administrativa[32].

Finalmente, teniendo en cuenta que las medidas de fomento se materializan en la expedición de actos administrativos por parte de autoridades administrativas, sus conductas también pueden ser fiscalizadas en cuanto a su legalidad desde el punto de vista disciplinario. Así, el *control disciplinario* sobre las medidas de fomento se refiere a la investigación y sanción de conductas por parte los funcionarios públicos en relación con el otorgamiento de dichas medias y con el seguimiento de la inversión de los recursos destinados para ello, competencia que en el derecho colombiano implica una decisión de naturaleza administrativa exclusivamente. En ese sentido, se destaca que, además del

[31] Respecto de la amplitud del ámbito de aplicación de las normas sobre el control de la competencia, cfr. Corte Constitucional, sent. C-032 de 2017. Desde el punto de vista doctrinal, cfr. Jorge Jaeckel Kovács y Gabriel Ibarra Pardo, "La prohibición general", en *Derecho de la competencia*, Bogotá, Legis y Asociación Colombiana de Derecho de la Competencia, 2022, págs. 67 y ss.

[32] En relación con el control fiscal de las medidas de fomento, cfr. Consejo de Estado, Sala de Consulta y Servicio Civil, concepto de 8 de marzo de 2017, rad 11001-03-06-000-2016-00102-00(2298).

incumplimiento de los deberes generales de los servidores públicos, existen faltas disciplinarias expresamente relacionadas con la indebida utilización de los recursos públicos[33].

B) *Los controles judiciales a las medidas de fomento*

Como hemos visto, la creación, otorgamiento y ejecución de las medidas administrativas de fomento supone la intervención del legislador —quien tiene la competencia general para su creación—, de la Administración Pública —que, además de hacer la reglamentación general y la regulación técnica, es la competente para adoptar las decisiones (actos administrativos) de otorgamiento forma de las medidas de fomento— y de los particulares —quienes reciben los estímulos y son los obligados a aplicarlos en las finalidades previstas por el legislador para su otorgamiento—.

En concordancia con esos tres partícipes en la actividad administrativa de fomento, el ordenamiento jurídico colombiano ha consagrado diversos instrumentos judiciales tendientes al control de las medidas específicas, las cuales van desde el control constitucional abstracto hasta el control penal, pasando por controles constitucionales específicos y, naturalmente, el control contencioso-administrativo propio de toda actividad de la administración pública.

En ese sentido, en primer lugar, desde el punto de vista de los *controles constitucionales*, el ordenamiento jurídico colombiano consagra la "acción pública de inconstitucionalidad" que puede ejercer cualquier ciudadano con el objetivo de hacer un control abstracto de constitucionalidad de las leyes que, en el caso del fomento, permitirá verificar las leyes creadoras de las medidas de fomento que puede adoptar la administración pública conforme a los principios y reglas aplicables contenidas en la Constitución Política. Además de esa acción, el ordenamiento jurídico prevé un medio de control especial para la protección de los derechos e intereses colectivos de naturaleza constitucional o "acción popular", el cual resulta particularmente importante en relación con la actividad de fomento, toda vez que la Constitución Política considera a la libre competencia económica —que es uno de los límites más importantes en la adopción y aplicación de medidas de fomento— como un derecho colectivo (art. 88)[34].

[33] Sobre el control disciplinario a la utilización de recursos públicos, cfr. María Raquel Molina Otero, "Las faltas disciplinarias en el Código General Disciplinario, su clasificación por bienes jurídicos y la alusión a los principios de subsidiariedad e integración: ¿un nuevo estudio de la tipicidad disciplinaria?", en Andrés Fernando Ospina Garzón (coord.), *Comentarios al nuevo Código General Disciplinario*, Bogotá, Universidad Externado de Colombia, 2022, págs. 163 y ss.

[34] En relación con la procedencia de las acciones populares en materia de actividad de fomento, cfr. Consejo de Estado, Sala de lo Contencioso Administrativo, Sección Tercera, Subsección A, sent. de 20 de mayo de 2013, exp. 25000-23-26-000-2010-03126-01(AP).

De otra parte, existe también un *control contencioso-administrativo* a la actividad administrativa de fomento, el cual también puede tener una perspectiva objetiva o abstracta y una perspectiva subjetiva[35].

Desde el punto de vista objetivo existe el "medio de control de simple nulidad" (art. 137 del CPACA) —que, en términos generales, corresponde a una especie de contencioso por exceso de poder—, el cual permite el control de las decisiones de las reglamentación general de las medidas de fomento y de las regulaciones técnicas del contenido o del proceso de otorgamiento específico de los instrumentos administrativos de fomento, mecanismo de control que podría incluso extenderse a los actos administrativos individuales de otorgamiento de una subvención o cualquier otra clase de ayuda, cuando quiera que su otorgamiento genere efectos nocivos que afecten en materia grave el orden público, político, económico, social o ecológico.

A su vez, desde el punto de vista subjetivo, el ordenamiento jurídico prevé el "medio de control de nulidad y restablecimiento" (art. 137 del Código de Procedimiento Administrativo y de lo Contencioso Administrativo), el cual es aplicable, en principio, a los actos administrativos mediante los cuales se otorga una ayuda, un subsidio, una subvención o cualquier otra medida de fomento, pero esta vez con el objetivo de que se repare el perjuicio que se hubiera podido generar como consecuencia de la ilegalidad del acto administrativo mediante el cual se otorga la medida concreta de fomento.

Por último, el ordenamiento jurídico consagra un *control penal* al otorgamiento específicamente de subvenciones, control que se extiende sobre el particular que recibe la ayuda pública y no sobre las autoridades administrativas que la otorgan. De manera precisa, se sancionan penalmente dos conductas específicas: en primer lugar, la obtención de una "subvención, ayuda o subsidio proveniente de recursos públicos" cuando quiera que se engaña a la autoridad que la otorga en relación con las condiciones requeridas para su concesión u ocultando total o parcialmente la verdad y, de otra parte, cuando no se inviertan los recursos obtenidos por medio de una "subvención, subsidio o ayuda de una entidad pública" a la finalidad a la cual estén destinados. Así, el delito puede darse tanto en la fase de otorgamiento como en la fase de ejecución de la ayuda pública[36].

6. Conclusiones

Con fundamento en los anteriores análisis y consideraciones, podemos formular las siguientes conclusiones:

[35] Sobre estos controles, de manera general, cfr. Manuel S. Urueta Ayola, *Manual de derecho procesal administrativo*, Bogotá, Legis, 2021, págs. 225 y ss.

[36] Cfr. Hernando A. Hernández Quintero "El nuevo delito de fraude a subvenciones", en *Revista Derecho Penal y Criminología*, núm. 96, Bogotá, Universidad Externado de Colombia, enero-junio 2013, págs. 31-55.

1. El derecho positivo colombiano reconoce la existencia de una actividad administrativa que tiene por objeto encauzar la buena marcha de las actividades privadas que son de interés del Estado, mediante acciones positivas de naturaleza económica directa o indirecta, actividad esta que no solo tiene fundamento constitucional, sino una importante cantidad de leyes sectoriales que la desarrollan y que crean esos instrumentos de apoyo a las empresas de interés público.

2. Ahora bien, esa actividad administrativa de fomento, de dispensa de recompensas y ayudas públicas se mueve entre dos polos constitucionales: (i) de una parte, el Estado social de derecho que impone un deber general de promoción de derechos individuales y colectivos que se concretan en obligaciones positivas para las autoridades en el sentido de adoptar conductas que estimulen el mejoramiento de la calidad, circunstancia en que las medidas de ayuda y recompensa resultan ser muy importantes, y (ii) de otra parte, los derechos constitucionales de naturaleza económica y, en particular, la libre competencia, cuya garantía impone limitaciones al Estado en la adopción de las medidas de fomento en el sentido de que ellas, además de ser razonables y tener un fin constitucional legítimo, no deben generar distorsiones injustificadas en el mercado, obligación esta que también resulta de los tratados internacionales (Acuerdo sobre Subvenciones y Medidas Compensatorias de la OMC) y las normas comunitarias andinas (decisión 457 de 1999).

3. Desde el punto de vista de las fuentes, en primer lugar, el fomento encuentra fundamentos constitucionales expresos y tácitos, esto es, normas constitucionales que avalan ciertas medidas administrativas de fomento, a la vez que existe un marco general de intervención en la economía que ha sido interpretado en el sentido de que el legislador tiene discrecionalidad para escoger medios y contenidos para poner en marcha estímulos, ayudas y recompensas, siempre que ellas respeten la legalidad del gasto, la igualdad, la publicidad, la concurrencia, la transparencia y la objetividad, así como que persigan un fin constitucionalmente legítimo y coherente con las exigencias del Estado social de derecho.

4. Además de ese nivel constitucional e internacional, en materia de fuentes del fomento, son relevantes tanto las normas legales como las reglamentarias. En cuanto a las normas legales, ellas siempre son necesarias para la creación de la medida específica de fomento y la determinación del marco general para su aplicación por parte de la administración pública, precisando que la práctica nacional colombiana ha sido la de establecer medidas sectoriales de fomento y no establecer una ley general de subvenciones o de otra clase de instrumentos de fomento, como se ha hecho en otros países. Dentro de esas normas de orden legal también se encuentran fuentes internacionales que se incorporan al ordenamiento jurídico con ese nivel, fuentes dentro de las cuales deben

mencionarse tratados internacionales (Acuerdo sobre Subvenciones y Medidas Compensatorias de la OMC) y normas comunitarias andinas (Decisión 457 de 1999), que básicamente refuerzan la protección de la libre competencia en la aplicación de las medidas de fomento.

5. En cuanto al nivel reglamentario, además del ejercicio de la potestad reglamentaria, existen dos formas relevantes de normas aplicables a la actividad de fomento: (i) de una parte, normas, reglamentaciones y regulaciones técnicas aplicables a programas específicos de fomento, las cuales no solo buscan determinar los contenidos reales y concretos de los instrumentos de fomento, sino que también establecen las reglas precisas para el acceso a una medida de fomento especifica, y (ii) de otra parte, normas de los órganos de elección popular del nivel territorial —especialmente del orden departamental (seccional)— que permiten crear, de manera subsidiaria a la ley, programas autónomos para el fomento de actividades industriales departamentales o locales.

6. En cuanto a los medios de fomento, en el derecho colombiano la ley reconoce la aplicación de los medios honoríficos, jurídicos y económicos —sin que se reconozca el concepto europeo de "ayuda pública"—, pero son estos dos últimos los realmente relevantes. Los medios jurídicos fundamentalmente se circunscriben a la existencia de ventajas en materia de contratación pública para ciertos grupos sociales y para ciertas empresas calificadas por la ley. A su vez, dentro de los medios económicos, encontramos créditos en condiciones especialmente favorables para el apoyo a una industria, entrega directa de bienes a fin de impulsar el desarrollo de una actividad, la concesión de exenciones y ventajas tributarias nacionales y locales para determinadas empresas y la entrega directa de recursos dinerarios a título de subvenciones.

7. Las subvenciones son entendidas en Colombia como la entrega de recursos presupuestales públicos a un particular a fin de que este lo invierta en el ejercicio de una actividad económica que es de interés para el Estado, sin que deba entregar ningún tipo de retribución o contraprestación a la autoridad y sin que exista la obligación de devolución. Bajo ese concepto, la ley colombiana ha creado subvenciones en diversos sectores como el agroindustrial, el turismo, el transporte, el cine, la ciencia y tecnología, la cultura y el emprendimiento. Ahora bien, a pesar de que no exista un régimen común o general en materia de subvenciones en el derecho positivo colombiano, de los desarrollos legales, en concordancia con el marco jurisprudencial, puede identificarse la existencia de unos principios comunes: legalidad, igualdad, concurrencia y objetividad, publicidad y transparencia.

8. Finalmente, en el ordenamiento jurídico colombiano existen controles específicos de naturaleza administrativa y de naturaleza judicial. Los de naturaleza administrativa están asociados, de una parte, con el control de que las medidas de fomento no alteren la libre competencia de forma ilegítima y, de

otra, con controles a las actuaciones principalmente de los funcionarios desde el punto de vista disciplinario y de gestión de recursos públicos. A su vez, los controles judiciales son de naturaleza constitucional: control abstracto de constitucionalidad y control específico de medidas que vulneren los derechos colectivos y, en particular, el derecho colectivo a la libre competencia; de naturaleza contencioso-administrativas asociados a la legalidad objetiva de las reglamentaciones y regulaciones de fomento y a la reparación de daños por la expedición de actos administrativos ilegales de otorgamiento de estímulos, y de naturaleza penal por el ocultamiento de información para la obtención de una subvención o ayuda, o por la destinación de los dineros de la subvención o ayuda a una finalidad distinta a aquella para la cual fueron otorgados.

ESPAÑA

LA ACTIVIDAD ADMINISTRATIVA DE FOMENTO EN ESPAÑA

MANUEL REBOLLO PUIG*
ANTONIO BUENO ARMIJO**

1. EL CONCEPTO DE FOMENTO EN EL DERECHO PÚBLICO DE LA ECONOMÍA: EL PUNTO DE VISTA NACIONAL

A) *Los dos conceptos de fomento en el Derecho español y su independencia del Derecho económico*

El concepto de fomento es un viejo conocido del Derecho público español. En la misma Constitución Española de 1812 se hablaba ya de fomento[1]. Y en 1832 se creó el Ministerio de Fomento que fue pieza esencial en la construcción del Estado liberal a partir de la Regencia de María Cristina (1833-1840). Pero, en realidad, se han manejado dos conceptos de fomento que no coinciden de ningún modo. Expondremos a continuación cada uno de ellos. Pero antes es necesario aclarar que ninguno de los dos conceptos de fomento ha estado circunscrito al ámbito económico o al Derecho público de la economía. No es erróneo hablar de "fomento en el Derecho público de la economía" en España, pero ello implica ceñirse solo a uno de los ámbitos en los que el fomento está presente y acaso ni siquiera el más importante.

B) *El concepto finalista de fomento o "fomento como fin"*

El primero de los conceptos de fomento que apareció históricamente y que es el que podemos encontrar en el primer texto constitucional español, es un

* Catedrático de Derecho Administrativo, Universidad de Córdoba.

** Profesor titular, acreditado a Catedrático, Universidad de Córdoba.

[1] Y en esta obra de Derecho comparado no es impertinente recordar que esta Constitución fue derecho vigente en el territorio de todas las Españas, incluyendo no solo el de la península ibérica, las posesiones de África y las islas Baleares y Canarias, sino también el de América septentrional, América meridional y Asia (islas Filipinas y demás dependientes de su gobierno). Es más, el ciclo revolucionario que sacudió el sur de Europa en 1820 dio como resultado que la Constitución española de 1812 se proclamase también como Derecho aplicable en el Reino de Nápoles, en Portugal y en el Piamonte. En consecuencia, el concepto español de fomento también estuvo presente en todos estos Estados (y en sus territorios de ultramar, lo que incluiría todo el Brasil y las posesiones portuguesas en África y Asia) apenas unos años después de que fuera acuñado en España.

concepto político o finalista, que puede denominarse "fomento como fin" y que se utiliza exactamente en el mismo sentido en que podría hablarse de mejora, adelanto, avance, desarrollo o perfeccionamiento. Es decir, como un fin, un objetivo que se pretende alcanzar, sin pronunciarse ni prejuzgar la forma como debe alcanzarse. De este modo, la actividad de fomento sería "la actividad del Estado que atiende directa e inmediatamente al perfeccionamiento, progreso y bienestar de la sociedad; es la Administración cuya meta consiste en la elevación del nivel espiritual y económico del país"[2], sería "toda mejora o progreso de la sociedad"[3], toda actividad "que se encamina a mejorar el nivel material o espiritual de la nación"[4] o que se orienta a "la mejora material y moral del nivel de vida de un país"[5]. Y, aplicado a un ámbito o sector concreto, permite hablar de "promover y fomentar toda especie de industria" (art. 131.21ª CE 1812), "promover la agricultura, la industria y el comercio" (art. 321.9º CE 1812), "promover la educación de la juventud [...] y fomentar la agricultura, la industria y el comercio" (art. 335.5º CE 1812).

Este primer y amplío concepto de fomento es el que justificó la creación de un Ministerio de Fomento el 5 de noviembre de 1832[6], en las postrimerías del reinado de Fernando VII, con el objetivo genérico de "dar un impulso vigoroso y uniforme a todos los ramos de la riqueza publica" y al que el Real decreto de 9 de noviembre de 1832 atribuía:

"[...] la Estadística general del Reino, y la fijación de límites de las provincias y pueblos; el arreglo de pesos y medidas; la construcción y conservación de los caminos, canales, puertos mercantes, puentes y todas las obras públicas; la navegación interior; el fomento de la agricultura; las casas de monta y depósitos de caballos padres; los viveros y crías de ganados; el comercio interior y exterior; la industria, las artes, oficios y las manufacturas; los gremios; las

[2] AURELIO GUAITA, "La administración de fomento", en *Las Ciencias*, año XXIV, núm. 4, Madrid, 1959, pág. 880.

[3] LUIS MORELL OCAÑA, *Curso de derecho administrativo*, tomo II, pág. 93.

[4] BUENAVENTURA PELLISÉ PRATS, "Fomento", pág. 1.

[5] MARIANO BAENA DEL ALCÁZAR, "Sobre el concepto de fomento", *Revista de Administración Pública*, núm. 54, pág. 57.

[6] En rigor, el primer nombre que recibió fue el de Secretaría de Estado y del Despacho de Fomento General del Reino, en línea con el nombre que recibían los departamentos en que se organizaba la administración real bajo Fernando VII. El cambio de nombre a Ministerio de Fomento, más propio de la administración del Estado liberal, se produciría en 1851. La creación y evolución de este ministerio fueron expuestas por AURELIO GUAITA, *El Ministerio de Fomento. 1832-1931*, Instituto Nacional de Administración Pública, Madrid, 1984, y también por ALEJANDRO NIETO, *Los primeros pasos del Estado constitucional. Historia administrativa de la regencia de María Cristina de Borbón*, Barcelona, Ariel, 1996, págs. 211-219, que pondera su importancia y considera que "por él pasaron las mejores reformas administrativas, así como las intenciones de progreso social más ilusionadas".

nuevas poblaciones establecidas o proyectadas mientras gocen de privilegios especiales; las obras de riego y desecación de terrenos pantanosos; los desmontes; el plantío y conservación de los montes y arbolados; las roturaciones y cerramiento de tierras, y la distribución y aprovechamiento de las de propios, comunes y baldíos; las minas y canteras; la caza y la pesca; la instrucción pública; las universidades, colegios sociedades, academias y escuelas de primera enseñanza; la imprenta y periódicos, bien sean del gobierno o de particulares; los correos, postas y diligencias; todos los establecimientos de caridad o de beneficencia; los ayuntamientos y hermandades; las juntas y tribunales de comercio; las ferias y mercados; el ramo de sanidad con sus lazaretos, aguas y baños minerales; los teatros, y toda clase de diversiones y recreos públicos; la policía urbana y rústica, y la de seguridad pública, tanto exterior como interior; el juzgado de vagos y mal entretenidos; las cárceles y casas de corrección y presidios; el gobierno económico y municipal de los pueblos; el cuidado y administración de sus propios y arbitrios; los alistamientos, sorteos y levas para el ejército y marina con la debida intervención de los respectivos ministerios de estas armas; los conservatorios de artes y de música; y finalmente, todos los demás objetos que, aunque no se hallen expresados, correspondan o sean análogos a las clases indicadas".

Obsérvese que, tal y como ya advertimos, este primer concepto de fomento no se limitaba en sus orígenes al ámbito económico, sino que abarcaba todo tipo de sectores sociales o culturales (instrucción pública, universidades, academias, periódicos, establecimientos de caridad o beneficencia, conservatorios de artes y músicas, etc.). Y lo mismo ocurre en la actualidad, en la vigente Constitución Española de 1978 (en adelante, CE):

• "los poderes públicos fomentarán una política que garantice la formación y readaptación profesionales" (art. 40.1 CE);

• "los poderes públicos fomentarán la educación sanitaria, la educación física y el deporte" (art. 43.3 CE);

• "Los poderes públicos promoverán la información y la educación de los consumidores y usuarios, fomentarán sus organizaciones" (art. 51 CE);

• "Los poderes públicos promoverán eficazmente las diversas formas de participación en la empresa y fomentarán [...] las sociedades cooperativas" (art. 129.2 CE);

• "Las Comunidades Autónomas podrán asumir competencias en las siguientes materias: [...] 13ª El fomento del desarrollo económico de la Comunidad Autónoma [...] 17ª El fomento de la cultura, de la investigación y, en su caso, de la enseñanza de la lengua de la Comunidad Autónoma" (art. 148.1.13ª y 17ª CE);

• "El Estado tiene competencia exclusiva sobre [...] 15ª Fomento [...] de la investigación científica y técnica" (art. 149.1.15ª CE).

Además de en los textos constitucionales, puede encontrarse este mismo uso del concepto de "fomento como fin" en otras normas. Y, no por casualidad, en muchas de ellas se hace uso de él como forma de atribuir competencias[7].

Ahora bien, el "fomento como fin" no prejuzga el modo en que debe alcanzarse este objetivo de mejora, avance o desarrollo. Esa es una decisión que corresponde a tales poderes, dentro del marco de configuración de las políticas públicas en cada sector, y puede consistir tanto en medidas favorables para los ciudadanos (creación de servicios públicos o concesión de ayudas) como en medidas desfavorables (mediante la imposición de deberes o, incluso, de regímenes sancionadores) o, lo que resulta mucho más frecuente, en una mezcla de todas ellas. Ni el concepto de "fomento como fin" ni, por regla general, las normas que lo emplean imponen nada al respecto[8]. Por ejemplo, para alcanzar el objetivo de "fomento de la investigación científica y técnica" (art. 149.1.15ª CE), los poderes públicos pueden utilizar las más variadas técnicas[9].

[7] Por ejemplo, el Estatuto de Autonomía para Andalucía (Ley Orgánica 2/2007, de 19 de marzo, EdA en adelante), que constituye la norma institucional básica de esta Comunidad Autónoma, establece que, entre otras muchas competencias, corresponde a la Comunidad Autónoma de Andalucía, bajo distintas fórmulas, el fomento de la producción y uso de la biomasa [art. 48.3.a) EdA], el fomento de las energías renovables y de la eficiencia energética [art. 49.1.b) EdA], el fomento en materia de vivienda [art. 56.1.a) EdA), el fomento de las actividades de artesanía (art. 58.1.3º EdA), el fomento del cooperativismo (art. 58.1.4º EdA), el fomento de la actividad económica (art. 58.2.1º EdA), el fomento del empleo (art. 63.1.1º EdA), el fomento de la cultura, incluyendo la creación y la producción teatrales, musicales, de la industria cinematográfica y audiovisual, literarias, de danza, y de artes combinadas llevadas a cabo en Andalucía (art. 68.1 EdA), el fomento del deporte y de las actividades de tiempo libre (art. 72.1 EdA), etc. De manera similar, el art. 36 de la Ley 7/1985, de 2 de abril, Reguladora de las Bases del Régimen Local, atribuye a las Diputaciones provinciales competencias en materia de "fomento del desarrollo económico y social" de su territorio.

[8] Con carácter general, la Constitución española de 1978 ordena a la administración pública la satisfacción de los intereses generales (art. 103.1 CE), pero no existen ni mandatos ni preferencias constitucionales sobre el modo en que la Administración debe hacerlo, salvo algunos casos aislados. Por ejemplo, el art. 41 CE impone a los poderes públicos el deber de mantener "un régimen público de seguridad social para todos los ciudadanos", lo que se identifica con la existencia de un servicio público obligatorio; y los arts. 45 y 46 CE mandan que los recursos naturales y el patrimonio histórico, cultural y artístico deban protegerse mediante sanciones lo que, de manera implícita, parece apuntar a la existencia de actividades administrativas de limitación en tales ámbitos. Pero son casos aislados y el Tribunal Constitucional tiende a interpretarlos restrictivamente, así, a pesar de que el art. 27.9 CE impone que los poderes públicos "ayudarán a los centros docentes que reúnan los requisitos que la ley establezca", lo que parece conformar una obligación de desplegar medidas de fomento y el derecho a obtenerlas, la STC 86/1985, de 10 de julio, consideró que esta previsión "no se enuncia como un derecho fundamental a la prestación pública", sino que "habrá de ser dispuesta por la Ley". *Vid.*, Begoña Sesma Sánchez, *Las subvenciones públicas*, Valladolid, Lex Nova, 1998, págs. 81-83.

[9] Podrían crear servicios públicos dedicados a la investigación (que reciben el nombre de Organismos públicos de investigación - OPIs); podrían conceder créditos o aportaciones dine-

Eso sí, cada una estaría sometida a un régimen jurídico distinto. Por ejemplo, todas las medidas desfavorables necesitarían cobertura legal (por exigencia del principio de vinculación positiva de la Administración a la ley), mientras que las favorables no la necesitarían con carácter general y salvo excepciones (por ejemplo, sí sería necesaria una autorización legal para la concesión de beneficios fiscales, al existir una reserva de ley en el art. 133.3 CE). Esta indiferencia respecto a los medios que pueden emplear los poderes públicos para alcanzar sus objetivos de "fomento como fin" se conoce como principio de intercambiabilidad o convertibilidad de las técnicas administrativas[10], expresión quizá demasiado grandilocuente para referirse a una obviedad[11].

C) *El concepto técnico-instrumental de fomento o "fomento como medio" y su ubicación dentro de los "modos de actividad" de la administración*

El segundo concepto de fomento aparecido en la dogmática española del Derecho Administrativo no entiende el fomento como un fin, sino como un medio, como un tipo de actividad administrativa o, por ser más precisos, como uno de los modos de alcanzar los fines encomendados a la Administración. Es en este sentido en el que se habla de "fomento como técnica".

Existe un amplio consenso en la doctrina española acerca del momento en que este segundo concepto de fomento quedó definitivamente acuñado, situándose en un célebre artículo de JORDANA DE POZAS de 1949: "Ensayo de una teoría del fomento en el Derecho Administrativo"[12]. Para JORDANA, la acción de fomento se define como "la acción de la Administración encaminada a proteger o promover aquellas actividades, establecimientos o riquezas

---

rarias a fondo perdido para financiar proyectos de investigación presentados por organismos públicos o privados; podrían establecer desgravaciones fiscales para aquellas empresas que inviertan parte de sus beneficios en la investigación; podrían imponer a ciertos organismos públicos o privados, como las Universidades, la obligación de destinar obligatoriamente una parte de su presupuesto a la investigación científica y técnica, so pena de retirarles el título habilitante para seguir ofertando sus servicios de educación superior; etc. La elección de unos u otros medios, de forma alternativa o cumulativa, para alcanzar el objetivo final de fomento de la investigación científica y técnica es indiferente, en el sentido de que cualquiera de las opciones que se eligiera sería admisible por el ordenamiento jurídico, que se limita a marcar el objetivo y a designar al poder público competente para alcanzarlo.

[10] JOSÉ LUIS VILLAR PALASÍ, "Las técnicas administrativas de fomento y de apoyo al precio político", en *Revista de Administración Pública*, núm. 14, 1954, pág. 58: "Todas las técnicas de fomento [entendido como fin] son entre sí convertibles. En definitiva, implican una única finalidad que puede conseguirse mediante la aplicación de una serie de medios distintos".

[11] En este sentido, y muy tempranamente, FERNANDO GARRIDO FALLA, *Tratado de derecho administrativo*, vol. II, 11ª ed., Madrid, Tecnos, 2002, pág. 254.

[12] Se publicó en la *Revista de Estudios Políticos*, núm. 48, 1949, págs. 41-54.

debidos a los particulares y que satisfacen necesidades públicas o se estiman de utilidad general, sin usar de la coacción ni crear servicios públicos". Frente al "fomento como fin", el concepto de fomento de JORDANA DE POZAS no se centra en los objetivos, sino en la forma de conseguirlos: "el fomento se limita a *estimular* a los particulares para que sean ellos los que, por su propia voluntad, desarrollando una actividad determinada, cumplan *indirectamente* el fin que la administración persigue"[13]. Sin embargo, la afirmación de que el concepto de "fomento como técnica" apareció en este preciso momento y en este preciso artículo es una mera convención. En realidad, la idea de que el fomento, además de un fin, podía referirse a una manera concreta de actuar, llevaba presente en la doctrina española desde hacía más de un siglo[14]. La principal aportación de JORDANA fue que encuadró la actividad administrativa de fomento dentro de un marco teórico más amplio: la clasificación de los "modos de actividad" de la Administración pública.

Siguiendo el esquema de esta obra de Derecho comparado, nos ocuparemos de analizar las características del concepto de "fomento como técnica" en el

[13] LUIS JORDANA DE POZAS, "Ensayo de una teoría del fomento en el Derecho administrativo", cit., pág. 46, letras cursivas en el original. El mismo JORDANA DE POZAS relató la génesis de su concepto de fomento en la respuesta que dio al discurso de entrada de FERNANDO GARRIDO FALLA en la Real Academia de Jurisprudencia y Legislación. En primer lugar, y según su propio relato, los antecedente de su idea de fomento se encontrarían en su ensayo *La Administración consultiva de Fomento*, Zaragoza, 1917, y en la elaboración de los trabajos de cátedra y sus seminarios. Su verdadero desarrollo, además de en el citado artículo "Ensayo de una teoría del fomento en el Derecho Administrativo", se encontraría en las conferencias impartidas en el Ateneo de Madrid bajo el título "Algunas consideraciones sobre los servicios municipales de carácter económico" y en sus trabajos en la *Revista de Estudios de la Vida Local* publicados durante los años 1943-1944. Estos trabajos fueron reimpresos en sus *Estudios de Administración local y general*, Madrid, Instituto de Estudios de Administración Local, 1961, publicados con motivo de su jubilación académica. Más tarde desarrolló esta doctrina en los cursos de doctorado de la Facultad de Derecho de Madrid sobre "La Administración de Fomento y sus técnicas". FERNANDO GARRIDO FALLA, "La idea de fomento en el profesor JORDANA DE POZAS", en *Maestros complutenses de Derecho. Luis Jordana de Pozas, creador de ciencia administrativa*, Madrid, Universidad Complutense, 2000, págs. 417-421.

[14] Como advirtió JOSÉ LUIS VILLAR PALASÍ, *Apuntes de derecho administrativo. Parte general*, tomo I, Madrid, UNED, 1974, pág. 99, este segundo concepto de fomento había aparecido ya en fecha tan temprana como 1834, en la obra de JUAN PEDRO MORELL, *Investigaciones filosófico-políticas sobre la naturaleza del fomento y su influencia en la prosperidad pública*, Palma, Felipe Guasp Impresor Real, donde, en efecto, afirma: "[El poder público] a veces desenvuelve directamente su acción por sí o por medio de sus agentes, y a veces solo hace que los miembros de la sociedad desenvuelvan la que les es propia. Cuando ejecuta lo primero, puede decirse que rige, que ordena, que manda, que gobierna. Cuando ejecuta lo segundo, debe decirse propiamente que fomenta, es decir que hace que otros obren, que da valor a las acciones de otros, que las fecundiza, que las alienta, y procura que logren sin embarazo los buenos resultados a que de suyo se encaminan. Tal en efecto debe ser la acepción propia y precisa de la palabra *fomento*" (pág. 36).

segundo epígrafe de este trabajo, al abordar las "formas típicas del fomento y sus actuaciones positivas". Interesa ahora exponer el marco general de los modos de actividad en el que este concepto se encuadra. A este respecto, el punto de partida se sitúa en el carácter diverso y cambiante de una época a otra y de un lugar a otro de los fines que persiguen las administraciones. Pero lo que nos importa aquí y lo que nos permite aproximarnos al concepto de "fomento como técnica" no son los fines sino, como hemos adelantado, los modos con los que la administración persigue esos fines. También a este respecto la diversidad es enorme. Pero la doctrina ha hecho esfuerzos por sistematizarlos y reconducirlos a unas pocas grandes categorías. Una de ellas es el fomento.

Es aquí donde se sitúa la clásica y muy influyente clasificación de los modos con que la administración persigue los fines que tiene encomendados que formular Jordana de Pozas, en la que se distinguen la actividad administrativa de policía, de servicio público y de fomento, clasificación en la que el elemento más original y caracterizadamente español es el de incluir como modo específico el fomento[15]. En una primera aproximación, cabe decir que, según esta clasificación, descrita en su esencia y despojándola de lo secundario y coyuntural, la actividad administrativa de policía es aquella en que la administración impone restricciones, deberes o de cualquier forma ordena obligatoriamente las conductas privadas con el fin de garantizar algún interés general. Por actividad de servicio público se entiende en este contexto aquella por la que la administración suministra prestaciones a los ciudadanos en favor de ellos y para garantizar la satisfacción de sus necesidades; lo hace por razones de interés general, aunque aquí el interés general consiste justamente en satisfacer esas necesidades de los individuos. Finalmente, con la actividad de

[15] Por cierto, también aquí se trata de una mera convención atribuir esta clasificación tripartita a Jordana de Pozas y situar su nacimiento, nuevamente, en su tantas veces citado trabajo "Ensayo de una teoría del fomento en el Derecho administrativo". De hecho, en el mismo número de la *Revista de Estudios Políticos* en la que se publicó este, apareció también el artículo de Fernando Garrido Falla, "El derecho a prima en la multa por denuncia", en el que se preguntaba de qué forma podría conseguir el Estado que se presentasen denuncias ante la administración y se respondía a sí mismo desplegando, justamente, un sistema basado en los tres modos de actividad: "para la consecución de un fin determinado, cual es en nuestro caso el descubrimiento del hecho denunciable, el Estado puede emplear uno de estos tres sistemas: 1°. Establecer la obligación legal para el particular que tenga conocimiento del hecho de denunciarlo (deber público subjetivo). El olvido del cumplimiento de esta obligación puede tener por consecuencia la aplicación de una sanción (normalmente una multa). 2°. Crear un servicio oficial encargado del descubrimiento de los hechos que, por atentar al orden jurídico, fiscal o administrativo, se consideran materia de denuncia por nuestra legislación. 3°. Establecer un sistema de primas, subvenciones, ventajas personales, etc., que conviertan la denuncia en una acción apetecible desde el punto de vista de los móviles que normalmente actúan y determinan la libre iniciativa privada. Mediante este sistema se fomenta el voluntario ejercicio de funciones públicas por el particular. Este actúa al mismo tiempo para sí (por eso no pierde su condición de privado) y para el fin público que la denuncia entraña".

fomento la administración orienta el comportamiento de los particulares hacía alguna conducta considerada conveniente para el interés general por métodos persuasivos sin imponerles deberes respaldados por la coacción.

Pronto esa clasificación, con su referencia específica al fomento, hizo fortuna entre los autores españoles[16]. Y sigue siendo una clasificación habitualmente manejada, aunque muchas veces cambiando en parte los términos y añadiendo alguna otra categoría a las tres que enunció JORDANA DE POZAS. Entre esos añadidos destaca la llamada, en expresión extendida en la doctrina española, actividad de dación de bienes y servicios al mercado[17]; esto es, en suma, el de una pura actividad empresarial de la administración (industrial, comercial, financiera, etc.) que persigue el logro de algún interés general (permitir el desarrollo económico, aumentar el empleo, explotar ciertos recursos, etc.; incluso simplemente obtener ingresos) distinto del de garantizar prestaciones a los ciudadanos, que es lo característico de la actividad de servicio público.

Aunque con algunas de estas variantes, son muestra de la pervivencia de esa clasificación de los modos de actividad administrativa —y, por tanto, de la presentación del fomento como uno de esos modos— los tratados y manuales españoles de Derecho Administrativo de GARRIDO FALLA[18], PARADA VÁZQUEZ[19],

[16] El mismo JORDANA DE POZAS señaló los siguientes ejemplos hasta 1974: MANUEL BALLBÉ, *Sistemática del Derecho administrativo*, Barcelona, 1947; FERNANDO GARRIDO FALLA, "Las transformaciones del concepto jurídico de policía administrativa", en *RAP* núm. 11, 1953, págs. 11-32; JOSÉ LUIS VILLAR PALASÍ, "Las técnicas administrativas de fomento y de apoyo al precio político", cit.; BUENAVENTURA PELLISÉ PRATS, voz "Fomento", cit.; JESÚS GONZÁLEZ PÉREZ, "El método en el derecho administrativo", en *RAP* núm. 22, 1957, págs. 11-98; AURELIO GUAITA, "La administración de fomento", cit., y *Nueva bibliografía española de Derecho administrativo*, 1969; JOSÉ ANTONIO GARCÍA TREVIJANO, *Tratado de derecho administrativo*, tomo I, págs. 25 y 574; diversas conferencias de PÉREZ BOTIJA; y, con carácter general, los manuales y tratados de Derecho administrativo posteriores a 1948. FERNANDO GARRIDO FALLA, "La idea de fomento en el profesor JORDANA DE POZAS", cit., págs. 417-421. A los ejemplos facilitados por JORDANA DE POZAS aun podrían sumarse otros, como CARLOS GARCÍA OVIEDO y ENRIQUE MARTÍNEZ USEROS, *Derecho administrativo*, 8ª ed., Madrid, EISA, 1962, pág. 401, AURELIO GUAITA, "Introducción al derecho administrativo especial", en AA. VV. *Estudios en Homenaje a Jordana de Pozas*, tomo III, vol. 2º, Madrid, Instituto de Estudios Políticos, 1962, págs. 266-267, o RAFAEL ENTRENA CUESTA, *Apuntes de derecho administrativo*, curso 1958-1959, págs. 139-140.

[17] Aunque sin acuñar esa expresión, la categorízó el estudio de JOSÉ LUIS VILLAR PALASÍ, "La actividad industrial del Estado en el derecho administrativo", en *Revista de Administración Pública*, núm. 3, 1950.

[18] FERNANDO GARRIDO FALLA, *Tratado de derecho administrativo,* Madrid, Tecnos, 11ª ed., 2002, vol. II. En págs. 153 a 155 distingue entre actividad de coacción (asimilable a la de policía), actividad de estímulo o persuasión (que, dice, "se conoce en la doctrina española con el nombre de fomento") y actividad de prestación. Después dedica lecciones propias a cada uno de esos modos.

[19] JOSÉ RAMÓN PARADA VÁZQUEZ, *Derecho administrativo, II, Régimen jurídico de la actividad administrativa,* UNED/Ediciones Académicas, 23ª ed., 2017, págs. 280 y ss. Allí distingue

Martín Mateo[20], Morell Ocaña[21], Santamaría Pastor[22], Cosculluela Montaner[23], Bermejo Vera[24], Parejo Alfonso[25], Fernández Farreres[26] o Sánchez

---

entre actividad administrativa de limitación (o de policía), de fomento (o incentivadora) y de servicio público (o de prestación). No obstante, añade a esas tres otras dos, la sancionadora y la arbitral: "porque la Administración española [...] ha sido tradicionalmente investida de funciones de indudable carácter judicial, de tipo sancionador o arbitral, que desbordan el concepto de actividad de limitación o policía".

[20] Ramón Martín Mateo, *Manual de derecho administrativo,* Madrid, Trivium, 17ª ed., págs. 437 a 448, que parte de la clasificación que distingue entre policía, servicio público y fomento, aunque, con retoques, la transforma en actividad administrativa de garantía, de prestación y de estimulación.

[21] Luis Morell Ocaña, *Curso de derecho administrativo,* II, Pamplona, Aranzadi, 4ª ed., 1999, no plantea directamente las clases de modos de actividad, pero asume la clasificación tripartita y sucesivamente se ocupa de la policía (págs. 33 y ss.), el fomento (págs. 115 y ss.) y el servicio público (págs. 143 y ss.).

[22] Juan Alfonso Santamaría Pastor, *Principios de derecho administrativo general,* Madrid, Iustel, 2ª ed., 2009, tomo II, págs. 253 y ss. Asume en esencia la clasificación tripartita de Jordana de Pozas aunque dándole moderado valor: "Aun reconociendo su insuficiencia (problema que presenta cualquier clasificación abstracta, si desea poseer un cierto grado de expresividad), lo cierto es que nadie ha sido capaz, hasta la fecha, de proponer una alternativa teórica claramente mejor; la incorporación de la actividad de fomento a la clasificación dual generalizada en Europa fue, realmente, un acierto". Por eso "no cabe mejor solución práctica que atenerse a las pautas habitualmente seguidas por la doctrina". Con esa premisa, sigue la clasificación de Jordana, aunque sustituyendo el término de actividad de policía por el de "actividad de ordenación" y añadiendo a la triada "otras dos manifestaciones típicas de la acción pública, como son la actividad sancionadora y expropiatoria".

[23] Luis Cosculluela Montaner, *Manual de derecho administrativo,* Cizur Menor, Civitas, 33ª ed., págs. 635 y ss. Aunque advirtiendo que esta clasificación, como las demás, "es relativa" y que las distintas categorías "no son compartimentos estancos sin ninguna relación entre sí".

[24] José Bermejo Vera, *Derecho administrativo. Parte especial,* Cizur Menor, Civitas, 7ª ed., 2009, págs. 51 y ss., que enumera, y analiza después separadamente, "actuación *de policía*, o limitación, actuación estimulante o *de fomento*, actuación de prestación o *de servicio público* y actuación industrial y comercial o *gestión económica*" (cursiva en el original). En su posterior *Derecho administrativo básico. Parte especial*, 2ª ed., Cizur Menor, Civitas, 2018, págs. 23 y ss., afirma que la tradicional clasificación de policía, fomento y servicio público "sigue siendo perfectamente válida y expresiva" aunque, dice, "con ciertas matizaciones y modulaciones sobrevenidas" lo que sobre todo le lleva a admitir como cuarta categoría la de "gestión económica industrial o comercial".

[25] Luciano Parejo Alfonso, *Lecciones de derecho administrativo,* 10ª ed., Valencia, Tirant lo Blanch, 2020, págs. 511 y 548, afirma que "el principal criterio clasificador de las formas de actuación administrativa es [...] la que atiende a su contenido y alcance" que "engloba la tripartita tradicional que distingue entre la policía o coacción (limitación), servicio público (prestación) y fomento (incentivación, ayuda)".

[26] Germán Fernández Farreres, *Sistema de derecho administrativo,* 5ª ed., Cizur Menor, Civitas, 2020, tomo II, págs. 33 y ss., aunque da a la clasificación tripartita un "significado fundamentalmente descriptivo", la acoge y desarrolla, si bien finalmente (pág. 104) añade la "actividad o gestión industrial" y la "actividad arbitral".

MORÓN[27]. Incluso alguna vez ha tenido reflejo en el Derecho positivo. Es el caso destacado del Reglamento de Servicios de las Corporaciones Locales (de 1955 y todavía vigente en parte). Allí se dedica su Título Primero a la "intervención administrativa en la actividad privada" (que puede identificarse con la actividad de policía o limitación), el Título Segundo a la "acción de fomento" y el Titulo Tercero a los "servicios de las corporaciones locales". Aun así, conste que hay autores muy destacados que prescinden de esta clasificación[28] o que incluso la rechazan[29].

Nosotros mismos asumimos esa clasificación[30]. Le atribuimos no solo utilidad pedagógica ni solo puramente descriptiva de diversas políticas administrativas. También le otorgamos cierto valor jurídico por su capacidad para sistematizar y dar cierta homogeneidad al régimen de realidades aparentemente muy distintas. Ello, además, con completa irrelevancia de los concretos fines perseguidos, pues no hay una relación unívoca entre el fin que la adminis-

[27] Aunque sin afrontar directamente la clasificación de los modos de actividad administrativa, MIGUEL SÁNCHEZ MORÓN, *Derecho administrativo. Parte general,* 16ª ed., Madrid, Tecnos, 2020, analiza separadamente lo que denomina "actividades de ordenación y control" (págs. 661 y ss.), actividad de servicio público (págs. 789 y ss.) y actividad de fomento y ayudas públicas (págs. 816 y ss.), aunque dedicando entremedias capítulos a las sanciones y al régimen administrativo de la propiedad.

[28] Es destacadamente el caso del *Curso de derecho administrativo*, de EDUARDO GARCÍA DE ENTERRÍA y TOMÁS RAMÓN FERNÁNDEZ, Madrid, Civitas. Allí se sigue una clasificación, inspirada por la doctrina italiana, en la que distingue entre actuaciones administrativas de ampliación de derechos y las de limitación; más exactamente, entre actuaciones administrativas de "creación y ampliación de situaciones activas favorables" y de "creación y ampliación de situaciones pasivas". En la última edición del *Curso*, en concreto, la del tomo II, que es la 17ª de 2022, véanse sobre todo págs. 124 y ss. Cabe indicar, sin embargo, que en los *Apuntes de derecho administrativo 2º*, tomo I, de la Cátedra del profesor GARCÍA DE ENTERRÍA, Facultad de Derecho, Madrid, 1977-1978, págs. 277 y ss., sí se recogía la clásica tripartición, aunque con algunas modificaciones (págs. 278-279). Así, se dedicaban lecciones específicas a la actividad administrativa de limitación (lección 10), de prestación (lección 12) y de fomento (lección 13), aunque haciendo también lugar a la de sanción (lección 11) y a la de arbitraje (lección 14).

[29] Así, SANTIAGO MUÑOZ MACHADO, *Tratado de derecho administrativo y derecho público general,* tomo XIV, Madrid, BOE, 2015, págs. 13 a 17, que termina por afirmar la "superación, pura y simple, del valor" que en su momento tuvo esta clasificación.

[30] Vid. MANUEL REBOLLO PUIG y DIEGO J. VERA JURADO (Dirs.), *Derecho administrativo,* tomo I, Madrid, Tecnos, 5ª ed., págs. 54-56, y tomo III, 2ª ed, págs. 19 a 195. Aparece la clasificación (actividad de limitación, de fomento, de servicio público y puramente empresarial) desde el principio, ya en la lección 2 del tomo I, por considerarla útil para dar cuenta de la evolución de la actividad administrativa y para poder poner de relieve que los conceptos y principios de la parte general (principio de legalidad y potestad reglamentaria, por ejemplo) tienen peculiaridades en relación con cada uno de esos modos; y, después, en las cinco primeras lecciones del tomo III, se aborda detenidamente el contenido y rasgos generales de estos modo de actividad. En concreto, se dedica la lección 3 de ese tomo III a la "Actividad administrativa de fomento", redactada por ANTONIO BUENO ARMIJO.

tración persiga y el modo de actividad administrativa. Así, por ejemplo, la protección del medio ambiente puede conseguirse con actividad de limitación, de fomento o, en su caso, de servicio público. Incluso la seguridad pública, que parece campo prototípico para la actividad de limitación, puede lograrse mediante medidas de fomento o de servicio público. Se trata, nuevamente, del principio de intercambiabilidad o sustituibilidad al que ya nos referimos. Pero, incluso admitiendo estas virtudes de la clasificación expuesta, hay que reconocer su relatividad.

Por lo pronto, no es ni lo pretende una clasificación completa. Al margen de esos tres o cuatro modos, la administración realiza acciones que en cierto sentido son instrumentales y previas para desarrollar sus funciones y alcanzar sus fines[31]. Así, sus actividades organizatoria, tributaria, presupuestaria, de selección y gestión de su personal, de adquisición de bienes y servicios mediante contratos o expropiación, de gestión de sus propios bienes, etc. Lo que más bien quiere mostrarse con esos modos típicos de actividad administrativa son las diversas formas de proyección externa en las que la administración, para conseguir sus fines, incide en la situación jurídica de los ciudadanos y afecta a sus derechos, restringiéndolos o aumentándolos. Es una clasificación que "atiende al efecto que la actividad administrativa causa en la libertad y derechos de los particulares"[32].

Además, no es una clasificación que permita deslindar radicalmente unas actividades de otras, sino que hay solapamientos. Ya no solo entre los tres o cuatro modos de actividad señalados, sino también entre estos y esas otras actividades instrumentales de las que acabamos de hablar. Por ejemplo, con la expropiación la administración no solo se hace con los bienes que necesita para cumplir su función sino que incide de forma especialmente drástica sobre los derechos patrimoniales de los particulares y hasta eventualmente le sirve para el fomento de las actividades de otros particulares (por ejemplo, como veremos, reconociendo a estos la condición de beneficiarios de la expropiación); con sus contratos la administración no solo persigue adquirir determinados bienes y servicios para cumplir sus tareas sino que puede (y ahora eso es normal) tratar de inducir a comportamientos adecuados a la protección del medio ambiente; igualmente, con la gestión de su patrimonio, la administración puede pretender que los particulares realicen actividades convenientes para el interés general otorgando precisamente aprovechamientos especiales a aquellos cuyo proyecto sea más beneficioso desde ese punto de vista. Lo

[31] En ese sentido José Ramón Parada Vázquez, *Derecho administrativo, II, Régimen jurídico de la actividad administrativa,* cit., pág. 282, habla de una actividad administrativa "interior o reflexiva o estructural [que] es conceptualmente previa a la actividad exterior sobre los administrados".

[32] José Ramón Parada Vázquez, *Derecho administrativo,* II, cit., pág. 280.

veremos luego, como veremos también que mediante los tributos no solo se pretende allegar los ingresos necesarios sino muchas veces también influir en el comportamiento de los particulares y animarlos o desanimarlos a comportarse de determinada forma.

D) *La relación de los dos conceptos de fomento y el Estado liberal*

Las dos nociones de fomento expuestas y que conviven en el ordenamiento español tienen una estrecha relación con las doctrinas habitualmente englobadas bajo el nombre de "liberalismo" y que constituyeron el fundamento teórico y constitucional del Estado liberal.

En primer lugar, la noción política de fomento o "fomento como fin", no surgió por azar, sino como respuesta a una necesidad: la de encontrar títulos de intervención que justificaran la participación del Estado en la vida social y económica. No es ocioso recordar que la creación y consolidación de las administraciones públicas nacionales se produce durante el triunfo de las ideas liberales (y, en realidad, como consecuencia de dicho triunfo). Es el liberalismo político el que exige la separación de poderes, dando lugar al Estado liberal, y el que permite, en consecuencia, el aislamiento del poder ejecutivo y la personificación dentro de él de la administración pública, con un estatuto especial que incluye potestades exorbitantes al Derecho común (creando así una *potentior persona*), necesario para satisfacer los intereses generales que se le encomiendan. Al mismo tiempo, sin embargo, el liberalismo económico y el social imponían restricciones a los ámbitos en los que se debía permitir la entrada de la administración pública. Desde una perspectiva radical, casi libertaria, solo correspondería a los poderes públicos garantizar las libertades de los ciudadanos, pues se entiende que su libre desarrollo traerá el bienestar y la felicidad, que se concibe más como un fin individual que social[33]. La administración deberá facilitar que los ciudadanos, con su actividad privada, alcancen la prosperidad para sí mismos y, con ella, la de toda la sociedad, pero no es la administración quien por sí misma debe traer la prosperidad.

En consecuencia, toda actuación de la administración estará, en principio, bajo sospecha. La administración debe justificar en cada caso por qué actúa, en lugar de dejar actuar, dejar hacer (*laisser faire*) a los ciudadanos. Es en este punto en el que se entiende la importancia de la noción política de fomento o "fomento como fin": la mejora de la vida material o moral de la vida de un país

[33] El ejemplo paradigmático sigue siendo la Declaración de Independencia de los Estrados Unidos de América, de 4 de julio de 1776, en cuyo conocido preámbulo se afirma: "Sostenemos como evidentes en sí mismas estas verdades: que todos los hombres son creados iguales; que son dotados por su Creador de ciertos derechos inalienables; que entre estos están la vida, la libertad *y la búsqueda de la felicidad*".

es la justificación, el título legal que permite a la administración, a despecho de los límites que le impone el pensamiento liberal, intervenir en la agricultura, en la ganadería, en el comercio, en la industria, en la educación, en las artes, etc., de muy distintas maneras, con el fin de mejorar todos esos sectores[34]. Por todo ello resulta oportuno hablar de un concepto propiamente político, más que jurídico, dado que esta noción de fomento forma parte esencial del debate sobre la relación entre Estado y sociedad y, por tanto, sobre el propio concepto de Estado. De hecho, este primer concepto de fomento sobrepasa a la administración: no es solo un fin de la administración, sino un fin del Estado en su conjunto, que legitima y obliga a actuar a todos sus poderes[35].

Cabe aclarar, sin embargo, que este concepto político de fomento o "fomento como fin" ni nace con el Estado liberal ni desaparece cuando este es superado por el Estado social. Por un lado, la noción política de fomento o "fomento como fin" enlaza con toda naturalidad con las principales ideas políticas anteriores al liberalismo y, en particular, con algunos de los fundamentos teóricos de la Ilustración y del llamado "despotismo ilustrado"[36]. Es decir, el concepto de "fomento como fin" no lo crea el liberalismo, sino que se trata, más bien, de una idea ilustrada que es rescatada y adaptada (en algún caso, meramente tolerada) por los liberales[37]. Pero su importancia es tal que acabará conformando el liberalismo moderado dominante en España durante buena parte del siglo XIX[38].

[34] La acción de fomento representaría, por tanto, "una corrección al inicial abstencionismo del Estado liberal", en tanto que permite completar la *cura advertendi mala futura* con la *cura promovendae salutis* (FERNANDO GARRIDO FALLA, *Tratado de derecho administrativo*, cit., págs. 253-254). La importancia del fomento como "título legal de la potestad" administrativa es especialmente elaborada por JOSÉ LUIS VILLAR PALASÍ, (*Apuntes de derecho administrativo*, cit., págs. 98-100), lo sitúa como uno de los momentos trascendentales de la historia del Derecho Administrativo español.

[35] No por casualidad, uno de los casos en los que la Constitución española de 1812 utiliza el concepto de fomento es, precisamente, para imponer un mandato al Legislativo, estableciendo que "Las facultades de las Cortes son: [...] Promover y fomentar toda especie de industria, y remover los obstáculos que la entorpezcan" (art. 131.21ª).

[36] Los precedentes no son solo conceptuales, sino incluso orgánicos: el Ministerio de Fomento (que, en rigor, fue creado cuando Fernando VII aún estaba con vida) contaba con un precedente directo en la Dirección de Fomento General del Reino, creada por Carlos IV el 6 de julio de 1797. AURELIO GUAITA, *El Ministerio de Fomento. 1832-1931*, cit., pág. 16.

[37] De la difícil relación entre la ideología liberal y el concepto de fomento da fe el monumental Discurso Preliminar de la Constitución Española de 1812, obra de AGUSTÍN DE ARGÜELLES, donde se afirma, nada menos, que "El verdadero fomento consiste en proteger la libertad individual en el exercicio de las facultades físicas y morales de cada particular según sus necesidades o inclinaciones".

[38] Vid. LUIS MEDINA ALCOZ, *Historia del derecho administrativo español,* Madrid, Marcial Pons, 2022, págs. 117 y ss. y 129-133.

Por otro lado, con el advenimiento del Estado social, esta noción finalista de fomento o "fomento como fin" se mantiene, pero pierde utilidad, dado que las premisas constitucionales del Estado social consisten, justamente, en rechazar la división tajante entre Estado y sociedad propuesta por el Estado liberal y en propugnar lo contrario: la existencia del Estado, la justificación de su existencia, se encuentran en su capacidad para garantizar una vida digna a toda la población, es decir, en garantizar la prosperidad de toda la sociedad. El Estado social, en consecuencia, ya no necesita títulos habilitantes para intentar mejorar la sociedad, porque esa finalidad es lo que justifica su propia existencia. Así, aunque el concepto de "fomento como fin" se mantenga, tanto en la Constitución española de 1978 como en otras normas del ordenamiento español, su relevancia práctica es mínima comparada con la que tuvo en el Estado liberal del siglo XIX, momento en el que llegó a constituir uno de los rasgos característicos del Derecho Administrativo y la administración pública española[39].

En segundo lugar, la noción técnica-instrumental de fomento o "fomento como medio" también guarda estrecha relación con las doctrinales liberales. Por los mismos motivos antes expuestos, y una vez decidido que la administración pública podía actuar en un determinado ámbito con el fin genérico de "mejorarlo", aún quedaría por determinar cómo hacerlo. A este respecto, el modo de actividad más acorde con los ideales liberales, que, recordemos, favorecen la actividad de los ciudadanos por encima de la actividad de la administración, sería justamente aquella en la que la administración satisface el interés general de manera indirecta, a través de la actividad privada de los ciudadanos. De este modo, el "fomento como medio" sería una conveniente solución de compromiso para el liberalismo, una especie de cesión mínima, "una vía media entre la inhibición y el intervencionismo del Estado, que pretende conciliar la libertad común mediante la influencia indirecta sobre la voluntad del individuo, para que quiera lo que conviene para la satisfacción de la necesidad pública de que se trate"[40].

Se entiende, por tanto, la especial adecuación de este modo de actividad administrativa a los ideales liberales. Ello ayuda a explicar el intensísimo uso que se hizo, a lo largo de todo el siglo XIX, de las técnicas de fomento[41], es

[39] JUAN MIGUEL DE LA CUÉTARA, *La actividad de la administración*, Madrid, Tecnos, 1983, págs. 290-291.

[40] LUIS JORDANA DE POZAS, "Ensayo de una teoría del fomento en el Derecho Administrativo", cit., pág. 46.

[41] La principal exposición jurídica de las medidas de fomento en materia de ferrocarriles, carreteras, aguas, agricultura, vivienda, industria o marina mercante sigue siendo la de JOSÉ LUIS VILLAR PALASÍ, "Las técnicas administrativas de fomento y de apoyo al precio político", cit., págs. 28-58.

decir, del "fomento como medio", aun cuando estas técnicas nunca dejasen de estar cuestionadas por las corrientes liberales más furibundas[42]. Ahora bien, ni la superación del Estado liberal por el Estado social ni la consolidación del servicio público como modo de actividad administrativa paradigmático de este último supusieron el abandono de las actividades administrativas de fomento. Por el contrario, las medidas de fomento en sentido estricto o "fomento como medio" siguen siendo extremadamente útiles en sociedades democráticas avanzadas para aunar el libre desarrollo de la personalidad de los ciudadanos, a través del ejercicio de sus libertades civiles y el desarrollo de sus actividades privadas, y el beneficio que se deriva de la realización de muchas de estas actividades privadas cual es la satisfacción del interés general.

En conclusión, las dos nociones de fomento florecieron en España bajo las ideas liberales que marcaron la política del siglo XIX, pero no desaparecieron con el advenimiento y la consolidación del Estado social en el siglo XX. A pesar de ello, la trascendencia jurídica del "fomento como fin" no ha dejado de menguar, mientras que el "fomento como medio" mantiene su pujanza, teórica y práctica. Por ello y porque solo el fomento como medio consigue acotar una realidad con un régimen mínimamente uniforme, el resto de este trabajo se ocupará casi exclusivamente de este último, por lo que, en adelante y salvo indicación en contrario, el uso del término "fomento" debe entenderse siempre referido a su segunda acepción.

2. Las formas típicas del fomento y sus actuaciones positivas: honoríficas, jurídicas, económicas (con especial referencia a la subvención)

La afirmación de que en el ordenamiento jurídico español pueden encontrarse medios de fomento honoríficos, jurídicos y económicos puede rastrearse,

[42] De manera paradigmática, el decreto de 14 de noviembre de 1868 (Gaceta de Madrid de 15 de noviembre de 1868), por el que se aprobaron las Bases generales para la nueva legislación de obras públicas, adoptado en pleno clímax liberal tras la Revolución de septiembre de 1868 y la salida de España de la reina Isabel II, pretendía eliminar todas las ayudas que, hasta ese momento, se habían concedido a los sujetos privados que acometían obras públicas de interés general. Según se afirmaba en su preámbulo: "el sistema de subvenciones que tan graves daños ha causado, que es germen inagotable de inmoralidad, y que bajo el punto de vista económico es por todo extremo inadmisible, queda anulado por completo en los artículos 9, 11 y 18. De esta suerte se evitan para el porvenir consorcios funestos entre el Estado y las empresas, problemas dificilísimos, irritantes reclamaciones de indemnización, y tantos y tantos conflictos como han surgido en tiempos pasados y aun hoy hacen sentir su desoladora influencia". Hay que aclarar que, a pesar de la rotundidad de estas palabras, los artículos citados no eliminaban realmente todas las ayudas y, en realidad, parecían sobre todo orientarse a garantizar el principio de riesgo y ventura. El citado preámbulo, por cierto, parece que fue redactado por el ingeniero, dramaturgo, matemático, político y premio Nobel José Echegaray, según indica José Luis Villar Palasí, "Las técnicas administrativas de fomento y de apoyo al precio político", cit., pág. 34.

una vez más, hasta el trabajo fundacional de JORDANA DE POZAS[43]. No obstante, el encuadramiento dogmático de los medios de fomento requiere aclaraciones previas. En particular, es necesario analizar los elementos que definen la actividad administrativa de fomento, pues el modo de clasificar los medios de fomento depende en buena medida de aquellos.

A) *Elementos de la actividad administrativa de fomento*

La actividad administrativa de fomento, según hemos expuesto, es aquella que, mediante la concesión de ventajas a personas concretas, sean públicas o privadas, intenta persuadirlas para que realicen actividades que les son propias, pero con las que se satisfacen intereses públicos. De acuerdo con esta definición, veamos los elementos que la caracterizan.

1°) La actividad de fomento ha de ser actividad administrativa, es decir, realizada por la administración. Por tanto, quedan fuera todas las actuaciones filantrópicas o de mecenazgo llevadas a cabo por personas físicas y jurídicas privadas, lo que en España incluye a las asociaciones, las sociedades mercantiles y, muy destacadamente, las fundaciones. Todas ellas se rigen por el Derecho privado, por lo que no están sometidas al régimen jurídico ni a los principios que resultan aplicables a la actividad administrativa de fomento[44]. Pero convienen algunas matizaciones. Por un lado, hay entidades del sector público que, aunque no son propiamente administraciones (fundaciones públicas y sociedades mercantiles de capital público), si se sirven de técnicas propias del fomento (por ejemplo, otorgan subvenciones) y quedan en buena parte sometidas a los principios que inspiran el régimen de la actividad de fomento de las administraciones[45]. Por otro lado, sucede a veces que una institución privada acuerde con una administración pública la ejecución conjunta de proyectos de interés social financiados con fondos aportados por la institución privada y, entonces, el régimen es en parte jurídico-público[46].

[43] LUIS JORDANA DE POZAS, "Ensayo de una teoría del fomento en el Derecho Administrativo", cit., págs. 52-53.

[44] Cuestión distinta es que estas actividades privadas de mecenazgo puedan ser objeto, ellas mismas, de medidas de fomento concedidas por los poderes públicos. Por ejemplo, la Ley 49/2002, de 23 de diciembre, de régimen fiscal de las entidades sin fines lucrativos y de los incentivos fiscales al mecenazgo, establece deducciones fiscales por los donativos, donaciones y aportaciones irrevocables, puros y simples, que se realicen en favor de ciertas entidades sin fines de lucros, las Universidades públicas, ciertos organismos públicos de investigación, etc.

[45] Así, el art. 3.2.2° y la Disposición adicional decimosexta de la Ley 38/2003, General de Subvenciones, extienden la aplicación de algunos de los principios y preceptos contenidos en esa ley a ciertos entes de derecho público que se rigen por el derecho privado y a las fundaciones del sector público.

[46] Es el caso, por ejemplo, de las becas concedidas a estudiantes de Universidades españolas para realizar estudios en Universidades iberoamericanas, íntegramente financiadas por

2º) El contenido de la actividad administrativa de fomento consiste en la concesión de ventajas, es decir, supone la ampliación de la esfera de derechos de su destinatario que, en consecuencia, tiene el estatus de beneficiario. Por tanto, se canaliza mediante actos favorables (habitualmente, puros actos administrativos; aunque, en ocasiones, convenios y contratos), con las consecuencias que ello supone (v. gr., a efectos de su revocación). Además, presupone que la actividad de fomento es una actividad jurídica, no meramente material, constituida por declaraciones de la administración y no por meros hechos. Esto permite diferenciar a la actividad de fomento de otras actividades de persuasión llevadas también a cabo por las administraciones públicas, como la llamada actividad de promoción o publicidad, con la que se incentivan ciertos comportamientos (la vacunación voluntaria, la alimentación saludable), pero sin que existan declaraciones creadoras de derechos por las que se conceda beneficio directo alguno a personas concretas[47]. Lo mismo puede decirse de la mayor parte los *nudges* o acicates, a los que recientemente se ha dedicado alguna atención como parte de la aplicación de la psicología conductual al Derecho[48]. Sin embargo, en la doctrina española se cuestionó que las medidas de fomento debieran ser siempre favorables o positivas. En concreto, Jordana de Pozas afirmó que los medios que reviste la actividad de fomento podían clasificarse en positivos y negativos: "son *positivos* los que otorgan prestaciones, bienes o ventajas, y *negativos* los que significan obstáculos o cargas creadas para dificultar por medios indirectos aquellas actividades o establecimientos contrarios a los que el gobernante quiere fomentar"[49]. Y se

---

la Fundación Santander (fundación puramente privada), pero que son tramitadas y concedidas por las Universidades públicas. La Fundación Santander podría gestionar por sí misma estas ayudas, que se regirían íntegramente por el Derecho privado. Sin embargo, y salvo que expresamente se acuerde lo contrario, la participación de las Universidades públicas en la gestión de las ayudas determina que estas deban regirse por las normas propias del Derecho Administrativo.

[47] Nos hemos ocupado de la diferencia entre actividad administrativa jurídica y actividad administrativa material en Manuel Rebollo Puig, "La actividad administrativa", en Manuel Rebollo Puig y Diego J. Vera Jurado (dirs.), *Derecho administrativo*, tomo I, cit., págs. 52-53. Tal y como allí se explica, el hecho de que una actividad administrativa sea calificada como material y no jurídica no implica, ni remotamente, que no esté sometida a regulación. En el caso de la actividad administrativa de promoción o publicidad la principal norma reguladora de ámbito estatal es la Ley 29/2005, de 29 de diciembre, de Publicidad y Comunicación Institucional, que es completada por diversas leyes aprobadas por las comunidades autónomas, como la Ley de la Actividad Publicitaria de las Administraciones Públicas de Andalucía.

[48] Ampliamente sobre ellos y su impacto en el Derecho público, Elisa Moreu Carbonell, "Nudges y derecho público. Oportunidad y regulación", en Juli Ponce (coord.), *Acicates (nudges), buen gobierno y buena Administración*, Madrid, Marcial Pons, 2022, págs. 83-107; Joan-Pere López Pulido, *Perspectiva cognitiva y nudge público*, Cizur Menor, Aranzadi, 2023.

[49] Luis Jordana de Pozas, "Ensayo de una teoría del fomento en el Derecho Administrativo", cit., pág. 51, cursivas en el original. También Buenaventura Pellisé Prats, voz "Fomento", cit., pág. 6.

ha sostenido que la categoría de medidas de fomento negativas resultaría útil para explicar los llamados "tributos con fines no fiscales", es decir, aquellos gravámenes de carácter tributario que no tienen una finalidad primordialmente recaudatoria, sino que persiguen como objetivo principal desincentivar ciertas conductas que, sin estar prohibidas, se consideran inconvenientes para el interés general. A tal fin, justamente, son gravadas con un tributo[50]. Aun tratándose de una construcción sugerente, la idea de que existan medidas de fomento negativas fue criticada por su debilidad dogmática y por los graves problemas que acarreaba al régimen jurídico de la actividad administrativa de fomento[51]. Fundamentalmente porque el régimen jurídico aplicable a las medidas favorables no puede extenderse a las medidas desfavorables, especialmente en relación con el principio de legalidad y su alcance, pero también en otros elementos muy característicos de este régimen jurídico y a los que luego nos referiremos, como los procesos de selección de los beneficiarios. En suma, debe afirmarse que los medios negativos o desfavorables no tienen cabida en la actividad de fomento y que esta descansa siempre en la concesión de medidas favorables. Atendiendo al contenido material de estas ventajas, es posible distinguir las medidas de fomento en honoríficas, jurídicas o económicas, según se verá más adelante.

3º) La actividad administrativa de fomento se basa en la concesión de ventajas a personas, públicas o privadas, concretas y singularizadas: el beneficiario. De este modo, frente a otras actividades administrativas favorables, como las obras públicas o los servicios públicos *uti universi*, que benefician al conjunto

[50] A ellos se refiere expresamente el art. 2.1 de la Ley 58/2003, de 17 de diciembre, General Tributaria: "Los tributos, además de ser medios para obtener los recursos necesarios para el sostenimiento de los gastos públicos, podrán servir como instrumentos de la política económica general y atender a la realización de los principios y fines contenidos en la Constitución". Estas formas de parafiscalidad conocieron un amplio uso en España en el ámbito local durante buena parte del siglo XX. En este sentido, el art. 48.3 del Decreto de 25 de enero de 1946 disponía que "No podrán establecerse arbitrios con fines no fiscales cuando los ayuntamientos dispongan legalmente de *otros medios coercitivos* para lograr la finalidad del arbitrio". *Vid.*, NEMESIO RODRÍGUEZ MORO, "Los arbitrios con fines no fiscales en el Decreto de 25 de enero de 1945", en *Revista de Estudios de la Vida Local*, núm. 27, 1947, págs. 409-410. Más recientemente, se han configurado como un elemento habitual de la intervención pública para alcanzar muy diversos objetivos sociales, como la protección del medio ambiente (gravando actividades especialmente contaminantes), la ordenación del mercado de vivienda (gravando los solares sin edificar o las viviendas desocupadas), el consumo de bebidas azucaradas o la ordenación del mercado lácteo. En relación con este último y la llamada "tasa láctea", vid., el depurado análisis de su naturaleza jurídica en MANUEL RODRÍGUEZ PORTUGUÉS, *Tasa láctea y ayudas comunitarias a la ganadería*, Málaga, Fundación Unicaja, 2009, págs. 35-43.

[51] Así, rechazaron tajantemente que los medios negativos fueran, "en sentido estricto, medidas de fomento", RAFAEL ENTRENA CUESTA, *Apuntes de derecho administrativo*, cit., pág. 147; FERNANDO GARRIDO FALLA, Tratado de derecho administrativo, cit., pág. 260, o JUAN MIGUEL DE LA CUÉTARA, *La actividad de la administración*, cit., pág. 304.

de una población (v. gr., alcantarillado o alumbrado público), la actividad administrativa de fomento se caracteriza por otorgar ventajas *uti singuli*. Este elemento enlaza con la idea ya señalada de que la actividad administrativa de fomento genere situaciones de privilegio, aunque se trate este de un término que repele a la moderna sensibilidad isonómica e igualitaria[52]. De ahí, la importancia de los principios de igualdad, transparencia y publicidad, y la relevancia de los procedimientos para seleccionar a los beneficiarios. Del mismo modo, la existencia de un beneficiario concreto e individualizado permite establecer la relación jurídica con la administración concedente. En efecto, el otorgamiento de la ventaja en que consiste la actividad administrativa de fomento supone el despliegue de una malla de derechos y obligaciones entre administración y beneficiario que conforman una verdadera relación jurídica. El beneficiario de la ventaja puede ser tanto una persona privada como pública. De hecho, es frecuente que la Administración General del Estado otorgue ayudas o ventajas a las administraciones de las comunidades autónomas, a las administraciones locales, a las Universidades públicas, etc. Lo relevante es que estas ayudas no encubran una forma de financiación normal de las administraciones beneficiarias y que corresponda a estas, dentro de la autonomía que les reconoce el ordenamiento, la decisión de solicitarlas o rechazarlas, incluso después de que hayan sido concedidas[53].

[52] Nuevamente, Luis Jordana de Pozas, "Ensayo de una teoría del fomento en el Derecho Administrativo", cit., pág. 52, advertía que "el fuerte sentido igualitario del Derecho público moderno ha eliminado radicalmente hasta el nombre de los privilegios", pero hacía notar que, frente a la regla general de la igualdad ante la ley, las excepciones eran necesarias para adaptarla a las distintas situaciones que se dan ante ella y añadía: "esas excepciones son verdaderos privilegios, aunque no reciban ese nombre. Mediante los privilegios se aspira a lograr la justicia distributiva, dando a cada uno lo que merece o lo que necesita, *o lo que se estima preciso para determinarle a obrar en un sentido común y conveniente para el bien común*. De ahí la utilidad que tienen las doctrinas acerca de los privilegios para el estudio de los modernos medios de fomento" (cursiva añadida). Por sorprendente que pueda parecer, esta última afirmación, que remite al estudio de la legislación histórica, resulta util para el análisis, por ejemplo, del régimen de revocación y pérdida de las ventajas otorgadas como medidas de fomento. Nosotros mismos hemos tomado algunos elementos de *Las Partidas* (en especial, las leyes del Titulo XVIII de la Tercera Partida) para analizar el régimen del reintegro de subvenciones, (Antonio Bueno Armijo, *El reintegro de subvenciones de la Unión Europea*, Sevilla, Instituto Andaluz de Administración Pública, 2011, págs. 272-274.

[53] Cuestión distinta es el caso en que una administración decide utilizar mecanismos de concurrencia competitiva internos para repartir su presupuesto entre los órganos o dependencias que la integran, asignando cantidades distintas según el proyecto o compromiso de cada uno de ellos. Por ejemplo, una Universidad pública que decida repartir sus fondos destinados a investigación entre los distintos grupos de investigación en que se organiza su personal, tras valorar los proyectos de investigación que estos le presenten, no estaría realizando, propiamente, una actividad administrativa de fomento, en la medida en que los beneficiarios (los grupos de investigación) carecen de personalidad jurídica diferenciada respecto de la

4º) Lo que motiva la concesión de la ventaja es intentar persuadir al beneficiario, arrastrarle para que adopte un determinado comportamiento que le es propio (activo u omisivo), sin llegar a imponérselo. La actividad que la administración persigue que se realice (lo que podríamos llamar "actividad fomentada") se sitúa dentro del ámbito de autonomía del beneficiario, ya se trate de una persona pública o privada: a él y solo a él le corresponde la decisión de acometerla o no y nada le obliga a realizarla. Incluso aunque se le haya concedido la ventaja, podrá renunciar en cualquier momento a ella y no realizar la actividad fomentada sin incurrir en una ilicitud. Eso sí, aceptada la ventaja y en tanto no renuncie a ella, la Administración concedente tendrá sobre el beneficiario diversas potestades de control y reacción, algunas muy incisivas[54], hasta el punto de que ha llegado a sostenerse, aunque erróneamente, que el beneficiario está en "relación de sujeción especial"[55]. Además, el disfrute de la ventaja no cambia ni la naturaleza ni la titularidad de la actividad fomentada: si el beneficiario es privado, su actividad seguirá siendo una actividad privada y su régimen seguirá siendo el de Derecho privado, si acaso con alguna matización[56]; y si es un beneficiario público, la actividad

---

Universidad concedente. En la misma situación se encontrarían, por ejemplo, los colegios de enseñanza públicos, dependientes de la administración educativa, que decidieran participar en un procedimiento convocado por esta última para otorgar fondos a proyectos de fomento de la lectura entre el alumnado. A pesar de las semejanzas con la actividad administrativa de fomento, el hecho de que tanto el concedente como los beneficiarios sean órganos de una misma persona jurídica (la Universidad en el primer caso, la administración educativa en el segundo) cambia todo el régimen jurídico, hasta hacerlo irreconocible. Así, no tiene por qué regir el principio de legalidad, ni el de igualdad, ni el de transparencia, ni el de publicidad, ni las reglas del procedimiento administrativo, ni, menos aún, los mecanismos de recurso en vía administrativa o judicial, que están expresamente excluidos.

[54] Naturalmente, la principal potestad que la administración ostenta sobre el beneficiario de la ventaja es la potestad de retirarla, recuperarla, incluso coactivamente, si fuera el caso. También la aún más gravosa potestad sancionadora. Y a este respecto hay que destacar que a veces la renuncia del beneficiario a la ventaja no le liberará de la sanción por la infracción ya consumada. Por ejemplo, el art. 58.a) de la Ley General de Subvenciones, tipifica como infracción muy grave "la obtención de una subvención falseando las condiciones requeridas para su concesión u ocultando las que la hubiesen impedido o limitado" por lo que el mero hecho de la concesión de la subvención, con independencia de que luego se renunciara a ella, determinaría una responsabilidad sancionadora.

[55] Así lo estima, entre otros, Lucía López de Castro García-Morato, "El fomento", en Gaspar Ariño Ortiz, *Principios de derecho público económico*, cit., pág. 294, pero debe rechazarse. En ningún caso se dan las condiciones de inserción duradera y estable del beneficiario en la administración exigidas por la mejor doctrina para entender constituida una relación de sujeción especial; vid., Mariano López Benítez, *Naturaleza y presupuestos constitucionales de las relaciones especiales de sujeción*, Madrid, Civitas, 1994.

[56] Por ejemplo, ciertos beneficiarios de subvenciones públicas están obligados a aplicar reglas especiales en materia de contratación (v. gr., "contratos subvencionados", art. 23 de

seguirá siendo una actividad pública y su titular seguirá siendo la administración beneficiaria con su régimen general. Pese a todo, conste que a veces hay ventajas que persiguen incentivar el cumplimiento de deberes que, con ventaja, o sin ella, existen y podrían exigirse coactivamente[57]: pueden incluirse en la actividad de fomento dado que el deber existe al margen de la ventaja y que esta solo persigue animar a su cumplimiento espontáneo sin tener que acudir a la ejecución forzosa.

5º) La "actividad fomentada" debe servir para satisfacer los intereses generales cuyo cuidado está encomendado a la administración concedente. Es decir, la "actividad fomentada" no debe servir únicamente para satisfacer los intereses propios del beneficiario (ya se trate de intereses privados, en caso de tratarse de un beneficiario privado, o de intereses públicos, en caso de tratarse de un beneficiario público), sino que esos intereses también deben coincidir, al menos en parte, con los intereses públicos a los que específicamente sirve la administración concedente que, por tanto, no actúa por liberalidad[58]. Con frecuencia, el beneficiario de la medida de fomento actuará movido por su propio interés privado. Pero su conducta tiene la virtud de satisfacer también un interés público. Así, una empresa que recibe una ayuda para sustituir su vieja maquinaria por otra más moderna y menos contaminante actúa probablemente persiguiendo su propio interés pero así satisfará a la vez el interés general de la protección del medio ambiente. Y es esto lo que legitima que la administración otorgue la ventaja. Y algo similar cabe decir si el beneficiario es otra administración: la ventaja se habrá otorgado para realizar una actividad útil a los intereses públicos confiados a la destinataria y que entra en su ámbito de competencias; pero al mismo tiempo sirve para realizar los intereses públicos que, conforme a sus competencias, ha de perseguir la concedente.

---

la Ley 9/2017, de 8 de noviembre, de Contratos del Sector Público); otros están sometidos a reglas especiales en materia de transparencia y publicidad activa [art. 3.b) Ley 19/2013, de 9 de diciembre, de transparencia, acceso a la información pública y buen gobierno]. Reglas de derecho público a las que generalmente no estaría sometido y que, en caso de renunciar a la ventaja, dejarían automáticamente de aplicarse a su actividad.

[57] Por ejemplo, se otorgan a veces ayudas para que los propietarios de inmuebles cumplan su deber de mantenerlos en condiciones de seguridad y ornato. O hasta podría verse actividad de fomento en las rebajas de multas por aceptación de responsabilidad y pronto pago. Así, al menos, lo sostiene Juan Carlos Morón Urbina, *Las multas administrativas. Contribución para la construcción de una dogmática unitaria*, Lima, Praxis, 2023, págs. 251 a 288, en el capítulo que dedica a "la reducción de la multa impuesta por el pago inducido". Afirma reiteradamente que se trata de medidas de fomento. Y finalmente dice: "En el fondo estamos frente a un caso de actividad de fomento administrativo del pago espontáneo".

[58] Dice la STS 733/2021, de 25 de mayo, con cita de otras anteriores que "la subvención no responde a una *causa donandi*" y "en ningún caso puede concebirse [...] como desplazamiento patrimonial sin causa o con fundamento en la mera liberalidad de la entidad concedente". Lo que hoy se proclama para las subvenciones se puede extender *mutatis mutandis* a las otras medidas de fomento.

B) *Clasificación de las medidas de fomento según su contenido: medidas honoríficas, jurídicas y económicas*

Atendiendo al distinto contenido que pueden tener, fue una vez más Jordana de Pozas quien propuso distinguir entre medios de fomento honoríficos, económicos y jurídicos[59].

Las medidas honoríficas implican el reconocimiento de un sujeto por parte de la administración concedente en atención a sus méritos o a un comportamiento que considera especialmente estimable, digno de encomio y emulación. Son medidas de carácter honorífico los premios, condecoraciones y distinciones concedidos por la administración, muchos de ellos anualmente. No pocos autores han incluido la concesión de títulos nobiliarios entre las medidas de fomento administrativas[60]. Se afirma, en este sentido, que los títulos nobiliarios en la actualidad suponen una forma de reconocer y recompensar conductas ejemplares[61]. Se trata de una singularidad de los Estados monárquicos, como España. Pero no pueden considerarse verdaderas medidas de fomento, dado que no constituyen actividades administrativas sino que su concesión es una potestad constitucionalmente atribuida a la Corona, no a la administración [art. 62.f) CE][62].

[59] Luis Jordana de Pozas, "Ensayo de una teoría del fomento en el Derecho Administrativo", cit., págs. 52-53.

[60] El primero en hacerlo parece haber sido Fernando Garrido Falla, *Tratado de derecho administrativo*, vol. II, cit., pág. 262. Con carácter específico, vid., Beatriz Bullón de Mendoza y Gómez de Valuguera, "Los títulos nobiliarios como fomento honorífico", en *Aportes*, núm. 90, año XXXI (1/2016), págs. 5-28.

[61] Por ejemplo, el anterior monarca, Juan Carlos I (1975-2014) otorgó mediante el Real Decreto 134/2011, de 3 de febrero, el título de Marqués de Vargas Llosa a don Jorge Mario Vargas Llosa, para sí y sus sucesores, atendiendo a "La extraordinaria contribución de don Jorge Mario Vargas Llosa, apreciada universalmente, a la Literatura y a la Lengua española". De la misma forma, mediante el Real Decreto 135/2011, de 3 de febrero, otorgó el título de Marqués de Del Bosque, para sí y sus sucesores, a Vicente del Bosque González, seleccionador nacional del equipo de fútbol masculino y ganador de una Eurocopa y un Mundial de Fútbol, atendiendo a "La gran dedicación al deporte español y la contribución de don Vicente del Bosque González al fomento de los valores deportivos". El actual rey de España, Felipe VI (2014-), no ha concedido aún ningún título nobiliario.

[62] Tal vez la inclusión de los títulos nobiliarios entre las medidas de fomento estuviera justificada en el régimen político anterior en el que la potestad de conceder y rehabilitar títulos nobiliarios estaba atribuida al Jefe del Estado, es decir, al propio Franco, por la Ley de 4 de mayo de 1948. Algo parecido cabría decir respecto a otra rareza española de la época que Garrido Falla también incluyó entre las actividades administrativas de fomento: las condecoraciones otorgadas por el Movimiento Nacional y reguladas por el Decreto de 2 de agosto de 1943 y la Orden reglamentaria de 28 de octubre de 1943 que crearon la Junta Central de Recompensas de F.E.T y de las J.O.N.S. Fernando Garrido Falla, *Tratado de derecho administrativo*, vol. II, cit., pág. 263.

Las medidas de fomento de carácter jurídico implican la concesión de un estatuto especial a su beneficiario, bien porque le permiten realizar algo fuera del alcance del resto de ciudadanos[63], bien porque le eximen de una obligación exigible a los demás[64]. Las ventajas de contenido jurídico, más importantes otrora, tienen que conciliarse hoy con el principio de igualdad. Al menos, se exige que tengan previsión expresa en la ley y que cuenten con una justificación suficiente[65].

Las medidas de fomento de contenido económico se caracterizan porque conllevan un enriquecimiento del beneficiario, lo que puede adoptar diversas formas. Puede tratarse de medidas de carácter real o en especie (entrega de bienes, prestación gratuita de servicios); o de carácter crediticio (avales públicos, acceso a crédito oficial en condiciones más ventajosas que el crédito ofertado por las entidades privadas); o fiscales, en las que el enriquecimiento se produce por la ausencia de desembolso dinerario (desgravaciones, bonificaciones, exoneraciones); o, finalmente, de aportaciones dinerarias no devolutivas, entregadas a fondo perdido a favor de su beneficiario (subvenciones, primas).

Esta clasificación (que, en ocasiones, se ha visto completada con alguna otra categoría, como las medidas psicológicas[66]) se ha mantenido en la doc-

[63] El ejemplo paradigmático en el ordenamiento jurídico español es el llamado privilegio del beneficiario de la expropiación forzosa (art. 2.3 de la Ley de 16 de diciembre de 1954, sobre expropiación forzosa), conforme al cual se permite que un sujeto privado pueda solicitar a la Administración que expropie y le entregue la propiedad de un tercero cuando la necesite para realizar una actividad privada de "interés social". También se han incluido aquí históricamente las declaraciones de empresa de interés preferente, de explotación agraria ejemplar o de áreas o polígonos de expansión industrial, lo que permitía el acceso a un régimen jurídico especial (como parte del cual, además, se podían pedir otras ayudas, generalmente económicas), JUAN MIGUEL DE LA CUÉTARA, *La actividad de la Administración*, cit., pág. 306. Asimismo, dentro de las asociaciones, las hay declaradas de "utilidad pública" a las que se reconocen ventajas como, por ejemplo, la de disfrutar de asistencia jurídica gratuita.

[64] En este sentido, MANUEL IZQUIERDO CARRASCO, (*La seguridad de los productos industriales*, Madrid, Marcial Pons, 2000, pág. 226), pone como ejemplo la eliminación de la obligación de probar la seguridad de los productos industriales puestos en el mercado por quienes los fabriquen "de acuerdo con una norma armonizada o con una norma técnica nacional que sea su transposición", normas que no son obligatorias

[65] LUCÍA LÓPEZ DE CASTRO GARCÍA-MORATO, "El fomento", en GASPAR ARIÑO ORTIZ, *Principios de derecho público económico*, Granada, Comares, 1999, pág. 291.

[66] Propugnan la existencia de esta categoría BUENAVENTURA PELLISÉ PRATS, voz "Fomento", cit., pág. 10, y, con ciertos reparos, MARIANO BAENA DEL ALCÁZAR, "Sobre el concepto de fomento", cit., págs. 70-71, para hacer referencia a las campañas de publicidad y promoción periódicamente acometidas por las administraciones públicas para convencer a la ciudadanía de la bondad de adoptar ciertos comportamientos o consumir ciertos bienes y servicios. En realidad, y como ya hemos señalado, debe rechazarse que en estos casos, como en los de utilización de *nudges* o acicates, nos encontremos ante verdaderas actividades administrativas de fomento, dado que se trata de meras actividades materiales de la administración.

trina española por su valor descriptivo y carácter didáctico. Pero se trata de una clasificación que, además de comportar solapamientos (hay medidas que encajan en más de una categoría a la vez, como la concesión de ciertos premios literarios, que suponen una distinción honorífica pero que van acompañados de una cantidad económica), es jurídicamente poco relevante.

C) *Clasificación de las medidas de fomento según el momento en que se conceden: ayudas y recompensas*

Ya nos consta que en la actividad de fomento es causa inmediata por la que la administración concede la ventaja al beneficiario es conseguir de este la adopción de un determinado comportamiento. Atendiendo al momento en que se produce la concesión de la ventaja respecto a la realización de la conducta, es decir, atendiendo a si esta se ha producido ya o no, se realiza una importante clasificación de las medidas de fomento distinguiendo entre recompensas y ayudas, con decisivas consecuencias en su régimen jurídico[67].

Las recompensas son ventajas concedidas en atención a comportamientos ya adoptados. La expectativa de recibirla habría ayudado a mover la voluntad del beneficiario y a desarrollar el comportamiento querido por la administración[68]. Lo relevante es que, cuando se concede la recompensa ya no hay incertidumbre sobre si la actividad se ejecutará o no, dado que su desarrollo constituye el presupuesto de hecho que permite su concesión, su requisito básico. Así, la no realización de la actividad y, por tanto, la falta de concurrencia de este requisito, determinará que la ventaja no pueda concederse. Y, si se concedió, la resolución de concesión habrá incurrido en un supuesto de invalidez. La mayor parte de premios honoríficos constituyen ejemplos de recompensas, pero también algunas medidas económicas, como las primas, se conceden en atención a actividades o comportamientos ya desarrollados.

Las ayudas, por el contrario, son ventajas concedidas para colaborar en la realización de una actividad que aún no se ha desarrollado y con la intención,

[67] El origen de esta distinción se encuentra en José Luis Martínez López-Muñiz, "La actividad administrativa dispensadora de ayudas y recompensas: una alternativa conceptual al fomento en la teoría de los modos de acción de la Administración pública", en *Libro Homenaje al Profesor José Luis Villar Palasí*, Madrid, Civitas, 1989, págs. 751-768, como respuesta, precisamente, a la irrelevancia jurídica de la clasificación que distingue entre medios honoríficos, jurídicos y económicos.

[68] Como señala Juan Alfonso Santamaría Pastor, *Principios de derecho administrativo General*, tomo II, 2ª ed., Madrid, Iustel, 2009, págs. 253, las recompensas solo pueden ser consideradas como medidas de fomento cuando el beneficiario fuera consciente de que podría acabar recibiéndola por la realización de su actividad. De otro modo, si el beneficiario hubiera actuado sin tener expectativa de recibir ventaja alguna, aunque finalmente acabara recibiéndola, difícilmente podría encontrarse el elemento de persuasión mediante la ventaja propio de la actividad de fomento.

precisamente, de que se realice. La administración concedente espera y desea que dicha actividad se desarrolle y para ello otorga la ayuda, pero no hay certeza de que vaya a ser así, dado que su realización depende siempre de lo que decida el beneficiario, quien podrá cambiar de opinión, incluso después de haber recibido la ventaja, que, eso sí, deberá devolver. A diferencia de las recompensas, la actividad para la que se entrega la ventaja es un hecho que acontecerá, en su caso, en el futuro, no un requisito previo a la concesión. De ahí que se hable de "ventajas afectadas" o "vinculadas", en el sentido de que el beneficiario solo podrá disfrutarlas en tanto adopte el comportamiento al que se vinculan. Es decir, si la actividad finalmente no se realizara, el beneficiario perdería todo derecho a recibir la ayuda o tendría la obligación de devolverla, si es que se la hubiesen adelantado. Pero no porque falte algún elemento en la resolución de concesión que la convierta en inválida (como ocurría en el caso de las recompensas), sino porque la entrega efectiva de la ventaja habría quedado sin justificación. Del mismo modo, la incertidumbre acerca de si la actividad para la que se ha concedido la ventaja se realizará o no y la necesidad de controlarlo, justifican que recaigan sobre el beneficiario obligaciones de justificación y que la administración cuente, paralelamente, con muy incisivas potestades de control. Nada de esto existe, sin embargo, en el caso de las recompensas, pues en ellas todas las comprobaciones se producen antes de su concesión.

La subvención y su posible reintegro constituyen el ejemplo por antonomasia de devolución de ayudas por incumplimiento de la actividad, pero existen otros, como la reversión de los bienes cedidos gratuitamente por la administración a particulares cuando estos no los destinen al fin o uso previstos[69]. Nos encontramos aquí con uno de los supuestos que contempla el ordenamiento español de "extinción de la eficacia del acto sin extinción del acto", a los que no es infrecuente que la doctrina se refiera con los equívocos nombres de "sanción rescisoria", "revocación-sanción" o con el más acertado de "caducidad de los efectos del acto"[70]. Nada de esto ocurre en el caso de las recompensas.

Las dos clasificaciones expuestas (según el contenido de la medida y según el momento de su concesión) se cruzan y superponen, de modo que una misma medida puede calificarse de conformidad con ambas clasificaciones.

[69] En relación con el reintegro de subvenciones, vid., arts. 37 y ss. de la Ley 38/2003, de 17 de noviembre, General de Subvenciones; en relación con la reversión de bienes cedidos gratuitamente, *vid.*, art. 150.1 de la Ley 33/2003, de 3 de noviembre, de Patrimonio de las Administraciones Públicas.

[70] Nos hemos ocupado de ello en Antonio Bueno Armijo, "O Princípio da Incerteza y la revocación-sanción de los actos administrativos", en Mario Aroso de Almeida y Luis Míguez Macho (coords.), *Regimes gerais do procedimiento e da atividade administrativa*, Coímbra, Almedina, 2022, págs. 423-435.

Por ejemplo, el premio al mejor expediente de egresados de las Facultades de Derecho constituye una medida de fomento de carácter honorífico (dado que su contenido es meramente honorífico) y, al mismo tiempo, una recompensa (pues se concede una vez realizada la actividad y en atención a ella); una beca general al estudio constituye una medida de fomento de carácter económico (dado que su contenido produce un enriquecimiento para su beneficiario) y, al mismo tiempo, una ayuda (dado que se otorga cuando aún no se ha realizado la actividad y, precisamente, con el fin de colaborar con el beneficiario para que se realice). Conviene retener esta aclaración porque resulta útil para entender la (mejorable) regulación de la subvención en el ordenamiento español.

D) *Especial referencia a la subvención*

El punto de partida para el estudio de las subvenciones públicas en España, no compartido por todos los países de nuestro entorno, es que aquí cuentan con regulación específica. Las dos normas de cabecera, aprobadas por el Estado y aplicables a todas las administraciones españolas son la Ley 38/2003, de 17 de noviembre, General de Subvenciones (en adelante, LGSub) y su reglamento de desarrollo, aprobado mediante Real Decreto 887/2006, de 21 de julio (en adelante, RGSub)[71]. Ambas han sido objeto de desarrollos parciales para su aplicación a ámbitos territoriales inferiores mediante otras normas aprobadas por las comunidades autónomas o las entidades locales[72].

[71] Entre las principales obras que se han ocupado del análisis sistemático de estas normas se encuentran: Germán Fernández Farreres (dir.), *Comentario a la Ley General de Subvenciones*, Cizur Menor, Thomson-Civitas, 2005; Fernando López Ramón (coord.), *Comentarios a la Ley General de Subvenciones*, Valencia, Tirant lo Blanch, 2005; Jesús del Barco Fernández-Molina, Antonio Panizo García, Isabel Silva Urién y Pablo Arellano Pardo, *Comentarios prácticos a la nueva Ley General de Subvenciones*, Valladollid, Lex Nova, 2004; José Pascual García, *Las subvenciones públicas*, Madrid, BOE, 2007; Mario Garcés Sanagustín y Alberto Palomar Olmeda (dirs.), *Derecho de las subvenciones y ayudas públicas*, Cizur Menor, Aranzadi, 2018.

[72] Muchas comunidades autónomas han aprobado sus propias leyes de subvenciones, completando o desarrollando aquellos aspectos de la legislación estatal que les permiten sus competencias. Tal es el caso, entre otras, de la Ley 5/2015, de 25 de marzo, de subvenciones de Aragón o del Decreto Legislativo 1/2010, de 2 de marzo, por el que se aprueba el Texto Refundido de la Ley General de la Hacienda pública de Andalucía, cuyo Título VI se consagra a la regulación de las subvenciones otorgadas por la administración de la Junta de Andalucía y sus agencias. Además, algunas han dictado reglamentos de desarrollo; por ejemplo, en Andalucía, Decreto 282/2010, de 4 de mayo, por el que se aprueba el Reglamento de los Procedimientos de Concesión de Subvenciones de la Administración de la Junta de Andalucía. Junto a ellas, y sin contravenir el marco legal expuesto, muchas diputaciones provinciales y numerosos ayuntamientos han aprobado también sus propias ordenanzas generales de subvenciones, de rango reglamentario, aplicables a las subvenciones por ellos otorgadas.

Estas normas solo se aplican a la subvención, no al resto de medidas de fomento de contenido económico (préstamos, avales, cesión gratuita de bienes, exenciones fiscales, etc.), que se regirán por su propia normativa, no por la de subvenciones[73]. Lo mismo cabe decir, con mayor razón aún, respecto de las medidas de fomento de contenido honorífico o jurídico[74]. En consecuencia, resulta esencial determinar qué se entiende por subvención a estos efectos.

El artículo 2 LGSub no ofrece una verdadera definición de subvención, sino que, más bien, enumera las características que debe reunir una medida administrativa para que se le aplique esta Ley. De conformidad con este precepto:

"1. Se entiende por subvención, a los efectos de esta ley, toda disposición dineraria realizada por cualesquiera de los sujetos contemplados en el artículo 3 de esta ley, a favor de personas públicas o privadas, y que cumpla los siguientes requisitos:

"a) Que la entrega se realice sin contraprestación directa de los beneficiarios.

"b) Que la entrega esté sujeta al cumplimiento de un determinado objetivo, la ejecución de un proyecto, la realización de una actividad, la adopción de un comportamiento singular, ya realizados o por desarrollar, o la concurrencia de una situación, debiendo el beneficiario cumplir las obligaciones materiales y formales que se hubieran establecido.

"c) Que el proyecto, la acción, conducta o situación financiada tenga por objeto el fomento de una actividad de utilidad pública o interés social o de promoción de una finalidad pública".

De lo anterior se deduce, en primer lugar, que las subvenciones en España consisten necesariamente en disposiciones dinerarias, es decir, en medidas de contenido económico que suponen un desplazamiento patrimonial realizado en dinero. Las llamadas "subvenciones en especie" o *in natura* solo se admiten en casos muy determinados y siempre que se reúnan ciertos requisitos[75]. Se

[73] Sin perjuicio de esto, es posible encontrar muchos principios generales del Derecho desarrollados en la LGSub que resultan de aplicación a otras medidas de fomento, no porque sean subvenciones, sino porque comparten con ellas algunas características comunes (principios de publicidad, transparencia, concurrencia, objetividad, igualdad, eficiencia en la asignación y utilización de los recursos públicos, etc.).

[74] Por excepción, algunas medidas de carácter honorífico que tengan también un contenido económico (premios) sí se someterán a la LGSub cuando reúnan los requisitos señalados en el artículo 4 LGSub.

[75] En concreto, de acuerdo con la disposición adicional 5ª LGSub y el art. 3 RGSub, cuando la adquisición de los bienes se realice con la finalidad exclusiva de entregarlos a un tercero y esta entrega cumpla con el resto de características de la subvención previstas en el art. 2 LGSub. En caso contrario, las entregas de bienes a título gratuito quedan fuera del ámbito de aplicación de la LGSub y caen en el de la Ley 33/2003, de 3 de noviembre, del Patrimonio de las Administraciones Públicas y el resto de la normativa patrimonial.

trata, además, de entregas dinerarias no devolutivas o a fondo perdido, lo que permite distinguirla del crédito oficial u otras figuras crediticias.

Dicha disposición dineraria debe realizarse por alguno de los sujetos contemplados en el artículo 3 LGSub, lo que implica, fundamentalmente, que las subvenciones deberán ser concedidas por una Administración pública. A los efectos de la LGSub, se entienden por tales la administración general del Estado, la administración de las comunidades autónomas y las entidades que integran la administración local. A ellas se suman ciertos organismos y entidades creadas de acuerdo con el Derecho público y sometidas a él (lo que incluye a las Universidades públicas, los consorcios o las mancomunidades). Por su parte, los beneficiarios podrán ser tanto personas físicas como jurídicas, públicas o privadas, siempre que reúnan los requisitos necesarios para ello (arts. 11 y 13 LGSub). En consecuencia, nada se opone a que una administración pública pueda ser beneficiaria de las subvenciones concedidas por otra administración.

Además, la disposición dineraria debe entregarse sin contraprestación directa por parte del beneficiario. Es decir, en la subvención no existe un intercambio de prestaciones ni elemento sinalagmático alguno, lo que sería propio de los contratos, porque la subvención no es un contrato. La administración entrega una cantidad de dinero sin recibir ningún bien ni ningún servicio a cambio. Ciertamente, el beneficiario debe realizar (o debe haber realizado) una determinada actividad. Pero la actividad que realiza el beneficiario y que justifica la entrega del dinero no satisface un interés propio de la administración, sino un interés general (y el interés del propio beneficiario). De este modo, la subvención genera, siempre, un empobrecimiento de la administración concedente, que da sin recibir nada a cambio, y un correlativo enriquecimiento del beneficiario.

En este punto es preciso distinguir entre la concesión de la subvención y el pago de la subvención. En principio, la concesión de la subvención se configura como una entrega de dinero afectada a un comportamiento futuro del beneficiario, que decidirá voluntariamente si lo realiza o no. Este comportamiento, en caso de producirse, justificará la entrega del dinero, el pago. De ahí que se hable de "subvenciones *ex ante*": después de conceder la subvención, pero antes de que nazca el derecho al cobro, es necesario que se realice una determinada actividad. Esto explicaría que recaiga sobre el beneficiario la obligación de justificar la realización de la actividad de que se trate, como regla general, antes de que se produzca el cobro, así como la obligación de proceder al reintegro de la subvención cuando, habiéndola cobrado por adelantado, finalmente no realice la actividad. De esta forma, la subvención se configura como una "ayuda" en el sentido antes analizado.

No obstante, y atendiendo a la literalidad del artículo 2.1.b) LGSub, puede haber subvenciones que se concedan en atención a comportamientos "ya realizados" o situaciones ya finalizadas. En este caso, no hay elemento de afectación posible, sino simples requisitos o presupuestos de hecho, porque no hay incertidumbre alguna: cuando la administración concede la subvención ya puede tener todos los elementos de juicio necesarios para saber si la entrega está o no justificada. Este segundo tipo de subvenciones tradicionalmente se han denominado "primas" (especialmente en el ámbito económico) o "subvenciones *ex post*" y su régimen jurídico presenta diferencias respecto al de las demás subvenciones[76]. Por ejemplo, el derecho al cobro del beneficiario (y la correlativa obligación de pago de la administración) existe desde el mismo momento en que se concede la subvención; el beneficiario no tiene que presentar justificación alguna, dado que la correcta realización de la actividad debió quedar acreditada antes de que se concediera la subvención (art. 30.7 LGSub); el plazo de prescripción del reintegro comienza en el momento mismo de la concesión de la subvención [art. 39.2.b) LGSub], etc.

Finalmente, y como ocurre con cualquier otra medida de fomento, la actividad que el beneficiario debe realizar (o que ya ha realizado) y en atención a la cual se concede la subvención debe satisfacer un interés general cuyo cuidado haya sido encomendado a la administración concedente[77].

Excedería del objeto de este trabajo presentar una exposición completa del régimen jurídico de la subvención en España. No obstante, sí parece oportuno señalar al menos las principales características del procedimiento de concesión y recuperación regulados en la LGSub.

En relación con la concesión, la LGSub operó una notable transformación de la situación anterior a su aprobación. Históricamente, fue habitual que no existiese una separación entre el establecimiento de la subvención y su concesión. Los interesados tomaban la iniciativa de dirigirse a la administración para solicitarle subvenciones que no estaban ni previstas y, si la administración lo estimaba oportuno, procedía a la concesión de estas subvenciones *ad hoc*, creadas expresamente para la ocasión y que con la ocasión morían. El resultado de esta dinámica era una política de subvenciones construida "de

[76] La distinción entre subvenciones *ex ante* y subvenciones *ex post* o, si se prefiere, entre subvenciones en sentido estricto y primas fue elaborada por Germán Fernández Farreres, *La subvención: concepto y régimen jurídico*, Madrid, Instituto de Estudios Fiscales, 1983, págs. 269-279, así como por Julio Nieves Borrego, "Estudio sistemático y consideración jurídico-administrativa de la subvención", en *Revista de Administración Pública*, núm. 42 (1963), págs. 81-83. También nosotros nos hemos ocupado de esta importantísima distinción y de la confusión que parece reinar al respecto en la LGSub en Antonio Bueno Armijo, *El concepto de subvención en el ordenamiento jurídico español*, Bogotá, Universidad Externado de Colombia, 2013.

[77] Este concepto de subvención contenido en el artículo 2 LGSub termina de perfilarse con un listado de supuestos que, aun teniendo mayoritariamente cabida en dicho concepto, quedan excluidos de él por decisión del legislador (cfr. arts. 2.2, 2.3, 2.4 y 4 LGSub).

abajo a arriba" con la que se corría el riesgo de caer en la improvisación o en prácticas aún más peligrosas, como el clientelismo o la corrupción. Como reacción, la LGSub diseñó un sistema inverso, en el que la iniciativa de la actividad subvencional partía de la administración, y reguló minuciosamente el establecimiento de subvenciones como paso previo y distinto a su concesión.

De acuerdo con el artículo 8 LGSub, el primer trámite para el establecimiento de las subvenciones es la aprobación de un "plan estratégico de subvenciones" en el que se concreten los objetivos y efectos que se pretenden con la aplicación de las subvenciones, el plazo para su consecución, los costes previsibles y sus fuentes de financiación. El legislador ha impuesto así a cada Administración la obligación de reflexionar sobre qué objetivos quiere alcanzar, por qué la mejor forma de alcanzarlos son las subvenciones y cuáles deberían ser sus caracteres antes de proceder no ya a concederlas, sino incluso a crearlas[78].

Estos planes, sin embargo, tienen carácter meramente programático, no crean derechos ni obligaciones. Es decir, su efectividad queda condicionada a la puesta en práctica de las líneas de subvención que puedan preverse en ellos. De esta forma, y de conformidad con el artículo 9 LGS, la administración debe crear expresamente y regular cada subvención mediante una norma específica. Esta regulación propia de cada subvención recibe el nombre de "bases reguladoras" y tiene carácter de reglamento, por lo que debe publicarse en el *Diario Oficial* correspondiente[79]. Las bases reguladoras son, por lo tanto, el instrumento con el que la administración establece o crea las subvenciones, que después serán objeto de concesión de acuerdo con el procedimiento previsto en ellas[80].

[78] Ni la LGSub ni el RGSub indican cuáles son las consecuencias de que se establezcan subvenciones que no estaban previstas en el correspondiente plan estratégico, pero el Tribunal Supremo ha interpretado que el establecimiento de una subvención sin que estuviera prevista en un plan estratégico de subvenciones es inválido (STS de 26 de junio de 2012, recurso núm. 4271/2011).

[79] La discutible STS 4272/2017, de 30 de noviembre de 2017 (ECLI:ES:TS:2017:4272), consideró, sin embargo, que en algunos casos las bases reguladoras podrían carecer de naturaleza normativa y consideró "que unas bases reguladoras de una concesión de subvenciones sean una disposición general o un simple acto administrativo singular, aunque plúrimo, dependerá de su contenido, es decir, de si tales bases tienen una validez para sucesivas convocatorias y se incorporan al ordenamiento jurídico para un determinado período de tiempo o de forma indefinida o si, por el contrario, son unas bases exclusivas para una sola convocatoria y solo válidas para su aplicación única pero plúrima en dicha ocasión".

[80] El establecimiento de subvenciones es una decisión discrecional. Es decir, la Administración puede decidir libremente (dentro de su ámbito de competencias) si establece o no las subvenciones, cuál será su objeto, los requisitos que deberán reunir los solicitantes, etc. Eso sí, una vez aprobadas estas bases reguladoras y convocadas las subvenciones, su actuación deja de ser discrecional y pasa a ser reglada. Con esta regulación, la LGSub redujo al mínimo el carácter discrecional que tradicionalmente había acompañado a la actividad subvencional

La LGSub también dispuso que el procedimiento normal para otorgar subvenciones debe ser el de concurrencia competitiva. En este procedimiento la concesión se realizará mediante la comparación de las solicitudes presentadas, estableciendo una prelación entre ellas de acuerdo con los criterios fijados en las bases reguladoras y adjudicando la subvención a las solicitudes que obtengan una mayor valoración (art. 22.1 LGSub). Así no solo se garantiza la publicidad, la igualdad y la trasparencia de la actividad subvencional, sino también una mayor eficiencia en la asignación del dinero público. A pesar de ellos, junto con este procedimiento ordinario, y con carácter excepcional, se admite también la posibilidad de otorgar subvenciones de manera directa a los beneficiarios. Esta segunda posibilidad únicamente resulta factible en los casos expresamente autorizados por la propia LGSub (arts. 6.2, 22.2 y Disposición adicional sexta LGSub). No obstante, la práctica administrativa, ayudada en buena medida por la normativa autonómica, ha dado lugar a que la concesión directa sea más frecuente de lo querido por el legislador estatal[81].

Finalmente, y dada su trascendencia, debemos hacer referencia, siquiera sea sumaria, al reintegro de subvenciones, al que se dedica el Título II LGSub[82]. Son muchas las causas que pueden dar lugar a la obligación, por parte del beneficiario, de devolver el dinero recibido (declaración de invalidez o revocación del acto de concesión, recuperación del pago indebido realizado por error, muerte o renuncia del beneficiario, etc.). Pero la principal es el reintegro en sentido estricto. Su regulación se contiene en el artículo 37 LGSub. Este se configura como la obligación impuesta al beneficiario de devolver el dinero percibido en concepto de subvención por no haber realizado las actividades que justificaban su entrega y a las que aquel dinero se encontraba afectado. Cuando dicho incumplimiento tenga lugar, y luego de la tramitación de oportuno procedimiento administrativo, la administración concedente podrá declarar

y que había llevado a afirmarse como su elemento distintivo, vid., José María Gimeno Feliu, "Legalidad, transparencia, control y discrecionalidad de las medidas de fomento del desarrollo económico", en *Revista de Administración Pública*, núm. 137 (1995), pág. 174.

[81] Ya habíamos denunciado esta situación en Antonio Bueno Armijo, "La concesión directa de subvenciones", en *Revista de Administración Pública*, núm. 204 (2017), págs. 269-312, pero esta tendencia parece haberse agravado recientemente, con unas administraciones espoleadas en buena medida por la necesidad de ejecutar una cantidad muy elevada de fondos de la Unión Europea (*Next Generation EU*) en un período de tiempo muy breve, tal y como señala Carmen Fernández Rodríguez, "La laxa deriva hacia las ayudas directas", en *Revista Vasca de Administración Pública*, núm. 126 (2023), págs. 156-158.

[82] Nos hemos ocupado expresamente del análisis del régimen jurídico de esta figura en Manuel Rebollo Puig, "El reintegro de subvenciones", en Germán Fernández Farreres (dir.), *Comentario a la Ley General de Subvenciones*, cit., págs. 407-527, así como en Antonio Bueno Armijo, *El reintegro de subvenciones de la Unión Europea*, cit. Vid, asimismo, Luis Alfonso Martínez Giner, *El reintegro de subvenciones públicas*, Madrid, Iustel, 2006, y Javier García Luengo, *El reintegro de subvenciones*, Madrid, Civitas, 2010.

la obligación de reintegro, que consistirá en la devolución de las cantidades percibidas, incrementadas por los intereses que se hayan generado durante el tiempo en que el dinero estuvo en posesión del beneficiario y que se calcularán aumentando en un 25 por ciento el interés legal del dinero vigente durante dicho período (art. 38.2 LGSub)[83]. La naturaleza de este reintegro ha sido debatida, si bien cabe afirmar con cierta seguridad que se trata de un caso de caducidad de los efectos del acto. Es decir, una revocación-sanción típica de las medidas de fomento que se configuran como "ayudas" atendiendo al momento en que se conceden y que analizamos más atrás. En cualquier caso, sí es seguro que el reintegro no constituye ni una revisión de oficio por motivos de legalidad (expresamente descartado por el art. 36.5 LGSub), ni una sanción administrativa. De hecho, la ausencia de finalidad punitiva es lo que permite que, en su caso, el reintegro sea compatible con la imposición de sanciones administrativas al beneficiario incumplidor (art. 40.1.2° LGSub)[84].

3. Las fuentes: Constitución, leyes y reglamentos

Poco o nada hay que decir aquí respecto al "fomento como fin": su sistema de fuentes estará condicionado por los medios que en cada caso emplee y que, como sabemos, son muy heterogéneos. Más interés tiene referirse a las fuentes del "fomento como medio".

Por hipótesis se trata de medidas favorables. Y, siendo así, según las tesis dominantes en España, no es necesaria una norma con rango de ley que atribuya a las administraciones potestad para instaurar y conceder medidas favorables, como son las de fomento en todos sus géneros. No existe en la Constitución ningún precepto que reserve a la ley esa regulación ni cabe entender que la administración necesite que sea una ley la que le confiera potestad para ello. Directamente la Constitución, que señala fines que han de perseguir los poderes públicos, contiene habilitación bastante. Si la CE dice, por ejemplo, que los poderes públicos fomentarán el deporte (art. 43.3) eso solo permitirá a la administración competente, sin necesidad de ley, prever, por ejemplo, premios o subvenciones; y si dice que promoverá lo pertinente para hacer efectivo

[83] En realidad, la LGSub prevé otras causas distintas que también pueden dar lugar a la obligación de reintegro, como el incumplimiento de la obligación de justificar la realización de la actividad, el cumplimiento defectuoso o inexacto de las obligaciones asumidas o la obtención de fondos adicionales que puedan generar la sobrefinanciación de la actividad. En parte por esto y en parte por exigencias del principio de proporcionalidad, el art. 37.2 LGSUb admite la posibilidad de que la administración concedente pueda acordar únicamente el reintegro parcial.

[84] Hemos tenido también ocasión de analizar el régimen jurídico de las sanciones en materia de subvenciones, reguladas en el Título IV LGSub en Manuel Rebollo Puig y Manuel Izquierdo Carrasco, "El régimen de infracciones y sanciones", en Germán Fernández Farreres (dir.), *Comentario a la Ley General de Subvenciones*, cit., págs. 597-702.

el derecho a la vivienda (art. 47), también esto, que no habilita por sí solo a imponer medidas limitativas de la libertad que requerirán una ley, sí que dará fundamento bastante para, por ejemplo, instaurar préstamos en condiciones favorables para que se construyan viviendas o para facilitar el acceso a ellas[85]. Al menos, eso es lo que se desprende de la Constitución; cosa distinta es que, por lo que estableció la LGSub, según ya explicamos, concretamente para subvenciones sea necesario un reglamento (el que aprueba las bases reguladoras)[86]. Además, por otra parte, cabe aquí la autoatribución de la potestad de otorgar medidas de fomento; o sea, incluso al margen de previsiones constitucionales sobre ciertos fines impuestos a los poderes públicos, cabe que por reglamento una administración se confiera la potestad de otorgar medidas de fomento para fines que considere oportunos. Cosa distinta es que, si las medidas de fomento, como es frecuente, comportan gasto público, necesitarán que en los presupuestos haya una partida adecuada para cubrir ese gasto. Pero, además de que los presupuestos no siempre son aprobados por ley (no lo son los de las Administraciones locales), no contienen más que previsiones de ingresos y gastos, no propiamente una habilitación de potestades. Aunque lo anterior es cierto con carácter general, hay excepciones para algunas medidas de fomento. Es el caso, como adelantamos, de los beneficios fiscales para los que se establece una reserva de ley en el artículo 133.3 CE[87].

Ahora bien, que no sea necesaria una Ley no significa que no quepa una ley que regule las medidas administrativas de fomento o que incluso las instaure directamente. En España, a diferencia de lo que ocurre en otros países, no existen ámbitos de reserva reglamentaria con exclusión del Poder Legislativo. En consecuencia, el legislador español puede regular cuantas materias estime oportunas, incluyendo las medidas de fomento. Por eso ha sido posible,

[85] Así, por ejemplo, la res. de 27 de marzo de 2018 de la Secretaría de Estado de Cultura convocó subvenciones para la edición de revistas culturales e identificó como fundamento directo el art. 44 CE en el que se afirma que "los poderes públicos promoverán y tutelarán el acceso a la cultura".

[86] Ya vimos que la LGSub prevé su aprobación por orden ministerial, esto es, por reglamento estatal aprobado por los ministros. Pero, del mismo modo, la aprobación de las bases reguladoras de subvenciones corresponde en las comunidades autónomas a las consejerías competentes, es decir, a los departamentos en los que se organizan las administraciones autonómicas, y no a las asambleas legislativas autonómicas (cfr., art. 118.1 de la Ley General de la Hacienda Pública de la Junta de Andalucía). También las Administraciones locales (que en España únicamente adoptan normas de rango reglamentario) pueden aprobar sus propias bases reguladoras de subvenciones (art. 17.1 LGSub).

[87] Acaso no sea el único caso. Por ejemplo, como está reservada a la ley la regulación de los bienes de la administración pública (tanto demaniales como patrimoniales: arts. 132.1 y 3 CE), cabe sostener que esa reserva se extiende también a las medidas de fomento en especie que consistan en la utilización por particulares de tales bienes; de hecho, han sido reguladas en la Ley 33/2003, de 3 de noviembre, de Patrimonio de las Administraciones Públicas.

entre otras cosas, la aprobación de la ya reiteradamente aludida LGSub que regula profusamente la técnica de fomento más importante y condiciona profundamente todo lo atinente a las subvenciones, de manera que ha supuesto un decisivo paso adelante en el sometimiento a límites y controles de la más importante medida de fomento[88]. No solo ello. También es posible que el legislador regule específicamente concretas subvenciones y otros instrumentos de fomento, lo que hace, además, con cierta frecuencia[89].

El sistema de fuentes cambia cuando se trate de medidas de fomento financiadas por la Unión Europea, aunque las gestionen las administraciones españolas. Lo refleja el artículo 6 LGSub según el cual tales subvenciones se regirán primeramente por las normas de la propia Unión y las españolas específicamente aprobadas para su desarrollo o transposición, quedando la LGSub solo como supletoria.

4. El fomento en el marco de los entes territoriales

Como ya vimos, el fomento como fin y vinculado a ámbitos materiales concretos es utilizado con cierta frecuencia en los preceptos que atribuyen competencias a los distintos entes territoriales. Así se hace en la Constitución, en los diferentes estatutos de autonomía y en la Ley Reguladora de las Bases del Régimen Local para atribuir competencias al Estado, a las comunidades autónomas y a las administraciones locales[90]. Esto comporta que el respectivo ente territorial podrá regular y ejecutar medidas de limitación, servicio público y fomento (fomento como medio), así como pura actividad empresarial[91].

[88] Lo ha ensalzado Germán Fernández Farreres, "Reflexiones sobre la Ley General de Subvenciones en su vigésimo aniversario", en *Revista Española de Derecho Administrativo,* núm. 224 (2023), págs. 18 a 24.

[89] Entre otros muchos ejemplos, cabe destacar la Ley 50/1985, de 27 de diciembre, de incentivos regionales para la corrección de desequilibrios económicos interterritoriales, en la que se crean y regulan subvenciones concedidas por el Estado para fomentar la actividad empresarial y orientar su localización hacia zonas previamente determinadas, al objeto de reducir las diferencias de situación económica en el territorio nacional, repartir más equilibradamente las actividades económicas sobre el mismo y reforzar el potencial de desarrollo endógeno de las regiones.

[90] Así, aunque sea con ejemplos ya vistos, al Estado se le reserva la competencia sobre "fomento [...] de la investigación"; a la Comunidad Autónoma de Andalucía se le atribuye "el fomento del deporte y de las actividades de tiempo libre"; a las ciudades autónomas de Ceuta y Melilla se les atribuye la "promoción y fomento de la cultura en todas sus manifestaciones y expresiones", y a las diputaciones provinciales se les atribuye el "fomento del desarrollo económico y social" de sus respectivas provincias.

[91] La STC 90/1992, de 11 de junio, FJ 2, negó que el uso del término "fomento" en el art. 149.1.15ª CE se circunscriba "al mero apoyo, estímulo o incentivo de las actividades investigadoras privadas a través de la previsión y otorgamiento de ayudas económicas o de

En cambio, en cuanto al fomento como medio no hay específicas previsiones sobre la distribución de competencias, como tampoco las hay, por ejemplo, para las autorizaciones, las sanciones... Ello comporta que, en principio, cada ente tendrá competencias para regular, instaurar y ejecutar las medidas de fomento que correspondan a las materias que la Constitución y las leyes le atribuyen; ello determinado en función del interés público perseguido por la medida de fomento de que se trate. Así, por referirlo a la distribución competencial entre el Estado y las comunidades autónomas, si el Estado tiene competencia exclusiva en materia de armas, solo él podrá crear y regular subvenciones para la industria armamentística; y, por su parte, si las comunidades autónomas tienen competencia exclusiva en materia de asistencia social, solo ellas podrán regular, crear y ejecutar subvenciones en este ámbito. La actuación de fomento realizada por quien no tenga competencia para ello será inválida[92]. Pero este esquema se complica por muchas razones. Señalemos las más notables.

1ª) El artículo 149.1.18ª CE atribuye al Estado la competencia sobre "las bases del régimen jurídico de las administraciones públicas" así como sobre "el procedimiento administrativo común". Y es ello lo que ha permitido que el Estado apruebe la LGSub que, como ya se dijo, es aplicable no solo a las subvenciones estatales sino también a las autonómicas y locales[93]. Si eso ha sido posible para las subvenciones, no cabe descartar que el Estado pueda también aprobar otras leyes reguladoras de diversos medios de fomento.

---

recompensas honoríficas y similares, [...] sino que la señalada expresión engloba a todas aquellas medidas encauzadas a la promoción y avance de la investigación, entre las que, sin duda, deben también incluirse las de carácter organizativo y servicial que permitan al titular de la competencia crear y mantener unidades y centros dedicados al desarrollo y divulgación de las tareas investigadoras".

[92] Por ejemplo, la sentencia del Tribunal Superior de Justicia del País Vasco de 4 de marzo de 2005, recurso 2756/2003 (ECLI:ES:TSJPV:2005:915), declaró nulas las ayudas creadas por la Comunidad Autónoma para financiar los desplazamientos de familiares de presos pertenecientes a la banda terrorista ETA que se encontraban en centros penitenciarios de otras comunidades autónomas, al invadir las competencias del Estado en materia penitenciaria. De manera inversa, la STC 134/2020, de 23 de septiembre, declaró inconstitucionales varios preceptos del Real Decreto-ley 15/2018 de medidas urgentes para la transición energética y la protección de los consumidores (norma aprobada por el Estado), por invadir las competencias de la Comunidad vasca en materia de asistencia social.

[93] Tras dudas iniciales, la competencia del Estado para establecer una regulación común sobre subvenciones fue confirmada por las SSTC 130 y 135/2013, de 4 y 6 de junio, que acuñaron a tal efecto el interesante concepto de "procedimiento administrativo común singular". Sobre ambas sentencias, Antonio Bueno Armijo, "La distribución de competencias entre Estado y comunidades autónomas en materia de subvenciones y la irrupción de las 'actividades jurídicas típicas de la Administración' y 'los procedimientos administrativos comunes singulares' en la doctrina constitucional", en Manuel Rebollo Puig, Mariano López Benítez y Eloísa Carbonell Porras (coords.), *Régimen jurídico básico de las administraciones públicas. Libro homenaje al profesor Luis Cosculluela*, Madrid, Iustel, 2015, págs. 56-84.

2ª) En el sistema constitucional español hay muchas materias en las que las competencias están compartidas por el Estado y las comunidades autónomas y en las que, por tanto, la posible confluencia de ambos órdenes en lo que a medidas de fomento atañe se intensifica y adquiere perfiles singulares.

3ª) El Estado ostenta títulos competenciales genéricos que le han permitido entrar en medidas de fomento que, en principio, son exclusivas de las comunidades autónomas. Es el caso de la competencia del Estado sobre las "bases y coordinación de la planificación general de la actividad económica" (art. 149.1.13ª CE) que le permite entrar en materias que en principio son exclusivas de las comunidades autónomas si tienen una relevancia sobresaliente para la actividad económica general, como es el caso, entre otros, de la vivienda. Y ello legitima, entre otras cosas, que instaure medidas de fomento.

4ª) La distribución de competencias respecto a las medidas de fomento se enturbió desde que el Tribunal Constitucional, en su sentencia 13/1992, de 6 de febrero, reconoció el *spending power* o "soberanía financiera del Estado", esto es, un poder de gasto casi omnímodo del Estado que le permite asignar fondos para crear subvenciones en cualquier materia, tenga o no competencias sobre ella[94]. Se genera así una asimetría en la potestad subvencional del Estado y las comunidades autónomas, pues estas solo podrán destinar fondos en aquellas materias en las que el bloque de la constitucionalidad les haya atribuido competencias, mientras que aquel no tendrá este límite.

Esta extensión de las competencias estatales sobre subvenciones en materias que en principio son autonómicas ha tratado de ser paliada por el propio Tribunal Constitucional garantizando, en una larga serie de sentencias no siempre claras, al menos que parte de la regulación y la ejecución de esas subvenciones previstas por el Estado han de corresponder a las comunidades autónomas[95].

[94] Entre los numerosísimos trabajos que analizaron este pronunciamiento, algunos muy críticos: Carlos Aymerich Cano, "Las relaciones financieras entre el Estado y las comunidades autónomas: dos recientes sentencias del Tribunal Constitucional español (sentencias 13/1992, de 6 de febrero, y 79/1992, de 28 de mayo)", en *Revista de Estudios de Administración Local y Autonómica*, núm. 260 (1993), págs. 951-974, así como su monografía *Ayudas públicas y Estado autonómico*, La Coruña, Universidad de La Coruña, 1994; Germán Fernández Farreres, "La subvención y el reparto de competencias entre el Estado y las comunidades autónomas", en *Revista Española de Derecho Constitucional*, núm. 38 (1993), págs. 225-239; Manuel Medina Guerrero, "Supremacía financiera, distorsión del orden competencial y cooperación en el Estado autonómico: algunas consideraciones en torno a la STC 13/1992", en *Revista Española de Derecho Constitucional*, núm. 35 (1992), págs. 155-177; Antonio Monreal, "Potestad estatal de gasto y distribución de competencias", en *Revista Vasca de Administración Pública*, núm. 33 (1992), págs. 105-132; Vitelio Tena Piazuelo, "Incidencia de la técnica subvencional en el correcto funcionamiento del sistema de financiación autonómica y en el concepto de autonomía financiera de las comunidades autónomas", en *Revista Española de Derecho Administrativo*, núm. 77 (1993), págs. 167-180.

[95] Entre las últimas, STC 134/2020, de 23 de septiembre, en la que se resolvió el recurso de inconstitucionalidad interpuesto por el gobierno vasco en relación con diversos preceptos

5. Los entes reguladores frente a las actividades de fomento

Hay varios entes reguladores y autoridades independientes cuyas funciones se proyectan, entre otras, sobre las actividades administrativas de fomento, pero ninguno cuenta con potestades para obligar a corregir las que censuren. Se trata, más bien, de funciones de análisis, evaluación, propuesta y asesoramiento. Deben mencionarse al menos las atribuidas a la Comisión Nacional de los Mercados y la Competencia (CNMC), a la Autoridad Independiente de Responsabilidad Fiscal (AIReF) y a la Secretaría del Consejo para la Unidad de Mercado (SECUM). La CNMC y el SECUM se centran en aquellas medidas de fomento que pueden tener una incidencia en las actividades económicas, bien porque afecten a la libre competencia, bien porque afecten a la libre circulación y establecimiento, mientras que los estudios de la AIReF abarcan a cualesquiera políticas que conlleven gasto público.

En primer lugar, la Ley 15/2007, de 3 de julio, de Defensa de la Competencia, dedica su artículo 11 a las ayudas públicas y atribuye a la CNMC "analizar los criterios de concesión de las ayudas públicas en relación con sus posibles efectos sobre el mantenimiento de la competencia efectiva en los mercados". Además de que no está previsto que estos análisis se hagan a solicitud de interesado (ni siquiera por posibles competidores de los beneficiarios de las ayudas públicas), solo pueden terminar con meras propuestas para que se supriman o modifiquen las ayudas[96]. Asimismo, la CNMC debe emitir un informe anual sobre las ayudas públicas concedidas en España[97]. Por otra parte, la CNMC y las autoridades autonómicas de defensa de la competencia tienen

---

del Real Decreto-ley 15/2018, de 5 de octubre, de medidas urgentes para la transición energética y la protección de los consumidores, en la medida en que el Estado había invadido las competencias autonómicas en materia de asistencia social al regular la modalidad y momento temporal de pago del llamado "bono social térmico" y al centralizar su gestión y pago con cargo a los presupuestos generales del Estado de 2019.

Sobre esta prolija jurisprudencia, vid. Antonio Bueno Armijo, *El reintegro de subvenciones de la Unión Europea*, cit., págs. 155-173, y el más reciente de Antonio Calonge Velázquez, "La distribución de competencias entre el Estado y las comunidades autónomas en materia de subvenciones", en *Revista Vasca de Administración Pública*, núm. 126 (2023), págs. 63-101.

[96] Como afirma Germán Fernández Farreres, *Sistema de derecho administrativo,* II, 4ª ed., Cizur Menor, Civitas, 2018, pág. 80, refiriéndose a la Comisión Nacional de los Mercados y la Competencia (y al conjunto de órganos autonómicos con competencias en la materia), "No puede afirmarse, por tanto, que la CNMC disponga de instrumentos efectivos de intervención en los regímenes de ayudas. Solo impropiamente se puede hablar de control de las ayudas públicas por los órganos nacionales de defensa de la competencia, pues sus facultades en forma alguna permiten una verdadera fiscalización, con consecuencias y efectos jurídicos vinculantes, de la compatibilidad de tales ayudas con la competencia en el mercado".

[97] El último informe emitido corresponde al "Informe anual sobre ayudas públicas 2022", IAP/CNMC/001/22, presentado el 20 de diciembre de 2022 y disponible en https://www.cnmc.es/sites/ default/files/4474919.pdf (última consulta, 7 de septiembre de 2023).

reconocida *ex lege* legitimación para impugnar los actos y reglamentos de las administraciones de los que se deriven obstáculos al mantenimiento de una competencia efectiva (arts. 13.2 LDC y 5.4 de la Ley de creación de la CNMC). La CNMC cuenta, asimismo, con legitimación para interponer el recurso especial contencioso-administrativo para la garantía de la unidad de mercado (art. 27 de la Ley 20/2013, de 9 de diciembre, de Garantía de la Unidad de Mercado —LGUM—, y arts. 127.bis, 127.ter y 127.quater de la Ley 29/1998, de 13 de julio, Reguladora de la Jurisdicción Contencioso-Administrativa), que puede tener por objeto el control de las ayudas públicas.

En segundo lugar, la AIReF tiene entre sus fines la evaluación continua del ciclo presupuestario, lo que incluye la evaluación de las políticas públicas que conlleven un gasto público y, en consecuencia, las políticas que impliquen la concesión de ayudas públicas[98]. En ejercicio de sus potestades, la AIReF publica periódicamente distintos tipos de informes sobre ayudas públicas, bien de carácter transversal (por ejemplo, analizando la legislación general en materia de subvenciones[99]), bien de carácter sectorial (por ejemplo, analizando las ayudas concedidas para apoyar a los sectores productivos de la economía española[100]). Estos informes suelen incluir un apartado final de propuestas con el fin de corregir las disfunciones detectadas en los sistemas de ayuda analizados. Sin embargo, se trata de meras propuestas no vinculantes, cuyos destinatarios no tienen por qué seguir.

En tercer lugar, debe señalarse la labor realizada por la SECUM, órgano encargado de la tramitación del procedimiento en defensa de la libertad de establecimiento y de circulación regulado en el artículo 26 LGUM. Este procedimiento permite controlar toda medida de fomento, sea cual fuere la forma que adopte (disposición de carácter general, acto, actuación o incluso inactividad) que pueda ser incompatible con la libertad de establecimiento o

[98] La AIReF fue creada mediante la Ley Orgánica 6/2013, de 14 de noviembre, con el fin de transponer la Directiva 2011/85/EU, del Consejo, de 8 de noviembre de 2011, sobre los requisitos aplicables a los marcos presupuestarios de los Estados miembros, por lo que se trata de un órgano nacional cuya creación viene exigida por el Derecho de la Unión Europea y que encuentra instituciones homólogas en el resto de Estados miembros de la Unión.

[99] Tal sería el caso del *Primer Estudio del Spending Review: estrategia y procedimiento en la concesión de subvenciones*, presentado por la AIReF el 3 de junio de 2019, donde se analizaron y propusieron profundas modificaciones en la LGSub (https://www.airef.es/wp-content/uploads/2019/06/ documento s-sr-protegidos/01_Proyecto_01.pdf).

[100] Por ejemplo, el estudio *Instrumentos financieros del sector público para el apoyo a sectores productivos de la economía española*, presentado por la AIReF el 31 de julio de 2023, en el que se analizan los instrumentos financieros de apoyo transversal al tejido empresarial, así como los dirigidos específicamente al sector turismo, al sector industria, al ámbito de la innovación y digitalización industrial y a la internacionalización, también presentan una batería de propuestas de reforma (https://www.airef.es/wp-content/uploads/2023/07/SR_FASE3/ Estudio-Instrumentos-financieros-Spen ding-Review-2018-2021-1.pdf)

de circulación, en los términos previstos en la LGUM. En particular, permite controlar que los requisitos exigidos para acceder a ventajas económicas no sean discriminatorios. En su redacción original, el artículo 18 LGUM incluía expresamente entre los requisitos considerados discriminatorios (y, por tanto, contrarios a la libertad de establecimiento y circulación), el lugar de residencia o establecimiento del operador. Ello dio como resultado que tanto la SECUM como la CNMC emitieran informes contrarios a programas de subvenciones en los que se exigía un domicilio social en un determinado territorio como requisito para acceder a las ayudas[101]; postura respaldada por los tribunales[102]. Una reciente reforma ha alterado dicha redacción, de modo que, sin negar que siga siendo un requisito discriminatorio, ha dejado de afirmarse con la misma rotundidad[103]. En cualquier caso, sus informes no son vinculantes, aunque refuerzan la interposición de los recursos contencioso-administrativos correspondientes.

6. El fomento en el modelo nacional de economía: entre Estado social de derecho y pulsiones hacia la globalización

La actividad de fomento, en sus dos sentidos, se mantiene con total naturalidad en el Estado social, donde se despliega en todo tipo de ámbitos

[101] A fuer de exactos, la SECUM ha reconocido que "dado que la propia naturaleza de la política de subvenciones llevada a cabo por las administraciones públicas en el marco de su actividad de fomento exige una cierta territorialidad de sus efectos, la actividad que vaya a recibir las eventuales medidas de fomento [...] puede tener conexión directa con el ámbito territorial de la entidad concedente de las mismas. Si bien [...] debe entenderse que esta conexión con el ámbito territorial no tiene que establecerse exclusivamente con relación a la existencia de un domicilio social en un determinado territorio sino, por ejemplo, por la generación de actividad económica en el mismo con base en posibles diferentes indicadores (ventas, empleo generado, prestación de servicios a un determinado tipo de cliente, etc.)". SECUM *Informe 26/20035 - Subvenciones PYMES Villanueva de la Serena*, de 21 de septiembre de 2020 (https://portal.mineco.gob.es/RecursosGum/mineco/economia/gum/casos_gum/26.0229SECTORPUBLICOSubvencionesPYMESVillanuevadelaSerena.pdf).

[102] Sentencia de la Audiencia Nacional de 22 de julio de 2019, recurso 156/2016 (ECLI:ES:AN:2019:3280), relativa a una convocatoria de subvenciones del gobierno de Aragón destinadas a la ejecución de planes de formación para trabajadores ocupados del Plan de Formación de Empleo de Aragón correspondiente a 2015, en la que se exigía como requisito para acceder a las ayudas la domiciliación en Aragón de las empresas beneficiarias.

[103] En concreto, el art. 18.2.b) LGUM, en la redacción dada por la Ley 18/2022, de 28 de septiembre, de creación y crecimiento de empresas, considera incompatibles con la libertad de circulación y establecimiento los "requisitos para la obtención de ventajas económicas que sean discriminatorios excepto que exista una razón imperiosa de interés general que lo justifique y sea proporcionado", si bien aclara que "la obligación de operar en el territorio de la autoridad competente o de generar actividad económica en el mismo para la obtención de ventajas económicas vinculadas a las políticas de fomento desarrolladas por dicha autoridad no se considerará un requisito discriminatorio [...]".

(económicos, sociales, culturales, cfr. art. 9.2 CE). Ahora bien, sus efectos en el ámbito económico presentan específicos problemas en una economía globalizada: cualquier actividad de fomento adoptada por las administraciones españolas en favor de los operadores económicos españoles puede tener un impacto negativo en el mercado europeo y en el mercado mundial, en tanto sus beneficiarios podrían situarse de manera artificial en una posición de ventaja competitiva frente a los operadores económicos de los demás Estados. Ello obliga a tener en cuenta los límites impuestos a estas actividades por el Derecho de la Unión Europea y por el Derecho de la Organización Mundial del Comercio.

Desde su ingreso en las comunidades europeas, en 1986, el mercado español quedó integrado en el mercado interior europeo, compartido actualmente con los otros 26 Estados miembros de la Unión Europea. Uno de los principios fundamentales de la regulación del mercado interior es la existencia de unas normas comunes de defensa de la competencia, capaces de garantizar que todas las empresas que participan en él compiten entre sí en términos de igualdad. Por ello los artículos 107, 108 y 109 del Tratado de Funcionamiento de la Unión Europea establecen, con algunas excepciones, una prohibición general de las ayudas otorgadas por los Estados miembros o mediante fondos estatales, bajo cualquier forma, que falseen o amenacen falsear la competencia, favoreciendo a determinadas empresas o producciones, en la medida en que afecten a los intercambios comerciales entre Estados miembros[104]. Además, otorgan a la Comisión Europea competencias para imponer a los Estados que supriman o modifiquen las ayudas e incluso para que se devuelvan las ya otorgadas.

Adicionalmente, el Reino de España fue miembro del GATT desde 1963 y es miembro fundador de la Organización Mundial del Comercio (OMC) como firmante de los Acuerdos de Marrakech (1994). Como consecuencia, está sometido al derecho de las subvenciones propio de la OMC, lo que incluye tanto los preceptos en materia de subvenciones contenidos en el GATT (fundamentalmente, su art. XVI), como los acuerdos multilaterales específicos sobre esta materia, a saber, el Acuerdo sobre Subvenciones y Derechos Compensatorios (ASMC), con alcance general, y el Acuerdo sobre Agricultura de la Ronda Uruguay (AARU), aplicable únicamente a las ayudas concedidas a los productos agropecuarios[105].

[104] Con carácter general sobre el régimen de las ayudas de Estado, vid. GERMÁN FERNÁNDEZ FARRERES, *El régimen de las ayudas estatales en la Comunidad Europea*, Madrid, Civitas, 1993, y, más ampliamente, ABEL ESTOA PÉREZ, *El control de ayudas de Estado*, Madrid, Iustel, 2006, y BEGOÑA BERNABÉU PÉREZ, *Ayudas de Estado en la jurisprudencia comunitaria: concepto y tratamiento*, Valencia, Tirant lo Blanch, 2008.

[105] Sobre la regulación general de las subvenciones en la OMC, con especial atención a la evolución histórica del GATT y el ASMC, GUSTAVO LUENGO HERNÁNDEZ DE MADRID, *El Dere-*

La aplicación de todas estas normas no presenta, sin embargo, especialidades nacionales que justifiquen su tratamiento aquí.

7. Limitaciones y control judicial a las medidas de fomento

El carácter favorable del fomento provocó históricamente una tendencia a relajar las garantías que sí regían frente al resto de actividad de la administración[106]. Ya sabemos que no se exigía ley para su instauración y que, además, era una actividad muy escasamente regulada en la que campaba a sus anchas una extensa discrecionalidad administrativa. Consecuentemente, también era escaso y poco efectivo el control judicial[107].

La situación actual es muy distinta. Ha ido cambiando paulatinamente en las últimas décadas y sobre todo desde la aprobación de la LGSub. Dice ahora el Tribunal Supremo que "el establecimiento de la subvención puede inscribirse en el ámbito de las potestades discrecionales de las administraciones públicas, pero una vez que la subvención ha sido regulada normativamente termina la discrecionalidad y comienza la previsión reglada cuya aplicación escapa al puro voluntarismo de aquellas"[108]. Aunque ya esta afirmación da una idea de los avances que se han producido, es incompleta pues en lo que al establecimiento y regulación de la subvención se refiere —y lo mismo cabe decir de otras medidas de fomento— ya ni siquiera se reconoce una

---

cho de las subvenciones en la OMC, Madrid, Marcial Pons, 2006. Específicamente sobre la regulación en materia de ayudas agrícolas, Antonio Bueno Armijo, *La Organización Mundial del Comercio y la transformación de las políticas agrícolas nacionales*, Málaga, Fundación Unicaja, Analistas Económicos de Andalucía, 2007, en especial, págs. 181-186 (ayudas a la exportación) y 186-208 (ayuda interna).

[106] En efecto, el hecho de que estas medidas impliquen, en todo caso, la concesión de ventajas determinó que las subvenciones no terminaran de encajar en el binomio libertad-autoridad, por lo que no se consideraba especialmente necesario someter la actuación administrativa en este ámbito a los límites y reglas del Derecho que, sin embargo, sí se estimaban imprescindibles en relación con las actividades de limitación, que sí inciden clara y desfavorablemente sobre la libertad y la propiedad de los particulares. Junto a ello, no cabe negar un cierto interés de la Administración en mantener parcelas de discrecionalidad. Begoña Sesma Sánchez, *Las subvenciones públicas*, cit., págs. 74-75.

[107] Lo sintetiza así Germán Fernández Farreres, "Reflexiones sobre la Ley General de Subvenciones en su vigésimo aniversario", cit, págs. 18-19: "La jurisprudencia se tuvo que enfrentar a notables limitaciones a la hora de enjuiciar la legalidad de las decisiones administrativas relativas a este tipo de acción. La discrecionalidad administrativa, fruto de la ausencia de una regulación suficiente, determinó que el control judicial [...] apenas fuese efectivo"; pág. 19: "la actividad favorable apenas preocupaba y de ahí que acampara poco menos que extramuros del Derecho Administrativo".

[108] Así lo dijo la STS de 7 de abril de 2003 (rec. 11328/1998) y lo reiteran desde entonces otras muchas.

total discrecionalidad sino una con límites notables derivados de principios generales concretados bien por el legislador, bien por la jurisprudencia, tanto ordinaria como constitucional, que la reducen notablemente y que permiten su control judicial.

A este respecto hay que destacar los efectos del principio de igualdad. Aunque el fomento crea por definición cierta desigualdad, esta es admisible cuando una razón objetiva y razonable justifique que los poderes públicos dispensen tratamiento diferente a supuestos aparentemente iguales o similares, pero no en otro caso[109]. El principio de igualdad potencia su virtualidad en materia de fomento puesto en relación con diversos derechos fundamentales, no solo económicos, como la libertad de empresa. Y así tanto la jurisprudencia ordinaria como la constitucional advirtieron pronto del riesgo de que criterios discriminatorios en el establecimiento de las medidas de fomento pudiese acabar afectando a derechos fundamentales tan dispares como la libertad sindical[110], el derecho a la educación[111] o el derecho a la cultura[112].

[109] José Luis Martínez López-Muñiz, "Subvenciones e igualdad. STS 3ª, 28 mayo 1985, y STC 2ª, 39/1989, 16 de febrero", en *Revista Española de Derecho Administrativo*, núm. 65 (1990), pág. 119.

[110] El Tribunal Constitucional tuvo ocasión de pronunciarse en varias ocasiones sobre la posible inconstitucionalidad, por vulneración del principio de igualdad en relación con el derecho a la libre sindicación, del uso del criterio de la mayor representatividad territorial de los sindicatos como elemento de discriminación para la concesión de ayudas públicas. Dependiendo de la motivación y las características de la ayuda, el Alto Tribunal ha rechazado (STC 20/1985, de 14 de febrero) o admitido (STC 147/2021, de 27 de junio) el mencionado criterio. Es reveladora la STS 876/2018, de 29 de mayo, que, partiendo de la libertad sindical y del derecho a la igualdad, consideró ilegal que las subvenciones para realizar actividades de formación profesional estuvieran limitadas a los sindicatos con mayor representatividad.

[111] En relación con el derecho a la educación y con el derecho a crear instituciones educativas, debe señalarse la larga línea jurisprudencial seguida por el Tribunal Constitucional desde la STC 191/2020, de 17 de diciembre, que declara la inconstitucionalidad de varias convocatorias de becas para la realización de estudios universitarios en las universidades de la Comunidad Valenciana por estar restringidas exclusivamente a estudiantes de universidades públicas, excluyendo a los estudiantes de universidades privadas. A esa misma línea pertenecen la STC 2/2021, de 25 de enero; la STC 6/2021, de 25 de enero; la STC 19/2021, de 15 de febrero; la STC 42/2021, de 3 de marzo; la STC 138/2021, de 29 de junio; la STC 1/2022, de 24 de enero; y la STC 4/2022, de 24 de enero.

[112] La muy reciente STS 202/2023, de 2 de febrero (ECLI:ES:TS:2023:202) ha declarado nula la exclusión de los espectáculos taurinos de las actividades culturales que podían beneficiarse del llamado "bono cultural joven", una ayuda de 400 euros concedida a todos los jóvenes al cumplir dieciocho años. La sentencia entendió vulnerado el principio de igualdad en relación con el derecho fundamental a la cultura (art. 44 CE), en la medida en que el Real Decreto 210/2022, de 22 de marzo, por el que se establecen las normas reguladoras del Bono Cultural Joven, no justificaba por qué se excluía de su ámbito de aplicación unas actividades cuyo carácter cultural se encuentra expresamente reconocido por el legislador (Ley 18/2013, de 12 de noviembre, para la regulación de la Tauromaquia como patrimonio cultural) y con-

También la libre competencia y la garantía de la unidad de mercado entrañan límites. Aunque, como vimos, las autoridades administrativas encargadas de su defensa no tienen potestades para anular las medidas contrarias o para ordenar su rectificación, eso no quita que los tribunales sí que puedan hacerlo y para que incluso estas autoridades puedan impetrárselo. Recuérdese que, además de la legitimación general de todo interesado, se ha conferido por ley a las autoridades administrativas de defensa de la competencia legitimación para impugnar ante la jurisdicción contencioso-administrativas las medidas que obstaculicen la libre competencia; y ya específicamente a la CNMC se le reconoce legitimación para, a través de un recurso especial y expeditivo, combatir las medidas que dificulten la unidad de mercado, todo lo cual abre las puertas al control judicial de las medias de fomento.

En todo caso, el gran incremento de la densidad normativa reguladora de las medidas de fomento —sobre todo con la LGSub y con las normas europeas reguladoras de las ayudas financiadas con fondos de la Unión— limita severamente esta actividad administrativa y facilita un control judicial que ya es amplio y efectivo. Así, por ejemplo, la Administración no podrá crear subvenciones no previstas en el correspondiente plan estratégico; no podrá conceder subvenciones sin las preceptivas bases reguladoras; deberá utilizar el procedimiento de concesión en concurrencia competitiva, salvo en los casos en los que se permite la concesión directa; no podrá conceder cantidades superiores a las previstas en las bases reguladoras y la convocatoria, no podrá conceder subvenciones a aquellos solicitantes que no reúnan los requisitos exigidos por las bases reguladoras y la convocatoria; etc. Y todo ello, incluido el cumplimiento del Derecho de la Unión Europea, podrá ser controlado por los jueces que anularán los reglamentos y actos que lo vulneren.

El respeto a la legalidad no se agota con la administrativa, sino que incluye también la muy quisquillosa legalidad presupuestaria conectada con los principios de eficacia en el cumplimiento de sus objetivos o de eficiencia en la asignación y utilización de los recursos públicos (arts. 31.2 CE y 8.3 LGSub), De este modo, y en tanto que forma de gasto público, el establecimiento y la gestión de las subvenciones públicas deberá respetar escrupulosamente las normas de gestión presupuestaria expresamente previstas en la LGSub y en el resto del ordenamiento[113].

---

firmado por el Tribunal Constitucional en sus STC 177/2016, de 20 de octubre, y 134/2018, de 13 de diciembre.

[113] En relación con todo ello y, en especial, con las actuaciones de aprobación y compromiso del gasto, reconocimiento de la obligación y pago de la subvención, Begoña Sesma Sánchez, “El procedimiento de gestión presupuestaria”, en Germán Fernández Farreres (dir.), *Comentario a la Ley General de Subvenciones*, cit., págs. 355-385.

Con un carácter más bien instrumental respecto de los anteriores, el principio de transparencia contribuye a un conocimiento público de las medidas de fomento que facilita el control ciudadano y, a la postre, el judicial. En cuanto a ello, el artículo 8.1.c) de la Ley 19/2013, de 9 de diciembre, de transparencia, acceso a la información pública y buen gobierno, incluye entre la información económica, presupuestaria y estadística que las administraciones y otros entes tienen la obligación de hacer pública en sus portales de transparencia, "las subvenciones y ayudas públicas concedidas con indicación de su importe, objetivo o finalidad y beneficiarios".

Si lo anterior conduce sobre todo a la jurisdicción contencioso-administrativa, téngase en cuenta además que la jurisdicción penal, aplicando los delitos específicos sobre subvenciones (C. P., art. 308) o los más amplios, como el de prevaricación, han realizado también un control de parte de la actividad de fomento y reprimido sus patologías más graves. Incluso no cabe descartar que la jurisdicción civil conozca eventualmente de medidas de fomento en tanto que den lugar a competencia desleal lo que, con las acciones reconocidas en la Ley de Competencia Desleal, abriría a los competidores perjudicados una vía complementaria y útil[114].

[114] Manuel Rebollo Puig, "Acciones de competencia desleal contra actividad pública empresarial", en *Revista de Administración Pública*, núm. 210 (2019), pág. 171.

ITALIA

LA ACTIVIDAD DE FOMENTO EN EL CONTEXTO ITALIANO

GIUSEPPE FRANCO FERRARI*

1. INTRODUCCIÓN: EL PAPEL DEL ESTADO EN LA ECONOMÍA. NOTAS HISTÓRICAS

1.1. Para abordar el tema del fomento en el contexto del sistema constitucional italiano, es necesario plantearse una serie de cuestiones preliminares de método y de contenido. Desde el primer punto de vista, el tema se refiere a las posibilidades de aplicar una noción que, como se verá, no se ha asumido ni examinado con gran detalle por la doctrina del derecho público italiano, a un contexto nacional diferente al que surgió de la construcción teórica de la categoría conceptual de fomento. En cuanto al segundo perfil, será necesario ilustrar de alguna manera la evolución de la forma de Estado en términos de la intervención en la economía. Partiremos de esta segunda cuestión, para poder dar un marco histórico a las reflexiones que pretendemos desarrollar.

Como enseña MASSIMO SEVERO GIANNINI, la idea de que la intervención del Estado en la economía caracteriza únicamente la época contemporánea es falsa[1]: "el Estado, y antes de él los sistemas generales que tenían características jurídicas diferentes del Estado, siempre han regulado los hechos relacionados con la economía", convirtiéndola en una de sus atribuciones básicas. Dadas las características de esta reflexión, no es necesario retroceder demasiado en el tiempo. Por lo tanto, una breve aproximación al tema puede partir razonablemente del Estado absoluto (y del Estado nacional) que, como muestra la doctrina[2], amplió su ámbito de intervención en la sociedad a través de dos directrices: por un lado, la regulación y el control de las actividades económicas (aranceles aduaneros, fiscalidad, regulación del consumo y regulación del tráfico); por el otro, intervenciones directas en la economía (adquisición y gestión de infraestructuras, creación de monopolios y actividades industriales y manufactureras, aunque a menor escala que las que caracterizaron la fase posterior a la revolución industrial)[3]. Como se sabe, en el contexto de esta

* Profesor emérito de la Università L. Bocconi (Milano).

[1] M. S. GIANNINI, *Diritto pubblico dell'economia*, 3ª ed., Bolonia, Il Mulino, 1989, pág. 21.

[2] G. DI PLINIO, *Diritto pubblico dell'economia*, Turín, Giuffrè, 1998, pág. 23.

[3] Sobre las formas de intervención v. también, por ejemplo, U. ROMAGNOLI, *La Costituzione economica*, Padua, Cedam, 1977, págs. 42 y ss.

experiencia histórica, inevitablemente simplificada en sus características dentro de esta reflexión, las intervenciones directas del Estado se caracterizaron por un notable nivel de arbitrariedad, ejercida por el poder real, respecto de las intervenciones económicas que debían llevarse a cabo o que merecían apoyo.

Según el paradigma evolucionista clásico, la intervención económica del Estado estuvo entonces sujeta a una profunda transformación propia de la época liberal y de la progresiva conquista de las instituciones estatales por parte de la burguesía. En comparación con la fase anterior, si bien es cierto que no se eliminó toda forma de intervención pública en la economía, fue remodelada por completo. Teniendo presente la experiencia italiana, que también vio la coincidencia sustancial entre la unificación nacional y la formación del Estado liberal, el Estado se dirigió en el ámbito económico a una serie de tareas diferentes y mucho más limitadas que las realizadas en experiencias anteriores[4], encuadrables en el ámbito de una política privatizadora global: fin de los monopolios y transferencia en favor del mercado de bienes y de empresas soberanas, control del mercado laboral, proteccionismo aduanero, creación de infraestructuras y servicios en algunos casos limitados.

A continuación, y siguiendo diversos caminos que caracterizaron cada experiencia nacional, la intervención económica del Estado se caracterizó por un componente social decisivo, aunque más o menos marcado según las fases y contextos estatales. En lo que respecta a la experiencia italiana, el acontecimiento más significativo fue obviamente el nacimiento de la República y el inicio de la era marcada por la Constitución de 1948, caracterizada en sus primeras décadas por un modelo de economía mixta, ampliamente desarrollado en el texto constitucional y en diversos grados materializado en la realidad económico-social italiana. Este período se caracterizó, si queremos utilizar el esquema de Sabino Cassese[5], por los siguientes rasgos: uso extensivo del sistema de participaciones estatales y nacionalización de la electricidad, intervención del "Estado financiero" como motor del desarrollo económico, papel del "Estado planificador/programador", ampliación y construcción de las llamadas instituciones de bienestar.

En las últimas décadas se ha formado un escenario parcialmente diferente. La participación italiana en el proceso de unificación europea, sometida a limitaciones económicas cada vez más importantes, y una serie de circunstancias económico-sociales modificadas han dado una nueva forma a la intervención económica estatal, no ausente sino condicionada por obligaciones supranacionales y por una perspectiva general diferente, a menudo reconducida al llamado modelo de economía social de mercado, del que se encuentran huellas en los

[4] G. Di Plinio, *op. cit.*, pág. 31.

[5] *La nuova costituzione economica*, Roma-Bari, Laterza, 1995 (primera edición). Última edición 2021.

Tratados de la UE (como en el art. 3, apt. 3, del TUE: la Unión "obrará en pro del desarrollo sostenible de Europa basado en un crecimiento económico equilibrado y en la estabilidad de los precios, en una economía social de mercado altamente competitiva, tendente al pleno empleo y al progreso social, y en un nivel elevado de protección y mejora de la calidad del medio ambiente").

1.2. Después de este breve *excursus* histórico-constitucional, es necesario confrontarse con la doctrina del fomento. En la experiencia española, con sus evidentes repercusiones por razones histórico-culturales en todo el ámbito iberoamericano, la noción de fomento está indisolublemente ligada a la creación del correspondiente Ministerio en 1832[6]. Sin entrar en el fondo de circunstancias que son objeto de otros informes contenidos en este volumen, el mismo decreto que crea el Ministerio en cuestión refleja una concentración de problemas que surgen en parte de la progresión histórica descrita anteriormente y que caracterizan la peculiar experiencia española. Entre los objetivos de la iniciativa en cuestión estaban: "concentrar la acción administrativa", "dar impulso vigoroso y uniforme a todos los ramos de la riqueza pública, cuidando a la vez de la mejora de las costumbres por medio del trabajo y de la ocupación", poner fin "a la ineptitud y morosidad que sufren infinitos negocios de la primera importancia a causa de manejarse por innumerables departamentos sin conexión".

Esta noción, de carácter tan amplio que se presenta en términos casi indefinidos, sobrevivió en el ordenamiento jurídico español, y en los influidos por él, a lo largo del siglo XIX, caracterizado por una sucesión de regímenes de diferente naturaleza y sin una plena llegada del modelo liberal. Sobre la base de esta premisa puramente histórica, tal vez se explica la razón por la cual esta categoría no ha encontrado su propia "traducción" en otros sistemas nacionales como Francia e Italia, que no solo no hacen uso de esta terminología, sino que no son particularmente proclives a importar categorías doctrinales del área hispanohablante, pero tampoco presentan nociones equivalentes.

Además, por las mismas razones históricas, es posible identificar la existencia de múltiples matrices, incluso de carácter pre-liberal, en la formación teórica de este concepto, circunstancia que ayudaría a explicar las dificultades que caracterizan la aplicabilidad del concepto de fomento a las realidades constitucionales actuales.

2. La problemática inserción de la noción de fomento en el contexto italiano

2.1. La transformación del Estado liberal italiano, tras la experiencia de veinte años de fascismo —que vio la alternancia entre diferentes enfoques

[6] Cf. S. Muñoz Machado, *Tratado de derecho administrativo*, tomo X, *La administración del Estado*, 5ª ed., Agencia Estatal BOE, Madrid, 2017, págs. 158 y ss.

del problema de la intervención estatal en la economía, incluida la fase corporativista— y con la llegada de la Constitución republicana, ha dado una nueva dirección a diferentes aspectos de los fenómenos aquí considerados. La constitucionalización del *welfare state* y la introducción de una amplia serie de prerrogativas estatales capaces de impactar profundamente el tejido económico italiano caracterizaron profundamente las primeras décadas de la experiencia republicana. El tema es amplio y obviamente no se puede abordar aquí en detalle. Sin embargo, cabe señalar, volviendo al objeto de esta contribución, que incluso esta diferente experiencia histórica, que generalmente se reduce a un modelo de economía mixta, no fue ocasión para la formulación de una reflexión doctrinal italiana similar a la del fomento ni para la transposición de esta noción en el ordenamiento nacional.

2.2. Los manuales de derecho administrativo italianos, de hecho, tradicionalmente no conocen una categoría conceptual parecida a la española de fomento. Esto es particularmente cierto en el caso de los manuales anteriores a la segunda guerra mundial. Los principales textos en uso en la época distinguen a lo sumo la disciplina de los bienes públicos, la de los servicios y la de los ingresos y gastos, esta última especialmente desde el punto de vista del presupuesto y de las finanzas. A este respecto, podemos considerar en particular los manuales de Guido Zanobini[7], Francesco D'Alessio[8] y el tratado de derecho público italiano editado por Vittorio Emanuele Orlando[9].

Tras la entrada en vigor de la Constitución, la adopción del modelo de economía mixta implicó el inicio de una creciente atención al derecho público económico, que comenzó a impartirse hacia mediados de los años setenta. Sin embargo, los manuales de los años 1960, 1970 y 1980 también ignoran la categoría de fomento o, más en general, una sección del derecho administrativo que podría ser reducida a esta categoría. Por ejemplo, el clásico manual de Pietro Virga[10], hasta la octava y última edición de 1996[11], trata del régimen administrativo de la empresa y de la relación entre la administración pública y las diversas actividades empresariales, así como profesionales, sin dedicar por ello un espacio para subvenciones u otras formas de apoyo empresarial. Dedica una parte a los servicios públicos, con especial atención a los criterios para determinar las tarifas correspondientes y las medidas sociales para apo-

[7] *Corso di diritto amministrativo*, Milán, Giuffrè, 1935-1959. Traducción española: *Curso de derecho administrativo*, Buenos Aires, Arayú, 1954.

[8] *Istituzioni di diritto amministrativo italiano*, Turín, UTET, 1932-1934.

[9] *Primo trattato completo di diritto amministrativo italiano*, Milán, Società Editrice Libraria, 1900-1932 (en particular el vol. IX).

[10] *Diritto amministrativo*, Milán, Giuffrè, 1983.

[11] Vol. IV, 1996.

yarlas; se ocupa de las diversas formas de asistencia[12], así como de las obras públicas[13], sin profundizar los perfiles de financiación pública de las obras a cargo de particulares.

Los manuales, de carácter más teórico, de MASSIMO SEVERO GIANNINI[14], en el marco de una sistemática muy precisa[15], dedican una discusión relativamente extensa a los medios[16], centrándose también esencialmente sobre el presupuesto y dedicando un breve párrafo al gasto[17], únicamente con referencia a la relación entre el principio constitucional del artículo 81 y las disciplinas financieras. Las *Istituzioni di diritto amministrativo* se centran, aunque siempre brevemente, en la función de redistribución de la riqueza[18] y en la de promoción[19]. Esta descripción, sin embargo, se refiere esencialmente a la gestión procesal de las salidas, mientras que el autor, sobre la función de promoción, escribe calificándola de esta manera: "intervenciones para el tratamiento de un interés público en campos en los que una intervención regulatoria específica no está prescrita por las normas de ley". Consideraciones similares se aplican a manuales como los de FRANCO BASSI[20] y ELIO CASETTA[21].

Una atención un poco más amplia se puede encontrar en el manual de FELICIANO BENVENUTI[22], que aborda el análisis de los diferentes medios de que disponen las entidades públicas para alcanzar objetivos institucionales. Asimismo, el manual de ALDO SANDULLI[23] dedica aproximadamente un centenar de páginas a las tareas asistenciales de la administración pública, identificadas con referencia a los sectores de la salud pública, el medio ambiente, la seguridad social, la protección del empleo, la cultura y la educación. Se dedican algunas páginas a las formas de incentivos y desincentivos a las actividades económicas[24]. En este contexto, se analizan formas de subvenciones, contribuciones no

[12] Págs. 381-425.

[13] Págs. 459-476.

[14] *Istituzioni di diritto amministrativo*, Milán, Giuffrè, 1981; *Diritto amministrativo*, 2ª ed., Milán, Giuffrè, 1970 (segunda edición 1988).

[15] *Diritto amministrativo*, vol. I, cap. XII. Páginas citadas de la segunda edición de la nota precedente.

[16] Págs. 403-437.

[17] Págs. 423-425.

[18] Págs. 637 y ss.

[19] Págs. 642 y ss.

[20] *Lezioni di diritto amministrativo*, Milán, Giuffrè, 1987.

[21] *Compendio di diritto amministrativo*, Milán, Giuffrè, 2001.

[22] *Appunti di diritto amministrativo*, Padua, Cedam, 1959.

[23] *Manuale di diritto amministrativo*, Nápoles, Jovene, 1955 (primera edición). Las páginas mencionadas se refieren a la 15ª ed. de 1989.

[24] Págs. 1133-1144.

reembolsables, premios, financiación directa o indirecta y otros incentivos y facilidades (incluidas exenciones o reducciones de impuestos sobre bienes y servicios) en favor de actividades económicas específicas. Estas incluyen esencialmente la agricultura, la pesca y la industria, con especial referencia a algunos sectores. Se dedica especial atención a las medidas en favor del Sur y de otras zonas menos desarrolladas del territorio nacional, que representan desde hace mucho tiempo una necesidad fundamental para el crecimiento de estas regiones.

Cabe señalar, sin embargo, que estas cuestiones comenzaron a tener un interés predominantemente histórico, ya que en 1970 se había iniciado la implementación del sistema regional, originalmente prevista en el Título V de la Parte II de la Constitución (arts. 114 y ss.), retrasada por razones políticas durante aproximadamente un cuarto de siglo.

La transferencia de funciones administrativas del Estado a las regiones se produjo primero en 1972 (a través de once decretos delegados de actuación que desarrollaron la ley 281 de 1970) y luego en 1977 con el d.P.R. 616, decreto emitido por el Gobierno en ejecución de la delegación de ley otorgada por el Parlamento (ley 382 de 1975) y que contenía una directiva al legislador delegado para operar fusionando funciones similares, instrumentales y complementarias, de modo que la transferencia obtuviera una gestión sistemática y planificada de las atribuciones constitucionalmente correspondientes a las regiones.

Otro cambio en la distribución de las funciones administrativas se ha realizado con algunas intervenciones legislativas a finales de los años noventa, impulsadas por el Ministro de la Función Pública de la época, Franco Bassanini. La primera ley fue la llamada ley Bassanini-uno, es decir la ley 59 de 1997 relativa a la descentralización administrativa. Establecía que todas las funciones y tareas administrativas que pudieran ubicarse en sus respectivos territorios estaban atribuidas a las regiones y a los entes locales, con la única excepción de las expresamente reservadas por la propia ley al Estado (defensa, fuerzas armadas, relaciones con confesiones religiosas y protección del patrimonio cultural).

La puesta en marcha de los principios establecidos por la ley Bassanini en materia de descentralización se dio con el decreto legislativo 112 de 1998 y con algunos decretos de los años siguientes, mediante los cuales se inició un proceso de reorganización del Estado en un sentido regionalista y autonomista. Esta descentralización se logró por medio de la legislación ordinaria y por tanto sin modificar la Constitución: por eso se llamó federalismo "*a Costituzione invariata*" (sin reformar la Constitución).

El cumplimiento del proceso de devolución de funciones supone el traspaso casi completo de materias como la agricultura, el comercio, la industria y la artesanía a las regiones, reduciendo la atención de los manuales de derecho administrativo, que suelen tratar esencialmente de medidas estatales.

Una racionalización doctrinal de la cuestión se puede encontrar en el monumental tratado de derecho administrativo de SABINO CASSESE[25], en el que aparece un capítulo[26] dedicado a las ayudas económicas.

Desde mediados de los años 1970 han aparecido numerosos manuales de derecho público económico que analizan el marco de la llamada Constitución económica a la luz de las prácticas de aplicación. En estos manuales se puede encontrar un resumen de las funciones administrativas en la economía. Por ejemplo, V. SPANGUOLO VIGORITA[27], M. S. GIANNINI[28], G. QUADRI[29], E. PICOZZA[30], G. DI PLINIO[31], G. GHETTI[32], M. GIUSTI[33], F. COCOZZA[34], G. F. FERRARI[35].

A finales de los años ochenta, el tema de las ayudas financieras fue tratado de manera incidental en el debate entre constitucionalistas, que comenzó en torno a la supervivencia del modelo de economía mixta ante la creciente importancia del derecho europeo, que avanza en una dirección cada vez más marcadamente liberalista. Este debate incluye en particular el punto de vista liberal de GIOVANNI BOGNETTI[36] y el progresista moderado de GIULIANO AMATO[37]. El debate se centró en la conferencia "La Constitución económica a cuarenta años de la aprobación de la Carta fundamental", (Milán, mayo de 1988, publicada en 1990). Una etapa más avanzada de la reflexión pertinente se encuentra finalmente en otro manual de SABINO CASSESE[38].

Sin embargo, la doctrina administrativa ya había dedicado un cierto número de estudios monográficos específicos a los temas de las ayudas financieras en

[25] *Trattato di diritto amministrativo*, Milán, Giuffrè, 2003.

[26] Tomo IV, págs. 3729 y ss.

[27] *Corso di diritto pubblico dell'economia*, Caserta, Arti Grafiche Russo, 1966.

[28] *Diritto pubblico dell'economia, op. cit.* Primera edición de 1977.

[29] *Diritto pubblico dell'economia*, Nápoles, Società Editrice Napoletana, 1977.

[30] *Il diritto pubblico dell'economia nell'integrazione europea*, Roma, NIS, 1996.

[31] *Diritto pubblico dell'economia*, Milán, Giuffrè, 1998.

[32] *Lineamenti di diritto pubblico dell'economia*, Milán, Giuffrè, 2001.

[33] *Fondamenti di diritto dell'economia*, Padua, Cedam, 2005.

[34] *Diritto pubblico applicato all'economia*, Turín, Giappichelli, 2007 (primera edición 2003).

[35] *Diritto pubblico dell'economia*, Milán, EGEA, 2008 3ª ed., 2019.

[36] *La costituzione economica italiana: interpretazione e proposte di riforma*, Milán, Giuffrè, 1993.

[37] "La nuova Costituzione económica", en G. DELLA CANANEA E G. NAPOLITANO (ed.), *Per una nuova Costituzione economica*, Bolonia, Il Mulino, 1998, págs. 11 y ss.

[38] *La nuova costituzione economica, op. cit.*

los años sesenta y setenta: V. Spagnolo Vigorita[39], G. Falzone[40], G. Pericu[41], M. Annesi[42], D. Serrani[43] y algunas obras colectivas[44].

2.3. Por otra parte, incluso en las raras ocasiones en que se manejó la noción hispana de fomento, la doctrina italiana no ha encontrado un equivalente adecuado. Según los diccionarios jurídicos italiano-español[45], fomento debería traducirse con el término italiano "stimolo" (estímulo). A continuación el diccionario ofrece como ejemplo el uso del lema "Ministerio de Fomento", curiosamente indicado como significado venezolano, traducido con la expresión italiana "Ministero per lo Sviluppo" (Ministerio de desarrollo). Está claro, sin embargo, que una traducción de este tipo es muy reduccionista y de poca utilidad para abarcar la complejidad de la noción española.

La misma doctrina italiana, al abordar el uso del término fomento en el contexto español, ha preferido muchas veces evitar una traducción y emplearlo tal como está también en los textos italianos[46]. Sustancialmente compartible resulta la traducción de la Constitución Española propuesta por el Servicio Centro de Publicaciones de la Presidencia del Gobierno español de la Constitución de 1978, que traduce la competencia de las Comunidades autónomas en materia de "fomento del desarrollo económico de la Comunidad Autónoma dentro de los objetivos marcados por la política económica nacional" con "aiuto allo sviluppo" (ayuda al desarrollo)[47]. Incluso la doctrina italiana que abordó el tema desde una perspectiva relevante con relación a la intervención del Estado en la economía, tras señalar que es propio de las constituciones modernas prever formas de incentivos, señala que "en España se habla de un derecho de «fomento administrativo»"[48] evitando así dar una traducción al italiano. Incluso cuando la doctrina española intentó discutir, en el debate anglosajón, su propia noción de fomento, cuestionando ya su persistente relevancia en ese momento, no se ha formulado ninguna traducción al inglés del término correspondiente[49].

[39] *Problemi giuridici dell'ausilio finanziario pubblico a privati*, Nápoles, Giannini, 1964.

[40] *Le obbligazioni dello Stato*, Milán, Giuffrè, 1960.

[41] *Le sovvenzioni come strumento di azione amministrativa*, Milán, Giuffrè, 1971.

[42] *Finanziamenti pubblici*, en *Enc. dir.*, XVII, Milán, Giuffrè, págs. 629 y ss.

[43] *Lo stato finanziatore*, Milán, Franco Angeli, 1971.

[44] *Crisi e riforma dell'impresa*, Bari, De Donato, 1977.

[45] L. Di Vita Fornaciari y M. G. Piemonti, *Dizionario giuridico italiano – spagnolo / Diccionario jurídico italiano – español*, Milán, Giuffrè, 2012.

[46] V. por ejemplo I. Ruggiu, "Testi giuridici e identità. Il caso dei nuovi Statuti spagnoli", en *Le Istituzioni del Federalismo*, n. 2/2007, pág. 37.

[47] V. texto publicado en https://www.boe.es/buscar/pdf/1978/BOE-A-1978-40003-consolidado.pdf.

[48] R. Cippitani, *La sovvenzione come rapporto giuridico*, Roma, Istituto per gli Studi Economici e Giuridici "Gioacchino Scaduto", 2013, pág. 12 (n. 13).

[49] J. M. de la Cuétara Martínez, *A Re-examination of the Spanish Notion of «Fomento»*, en *International Review of Administrative Sciences*, v. 45, 1979.

Una reciente revisión de la doctrina hispanoamericana sobre el fomento[50] hace surgir una importante pluralidad de definiciones y visiones sobre el fenómeno, caracterizadas por un pequeño número de puntos en común, entre ellos, por ejemplo, la insistencia en excluir de la noción cualquier forma de intervención directa por el Estado, formas coercitivas de acción pública y creación de servicios públicos. Esta misma doctrina da cuenta a continuación de una serie de alternativas que se han propuesto, más o menos críticas con el enfoque tradicional, para superar la denominación actual, como "actividad de fomento, de estímulo, actividad de prestación, ayuda, auxilio y mejora, premios o recompensas, orientación"[51]. Sin entrar en los méritos del debate, está claro, sin embargo, que tal polisemia hace que la tarea de adaptar esta categoría al contexto italiano no sea fácil.

3. Formas y medidas de fomento en el ordenamiento jurídico italiano

3.1. Una vez definido como vimos arriba el marco doctrinal en el que se inserta esta reflexión, antes de pasar a un examen de la última fase histórica, es necesario realizar algunas referencias a las tradicionales políticas públicas italianas atribuibles al fomento (teniendo en cuenta las advertencias previas).

Centrando la atención en las políticas industriales para la promoción de la empresa privada, la doctrina reciente ha identificado tres núcleos históricos, bajo el perfil de la naturaleza jurídica y de las formas de ejercicio de los poderes públicos[52], de las intervenciones con carácter incentivador. Un primer conjunto de incentivos tiene carácter fiscal: "*desgravaciones fiscales, deducciones y reembolsos fiscales de varios tipos*" vinculados a la realización de actividades predeterminadas por la entidad que incentiva, por ejemplo inversiones para la innovación tecnológica y para la compra de maquinaria. El segundo grupo incluye "*las aportaciones a fondo perdido, en capital o en intereses, y las subvenciones*", verdaderos suministros de dinero aportados directamente a las empresas. Finalmente, el tercer conjunto incluye las facilidades "para obtener créditos" y las garantías otorgadas por entidades públicas para facilitar el acceso al crédito bancario de las empresas. El *corpus* legislativo correspondiente, sobre todo si se considera en su dimensión histórica y teniendo en cuenta únicamente la fase republicana, es vasto. Para demostrar no solo el compromiso duradero de las instituciones públicas en este ámbito, sino tam-

[50] S. Romero Tabares, *La actividad administrativa de fomento: elementos para su definición jurídica*, en A. Matilla Correa y D.P. Viteri Nunez (ed., *Reflexiones sobre derecho público*, La Habana, Unijuris, 2019, págs. 154 ss.

[51] S. Romero Tabares, *La actividad administrativa de fomento*, cit, pág. 180.

[52] G. Mocavini, V. Turchini, B. P. Amicarelli y V. Bonfitto, *Il sostegno pubblico alle imprese, oggi*, en F. Bassanini, G. Napolitano y L. Torchia (ed.), *Lo Stato promotore. Come cambia l'intervento pubblico nell'economia*, Bolonia, Il Mulino, 2021, págs. 95 y ss.

bién una cierta fragmentación de las intervenciones en cuestión (no siempre incluidas en el ámbito de intervenciones orgánicas), uno de los estudios más completos realizados sobre el tema ha contado, para la financiación estatal del tejido empresarial, alrededor de sesenta textos de rango legislativo entre 1954 y 2016 (sin tener en cuenta, por tanto, toda la legislación secundaria, a menudo de importancia crucial para la definición de estas intervenciones)[53]. Entonces, sigue siendo actual la observación hecha hace dos décadas según la cual "a falta de un texto único o de una norma unificadora para los desembolsos financieros públicos", no solo en relación con los procedimientos sino también con los instrumentos y fines, "este carácter del instrumento ha llevado al desarrollo de un sistema regulatorio y administrativo policéntrico", de lo que se deduce la ausencia de "criterios unitarios"[54].

Uno de los sectores tradicionales en los que se han aplicado y se siguen aplicando políticas de este tipo es el del desarrollo territorial de las regiones del sur de Italia y, más adelante en el tiempo, en favor de la mayoría de las zonas económicamente desfavorecidas[55]. Estas medidas aún persisten y comprenden una plétora de instrumentos, incluidos los llamados contratos de desarrollo, para la provisión de beneficios a las empresas sobre la base de programas industriales generales, créditos fiscales para la compra de bienes de capital para ser utilizados en zonas desfavorecidas y ayudas fiscales aplicables, por ejemplo, en zonas francas urbanas.

Otro ámbito de intervención, por decirlo así, clásico fue el de los incentivos a la creación de empresas. En este sentido, la experiencia incluye una amplia serie de incentivos, especialmente dirigidos a grupos de edad específicos más jóvenes, para el inicio de nuevas actividades empresariales a través de la típica provisión de herramientas consistentes en contribuciones, formas de ayuda a la planificación, préstamos bonificados, etc[56]. También se han previsto me-

[53] G. Bottino, *Il finanziamento pubblico dell'economia: possibilità, condizioni e limiti*, en M. Cafagno y F. Manganaro (ed), *L'intervento pubblico nell'economia*, vol. V de la obra de L. Ferrara y D. Sorace (ed.), *A 150 anni dall'unificazione amministrativa italiana*, Florencia, Firenze University Press, 2016, pág. 234.

[54] G. P. Manzella, *Gli ausili finanziari*, *op. cit.*, pág. 3730.

[55] La lista de medidas, en este sentido, es interminable. Para una extensa reconstrucción histórica, se puede consultar a S. Cassese, "Dallo sviluppo alla coesione. Storia e disciplina vigente dell'intervento pubblico per le aree insufficientemente sviluppate", en Rivista trimestrale di diritto pubblico, núm. 2/2018, págs. 579 y ss.

[56] Sin pretender ser exhaustivos, podemos mencionar, entre otras, las siguientes intervenciones normativas: d. l. 30 de diciembre de 1985, 786 ("Medidas extraordinarias para la promoción y desarrollo del emprendimiento juvenil en el Sur"), convertida por ley 28 de febrero de 1986, 44; d. l. 31 de enero de 1995, 2 ("Disposiciones urgentes para la recuperación de las actividades empresariales"), convertida por ley 29 de marzo de 1995, 95; ley 15 de diciembre de 1998, 441 ("Normas para la difusión y potenciación del emprendimiento juvenil en la agricultura").

didas similares para las mujeres empresarias[57]. Más recientemente, se han promovido intervenciones para fomentar la creación de tipos específicos de empresas consideradas merecedoras de ayuda teniendo en cuenta su capacidad innovadora desde el punto de vista tecnológico[58].

En relación con las actividades empresariales ya existentes, otro canal de intervención lo representa el conjunto de medidas para mejorar la productividad y el tamaño de la empresa[59].

Otra serie de instrumentos que pueden considerarse como formas de fomento, con una historia de décadas a sus espaldas, la constituyen los fondos destinados a apoyar la iniciativa empresarial y, en concreto, el crédito a las empresas italianas[60]. En este sector, el instrumento que lleva más tiempo activo y que tiene mayor impacto es el Fondo de Garantía para las PYME[61], destinado a facilitar el acceso al crédito de aquellos sujetos que, en condiciones "puras" de mercado, quedarían excluidos por estar considerados insuficientemente fiables o no garantizados por el crédito bancario y financiero. En esencia, el Fondo, cuyos recursos también son financiados por la UE, interviene emitiendo una garantía (en porcentajes variables pero bastante sustanciales, del 60 al 80 por ciento según los casos) sobre préstamos concedidos por bancos u otros intermediarios financieros. Los bancos, por tanto, podrán reclamar fondos públicos en caso de insolvencia privada.

3.2. En cuanto a las formas de intervención institucional en la economía italiana ejercidas por el Estado y las autonomías territoriales, el factor determinante en las últimas décadas, en el plano regulatorio, lo constituye sin duda la normativa relativa a las ayudas estatales de origen europea que, como se sabe, establece su prohibición con carácter general (art. 107, apt. 1, del TFUE: "salvo que los Tratados dispongan otra cosa, serán incompatibles con el mercado interior, en la medida en que afecten a los intercambios comerciales entre

[57] V., por ejemplo, ley 25 de febrero de 1992, 215 ("Acciones positivas para la iniciativa empresarial femenina").

[58] A modo de ejemplo se puede hacer referencia a lo dispuesto en el art. 29 del d. l. 18 de octubre de 2012, 79 ("Otras medidas urgentes para el crecimiento del país", convertida por la ley de 17 de diciembre de 2012, 221, sobre las *start-up* y el d. m. de 24 de septiembre de 2014 "Reorganización de las intervenciones para apoyar el nacimiento y el desarrollo de las start-up innovadoras en todo el territorio nacional").

[59] V. G. Mocavini, V. Turchini, B. P. Amicarelli y V. Bonfitto, *Il sostegno pubblico alle imprese, oggi*, *op. cit.*, págs. 104 y ss.

[60] V., para los perfiles más recientes, R. Fiorella, "Finanziamenti alle imprese assistiti da garanzia pubblica nell'emergenza pandemica: tipologia e profili applicativi", en *Le Nuove leggi civili commentate*, 5 de 2021, págs. 1126 y ss.

[61] Establecido por el art. 2, apt. 100, de la ley 23 de diciembre de 1996, 662, sujeto varias veces a intervenciones regulatorias y a un gran *corpus* de legislación regulatoria y subregulatoria que contiene reglas operativas detalladas.

Estados miembros, las ayudas otorgadas por los Estados o mediante fondos estatales, bajo cualquier forma, que falseen o amenacen falsear la competencia, favoreciendo a determinadas empresas o producciones") y solo admite la compatibilidad de tales ayudas en los casos expresamente enumerados (art. 107, aparts. 2 y 3)[62]. Para los Estados miembros, la facultad de conceder ayudas a las empresas, como excepción al principio general dirigido a garantizar que las empresas compitan en el mercado único en las mismas condiciones, se aplica esencialmente a aquellos casos en los que las fuerzas del mercado no pueden alcanzar la máxima eficiencia o para aquellos casos en los que la intervención pública puede ayudar a superar los desequilibrios territoriales. Procediendo inevitablemente de forma sintética, el sistema prevé la obligación de notificar a la Comisión Europea los proyectos destinados a aplicar o modificar ayudas estatales, con la prohibición de continuar con la ejecución del proyecto hasta la autorización de la Comisión, en los casos en que este tipo de intervenciones se considera admisible. Sin embargo, también se prevén una serie de excepciones a este segundo principio general, que son objeto de una disciplina compuesta en parte por normas y en parte por actos de *soft law*.

Durante la crisis económica provocada por la pandemia, la Comisión adoptó medidas de emergencia también en materia de ayudas estatales, dando a los Estados margen para introducir medidas excepcionales de apoyo a la economía y confiando a los propios Estados la tarea de formular evaluaciones preliminares sobre la admisibilidad de las medidas adoptadas con respecto a las normas de la UE. Esta situación se repitió poco después, tras la guerra ruso-ucraniana y sus consecuencias, especialmente en los mercados energéticos[63]. Entre los diversos instrumentos utilizados podemos mencionar: préstamos, anticipos reembolsables, subvenciones directas, bonificaciones de interés, garantías estatales para préstamos bancarios contraídos por empresas, ventajas o exenciones fiscales, medidas de financiación de riesgos, seguros de crédito a la exportación, reducción de las cotizaciones sociales.

[62] Sobre el tema, v., entre las obras más recientes, G. Luchena y B. Raganelli, *Concorrenza e aiuti di Stato in Europa*, Torino, Giappichelli, 2022; G. Fonderico, *L'amministrazione razionalizzata: disciplina degli aiuti di Stato e attività amministrativa*, Turín, Giappichelli, 2022. Para la definición de ayuda estatal, debe hacerse referencia en primer lugar a la Comunicación de la Comisión "relativa al concepto de ayuda estatal conforme a lo dispuesto en el artículo 107, apartado 1, del Tratado de Funcionamiento de la Unión Europea" (2016/C 262/01).

[63] Se trata, en particular, del "Marco temporal relativo a las medidas de ayuda estatal destinadas a respaldar la economía en el contexto del actual brote de Covid-19 2020/C 91 I/01", de 19.3.2020 (luego modificado en varias ocasiones) y el "Marco temporal relativo a las medidas de ayuda estatal destinadas a respaldar la economía tras la agresión contra Ucrania por parte de Rusia", de 23.3.2022. Sobre las ayudas estatales y la emergencia pandémica ver. F. Rossi Dal Pozzo, *Aiuti di Stato e stato di emergenza tra solidarietà e condizionalità*, en *Eurojus*, núm. 4/2021, págs. 59 y ss.

La presentación del panorama actual y del último período del fomento italiano termina inevitablemente, por tanto, siendo una descripción de un panorama fuertemente influenciado por la asunción de medidas extraordinarias por parte del gobierno italiano para la emergencia del Covid-19, cada una de las cuales contiene diversas formas de subvención o facilitación de actividades económicas[64], consistentes en algunos casos en una incremento de los importes disponibles, en una flexibilización de los requisitos de acceso de las medidas ya existentes o en una simplificación de los procedimientos de acceso y, en otros casos, en la preparación de nuevas formas de apoyo adecuadas para el escenario de crisis enfrentado.

3.3. Una herramienta útil para afrontar nuestro tema desde un punto de vista cuantitativo, pudiendo al mismo tiempo ofrecer una visión general de los instrumentos más recientes, está representada por los datos puestos a disposición por el Ministerio de Empresa y Made in Italy, el nuevo nombre asumido desde otoño de 2022 por el Ministerio de Desarrollo Económico, en el "Informe de intervenciones de apoyo a las actividades económicas y productivas" (publicado en septiembre de 2022)[65]. Se trata de un documento que se publica periódicamente y exigido por la ley 266 de 1997, que realiza un reconocimiento y análisis del sistema de subvenciones al tejido económico y productivo. Es evidente que no todo lo que abstractamente podría ser atribuible a la categoría del fomento está incluido en estos datos, pero sin duda una parte considerable del fenómeno está representado y cuantificado en el Informe. De hecho, desde la ley de delegación europea de 2014 (ley 115 de 2015), el sistema está dotado de un procedimiento de información específico, denominado Registro Nacional de Ayudas (RNA), que recoge todas las informaciones relativas a las ayudas estatales.

Inevitablemente este Informe se ve afectado por la peculiar fase anterior, caracterizada por las repercusiones de la emergencia pandémica. Entre el 22 de marzo de 2020 y el 31 de mayo de 2022, se notificaron 89 medidas a la Comisión Europea, para cumplir con la normativa sobre ayudas estatales, y después

[64] No es posible examinar en este contexto cada medida. En cualquier caso, se indican las intervenciones referidas al Covid-19: decreto ley de 17 de marzo de 2020, 18, llamado "Decreto Cura Italia"; decreto-ley de 8 de abril de 2020, 23, llamado "Decreto de Liquidez"; decreto-ley de 19 de mayo de 2020, 34, llamado "Decreto de relanzamiento"; decreto-ley de 14 de agosto de 2020, 104, llamado "Decreto de agosto"; decreto-ley de 28 de octubre de 2020, 137, llamado "Decreto Alivios"; decreto-ley de 9 de noviembre de 2020, 149, llamado "Decreto Alivios-Bis"; decreto-ley de 23 de noviembre de 2020, 154, llamado "Decreto Alivios-Ter"; decreto-ley de 30 de noviembre de 2020, 157, llamado Decreto Alivios-Quater"; decreto-ley de 22 de marzo de 2021, 41, llamado "Decreto Apoyos"; decreto-ley de 25 de mayo de 2021, 73, llamado "Decreto Apoyos-Bis"; decreto-ley de 27 de enero de 2022, 4, llamado "Decreto Apoyos-Ter".

[65] Disponible en https://www.mimit.gov.it/images/stories/documenti/Relazione_2022.pdf.

autorizadas, que comprende una asignación de recursos de aproximadamente 417 mil millones de euros. En términos de sumas y número de medidas, el período en cuestión supera significativamente las cifras del período anterior a 2020.

Desde el punto de vista de la distribución de las medidas de facilitación, siendo 2021 el último año de encuesta, se contabilizaron un total de 1.982 intervenciones (229 atribuibles a administraciones centrales y 1.753 a administraciones regionales). Los beneficios concedidos ascendieron a unos 25.000 millones de euros (un aumento del 165 por ciento respecto a 2020), con un número total de solicitudes aprobadas que ascendieron a 696.000. Sin embargo, el importe de los beneficios realmente desembolsados fue diferente y menor, equivalente a aproximadamente 5.800 millones de euros (con el 54 por ciento de los desembolsos atribuibles al gasto regional). De hecho, algunas intervenciones importantes aún no estaban operativas por el lado de la oferta, como la medida "Mercado de capacidad" y el "Incentivo a la electricidad producida por plantas eólicas terrestres, solares fotovoltaicas, hidroeléctricas y gases residuales procedentes de procesos de depuración", con un compromiso de 12 mil millones de euros.

Por otra parte, las inversiones sujetas a la ayuda pública, y por tanto incluyendo todo el grupo de partidas de gasto admitidas para cada intervención, ascendieron a 334 mil millones de euros.

3.4. Desde un punto de vista sectorial, son tres los objetivos principales para los que se han asignado las concesiones otorgadas: energía y eficiencia energética, lucha contra la crisis del Covid-19 y protección del medio ambiente.

Para dar más detalles, el Ministerio procesa los datos relativos a los beneficios también en términos de objetivos de política industrial o, más en general, considerando el destino de los compromisos. Se consideran las siguientes categorías, ordenadas por importancia decreciente en función de los importes concedidos en 2021 por las administraciones centrales: energía y eficiencia energética (10 mil millones y 300 millones de euros), protección del medio ambiente (4 mil millones y 300 millones de euros), contraste a la crisis de la Covid-19 (dos mil 600 millones), apoyo a las PYMES (1 mil millones y 56 millones), investigación, desarrollo e innovación (889 millones), catástrofes naturales (747 millones), formación, empleo y trabajadores desfavorecidos (530 millones), desarrollo productivo y territorial (309 millones), apoyo a infraestructuras (274 millones), exportaciones e internacionalización (138 millones), cultura y conservación del patrimonio (12 millones).

Luego están también las llamadas medidas "automáticas", de carácter fiscal y otorgadas por la Agencia Tributaria, para las cuales no se prevén concesiones ni disposiciones de autorización. Aquí se midieron 81 intervenciones (19 centrales y 62 regionales), con un importe subvencionado en 2021 de 4.600 millones de euros.

3.5. Otro ámbito en el cual el Ministerio calcula el alcance de su intervención, y que parece fácilmente clasificable en el área de fomento, es el de las llamadas intervenciones de garantía. Como se ha mencionado, desde hace años funciona un Fondo de Garantía para las pequeñas y medianas empresas, destinado a intervenir allí donde el crédito gestionado por los bancos es menos proclive a financiar determinadas actividades empresariales. Entre 2020 y 2021 se registraron 2.582.927 operaciones financieras, por un importe de casi 217.800 millones de euros de garantías concedidas, con 173.500 millones de euros de financiación garantizada.

Por último, el Informe también tiene en cuenta el papel del Plan Nacional de Recuperación y Resiliencia (PNRR) aprobado en 2021, es decir, el conocido plan de inversiones financiado por la UE y gestionado por las instituciones estatales como herramienta de recuperación económica y relanzamiento frente a las pérdidas generadas por la pandemia. Al tratarse de una intervención todavía en curso, aunque ya no se encuentre en sus fases iniciales, no se dispone de datos consolidados sobre los flujos de gastos pagados a las empresas. En el contexto de este Plan, en todo caso, también se prevén concesiones e incentivos para la realización de una serie de inversiones dentro de las Misiones que caracterizan el Plan. No es este el lugar para una descripción analítica de las medidas previstas por el Plan. Baste señalar, sin embargo, que las medidas reconducibles a la categoría del fomento, dentro del PNRR, no representan un componente marginal.

3.6. Merece una mención particular la existencia de algunos sujetos, fuertemente implicados como actores públicos designados para desempeñar un papel activo en el fomento italiano y que han asumido un papel central en este sector.

Se puede recordar, en primer lugar, la larga experiencia de Cassa Depositi e Prestiti[66], una sociedad anónima propiedad en gran medida del Ministerio de Economía y Finanzas, activa en numerosos sectores, incluido, por lo que aquí interesa, el desarrollo de las empresas italianas, a través de la provisión de importantes recursos en forma de financiación. Estructurada en un grupo con una amplia serie de participaciones en empresas italianas de gran relevancia, Cassa Depositi e Prestiti movilizó 15.300 millones de euros en financiación

[66] Sobre el tema, entre las aportaciones de los últimos años, se encuentra A. Averardi, "La Cassa depositi e prestiti: eredità storica e proiezioni future", en *Rivista della regolazione dei mercati*, núm. 2/2021, págs. 303 y ss.; G. Mulazzani, "La vocazione poliedrica della Cassa depositi e prestiti nel prisma del rapporto tra Stato e mercato", en *Munus*, núm. 1/2022, págs. 41 y ss.; E. Guarna Assanti y G. Di Martino, "La Cassa depositi e prestiti quale "asset" strategico per lo sviluppo economico nazionale", en *Diritto costituzionale*, núm. 2/2022, págs. 128 y ss.

para las empresas en 2022, en particular a través de medidas de acceso al crédito para las PYME (6.400 millones de euros)[67].

Hay que recordar además el papel de Invitalia[68], la Agencia Nacional para la atracción de inversiones y el desarrollo empresarial, sociedad anónima también propiedad del Ministerio de Economía y Finanzas. Operando en diversos campos, una de las principales funciones cubiertas por la Agencia es la de gestionar el complejo de incentivos nacionales para la creación de nuevas empresas para *start-up* innovadoras, así como para la financiación de proyectos empresariales. En 2022, a través de la gestión de incentivos, apoyó a 101.320 empresas (frente a 73.372 en 2021), implementando un valor de incentivos elegibles de 4.600 millones de euros (frente a 3,9 en 2021), correspondientes a inversiones activadas por valor de 18.000 millones[69].

3.7. Desde un punto de vista procesal, debido a la variedad de medidas que pueden incluirse dentro de la noción de fomento en el ordenamiento jurídico italiano, es esencialmente imposible presentar aquí la diversidad de vías que pueden conducir a la obtención de subsidios, beneficios y todas las demás formas de intervención mencionadas anteriormente.

Existen, sin embargo, algunas normas fundamentales al respecto[70], entre ellas el artículo 12 de la ley 7 de octubre de 1990, 241, ley que contiene la legislación general dedicada al procedimiento administrativo. De hecho, se prevé que "la concesión de subvenciones, contribuciones, subsidios y ayudas financieras y la atribución de ventajas económicas de cualquier tipo" —esta es, cabe señalar, una excelente descripción de lo que podría incluirse en el fomento italiano— están sujetos a las siguientes condiciones (si se emiten a favor de cualquier tipo de sujeto, persona y entidad):

• es necesaria la "predeterminación por parte de las administraciones competentes" de las medidas;

• deben respetarse las "formas establecidas por las respectivas reglamentaciones", es decir, por las reglamentaciones de las administraciones públicas que realizan las intervenciones en cuestión;

[67] Datos extraídos del Informe anual disponible en: https://www.cdp.it/sitointernet/page/it/cdp_nel_2022_utile_netto_in_crescita_a_2_5_miliardi_attivati_investimenti_per_circa_80_miliardi?contentId=CSA42801.

[68] Sobre la Agencia v. F. Sprovieri, "L'Agenzia per lo sviluppo delle imprese e per l'attrazione degli investimenti a venti anni dalla sua costituzione", en *Rivista giuridica del Mezzogiorno*, núm. 1/2020, págs. 57 y ss.

[69] Datos extraídos del Informe de Sostenibilidad 2022 disponible en: https://www.invitalia.it/-/media/invitalia/do cumenti/responsabilita-sociale/bilancio_sostenibilita_2022.pdf?la=it-it&hash=84D198D941CBE2438703320B 7F02B759CD5BE804

[70] Como afirma, por ejemplo, el Consejo de Estado, Sección. V, sent. de 23 de marzo de 2015, núm. 1552, que califica el art. 12 como principio general del ordenamiento jurídico.

• se deben seguir los "criterios" y las "modalidades" a los que están sujetas las propias administraciones que las otorgan;

• las distintas medidas relativas a las intervenciones deben poner de relieve "la observancia efectiva de los criterios y modalidades" indicados en los tres puntos anteriores.

Se puede ver, por tanto, al menos la existencia de un marco regulatorio genérico aplicable a todas las medidas de fomento. Pero estas son, en cualquier caso, indicaciones básicas. En cuanto a todos los demás aspectos —las formas de concesión de las prestaciones, los procedimientos que deben seguirse, los criterios de selección, los canales de seguimiento y los controles *ex post* sobre la eficacia de las intervenciones—, la regulación se deja esencialmente a cada medida, para cuya finalidad es habitual que el legislador prevea un procedimiento *ad hoc*, lo que pone de relieve una vez más la ausencia de una legislación marco en la materia.

3.8. Finalmente, otro aspecto que merece algunas observaciones es el de la protección jurisdiccional aplicable en relación con los beneficios, subsidios y otras manifestaciones del fomento italiano. También en este caso, la multiplicidad y diversidad de las medidas en cuestión hace impracticable una evaluación global de todos los casos posibles, especialmente si se tiene en cuenta la tan mencionada ausencia de una regulación unificadora. Es posible, sin embargo, hacer algunas observaciones sobre el tema, teniendo en cuenta, por ejemplo, la jurisprudencia formada al respecto.

Un primer problema se refiere a la jurisdicción encargada de resolver las disputas en materia de fomento, en el cruce entre la jurisdicción administrativa (tribunales administrativos regionales, de primera instancia, y Consejo de Estado, de segunda instancia) y la jurisdicción ordinaria. Según la jurisprudencia más reciente, cuando surgen disputas sobre financiaciones públicas se generan situaciones subjetivas que pueden catalogarse bajo la noción de interés legítimo. En consecuencia, el juez administrativo solo tiene jurisdicción en el caso en que la controversia se refiera a una fase procesal previa a la prestación de la administración pública, de carácter discrecional, que atribuye el beneficio o en el caso en que, con posterioridad al otorgamiento del beneficio, ha habido cancelación o revocación de la misma por defectos de legitimación o conflicto de la concesión con el interés público. Diversamente, en todos los demás casos, incluida la pérdida del beneficio por incumplimiento del beneficiario, deberá intervenir el juez ordinario[71]. En efecto, en esta hipótesis, la situación en cuestión ya no se referirá a la existencia de un interés legítimo sino a un derecho subjetivo real, sujeto al conocimiento del juez ordinario.

[71] V. por ejemplo Consejo de Estado, Sección VI, sent. de 28 de abril de 2023, núm. 4273.

Se dio especial importancia, entonces, a la necesidad de predeterminar los criterios que las administraciones públicas deben cumplir para la concesión de medidas que otorgan ventajas económicas, tanto en términos de duración (*an*) como de cantidad (*quantum*)[72]. De hecho, según la jurisprudencia, la definición preventiva de los criterios de selección orienta a la administración pública en la verificación de las condiciones de admisión, que deben interpretarse en términos estrictamente literales, constituyendo una restricción rígida para el trabajo de la propia administración pública[73]. La cuestión, por tanto, se caracteriza —según la jurisprudencia— por un *quid pluris* en cuanto al rigor y la transparencia exigidos a la administración pública, de modo que se garantice la correcta asignación de los recursos económicos públicos a los solicitantes[74].

Aún dentro del ámbito de las peculiaridades del régimen de concesiones y ayudas respecto del proceso administrativo, cabe recordar que según la jurisprudencia las valoraciones que realiza la administración pública en materia de ayudas son de carácter técnico y pueden ser verificadas por el juez administrativo solo en casos de falta de lógica, irracionalidad o distorsión descubierta de los hechos subyacentes a la evaluación. Sin embargo, se mantiene inalterado el límite de las valoraciones técnicas realizadas por las administraciones concedentes, debiendo considerarse que el escrutinio del juez se limita únicamente a aspectos que escapan al ámbito de lo opinable. En este sector está claro que el juez no puede sustituirse a la administración pública formulando una valoración igualmente cuestionable[75].

3.9. Por último, no se puede olvidar el papel desempeñado en este sector por el poder judicial contable (Corte dei conti – Tribunal de cuentas), encargado constitucionalmente del control "de la gestión del presupuesto del Estado" y partícipe del "control de la gestión financiera de las entidades a las que el Estado contribuye de forma ordinaria" (art. 100, apt. 2).

La casuística es muy amplia, pero algunos ejemplos pueden ser útiles para ilustrar los métodos de ejercicio de este poder. Desde 2013[76], la ley obliga a todas las administraciones públicas a publicar las medidas para la atribución de ventajas económicas por un valor superior a 1.000 euros, estableciendo que esta forma de publicidad "constituya una condición jurídica para la eficacia de las disposiciones que prevean concesiones y atribuciones por un importe total superior a mil euros durante el año natural a un mismo beneficiario". Pues bien, según una sección territorial del Tribunal de Cuentas, en caso de incumplimiento

[72] TAR Campania – Nápoles, Sección. III, sent. de 25 de marzo de 2022, núm. 2015.

[73] Consiglio di Stato, Sez. II, sent. 15 de junio de 2020, núm. 3769.

[74] TAR Puglia – Lecce, Sección. II, sent. de 16 de abril de 2012, núm. 675.

[75] TAR Calabria – Catanzaro, Sección. I, sent. de 12 de abril de 2019, núm. 811.

[76] Art. 26 del d. lgs. de 14 marzo 2013, núm. 33.

de esta disposición, y por tanto de falta de la debida publicación, el acto que debería haberse publicado queda ineficaz, con el consiguiente perjuicio para el fisco debido a la pérdida de ingresos relacionados con el acto en cuestión[77].

El poder judicial contable asimismo ejerce control sobre el destino de las distintas intervenciones de facilitación y financiación. A este respecto, no son infrecuentes las hipótesis de perjuicio fiscal identificadas por las ramas regionales del Tribunal de Cuentas, las denominadas secciones jurisdiccionales, en caso de desvío de los fondos concedidos de los fines para los que fueron otorgados inicialmente o de apropiación de los fondos sin desarrollar posteriormente los proyectos para los que se habían asignado fondos públicos. Por ejemplo, según la jurisprudencia, el destinatario de contribuciones públicas está obligado a compensar al Estado por los daños y perjuicios si ha presentado un informe de los gastos representados y justificados por facturas falsas o inexistentes, que no han sido seguidas de los pagos necesarios mediante métodos que permitan su seguimiento. En este caso, de hecho, los pagos no trazables no permiten a los particulares proporcionar pruebas de la corrección de sus acciones. De reflejo, tiene relevancia la omisión de los funcionarios encargados de verificar la regularidad de la presentación de informes —es decir quienes tenían la obligación de verificar que, junto con la declaración económica con la lista detallada de los gastos individuales incurridos, estuvieran presentes los documentos fiscalmente válidos necesarios— en la generación de daño fiscal derivado de la recepción ilícita de aportes públicos[78].

Además, en general, el Tribunal de Cuentas desempeña una función de seguimiento del gasto público, que se reconoce en una serie de informes periódicos detallados, durante los cuales también se examinan distintos perfiles relacionados con el fomento. En este contexto es típico que el Tribunal de Cuentas pueda señalar discrepancias entre los resultados esperados y los realmente obtenidos en el ámbito económico de las medidas de intervención estatal y de las autonomías territoriales[79].

4. Reflexiones finales

4.1. La experiencia histórica muestra que, con cada crisis de impacto importante, la intervención estatal en el campo económico no solo sufre simples

[77] Tribunal de Cuentas de Molise, Sección jurisdiccional, sent. de 16 de diciembre de 2019, núm. 53.

[78] Tribunal de Cuentas de Calabria, Sección jurisdiccional, sent. de 1° de marzo de 2021, núm. 77.

[79] A este respecto, se puede hacer referencia al último resumen, de junio de 2023, relativo al "Informe sobre las cuentas generales del Estado – 2022", disponible en la dirección URL: https://www.corteconti.it/Download ?id =09f62a14-ac30-484c-8b1c-619ebfda9881.

reajustes, sino que a menudo cambia su forma. Inevitablemente, incluso las crisis más recientes, particularmente cercanas entre ellas y de importancia nada marginal, terminarán transformando las formas del fomento italiano. Sin embargo, por el momento no existen condiciones para formular balances u observaciones que vayan más allá de la identificación de algunas líneas de tendencia iniciales, que ya emergen de las observaciones realizadas anteriormente.

A este respecto, sin embargo, cabe señalar que algunas de estas crisis, de las que dependen las manifestaciones concretas del fomento, están lejos de ser superadas o en proceso de resolverse, lo que complica aún más la tarea del intérprete. A diferencia de la pandemia, con respecto a la cual no hay duda de que el contexto actual ha cambiado profundamente en comparación con el anterior bienio 2020-2022 (hasta el punto de llevar en algunos casos a tratar el fenómeno en términos de endemia), para el conflicto ruso-ucraniano y para la crisis medioambiental, especialmente en la perspectiva de la reconversión del modelo productivo propugnado por la Unión Europea, no se puede dejar de tener en cuenta tiempos prolongados para su solución. Por lo tanto, tal marco, como ya se ha observado en varias ocasiones, podría convertir en estructural lo que, teóricamente, debería ser de por sí transitorio y de emergencia.

Un hecho sustancialmente cierto es el que registra una intensificación de la intervención general del Estado. La secuencia de crisis financieras que anticiparon los fenómenos mencionados anteriormente ya había llevado al crecimiento, como se ha observado, de la "demanda de políticas públicas de intervención no solo sobre el contexto" sino también "de apoyo directo a la economía de mercado y de contraste o remedio a sus fallos"[80].

En este escenario, si bien no cabe duda de que la magnitud global del fenómeno es mayor en comparación con lo que se podría haber medido incluso hace apenas una década (como lo señalan los datos reportados en el punto anterior), no es fácil para el observador del caso italiano, identificar líneas de intervención coherentes y constantes. Sin embargo, hay que tener en cuenta que, si estudios posteriores revelaran que estas directrices no existen, el intérprete tendrá que señalar un fuerte riesgo para todo el sistema de ineficacia general de estas formas de intervención. Su bondad, de hecho, ciertamente no puede consistir, aunque se trate de un dato nada despreciable, en los datos meramente numéricos del gasto realizado, siendo necesario tener en cuenta la obtención efectiva de los resultados esperados (que a su vez pueden ser de diferente naturaleza, dirigidos por ejemplo a la innovación del tejido industrial y productivo o, para hacer otra hipótesis, al desempeño de tareas esencialmente asistenciales).

[80] F. Bassanini, G. Napolitano y L. Torchia, "Lo Stato promotore: una ricerca sul mutamento degli strumenti di intervento pubblico nell'economia", en Iidem (ed.), *Lo Stato promotore*, *op. cit*, pág. 11.

PERÚ

LA ACTIVIDAD DE FOMENTO HONORÍFICA, JURÍDICA Y ECONÓMICA EN PERÚ: ESTADO DE LA CUESTIÓN

JUAN CARLOS MORÓN URBINA*

1. ESTADO DE LA CUESTIÓN

La actividad estatal de fomento no es extraña a la administración pública nacional. Podemos afirmar, sin temor a equivocarnos, que las manifestaciones del fomento estatal existen en muchos sectores de la economía y con diversas técnicas. Pese a ello, nuestro país carece de estudios doctrinales, normas de derecho positivo y de jurisprudencia que les caractericen como una actividad propia, diferenciada de otras y que brinden sus elementos singulares.

En nuestra Constitución, aparece con matices terminológicos el cometido de fomento o de promoción de la administración (aunque impropiamente se refiere al Estado) en diversos ámbitos de la sociedad, tales como:

• el acceso, desarrollo y difusión de la cultura (art. 2° num. 8),

• en la educación bilingüe e intercultural y la integración nacional (art. 17),

• la conservación, restauración, exhibición y difusión del patrimonio cultural (art. 21),

• el empleo productivo y de educación para el trabajo (arts. 22 y 23),

• la solución pacífica de los conflictos laborales (art. 28),

• el ahorro privado (art. 87),

• el desarrollo, la economía y las inversiones en los niveles regionales y locales (arts. 192 y 195),

• el matrimonio (art. 4°),

* Abogado por la Universidad San Martín de Porres. Maestría en Derecho Constitucional por la Pontificia Universidad Católica del Perú. Directivo de la Asociación Peruana de Derecho Administrativo, miembro de la Asociación Peruana de Derecho Constitucional y de la Sociedad Peruana de Derecho de la Construcción. Miembro del Foro Iberoamericano de Derecho Administrativo (FIDA), de la Asociación Iberoamericana de Estudios de Regulación (ASIER) y del Instituto Internacional de Derecho Administrativo – IIDA. Profesor de diversos cursos de derecho administrativo en pregrado y Maestrías en las Facultades de Derecho de la Pontificia Universidad Católica del Perú, y en la Universidad de Piura. Socio del Estudio Echecopar.

Agradezco el aporte del Sr. Cesar Gutiérrez Ternero, asistente profesional, para la preparación de este ensayo.

- la paternidad y maternidad responsables (art. 6º),
- el manejo sostenible del agua (art. 7º-A),
- el desarrollo científico y tecnológico del país (art. 14),
- la creación de centros de educación (art. 17),
- las condiciones para el progreso social y económico (art. 23),
- el bienestar general que se fundamenta en la justicia y en el desarrollo integral y equilibrado de la Nación (art. 44),
- las pequeñas empresas en todas sus modalidades (art. 59),
- el uso sostenible de sus recursos naturales (art. 67),
- la conservación de la diversidad biológica y de las áreas naturales protegidas (art. 68), entre otros.

Esta aproximación nos permite afirmar que la actividad de fomento no solo cuenta con suficiente cobertura constitucional, sino que el modelo económico constitucional da prioridad a la intervención vía fomento por encima de las actividades de limitación y de prestación directa de bienes y servicios, dentro de un esquema general de economía social de mercado.

En ese sentido, nuestro diseño constitucional se orienta a que la acción administrativa se vuelque a diversas formas favorecedoras de ayudas e incentivos públicos para determinados sujetos privados destinadas a promover o proteger actividades que le permiten perseguir su propio provecho, pero a la vez satisfacen necesidades públicas insuficientes naturalmente.

2. ¿Qué es la actividad de fomento o dispensadora de ayudas públicas?

Hemos advertido que carecemos mayormente de estudios doctrinarios que aborden este tema cabalmente desde una perspectiva nacional. Aunado a ello, tampoco tenemos alguna legislación que delimite al fomento como una actividad diferenciada, ni tampoco que regule alguna parcela de ella, como suele suceder en otros países con las leyes sobre subsidios o subvenciones. Lo que tenemos son regímenes disgregados que a partir de una ley institucionalizan y desarrollan mecanismos de fomento específicos para determinados sectores de la economía.

En la doctrina nacional son más bien escasos los trabajos que han abordado esta actividad[1] y en su caso lo han realizado siguiendo básicamente la dogmática española. Es así como, por ejemplo, los profesores Baca y Abruña

[1] Resaltamos los trabajos de los profesores Juan F. Isasi Cayo, *Introducción al derecho administrativo*, y Víctor Baca Oneto y Puyol Abruña, Notas al curso de derecho administrativo. Lección vigésima. La actividad ablatoria y la actividad de fomento, Universidad de Piura.

siguen inicialmente el concepto estricto de fomento dado por JORDANA DE POZAS, esto es, como "el conjunto de técnicas jurídicas dirigidas a impulsar la actividad de los particulares en la medida en que satisface el interés general", para plantear a continuación —siguiendo a MARTÍNEZ LÓPEZ MUÑIZ— la sustitución del término actividad de fomento por la de "actividad dispensadora de ayudas y recompensas".

Por otro lado, ISASI CAYO afirma que estamos frente a la actividad de fomento cuando "la administración en lugar de recurrir al ejercicio de su potestad coactiva protege o promueve mediante incentivos a otros mecanismos de atracción, la actividad deseada de parte de los administrados, para que el ciudadano —motivado por los mecanismos de fomento— al servir su interés particular sirva simultáneamente el interés público".

Por nuestra parte, podemos conceptualizar la actividad de fomento como el conjunto de formas de acción de gobierno por las que, mediante el ofrecimiento y percepción de estímulos, incentivos o ayudas públicas, la autoridad logra que determinados sujetos privados adopten decisiones destinadas a perseguir un beneficio propio que simultáneamente redunda en la satisfacción de necesidades públicas. Esta concepción no desconoce que también es posible diseñar programas de fomento negativo, esto es, aquellos que significan crear mayores obstáculos o cargas para dificultar por medios indirectos aquellas actividades que la administración desea fomentar (v. gr., poner una mayor tasa de impuesto a la actividad lúdica o al consumo de cigarrillos).

Esta actividad plenamente compatible con regímenes en los que se respeta la iniciativa privada propicia la propia ordenación de los intereses de la actividad personal con mecanismos de persuasión o incentivación, esto es, medios indirectos que no afectan imperativa y autoritariamente la libertad, derechos ni patrimonios de los administrados.

Como se puede apreciar, este concepto envuelve las tres de las características típicas de la actividad de fomento, como son:

- Las acciones favorecedoras que el régimen jurídico ofrece a la ciudadanía consistente en la concesión selectiva de ventajas.

- Las decisiones que libremente adoptan los ciudadanos persuadidos o seducidos por las acciones favorecedoras.

- La simultánea búsqueda del interés colectivo por medio del desarrollo de la actividad incentivada o promovida por el régimen legal que le prodiga al sujeto también un beneficio personal.

Ahora bien, en nuestro entendimiento es importante tener en cuenta que la actividad de fomento necesita contar con algunos elementos propios que permiten diferenciarla de otros modos de intervención con los cuales pueden confundirse. Nos referimos a: i) la actividad privada promovida o protegida, ii) la elección de una técnica especifica de promoción entre la honorífica, jurídica y económica y, iii) los objetivos mediatos e inmediatos que persigue la actividad.

Cuando mencionamos la actividad privada protegida nos referimos a aquella que la autoridad desea mantener mediante el fomento a fin de que no disminuya o se extinga y, por otro lado, a la actividad promovida, cuando más bien se trata de que mediante el fomento se incremente o mejore su estado natural. En ambos casos, la elección no puede ser arbitraria pues con arreglo al principio de legalidad, debe enmarcarse en las orientaciones que da la Constitución y que desarrollan las leyes, como, la eficiencia de determinada actividad económica bajo reglas de competencia, promover el desarrollo de la artesanía en determinada región, proteger el medio ambiente, dirigir las inversiones hacia actividades o zonas estratégicas, incentivar la inversión extranjera, acelerar la transferencia de tecnología, entre otros.

Las técnicas de fomento pueden consistir en medios honoríficos (premios o reconocimientos públicos) que se plasman en otorgar un público reconocimiento al acto o conducta que se pretende estimular, teniendo como su base fundamental el sentimiento de honor y la natural tendencia humana a una recompensa moral. Pero comprobada la baja motivación que suscita este medio de incentivación, surgen las técnicas económicas y jurídicas que los complementan o sustituyen, según el caso.

Los medios económicos consisten en aquellas ayudas estatales que, directa o indirectamente determinan una ventaja patrimonial o pecuniaria para el sujeto beneficiario del fomento. En función del contenido del estímulo, la ventaja económica puede presentarse bajo la forma de un derecho real (disposición, uso, aprovechamiento, o cualquier modo de prestación de bienes de dominio público a los particulares), o como una ventaja de carácter financiero con desembolso económico (subvenciones, exoneraciones, bonos, etc.).

Finalmente, también se presentan los medios de fomento jurídico que implican estrategias que se caracterizan por otorgar de una situación de privilegio material que determina que el sujeto se beneficie de la utilización de situaciones jurídicas excepcionales en un plano de diferencia justificada. Tal sería el caso de la restricción jurídica a la admisión de competidores, contratos de estabilidad tributaria, expropiación a favor de una entidad privada que administra un servicio público, imposición de puntaje mayor de determinados proveedores en licitaciones, simplificación de trámites, convenios de estabilidad jurídica, otorgar derecho de preferencia, facilitación de información, etc.

La distinción tripartita entre las técnicas que se deben emplear en la actividad de fomento no implica que su actuación sea necesariamente excluyente. Por el contrario, las más de las veces, aparecen en una misma actividad económica (deporte o cultura) combinaciones de diversas técnicas de fomento (honoríficos, jurídicos y económicos).

En nuestra opinión, los elementos verdaderamente singulares de la actividad de fomento son sus objetivos mediatos e inmediatos, o de largo y corto plazo. Indudablemente todo fomento busca persuadir a uno o a más sujetos incentivados para que por adhesión hagan u omitan algo que se estima constituye el fin público que se persigue. Esto es el objetivo inmediato. Nos referimos, por ejemplo, invertir, lograr un mérito deportivo, crear puestos de trabajo, proteger alguna actividad cultural. Si el incentivo no tuviera un objetivo o no obedeciera a un programa, estaríamos únicamente frente a una prestación, como sucede cuando se entregan bonos a personas en situación de extrema pobreza, subvenciones a organizaciones o instituciones.

Pero lo más relevante es no perder de vista que todo incentivo debe perseguir también un objetivo mediato (de largo plazo) es decir, que el incremento de la actividad fomentada logre efectivamente mejorar la atención de una necesidad pública de la colectividad. Por ejemplo, no lograría plenamente su objetivo, si la salida del servicio de vehículos fabricados con antigüedad mayor a cuarenta años incentivada por la autoridad no logra reducir la contaminación ambiental, sonora o descongestionar el tránsito. Aquí se logra únicamente la finalidad inmediata, pero no la mediata. Definitivamente si no se alcanza el objetivo mediato la medida de fomento pierde sentido y debe ser revisada.

3. Las actividades de fomento honorífico en Perú

La técnica honorífica en materia de fomento se continúa empleando por medio de premios, reconocimientos, diplomas y similares que la administración entrega a quienes realizan las actividades incentivadas. No obstante, cabe distinguir aquellas verdaderas acciones de fomento, de las que solo son reconocimientos honoríficos *ex post*, es decir, otorgadas *a posteriori* de la acción meritoria sin que el ciudadano haya actuado o se pueda asumir que ha actuado movido por el incentivo del fomento promovido por la administración.

Resulta clave para el reconocimiento cabal de la actividad de fomento que el régimen jurídico exista con anterioridad suficiente y que tenga el propósito de inducir a los interesados a realizar las actividades promovidas o protegidas. Por ejemplo, no es lo mismo crear una condecoración o un reconocimiento *ex post* a la realización de la acción meritoria o destacada, que poder asumir que la acción meritoria venga estimulada por un régimen previo de fomento honorífica.

Podemos encontrar estos medios de fomento en el ámbito interno de los servidores públicos (ascenso por méritos distinguidos en algunas carreras profesionales), pero es más relevante en su aplicación externa a la administración, como los son el deporte, la cultura o la educación.

En el ámbito del deporte un medio de fomento de este tipo es la condecoración de los Laureles Deportivos, que en grado de Gran Cruz y Gran Oficial, el Estado confiere a quienes se han distinguido en la práctica o dirección del deporte, como por haber obtenido récords mundiales o títulos o subtítulos de campeonato mundial en la más alta jerarquía. Aquí la técnica empleada es la condecoración y la inscripción del nombre del deportista en un lugar público designado por el Instituto Peruano del Deporte[2].

En el caso de la actividad docente, el país tiene instituida la Condecoración Honorífica Palmas Magisteriales creada por el decreto ley 11.192, que constituye el máximo reconocimiento y distinción que se otorga a profesores o licenciados en educación que se hayan destacado por su contribución extraordinaria a la educación del país, su producción intelectual o académica, haber presentado propuestas innovadoras, investigaciones o publicaciones. Dicha condecoración tiene tres categorías o grados: Educador, Maestro y Amauta, según los méritos que se hayan alcanzado y se plasma en un Diploma de condecoración y su medalla fundamentalmente[3].

En el ámbito de la cultura, la legislación sectorial[4] tiene establecidos reconocimientos que hace el Ministerio de Cultura al mérito de personas y organizaciones tradicionales o colectividades que aporten al desarrollo cultural del país en las áreas de patrimonio cultural de la Nación, material e inmaterial, creación cultural contemporánea y artes vivas, gestión cultural e industrias culturales, y pluralidad étnica y cultural de la Nación. Como todo fomento honorífico, el reconocimiento implica una medalla, un diploma, la resolución de la autoridad y la ceremonia publica, mas no implica el reconocimiento de un pago o beneficio económico.

Las categorías de los reconocimientos que son otorgados son las siguientes:

• La Orden de las Artes y las Letras, que es el máximo reconocimiento que otorga el Ministerio de Cultura a los creadores, artistas, personas y organizaciones que aporten al desarrollo cultural del país.

• La Medalla de Honor de la Cultura, máximo reconocimiento que se otorga a quienes han tenido una trayectoria sobresaliente en una de las áreas programáticas vinculadas, presenta las siguientes características: que haya aportado significativamente al fortalecimiento de la identidad nacional, que haya trascen-

[2] Ley 298036, Ley de Promoción y desarrollo del deporte y su reglamento aprobado por decreto supremo 018-2004-PCM.

[3] Con el tiempo esta técnica de fomento honorífica ha incluido un derecho a pago de una bonificación periódica, sin naturaleza remunerativa ni pensionable. Véase el Reglamento de la Condecoración de Palmas Magisteriales aprobada por el decreto supremo 007-2019-MINEDU.

[4] En particular, la ley 29565, Ley de Creación del Ministerio de Cultura, decreto supremo 011-2006-ED, que aprueba el Reglamento de la Ley General de Patrimonio Cultural de la Nación, resolución suprema 011-2010-MC, que crea la "Orden de las Artes y las Letras", resolución ministerial 076-2010-MC, que aprueba el Reglamento que regula el procedimiento para el otorgamiento de la condecoración de la "Orden de las Artes y las Letras", entre otras.

dido fronteras y que la trayectoria sea reconocida por sus pares, por instituciones, por su comunidad y por la crítica especializada, nacional e internacional.

• La Personalidad Meritoria de la Cultura, que se otorga para quienes hayan realizado un aporte significativo al desarrollo cultural del país.

• El Repositorio Vivo de la Memoria Colectiva, es el reconocimiento que otorga a colectividades que son testimonio singular de una expresión lingüística, histórica, artística o tecnológica.

Por último, en materia medioambiental también está prevista la existencia de régimen de incentivos para reconocer las conductas que por iniciativa del titular de la actividad son desarrolladas y ejecutadas con la finalidad de reducir o prevenir la contaminación ambiental y la degradación de los recursos naturales, más allá de lo exigido por la normativa aplicable o la autoridad competente y que responda a los objetivos de protección ambiental previstos en las políticas nacionales[5]. En este marco está vigente el Premio Antonio Brack Egg como principal mecanismo de reconocimiento del Estado a personas naturales o jurídicas que hayan desarrollado proyectos o iniciativas en favor del ambiente en Perú, con resultados positivos comprobables. Las categorías y menciones de premiación de la edición 2023 son: a) Perú Limpio (Calidad del aire, contaminación lumínica y ruido ambiental, Residuos sólidos, Economía circular, Ecoeficiencia en instituciones públicas y Movilidad sostenible); b) Perú Natural: (Adaptación al cambio climático, Mitigación del cambio climático, Gestión integral del territorio, Eco y bio-negocios, conservación y recuperación de ecosistemas continentales y marinos, especies, recursos hidrobiológicos y diversidad genética, Conocimiento y cultura ambiental, Educación ambiental comunitaria, Periodismo ambiental, Acción ambiental ciudadana e Investigación ambiental).

Es posible colegir la muy poca efectividad que tienen estas modalidades de fomento, dado que valores como el honor, la trascendencia o el reconocimiento social motivan menos que criterios económicos, de manera directa o indirecta. No conocemos estudio alguno que haya medido cuanto impacto tiene en la sociedad las modalidades de fomento honorífico para incentivar realmente a los ciudadanos a conducirse hacia las actividades promovidas.

4. Las acciones de fomento de contenido jurídico: el caso de los convenios de estabilidad jurídica

Como mencionamos antes, en la actividad de fomento en Perú, la Administración también ha empleado la técnica jurídica como incentivo, mediante

[5] Ley General del Ambiente, art. 150 y Ley marco del sistema nacional de gestión ambiental 28.245, art. 28.

estrategias caracterizadas por el otorgamiento de una situación de privilegio material que determina que el beneficiario del fomento pueda acceder a situaciones jurídicas excepcionales en un plano de diferencia justificada por ser también de interés público su realización.

En nuestro país tenemos esta manifestación de fomento por medio de restricciones jurídicas a la admisión de competidores, imposición de puntaje mayor para determinados proveedores en licitaciones, priorización en pago de adeudos, simplificación de trámites, facilitación de información, etc.

El caso más emblemático de fomento jurídico con que contamos son los denominados "convenios de estabilidad jurídica" que se emplearon con bastante provecho para el fomento de la inversión privada a partir de la década de los ochenta[6].

Como lo sostiene la doctrina nacional, nos encontramos frente a instrumentos "creados para promover, fomentar la inversión privada (nacional y extranjera) mediante el otorgamiento por vía contractual de seguridades jurídicas de que el régimen legal aplicable a los inversionistas y a la empresa receptora de la inversión no le será alterado a los beneficiarios por el tiempo que dure el respectivo convenio, aunque el respectivo marco legal pueda experimentar modificaciones por el legislador"[7].

En este caso específico, al inversionista nacional o extranjero que realiza aportes por encima del monto previsto en la norma (US$ 10 millones, para los sectores de minería e hidrocarburos; y de US$ 5 millones, para las demás actividades económicas), tiene el derecho a que se le reconozca tres estabilidades privilegiadas: del régimen tributario vigente, de libre disponibilidad de divisas y derecho a no discriminación.

La estabilidad del régimen tributario vigente al momento de celebrarse el convenio, en virtud de la cual se garantiza respecto al impuesto a la renta a cargo de la empresa receptora de la inversión y al que afecte las utilidades que se le atribuyan o los dividendos que se distribuyan en su favor, no se verá afectado con una tasa mayor que la considerada en el convenio correspondiente, de manera tal que si el impuesto a la renta a cargo de la empresa aumentara, se reducirá la tasa que afecte la parte necesaria para que la utilidad de la empresa finalmente sea de libre disposición, o a lo menos igual a la garantizada. La estabilidad del régimen de libre disponibilidad de divisas existente al momento

[6] Véase el régimen de estabilidad jurídica a las inversiones extranjeras mediante el reconocimiento de ciertas garantías aprobado por el decreto legislativo N.º 662.

[7] Jorge Danos Ordoñez, "Los convenios de estabilidad jurídica o también denominados contratos leyes en el Perú", en *Revista Ius et Veritas*, núm. 48, julio 2013, págs. 46 y ss.

La relación de convenios de estabilidad jurídica suscritos en Perú se puede consultar en https://apps.proinversion.gob.pe/webdoc/convenios/convenios.aspx?AspxAutoDetectCookieSupport=1

del convenio, si esta cambiare, se mantendrá. Finalmente, al inversionista se le reconoce estabilidad en el derecho a la no discriminación, por lo que si la normativa cambia posteriormente las diferencias entre empresas (nacionales y extranjeras) no le serán aplicables. Dicha situación es posible de mantener hasta por diez años, salvo para el caso de concesiones cuyo plazo de vigencia se sujeta al plazo de vigencia de la concesión; cualquier discrepancia se sujeta a la competencia de tribunales arbitrales.

Respecto a su naturaleza jurídica se suscitó un interesante debate porque parte de la doctrina y ciertas normas legales le atribuían a esta medida de fomento el valor de "una ley" o "fuerza de ley", de manera impropia. Ello partía de comprobar que el convenio de estabilidad impedía la aplicación de leyes posteriores a la situación jurídica del inversionista, y eso, era propio de las leyes. Dicho debate lo zanjó correctamente el Tribunal Constitucional[8] al diferenciar lo normativo, que es general, y la medida de fomento, que es a título singular. En su pronunciamiento, el Tribunal Constitucional expreso su razonamiento como sigue:

"La calificación de los convenios de estabilidad jurídica como contratos con «fuerza de ley», por cierto, no proviene de la Constitución, sino, como lo han expresado los demandantes, del artículo 39° del decreto legislativo N° 757, Ley Marco para el Crecimiento de la Inversión Privada. El origen de la denominación, en este caso, no es superfluo, dado que con la misma expresión en otros sectores del ordenamiento se alude a un tópico sustancialmente distinto. Por ejemplo, en el derecho privado, y en concreto, en el derecho civil, con tal noción también se suele aludir a la intensidad del nexo que vincula a las partes de un contrato. Como expresa Manuel de la Puente y Lavalle, «La expresión 'fuerza de ley' no debe ser comprendida como que los contratos tienen, a semejanza de la ley, carácter normativo y que obligan por tener tal carácter, sino que es simplemente una figura retórica, una metáfora, para enfatizar que los contratos, pese a ser manifestaciones de la voluntad humana, constituyen un lazo que actúa con una fuerza que guarda semejanza con la de la ley» [Manuel de la Puente y Lavalle, «La libertad de contratar», en Themis, N° 33, Lima 1996, pág. 10].

"En otras oportunidades, como sucede con los denominados contratos-ley, a los que se refiere el artículo 39° del decreto legislativo N.° 757, y sobre los que posteriormente habremos de volver, la expresión enfatiza la capacidad del contrato de no ser modificado o dejado sin efecto unilateralmente por el Estado. Es decir, subraya la protección que se brinda a ciertos contratos para que estos no sean modificados unilateralmente. [...]

"Desde esta perspectiva, como lo ha expuesto la demandada, en criterio que este Tribunal comparte, el contrato-ley es «un acuerdo de voluntades

[8] Exp. 005-2003-AI/TC, Lima, Congresistas de la República.

entre dos partes, que rige para un caso concreto, solo que está revestido de una protección especial, a fin de que no pueda ser modificado o dejado sin efecto unilateralmente por el Estado... El blindaje del contrato-ley de manera alguna lo convierte en ley [...]; únicamente obliga a las partes que lo acordaron, en ejercicio de su libertad contractual, y dentro de su relación jurídico patrimonial.

"En definitiva, tanto en el derecho privado como en el derecho público, el significado que se pueda atribuir al concepto de «fuerza de ley» no culmina confundiendo este concepto con el de «rango de ley», que el inciso 4° del artículo 200° de la Constitución exige para que una fuente pueda ser objeto de control en este proceso".

La medida de fomento jurídica refleja una inflexibilidad del régimen tributario, sobre todo, pero cabe apreciar que no siempre resulta un favorecimiento al inversionista, porque si posteriormente a su convenio se reducen las tasas impositivas, las empresas estabilizadas no se benefician de tal reducción.

5. Las acciones de fomento de contenido económico

Una de las expresiones más controversiales del fomento, es el del contenido económico que permite a la Administración brindar una ayuda estatal que directa o indirectamente determinan una ventaja patrimonial o pecuniaria para el sujeto fomentado en función que su actividad redunda en un interés general relevante.

Nos referimos a los casos en que el estímulo significa una ventaja económica bajo la forma de un derecho real (disposición, uso, aprovechamiento, o cualquier modo de prestación de bienes de dominio público a los particulares), pero sobre todo como una ventaja de carácter financiero (implica desembolso económico de recursos presupuestales).

Las ventajas de carácter financiero son las más pródigas y, a la vez, no necesariamente sistematizadas, tales como anticipos (préstamos reintegrables para facilitar una actividad), premios económicos (estímulos entregados en función al logro de objetivos y generalmente como mutaciones de los fomentos honoríficos venidos a menos), contratación de seguros por el Estado que brinda cobertura directamente, las exoneraciones de una carga u obligación de carácter patrimonial al Estado cuyo costo implica pérdida e inversión de recursos públicos (exenciones, desgravaciones, exoneraciones, inafectaciones, etc.), subsidios cruzados en materia de servicios públicos[9] y los fondos con-

[9] Al respecto puede revisarse el interesante trabajo de E. Quintana Sánchez, "Naturaleza y efectos de los subsidios en servicios públicos, en *Revista de Derecho Administrativo*, 2012, págs. 75-83. Recuperado de https://revistas.pucp.edu.pe/index.php/derechoadministrativo/article/view/ 13491.

cursables, que son un conjunto de recursos aislados preferentemente al cual los sujetos interesados postulan sus proyectos para obtener ese financiamiento.

Los más famosos y controvertidos fomentos económicos, por distorsionar la libre competencia, son los denominados subsidios, consistentes en transferencia dineraria del Estado a particulares sin contraprestación directa, con el objetivo de que estos realicen actividades específicas y el cumplimiento de determinados objetivos obligatorios por parte del beneficiario[10]. (ejecución de proyecto, realización de una actividad, adopción de un comportamiento determinado).

Resulta relevante que la transferencia sea dirigida a lograr que el receptor se avoque a concretar una actividad relevante de interés público, es decir, lo que el fomento busca es su acción u omisión especifica comprometida con el interés público (invertir en agricultura, desarrollar un proyecto cultural, dedicarse a la investigación tecnológica, retornar al país con inversión, etc.).

Por ello, precisamente el perceptor del fomento se compromete (en algunas oportunidades se plasma en contratos formales) a realizar la actividad o a adoptar el comportamiento que fundamentó el otorgamiento de la subvención, a acreditar la realización de la actividad, someterse a las actividades de comprobación e incluso soportar sanciones en caso de existir y probarse desvío de fondos.

Aunque el ordenamiento suele denominar como "subsidio" o "subvención" a las meras transferencias económicas en favor de determinados colectivos o de personas específicas como compensación por alguna situación permanente o coyuntural, o para financiar alguna acción social, ello no califica como "actividad de fomento". Es por ello por lo que debe tenerse en cuenta que el término "subvención" es polisémico porque puede comprender casos de gasto público directo en favor de determinadas personas o empresas[11], aportes

[10] Un ejemplo de ese cuestionamiento lo podemos encontrar en el decreto supremo 133-91-EF por el que se establecen normas para evitar y corregir las distorsiones de la competencia en el mercado generadas por el *dumping* y los subsidios.

[11] Es lo que dispone el art. 60 de la Ley General del Sistema Nacional de Presupuesto, ley 28.411:

"Art. 60. De las subvenciones a personas jurídicas

"60.1 Las subvenciones que se otorguen a personas jurídicas, no pertenecientes al sector público en los años fiscales correspondientes, deben estar consideradas en anexo de la Ley de Presupuesto del Sector Público, debiendo contar con el financiamiento respectivo y el informe técnico sustentatorio de la Oficina de Presupuesto o la que haga sus veces en la entidad correspondiente, bajo responsabilidad.

"60.2 Solo por decreto supremo y con el voto aprobatorio del Consejo de Ministros se podrán otorgar subvenciones adicionales, exclusivamente para fines sociales, a las contenidas en el citado anexo, debiendo para tal efecto contar con el informe técnico de la Oficina de Presupuesto o la que haga sus veces y el financiamiento correspondiente en el presupuesto

de capital, créditos en condiciones favorables (como los que se dieron para reactivar la economía post-Covid), el suministro de bienes y servicios por la administración a grupos sociales, precios refugio a determinadas empresas, etc. Estos casos son expresiones de la actividad de prestación exclusivamente.

En nuestro derecho, la actividad de fomento económico mediante subsidios aparece convencionalmente delimitada y disciplinada por fuentes supranacionales como los tratados de libre comercio suscritos por el país y por la regulación del comercio de mercancías, en la línea de lo que plantean el Acuerdo sobre Subvenciones y Medidas Compensatorias de la OMC (Acuerdo SMC) y en el Acuerdo sobre la Agricultura de la OMC.

Los hay en prácticamente todos los sectores económicos[12] e implican importantes recursos públicos, por lo que siempre se discuten algunos aspectos recurrentes sobre su organización jurídica. Nos referimos a su subsidiaridad, el sentido de igualdad y objetividad en su creación y asignación, proporcionalidad en el tiempo y monto, y la eficacia de sus resultados.

---

institucional respectivo. En el caso de los gobiernos regionales y gobiernos locales las subvenciones se sujetan, estrictamente, a sus recursos directamente recaudados, debiendo ser aprobadas mediante el acuerdo respectivo, previo informe favorable de la Oficina de Presupuesto o la que haga sus veces en la entidad.

"60.3 Los documentos sustentatorios de las subvenciones con cargo a cualquier fuente de financiamiento, a favor de personas jurídicas nacionales del sector privado, deben ser presentados anualmente, dentro de los primeros treinta (30) días de entrada en vigencia de la Ley de Presupuesto del Sector Público. Los documentos son los siguientes:

"a) Declaración jurada de las subvenciones que recibe del sector público;

"b) Rendición de cuenta correspondiente a la asignación percibida en el año fiscal anterior, cuando corresponda;

"c) Metas y presupuestos de gastos debidamente fundamentados;

"d) Cronograma mensual de ejecución física y financiera; y,

"e) Evaluación y análisis costo beneficio de la subvención.

"60.4 La Oficina de Presupuesto o la que haga sus veces de la entidad debe informar dentro de los cuarenta y cinco (45) días de finalizado el año fiscal, a la Comisión de Presupuesto y Cuenta General de la República del Congreso de la República, a la Contraloría General de la República y a la Dirección Nacional del Presupuesto Público, los resultados alcanzados y el costo beneficio de las subvenciones otorgadas".

[12] Una breve reseña nos permite identificarlos en los sectores vivienda (subsidio habitacional directo como el Bono Familiar Habitacional (BFH), Bono del Buen Pagador (BBP), BBP para vivienda sostenible, y los subsidios indirectos cuando el Estado aporta suelo para el desarrollo de VIS o aporta recursos económicos por medio de fondos, créditos, cobertura de riesgo crediticio, tasas de interés, entre otros, creados o canalizados por las entidades financieras intermediarias participantes), agricultura (seguro agrario), actividad cinematográfica, salud, aviación, educación, investigación científica, telecomunicaciones (FITEL), seguridad interna (Programa de Recompensas para promover y lograr la captura de miembros de organizaciones criminales, organizaciones terroristas y responsables de delitos de alta lesividad).

En ese sentido, se debate acerca de la necesidad de mantener el fomento en un catálogo verdaderamente subsidiario (para evitar su vocación expansiva y distorsionadora del mercado); la relevancia de resguardar el sentido de igualdad en la asignación de la ayuda específica para que sea realmente objetiva y necesaria; su proporcionalidad, para ponderar permanentemente entre el grado de intervención administrativa necesaria y el tiempo estrictamente indispensable para mantener su aplicación) y, finalmente, la necesidad de medir constantemente su eficacia en función de auditar continuamente sus avances y logros de la ayuda, para definir su modificación, cese o renovación.

Por ello es por lo que la actividad de fomento económico, en todos los sectores y en sus variadas manifestaciones debe observar el principio de legalidad presupuestaria dado que se trata de la ejecución de recursos presupuestales de todos los ciudadanos, la transparencia para garantizar la accesibilidad de los potenciales beneficiarios y la rendición de cuentas de su empleo y el indispensable control sobre el modo en que se conceden el fomento y sobre la actividad del beneficiario.

6. Las acciones de fomento económico interadministrativo

Un espacio en el cual se han desarrollado varias expresiones del fomento económico ha sido en las relaciones al interior de la administración pública nacional. Dado el esquema descentralizado de la Administración con tres niveles de gobierno (nacional, regional y local), el nivel nacional ha visto en la estrategia de fomento económico una forma de atraer e incentivar a los niveles de gobierno subnacionales hacia el desarrollo de políticas públicas de orden nacional. Particularmente, el gobierno nacional lo ha realizado mediante los denominados fondos concursales a los que los gobiernos municipales pueden acceder en adición a sus recursos presupuestales mediante la presentación de proyectos y asunción de compromisos de ejecución de políticas públicas priorizadas.

Es el caso del Fondo Invierte para el Desarrollo Territorial – FIDT, que constituye un fondo concursable creado mediante el decreto legislativo 1435, con el objetivo de reducir las brechas en la provisión de servicios e infraestructura básicos, que tengan mayor impacto en la reducción de la pobreza y de la pobreza extrema en el país y que generen un aumento de la productividad con un enfoque territorial, mediante el financiamiento o cofinanciamiento de inversiones y de estudios de pre inversión de perfiles y fichas técnicas de los gobiernos regionales y gobiernos locales.

Los recursos del fondo se asignan para inversiones y estudios que tengan por objeto la prestación de los siguientes servicios de competencia del respectivo gobierno regional o local: i) servicios de salud básica, ii) desnutrición infantil y anemia infantil, iii) servicio de educación básica, iv) infraestructura vial, v) servicios de saneamiento, vi) electrificación rural, vii) infraestructural agrícola, viii) telecomunicación rural y ix) apoyo al desarrollo productivo.

El gobierno regional o local que resulte beneficiario del financiamiento por intermedio del FIDT es responsable de culminar dentro de los plazos establecidos en los respectivos convenios las inversiones y estudios de preinversión, incluyendo los estudios de perfil y las fichas técnicas, materia del financiamiento o cofinanciamiento, dar prioridad durante la fase de programación y formulación presupuestaria los recursos necesarios para cumplir los compromisos que hubieran asumido en el convenio de cofinanciamiento suscrito, respecto a los gastos que le corresponda financiar y de utilizar los recursos del FIDT únicamente para los fines a los que fueron asignados (art. 9).

Otro caso de fomento interadministrativo partícipe de esta naturaleza es el Plan de Incentivos a la Mejora de la Gestión y Modernización Municipal (PI) creado mediante la ley 29.332, cuyo objetivo principal es impulsar reformas que permitan lograr el crecimiento y el desarrollo sostenible de la economía local y la mejora de su gestión, en el marco del proceso de descentralización y mejora de la competitividad. Consiste en la transferencia de recursos a las municipalidades por el cumplimiento de metas formuladas por diversas entidades públicas del gobierno central y tienen como objetivo impulsar determinados resultados: 1. mejorar los niveles de recaudación y la gestión de los tributos municipales, fortaleciendo la estabilidad y eficiencia en la percepción de estos; 2. mejorar la ejecución de proyectos de inversión pública, considerando los lineamientos de política de mejora en la calidad del gasto; 3. reducir la desnutrición crónica infantil en el país; 4. simplificar trámites generando condiciones favorables para el clima de negocios y promoviendo la competitividad local; 5. mejorar la provisión de servicios públicos locales prestados por los gobiernos locales en el marco de la ley 27.972, Ley Orgánica de Municipalidades, y 6. prevenir riesgos de desastres. Si las municipalidades no cumplen alguna de sus metas designadas, estas no reciben la transferencia de recursos por el cumplimiento de dicha meta.

7. Conclusiones

1. Las actividades de fomento a cargo de la administración tienen un lugar predominante dentro del esquema de nuestra Constitución económica, ya que es plenamente compatible con una economía social de mercado en el que se respeta la libertad individual.

2. Carecemos de una regulación común de las actividades de fomento, así como de una regulación que aborde los elementos básicos de un fomento honorífico, económico y jurídico. Del mismo modo, nuestra doctrina jurídi-

co-administrativa le ha dedicado pocos estudios. Contamos con regulación institucional o por cada institución de fomento, en la que aparecen la técnica de fomento, la entidad a cargo del fomento, los sujetos a quienes se dirige el fomento, si bien los objetivos del fomento no resultan claros en la normativa.

3. Los convenios de estabilidad jurídica son los instrumentos de fomento jurídico que han sido empleados con mayor frecuencia y utilidad por la administración pública nacional.

4. El fomento económico presenta diversos modos de manifestación y está presente en casi todos los sectores económicos, pues ha sido regulada por pactos y convenios internacionales.

5. Una peculiaridad de nuestro régimen es el empleo de la técnica de fomento económico en el ámbito interadministrativo para generar incentivos presupuestales a los gobiernos subnacionales (municipalidades y gobiernos regionales) propicio al cumplimiento de políticas publicas nacionales o metas definidas por el gobierno nacional.

6. Carecemos de entes reguladores, políticas nacionales e instrumentos comunes para el seguimiento y control de las actividades de fomento.

URUGUAY

LAS ACTIVIDADES ADMINISTRATIVAS DE FOMENTO

CRISTINA VÁZQUEZ*

1. EL CONCEPTO DE FOMENTO EN EL DERECHO PÚBLICO DE LA ECONOMÍA: EL PUNTO DE VISTA NACIONAL[1]

A) *Principales aspectos conceptuales*

En Uruguay se ha recibido el concepto jurídico de fomento elaborado por la doctrina clásica en la materia. Por tanto, no parece relevante a los fines de esta exposición, el análisis de los enfoques que, en la doctrina comparada, cuestionan dicho concepto jurídico, señalando que carece de precisión científica o contornos específicos.

Ello suele afirmarse respecto de todas o casi todas las categorías que integran las distintas clasificaciones de los cometidos estatales. Sin embargo, nótese que, como expresa JORDANA DE POZAS —en pensamiento que resulta aplicable a cualquier estructura estatal— una de las finalidades que cumple la clasificación de las formas de la actividad estatal es evitar agotarse en el vano intento de aprender memorísticamente los miles de artículos que integran los contenidos de las leyes y reglamentos administrativos. Tal virtud compensa con creces, a juicio del autor, las imprecisiones objetadas[2].

* Doctora en Derecho y Ciencias Sociales de la Udelar (Uruguay); Master en Ciencia de la Legislación y Governance Política de la Università di Pisa (Italia); Posgrado en Utility Regulation and Strategy de la University of Florida (USA); Profesora Titular de Derecho Administrativo en Udelar y UM (Uruguay); Integrante de la Comisión de Posgrados de la Facultad de Derecho de la Udelar; Coordinadora del Área de Derecho Público (2020-2021) y del Máster de Derecho Administrativo y Gestión Pública de la Facultad de Derecho de la Udelar; Directora del Instituto Uruguayo de Derecho Administrativo entre 2017 y 2021; Directora del Programa Máster de Derecho Administrativo Económico (PMDAE) de la Universidad de Montevideo entre 2015 y 2017; Integrante del Foro Iberoamericano de Derecho Administrativo (FIDA) y del Instituto Internacional de Derecho Administrativo (IIDA); autora de libros y artículos sobre temas de la especialidad.

[1] *Vid.* CRISTINA VÁZQUEZ, "Actividad administrativa de fomento. Modalidades", en *Régimen jurídico administrativo de la actividad privada*, Curso de Graduados 1989, Montevideo, FCU, 1990, págs. 31 y ss.

[2] LUIS JORDANA DE POZAS, "El problema de los fines de la actividad administrativa", en *Revista de Administración Pública*, núm. 4, 1951; también en https://dialnet.unirioja.es/servlet/articulo?codigo=21118 62.

Por otra parte, como señala CASSAGNE, el error de los enfoques críticos mencionados "está en concebir la posibilidad de que en el Derecho existan conceptos precisos, pretensión esta destruida por la lógica moderna"[3].

Tampoco ha parecido conveniente ingresar en la discusión que se plantea en torno a la elección del vocablo que se debe emplear: "fomento" o "promoción", ya que, tanto la doctrina mayoritaria como el Derecho positivo uruguayos utilizan ambas expresiones como sinónimas[4].

El concepto de fomento constituye un aporte de la doctrina española[5], enunciado por JORDANA DE POZAS, que define el fomento administrativo como "la acción de la Administración encaminada a proteger o promover aquellas actividades, establecimientos o riquezas debidos a los particulares y que satisfacen necesidades públicas o se estiman de utilidad general, sin usar de la coacción ni crear servicios públicos"[6].

Es así como el autor integra el fomento a una trilogía, que comprende, además, la "policía" y el "servicio público", como formas diferenciadas del obrar administrativo.

Como demuestra BARBÉ DELACROIX[7], en su estudio sobre el tema, las nociones de "policía" y "fomento" han venido perfilándose de forma gradual, relacionándose la primera con una actividad restrictiva de limitación y contralor de la vida privada, que emplea como medio la coacción, en tanto que la segunda utiliza la persuasión. La distinción con la noción de "servicio público" aparece por cuanto, en este, la actividad con vistas al fin público perseguido es cumplida directamente por la propia Administración o por su cuenta.

GARRIDO FALLA extiende el alcance de la noción de fomento formulada por JORDANA DE POZAS, definiéndolo como "actividad administrativa que se

[3] JUAN C. CASSAGNE, *Cuestiones de derecho administrativo*, Buenos Aires, Depalma, 1987, pág. 156.

[4] BARTOLOMÉ A. FIORINI, Derecho administrativo, tomo II, Buenos Aires, Abeledo Perrot, 1976, pág. 222, distingue "promoción" y "fomento", afirmando que la actividad promocional es más amplia que la fomental, en cuanto aplica técnicas propias de la "policía", del "servicio público" y del "fomento".

[5] MARIANO BAENA DEL ALCÁZAR, *Régimen jurídico de la intervención administrativa en la economía*, Madrid, Tecnos, 1966, pág. 94. El autor explica este fenómeno por las características de la estructura económica española durante el siglo XIX (y aún después), en circunstancias en que la mentalidad liberal vedaba la intervención. Ello determinó que la doctrina se hiciera eco de una legislación dictada por ineludibles necesidades económicas, dando tan gran importancia al fomento.

[6] Cit. por FERNANDO GARRIDO FALLA, *Tratado de derecho administrativo*, vol. II, Madrid, Tecnos, 1971, pág. 303.

[7] JOSÉ BARBÉ DELACROIX, "Actividad administrativa de fomento, concepto", en *Régimen administrativo de la actividad privada,* cit., págs. 19 y ss.

dirige a satisfacer indirectamente ciertas necesidades consideradas de carácter público protegiendo o promoviendo, sin emplear la coacción, las actividades de los particulares o de otros entes públicos que directamente las satisfacen"[8].

El concepto delimitado por Garrido Falla es más amplio que el construido por Jordana de Pozas, en cuanto admite que la actividad fomentada no ha de ser exclusivamente privada, pudiendo ser actividad de otros entes públicos[9].

Más allá de esa puntual discrepancia, pueden extraerse de ambas definiciones los mismos elementos caracterizantes de la categoría conceptual.

Esta categoría se define más atendiendo al *modus operandi* de la actividad estatal, que a la finalidad perseguida por ella, que será —como en todo caso— el logro de un fin de utilidad general.

En efecto: el rasgo definidor del fomento se encuentra en la técnica administrativa empleada, cual es, "la persuasión", descartando el empleo de la coacción. Trátase, pues, de una actividad estatal cuyos objetivos de utilidad general se logran sin merma de la libertad de los administrados, que, estimulados por la administración, cooperan voluntariamente en la satisfacción de la necesidad pública[10].

Como expresáramos, esta cualidad permite distinguir a la actividad fomental de la actividad de policía, resultando su distinción con el servicio público de que la satisfacción de necesidades de carácter público se produce en ella, de modo indirecto[11].

La actividad de fomento tiene un contenido económico casi exclusivo, aunque puede recaer sobre otras materias, como ocurre con el fomento de la vivienda o de la actividad sindical.

En este sentido, constituye expresión de la intervención estatal en la economía[12].

Puede afirmarse con Baena del Alcázar, que lo más nuevo en la intervención económica del Estado contemporáneo, no es tanto la extensión de su actuación directa, como su voluntad de una dirección sistemática del conjunto

[8] Garrido Falla, ob. cit., pág. 306.

[9] En el mismo sentido: Entrena Cuesta, cit. por Garrido Falla, ob. cit., pág. 306, nota (6).

[10] Garrido Falla, ob. cit., pág. 304; Cassagne, ob. cit., pág. 150; Baena Del Alcázar, "Sobre el concepto de fomento", en *Revista de Administración Pública*, núm. 54, set.-dic., Madrid, 1967, pág. 68.

[11] Manuel M. Diez, y Tomás Hutchinson, "Caracteres jurídicos de la subvención", en *Contratos administrativos*, tomo II, Buenos Aires, 1982, pág. 32, entienden que lo que distingue al servicio público del fomento es que el primero supone una obligación de hacer y el segundo consiste en una obligación de dar.

[12] Conf. Baena del Alcázar, *Régimen jurídico de la intervención...*, cit., págs. 94 y 274.

de la economía. A tales efectos, la actividad promocional se insertará dentro del plan político-económico del Estado[13].

En el extenso ámbito de la intervención estatal habrá de distinguir la actividad de condicionamiento de las conductas, de aquella otra en que el Estado asume directamente una gestión microadministrativa[14].

La actividad de condicionamiento ha venido ampliando o potenciando su contenido, debido al incremento en la intervención estatal, mediante el empleo de innúmeros instrumentos que rebasan las categorías elaboradas por la economía y el Derecho[15].

Jiménez Nieto intenta una ordenación puramente enunciativa de la instrumentación del condicionamiento, desde las medidas más inocuas o atenuadas hasta las más compulsivas, examinando las siguiente[16]:

a) La información brindada por el gobierno a la ciudadanía

b) La orientación a través de la entrega al gobernado, no ya de una información pasiva (estadísticas, por ejemplo), sino una información elaborada, interpretada y correlacionada. Es el caso de la propaganda o de la educación masiva, entre otras.

c) La recomendación.

d) Las medidas cautelares (autorizaciones e inspecciones, por ejemplo).

e) Los incentivos o desalientos.

f) La regulación, como facultad de imponer coactivamente, conductas de acción u omisión a los gobernados.

g) La sanción, que podría entenderse como una combinación de las dos anteriores, garantizando el cumplimiento de la regulación preexistente y motivando las conductas de terceros por su ejemplaridad.

h) La facultad de trasladar la capacidad de decisión microadministrativa de unos a otros gobernados. Cuando todos los demás instrumentos demuestran su incapacidad, se sustituye, en la gerencia, a un gobernado por otro. Esta transferencia toma la forma jurídica de la expropiación.

Del mismo modo que es imposible elaborar un catálogo completo de las formas de condicionamiento, es imposible establecerlo de las formas que puede revestir la acción de fomento. En la enumeración de Jiménez Nieto de los instrumentos de condicionamiento se delinean algunos que claramente ostentan el carácter persuasivo que se señala en la actividad fomental. Así ocurre en la orientación, la recomendación y los incentivos.

[13] *Ibidem*, pág. 28.

[14] Juan Jiménez Nieto, *Teoría administrativa del gobierno*, vol. I, Madrid, Tecnos, 1978, pág. 303.

[15] *Ibidem*.

[16] *Ibidem*, págs. 336 y ss.

B) *Principios rectores de la actividad administrativa de fomento*

Siguiendo a Wolff[17], se ha entendido que los principios rectores de la actividad administrativa de fomento, que confluyen a configurar su concepto, son los siguientes:

a) Principio de Estado social, entendido como autorización al Estado y obligación de este, de dar forma al orden social, mediante la gestión de una administración de fomento, en la medida en que ello sea impuesto por el interés público y económicamente defendible.

b) Principio de subsidiariedad, considerando que la promoción integral del ser humano es primeramente cometido de cada individuo; en segundo término, de las comunidades menores más próximas a la persona, como la familia, y en último término, del Estado.

c)Principio de legalidad. Este principio significa, negativamente, que ninguna actividad administrativa debe contrariar a la regla de Derecho y, positivamente, requiere autorización legal para aquellas actividades administrativas que intervienen mediante órdenes y coacción en la libertad y propiedad de las personas. En cuanto la actividad de fomento no emplea estas técnicas, en principio, aparece sometida al precepto de legalidad solo en sentido negativo. Ello no obsta a que decisiones políticas fundamentales respecto de la adopción de medidas fomentales significativas a largo plazo, deberían ser adoptadas por ley formal.

d) Principio de igualdad o de igual distribución, que preceptúa consecuencias jurídicas iguales para situaciones objetivas sustancialmente iguales, implicando, por ende, la prohibición de ventajas desiguales.

e) Principio de prohibición de exorbitancia que comprende, a su vez, los subprincipios de idoneidad, necesidad y proporcionalidad de los medios.

A su vez, el principio de idoneidad prohíbe el empleo de medios inadecuados para el fin perseguido; el principio de necesidad preceptúa elegir, entre varios medios idóneos, aquel cuya aplicación tenga las consecuencias perjudiciales mínimas para los interesados y para los contribuyentes; y el principio de proporcionalidad prohíbe la adopción de medidas idóneas y necesarias, pero cuyos numerosos perjuicios no guardan proporción con el éxito alcanzable.

2. Las formas típicas del fomento y sus actuaciones positivas: honoríficas, jurídicas, económicas (con especial referencia a la subvención)

En un sentido general, el medio típico de la actividad de fomento es —como se ha expresado— el empleo de la técnica persuasiva.

[17] Hans J. Wolff, "Fundamentos del Derecho de prestaciones", en *Perspectivas del Derecho Público* en la segunda mitad del siglo xx, Homenaje a Enrique Sayagués Laso, tomo V., Madrid, 1969, págs. 366 y ss.

En un sentido especifico, cabe comprender las diversas e infinitas técnicas concretas, por medio de las cuales la actividad de fomento se manifiesta[18].

Varios han sido los criterios empleados para clasificar estos medios o técnicas.

Una clasificación posible es la que distingue entre técnicas de carácter coyuntural, en que la administración interviene para remediar una situación transitoria, y técnicas de carácter estable. Sin embargo, la doctrina entiende, en general, que las medidas de estímulo deben revestir carácter transitorio, no resultando ni técnica ni prácticamente aconsejable un proteccionismo indefinido[19].

Otra clasificación es la formulada por Jordana de Pozas, que atiende a la forma de actuación sobre la voluntad de los sujetos fomentados[20].

Desde este punto de vista, los medios de fomento pueden clasificarse en positivos y negativos. Son positivos los que confieren prestaciones, bienes o ventajas, y negativos los que constituyen obstáculos o cargas tendientes a dificultar indirectamente las actividades o establecimientos contrarios a los que se quiere fomentar. Un ejemplo, en Uruguay, lo sería el impuesto a los baldíos y a la edificación inapropiada en las zonas urbanas y suburbanas de las ciudades, villas, pueblos y centros poblados (art. 297, num. 2° de la Constitución), para fomentar la edificación.

Esta clasificación es cuestionada por Garrido Falla y Entrena Cuesta[21], quienes consideran —en opinión que puede compartirse— que los llamados medios negativos de fomento no son, en puridad y esencia, medios de fomento, en cuanto ostentarían un carácter coactivo y no meramente persuasivo.

La doctrina que ha estudiado el tema ha acogido, en general, la clasificación también formulada por Jordana de Pozas, que ordena los medios de fomento en atención al tipo de ventajas que otorgan, distinguiendo los honoríficos, los económicos y los jurídicos. Pellisé[22] recoge, además, los medios psicológicos, y Baena del Alcázar[23] agrega los medios de tipo técnico.

[18] Conf. José R. Dromi, *Derecho administrativo económico*, tomo 2, Buenos Aires, Depalma, 1985, págs. 151 y 152; Baena del Alcazar, "Sobre el concepto de fomento", en *Revista de Administración Pública*, núm. 54, set.-dic., Madrid, 1967, pág. 68; este autor cuestiona que pueda hablarse de verdaderas técnicas de fomento, en cuanto "la persuasión como técnica es incompleta e indefinida, ya que solo adquiere una auténtica virtualidad en sus manifestaciones concretas, y solo en la medida en que estas tengan una entidad y una unidad verdadera podrá hablarse de la existencia de una técnica".

[19] Dromi, ob. cit., 152.

[20] Cit. por Garrido Falla, ob. cit., pág. 312.

[21] Cit. por Garrido Falla, ob. cit., pág. 312, nota 20.

[22] Cit. por Baena del Alcázar, "Sobre el concepto de fomento", cit., pág. 69.

[23] Baena del Alcázar, *Régimen jurídico de la intervención...*, cit., pág. 275.

A) *Medios psicológicos*

La consideración de los medios psicológicos de fomento alude fundamentalmente a la propaganda que despliegan los organismos oficiales.

Como consecuencia de los adelantos en los medios de comunicación de masas, la propaganda se evidencia como un instrumento cada día más eficaz para influir en la conducta y en las opciones de las personas. En este sentido, la bibliografía ha mencionado como paradigmático el notable aumento que marcó el consumo de leche en los Estados Unidos, el día siguiente a aquel en que el Presidente Kennedy apareció en televisión tomando un vaso de este producto.

"*La propaganda* —dice YOUNG— *es el uso deliberado de símbolos mediante sugestión y persuasión, destinados a cambiar y controlar las opiniones, actitudes y valores y, en último término, alterar la acción según líneas predeterminadas* [...] *Su mecanismo esencial es la sugestión, y su objetivo la aceptación, no la reflexión lógica*"[24].

La inclusión de la propaganda como medio de la actividad fomental es discutida por BAENA DEL ALCÁZAR, quien observa que no aparece en ella el estímulo en el sentido de ventaja o ayuda, que, para algunos autores, podría ser de la esencia del fomento. Por otra parte, considera dudoso que la Administración actúe en este caso, como poder público.

En nuestra opinión es correcta la consideración de la propaganda entre los medios de fomento y pensamos que podrían incluirse, en la categoría de medios psicológicos, otras formas de condicionamiento, como las exhortaciones a la ciudadanía o la invocación del patriotismo[25].

Esta postura es consecuente con la adoptada al escoger la persuasión como rasgo definidor de la actividad. Por ejemplo, durante la pandemia por Covid 19, en países como Uruguay, en que no se impuso la vacunación de modo obligatorio, se desplegó una fuerte campaña informativa, dirigida a persuadir a la población sobre las bondades de esta.

B) *Medios honoríficos*

Los medios honoríficos comprenden las distinciones y recompensas que se confieren como público reconocimiento a un acto o conducta ejemplares. Suelen incluirse en esta clase, las condecoraciones, títulos, menciones especiales, calificaciones de examen en el ámbito docente, trofeos, diplomas, etc.[26].

[24] Cit. por JUAN I. JIMÉNEZ NIETO, *Teoría administrativa del gobierno*, vol. I, Madrid, 1978, pág. 303.

[25] Cits. por JIMÉNEZ NIETO, ob. cit.

[26] GARRIDO FALLA. ob. cit., pág. 313; DROMI, ob. cit., pág. 153; BAENA DEL ALCÁZAR, *Régimen jurídico de la intervención...*, pág. 274; BAENA DEL ALCÁZAR, "Sobre el concepto de fomento", cit., pág. 69.

Mediante su uso se trata de conseguir que se realicen determinadas actividades de interés público, utilizando como incentivo la idea del honor.

Naturalmente, la eficacia del medio empleado variará con la psicología de los destinatarios y, con respecto a los medios honoríficos, suele señalarse que, en caso de no llevar consigo ventajas económicas anexas, no resultan en la actualidad, de gran utilidad práctica[27].

El Estado que surge de la Revolución francesa, levantando como una de sus principales banderas la igualdad, ha mirado con recelo las medidas honoríficas.

Como expresa GARRIDO FALLA[28], de las creencias vigentes en los Estados modernos no deriva impedimento alguno para el uso de medios de fomento que estimulan el sentido del honor, si bien los reparos surgen respecto de aquellos que crean situaciones sociales incompatibles con el régimen político establecido.

Así, por ejemplo, la forma de gobierno republicano, en Uruguay, no admite la concesión de títulos nobiliarios ni de honores o distinciones hereditarias (art. 9° de la Carta).

Sin embargo, a la Asamblea General compete, por disposición del artículo 85, numeral 13 de la Constitución, acordar recompensas y decretar honores públicos a los grandes servicios.

La doctrina observa como característica del acto administrativo de otorgamiento de una ventaja de tipo honorífico, la discrecionalidad en la apreciación de los méritos del candidato, dentro de ciertos límites[29].

C) *medios jurídicos*

Los medios jurídicos de fomento han sido definidos como un conjunto de actuaciones que suponen la consagración por el ordenamiento jurídico, de una situación más favorable para determinadas personas[30].

Para JORDANA DE POZAS[31], esa situación más favorable representa, indirectamente, ventajas económicas o de seguridad.

Con intento de circunscribir el espectro de los medios jurídicos, se ha señalado que puede ocurrir que la administración utilice sus poderes exorbitantes en

[27] BAENA DEL ALCÁZAR, *Régimen jurídico de la intervención...*, pág. 274.

[28] GARRIDO FALLA, ob. cit., pág. 314.

[29] *Ibidem*, pág. 316.

[30] BAENA DEL ALCÁZAR, "Sobre el concepto de fomento...", cit., pág. 71; DROMI, ob. cit., pág. 155.

[31] Cit. por BAENA DEL ALCÁZAR, "Sobre el concepto de fomento...", cit, pág. 71.

beneficio de los titulares de la actividad fomentada o que les conceda dispensas frente a las leyes y reglamentaciones administrativas de carácter prohibitivo[32].

Varios autores mencionan, entre los medios jurídicos que suponen el empleo de poderes exorbitantes de la administración, la expropiación en beneficio de la actividad fomentada[33].

En el Derecho positivo uruguayo podría citarse, como ejemplo, el artículo 209 de la ley 13.728 de 17 de diciembre de 1968, que estructura el Plan Nacional de Viviendas, y declara de utilidad pública, a los efectos de su expropiación, los inmuebles que, por su ubicación y caracteres, resulten adecuados para los propósitos que persigue la norma.

También se menciona el caso de los llamados estatutos privilegiados[34]. Un ejemplo podría hallarse en el régimen de reserva de cargas, previsto en el decreto-ley Nº 14.650 de 12 de mayo de 1977, de fomento de la marina de bandera uruguaya, en virtud del cual se reserva el derecho de transportar en buques de bandera uruguaya, como mínimo, el 50 por ciento de las mercaderías que se comercien con el exterior por vía marítima, fluvial o lacustre (art. 2º).

Garrido Falla[35] cuestiona la inclusión de los poderes exorbitantes empleados en beneficio de particulares, en el ámbito de la actividad fomental, señalando que constituyen manifestaciones de una actividad administrativa por vía de coacción y no de persuasión.

Fieles a la caracterización del tipo "actividad fomental" por el empleo de la técnica persuasiva, estimamos que la objeción del autor puede ser de recibo.

La especie propia de medida jurídica de fomento estaría en la dispensa, definida esta como aquel *"acto por el cual la administración descarta la aplicación de una norma general en un caso concreto"*[36], eximiendo a una persona de la obligación que aquella le impone. Puede tratarse, por ejemplo, de facilidades de tipo procedimental.

D) *Medios técnicos*

Baena del Alcázar[37] introduce en la clasificación formulada por Jordana de Pozas y seguida por el resto de la doctrina, una nueva especie de medio de fomento, que denomina "medidas de tipo técnico", señalando que suelen consistir en asesoramiento o en uso de maquinaria y que se dan principalmente en la agricultura.

[32] Garrido Falla, ob. cit., pág. 329.

[33] Jordana de Pozas y Pellisé, cits. por Dromi, ob. cit., pág. 155.

[34] *Ibidem.*

[35] Garrido Falla, ob. cit., pág. 330.

[36] Julio A. Prat, *Derecho administrativo*, tomo III, vol. II, Montevideo, Acali, 1978, pág. 45.

[37] Baena del Alcázar, Régimen jurídico de la intervención..., cit., pág. 275.

Por nuestra parte, estimamos que no existe mérito suficiente para distinguir como categoría independiente, esta, de medidas técnicas, propuesta por BAENA, que resulta perfectamente comprendida en la categoría de los medios económicos que analizaremos seguidamente.

E) *Medios económicos*

Los medios económicos son los de mayor importancia, tanto cualitativa como cuantitativa, considerando que el principal estímulo de nuestro tiempo es el provecho.

Como expresa GARRIDO FALLA, "nuestros antepasados estaban dispuestos a hacer los mayores sacrificios para asegurar la perpetuidad del hombre y de la estirpe, pero hoy se buscan beneficios más inmediatos"[38].

Este autor define los medios económicos, como aquellas medidas que implican una ventaja patrimonial favorable al sujeto fomentado y, siguiendo a JORDANA DE POZAS, las clasifica en ventajas de carácter real y ventajas de carácter financiero. Estas últimas se dividen, a su vez, en directas e indirectas[39].

a) *Ventajas económicas de carácter real.* En esta categoría ingresan las hipótesis en que la Administración realiza una prestación a los particulares, que puede consistir en el uso o aprovechamiento de un bien que integra el patrimonio estatal[40], o en la utilización gratuita por el particular, de servicios técnicos previamente montados por la administración[41].

[38] GARRIDO FALLA, ob. cit., pág. 312.

[39] *Ibidem*, pág. 317. Idéntica clasificación realiza RIVERO, al estudiar la ayuda de la administración a las actividades privadas de interés general: JEAN RIVERO, *Droit administratif*, Paris, 1977, págs. 438 y ss. Entre nosotros, GABRIEL GIAMPIETRO BORRÁS, *Incentivos tributarios para el desarrollo*, Buenos Aires, 1976, págs. 61 y 62, define los incentivos o estímulos económicos, por el fin perseguido y por su contenido, como su atributo específico, resultando la siguiente definición: "todo beneficio económico que se confiere, directa o indirectamente, a alguien, por el Estado, con la finalidad de acentuar una actividad predominantemente económica, tendiente al desarrollo económico y social del país, actividad que de algún modo concierne a quien se le defiere".

[40] Es el caso del art. 6°, lit. g) del decr.-ley 14.335 de 23 de diciembre de 1974 (de turismo), que prevé la posibilidad de otorgar concesiones en bienes de propiedad del Estado, con fines de explotación turística.

[41] Es el caso del art. 241 de la ley 16.736 de 5 de enero de 1996 (en redacción dada por el art. 1° de la ley 18.797 de 19 de agosto de 2011), que crea el "Plan Agropecuario" como persona jurídica de Derecho Público no estatal, con cometidos de extensión, transferencia de tecnología y capacitación relacionadas con la producción agropecuaria, a efectos de promover el desarrollo del sector; y que asigna al poder ejecutivo la fijación de la política nacional en materia de extensión, transferencia de tecnología y capacitación relacionada con la producción agropecuaria, la que se fijará en coordinación con el sector privado.

BAENA DEL ALCÁZAR[42] objeta la inclusión de esta especie de ventajas económicas, señalando que no parece que se trate de la satisfacción "indirecta" de necesidades, característica del fomento.

b) *Ventajas económicas de carácter financiero.* Incluyen aquellas ventajas o auxilios económicos que la administración brinda a determinados sujetos.

Como habíamos adelantado, se dividen en directos e indirectos. Los primeros implican un desembolso efectivo de dinero del erario, a favor de particulares o de otras entidades administrativas. Los segundos no significan para la administración un desembolso inmediato, sino, en todo caso, un lucro cesante, e implican exenciones de obligaciones de carácter fiscal.

a') *Auxilios indirectos.* Son formas concretas de estos auxilios indirectos:

1. Las *exenciones fiscales* por las que se exime a determinada actividad o empresa —por razón de ajustarse a condiciones impuestas por la ley— del pago de ciertos impuestos y cargas fiscales.

2. Las *desgravaciones fiscales* que tienen por objeto salvar una situación de emergencia, como, por ejemplo, una mala cosecha[43].

3. Las *admisiones temporarias*, que implican una excepción en la aplicación del régimen fiscal de aduanas, respecto de bienes que vuelven a exportarse[44].

Han sido señaladas como ventajas en este tipo de medios de fomento, su aptitud para provocar un aumento o expansión de la actividad económica en general, así como su fácil implantación, en cuanto su establecimiento rara vez alza oposiciones[45].

Expresa NICHOLAS KALDOR que "la mayor gravitación de cada uno de los instrumentos tributarios depende de las características particulares de cada país y del sector o hecho económico que se desee alentar y sobre todo de las particularidades del sistema tributario respectivo"[46].

El estudio detallado del Derecho positivo en relación con el tema de los auxilios indirectos corresponde principalmente al Derecho financiero[47]. Cabe

[42] BAENA DEL ALCÁZAR, "Sobre el concepto de fomento...", cit., pág. 73.

[43] Conf. GARRIDO FALLA, ob. cit., pág. 318; DROMI, ob. cit., pág. 156.

[44] ADDY MAZZ, *Gravámenes al comercio exterior*, Montevideo, FCU, 1989, pág. 116, las estudia en el marco de los regímenes suspensivos de tributos aduaneros.

[45] GIAMPIETRO BORRÁS, ob. cit., págs. 105 y ss; GUILLERMO ANDUEZA, "La planificación en América Latina", en *Perspectivas del derecho público en la segunda mitad del siglo XX*, Homenaje a Enrique Sayagués Laso, tomo I, Madrid, 1969, pág. 538; HÉCTOR VILLEGAS, Curso de finanzas, Derecho Financiero y Tributario, Buenos Aires, 1975, págs. 647 y ss.

[46] NICHOLAS KALDOR, "El papel de la tributación en el desarrollo económico", en *Reforma tributaria en América Latina II*, Documentos y actas de la conferencia celebrada en Santiago, Chile, en diciembre de 1962, organizada por el Programa Conjunto de Tributación OEA-BID-CEPAL, Washington D.C., 1969, pág. 126.

[47] Es tal como lo señala, por ejemplo y entre otros, RIVERO, ob. cit., pág. 439.

señalar, sin embargo que, en Uruguay, su empleo se remonta a los inicios de nuestra vida independiente[48], pudiendo mencionarse, con carácter meramente enunciativo y a vía de ejemplo, las siguientes normas que consagran este tipo de ventajas económicas: artículo 1° de la ley 9.977 de 5 de diciembre de 1940 (de Fomento de la Aviación Nacional); ley 13.833 de 29 de diciembre de 1969 (de Pesca); decreto-ley 14.178 de 28 de marzo de 1974 (de Promoción Industrial); decreto-ley 14.335 de 23 de diciembre de 1974 (de Turismo); decreto-ley 14.650 de 12 de mayo de 1977 (de Fomento de la Marina Mercante de Bandera Uruguaya; ley 15.939 de 28 de diciembre de 1987 (Forestal).

b') *Auxilios directos*. Parte de la doctrina, cuando aborda el estudio de los auxilios directos, concentra su atención casi exclusivamente en el análisis de la subvención[49].

Garrido Falla[50], en cambio, distingue la subvención en sentido estricto, de otros auxilios directos entre los que menciona y analiza los anticipos, las primas y premios, los subsidios y el seguro de beneficios industriales, en los términos siguientes:

1. Los *anticipos* consisten en préstamos de dinero que la administración ofrece para facilitar el desarrollo de una actividad de interés público. Nuestro Derecho positivo ofrece ejemplos de este tipo de anticipo en el capítulo VII de la ya citada ley 14.650 (de Fomento de la Marina Mercante de Bandera Uruguaya).

El prestatario se obliga a la devolución de las sumas prestadas, pactándose, en general, formas de reajuste de intereses, y el cumplimiento de esta obligación suele asegurarse mediante la constitución de garantías reales.

2. Los *premios y primas* plantean el problema de su distinción conceptual con la subvención. Los autores suelen señalar a tales efectos, que, en el caso de las primas, el beneficiario tiene un derecho subjetivo a su obtención, reconocido por ley, mientras que el otorgamiento de toda subvención es, en principio, discrecional[51].

3. Los *subsidios* han sido definidos como premios o primas de carácter periódico, poniéndose como ejemplo la ayuda familiar a los funcionarios públicos.

[48] *Vid.* Giampietro Borrás, ob. cit., pág. 135; Juan P. Cajarville, "El poder ejecutivo como conductor de políticas sectoriales", en *Estudios de derecho administrativo*, tomo III, Montevideo, 1979, pág. 69.

[49] Dromi, ob. cit., pág. 156; Baena del Alcázar, "Sobre el concepto de fomento", cit., pág. 74.

[50] Garrido Falla, ob. cit., pág. 319; Baena del Alcázar, *Régimen jurídico de la intervención...*, cit., pág. 282, agrega las preferencias en los suministros oficiales.

[51] En tal sentido, el acto que otorga la prima se limita a aplicar una situación objetiva y reglamentaria en favor de quien se halla en las circunstancias previstas.

4. El *seguro de beneficios industriales* supone una promesa de garantía por parte del Estado, de que los capitales invertidos en una empresa de interés público producirán un determinado interés mínimo.

F) *Estudio particular de la subvención*

La doctrina caracteriza a la subvención como la "columna política" del fomento[52], su *punctum saliens*[53], su "técnica paradigmática"[54].

a) *Concepto.* Con un sentido amplio, que es el que surge del Diccionario de la Real Academia de la Lengua, se utiliza la locución "subvención" para designar a todo auxilio dinerario del poder público a particulares o entidades públicas o privadas, con fines de interés general.

Con un sentido restringido, se formulan una serie de definiciones que vinculan el concepto a que la entrega se haga con cargo a fondos públicos presupuestarios.

Se ha observado acertadamente que estas definiciones convierten en carácter diferenciador lo que no es más que una circunstancia indiferente[55].

CRABBÉ[56] ha definido la subvención como "una intervención financiera de las personas públicas subordinadas o de instituciones privadas (eventualmente de personas físicas) para la financiación de ciertas actividades juzgadas necesarias en interés público". Su beneficiario puede ser, pues, en este enfoque, un particular o un ente público.

BAENA DEL ALCÁZAR[57] ha señalado que, en la segunda hipótesis, no se da la prestación indirecta propia de la actividad de fomento.

En Uruguay, PRAT[58] la define como "el acto por el cual la administración concede a un particular una suma de dinero u otra ventaja económica con el fin de incentivar o desarrollar una actividad productiva de interés público". Esta definición elimina la hipótesis cuestionada por BAENA, pero limita la noción al estímulo de actividades productivas, dejando fuera otras, como las culturales o artísticas, por ejemplo.

NIEVES BORREGO[59], así como DIEZ y HUTCHINSON[60], expresan que la subvención es una "donación modal *ob causam futuram,* de Derecho administrativo,

[52] DROMI, ob. cit., pág. 156.

[53] BAENA DEL ALCÁZAR, "Sobre el concepto de fomento", cit., pág. 74 A.

[54] GARRIDO FALLA, ob. cit., pág. 321.

[55] DIEZ y HUTCHINSON, ob. cit., pág. 37.

[56] Cit. por DROMI, ob. cit., pág. 157.

[57] BAENA DEL ALCÁZAR, "Sobre el concepto de fomento", cit., pág. 75.

[58] JULIO A. PRAT, ob. cit., pág. 47.

[59] JULIO NIEVES BORREGO, "Estudio sistemático y consideración jurídico-administrativa de la subvención", en *Revista de Administración Pública,* núm. 42, set.-dic., Madrid, 1963, pág. 28.

[60] DIEZ y HUTCHINSON, ob. cit., pág. 38.

por la cual un organismo público asume parte de la carga financiera de otro organismo de rango inferior o de un particular —que tengan jurídicamente la consideración de terceros— con una finalidad de interés general, pero específica y determinada".

Preferimos el concepto formulado por CRABBÉ, al que introduce la noción de donación, por considerar de nula utilidad teórica el empleo de esta categoría traída del Derecho privado, para definir o explicar la subvención.

Los mismos autores que acuden a la figura de la donación terminan por señalar que la subvención es una figura característica y determinada del Derecho administrativo, que se distingue de la donación, en cuanto ni siquiera le asignan naturaleza contractual[61].

b) *Naturaleza jurídica.* Parte de la doctrina entiende que se trata de un puro acto unilateral o de un acto necesitado de aceptación o colaboración del subvencionado[62].

Otros autores le atribuyen naturaleza contractual[63] y están los que afirman que puede contenerse en una u otra especie de acto administrativo[64].

Esta última parece ser, en nuestra opinión, la respuesta correcta. En efecto: en aquellas subvenciones otorgadas sin exigir del beneficiado una conducta determinada, no tendría objeto el otorgamiento de un contrato.

Tampoco parece que ello sea siempre necesario en aquellos casos en que la subvención tiene por causa jurídica un determinado comportamiento del beneficiado. Puede no serlo, cuando aparece como un acto-condición, que coloca al sujeto en una situación compleja de derechos y deberes previamente fijada por una norma objetiva.

Cabe señalar que son frecuentes, en el moderno Derecho comparado, los casos en que la administración otorga subvenciones empleando el mecanismo de la "acción concertada" mediante la suscripción de "actas de concierto", en las que determinados particulares aceptan voluntariamente una actuación dirigida al cumplimiento de finalidades de interés público, a cambio del otorgamiento de ciertos beneficios o facilidades[65].

Esta figura no encuentra paralelo en el Derecho privado, en cuanto no plantea un fenómeno económico de intercambio, ya que la administración nada

[61] *Ibidem*, pág. 45.

[62] VILLAR PALASÍ, cit. por GARRIDO FALLA, ob. cit., pág. 323; DIEZ y HUTCHINSON, ob. cit., pág. 47, expresan que es un "propio y verdadero acto unilateral necesitado de coadyuvante".

[63] DROMI, ob. cit., pág. 159; FIORINI, ob. cit., pág. 225; NIEVES BORREGO, ob. cit., pág. 45; CASSAGNE, ob. cit., pág. 162, señala que en materia de fomento industrial las relaciones nacen, por lo general, de un acto bilateral.

[64] GARRIDO FALLA, ob. cit., pág. 323.

[65] *Ibidem*, págs. 330 a 332.

recibe, buscando alcanzar objetivos económicos o sociales de interés general, y que favorecen también al propio particular que ingresa en el concierto. Se trata de una técnica de administración y no de intercambio de prestaciones patrimoniales. Aparecen, así, en este instrumento, las notas caracterizantes de la técnica fomental[66].

c) *Clases*. Las subvenciones se han clasificado en atención a su origen, a su finalidad, a los sujetos de la relación jurídica[67], a su grado de liberalidad y al modo de determinación de su cuantía[68].

a') *Por su origen,* se distinguen:

1. *Las llamadas legales,* que tienen su fuente en la Constitución o en la ley.

2. *Las facultativas,* que no están previstas en disposiciones de carácter general, dependiendo su otorgamiento, de circunstancias de cada momento concreto.

3. *Las convencionales,* que resultan de obligaciones contraídas por el subvencionante a favor de ciertos organismos, revistiendo carácter contractual.

La revocabilidad de la subvención se ve limitada, en las llamadas legales y en las convencionales, por virtud de derechos adquiridos del subvencionado[69].

b') *Por su finalidad,* se clasifican en dos grandes grupos:

1. *Subvenciones con finalidad económica,* que tratan de condicionar la coyuntura económica.

2. *Subvenciones sin finalidad económica,* que no tienen un objetivo económico inmediato, sino el apoyo a la educación, la literatura, el arte, la sanidad, etc.

c') *Por los sujetos intervinientes,* en Uruguay se distinguen:

1. *En atención al sujeto activo*, que solo puede ser una persona jurídica de Derecho público (subvencionante):

1.1. Aquellas en que el sujeto activo es el Estado central, persona jurídica pública mayor (cuyos órganos son los tres poderes y los tres órganos de contralor Tribunal de Cuentas, Tribunal de lo Contencioso Administrativo y Corte Electoral). Normalmente, esta persona pública será el subvencionante.

1.2. Aquellas en que el sujeto activo es un gobierno departamental (referente, en Uruguay, de la descentralización por territorio); un ente autónomo o un servicio descentralizado (especies, en Uruguay, de la descentralización por servicios).

[66] EDUARDO GARCÍA DE ENTERRÍA, y TOMÁS RAMÓN FERNÁNDEZ, *Curso de derecho administrativo*, tomo I, Madrid, 1983, págs. 620 y ss.

[67] Conf. DROMI, ob. cit., págs. 620 y ss.

[68] Conf. GARRIDO FALLA, ob. cit., pág. 322.

[69] *Ibidem*, pág. 327.

2. *En atención al sujeto pasivo*:

2.1. Subvenciones públicas (*externas*), concedidas por el subvencionante a un sujeto de Derecho privado.

2.2. Subvenciones administrativas (*internas*), concedidas por el subvencionante a otro sujeto de Derecho público, para ayudarlo a soportar la carga de los servicios confiados a su gestión.

d) *Por su grado de liberalidad* se clasifican en:

1. *Puras*, cuando no van acompañadas con una cláusula condicional o modal.

2. *Condicionales*, cuando el subvencionado se compromete a cierta conducta o actividad, cuyo incumplimiento suele tener carácter resolutorio.

En estas subvenciones, puede acordarse el pago fraccionado contra justificación del cumplimiento de la conducta comprometida, resultando como consecuencia inevitable un poder de fiscalización de la actividad subvencionada[70].

3. "*A fondo perdido*", en las que el subvencionado no se obliga a devolver la ayuda recibida.

4. "Con participación administrativa en los beneficios".

e) *Por la determinación de su cuantía* se distinguen las subvenciones:

1. "*A cantidad fija*", independientemente del volumen de la obra o empresa beneficiada.

2. "*A tanto por ciento del presupuesto*".

3. Las fuentes: Constitución, leyes, reglamentos y otras fuentes secundarias

A) *Previsiones constitucionales*

La Constitución uruguaya incluye algunas disposiciones importantes que aluden a la actividad de fomento, tal como ha quedado descrita.

En primer término, corresponde mencionar la previsión de su *artículo 85*, norma que regula la competencia de la Asamblea General. El *numeral 3* de este artículo asigna al legislador la expedición de las leyes "relativas a la independencia, seguridad, tranquilidad y decoro de la República; protección de todos los derechos individuales y *fomento de la ilustración, agricultura, industria, comercio interior y exterior*"[71].

[70] Villar Palasí, cit. por Garrido Falla, (ob. cit., págs. 328 y 329), señala que cuando la actividad subvencionada es privada y aparecen estas facultades de fiscalización, la institución se administrativiza, en cierto modo, a través de controles como la aprobación de sus balances o el establecimiento de recursos jurídicos impropios. Cuando, en cambio, la entidad subvencionada es de carácter público, aparecen en muchos casos, originales fórmulas de cogestión.

[71] Los destacados en las normas transcritas nos pertenecen.

Por su parte, el *artículo 50*, en la redacción dada por la reforma constitucional aprobada por plebiscito de fecha 8 de diciembre de 1996, establece:

"El Estado orientará el comercio exterior de la República protegiendo las actividades productivas cuyo destino sea la exportación o que reemplacen bienes de importación. La ley *promoverá las inversiones* destinadas a este fin, y encauzará preferentemente con este destino el ahorro público.

"Toda organización comercial o industrial trustificada estará bajo el contralor del Estado.

"Asimismo, el Estado *impulsará políticas de descentralización*, de modo de *promover el desarrollo regional* y el bienestar general".

Esta norma supone un claro mandato para fomentar, en el comercio exterior, las actividades productivas destinadas a la exportación o que reemplacen bienes importados. Más específicamente, encomienda al legislador promover las inversiones que se realicen con tales objetivos, incluso encauzando el ahorro público hacia los mismos.

A su vez, en el último inciso, el *artículo 50* plantea el fomento del desarrollo regional y del bienestar general, a través de políticas de descentralización.

Otra norma constitucional que recoge expresamente atribuciones en materia de fomento es el *artículo 57*, que manda al legislador la *promoción de la organización de sindicatos gremiales*, previendo como instrumentos de tal actividad de fomento, el otorgamiento de franquicias y el dictado de normas para el reconocimiento de su personería jurídica.

El fomento de la actividad gremial aparece también en el segundo inciso del artículo 57, cuando ordena al legislador la promoción de la creación de tribunales de conciliación y arbitraje. Es el mismo artículo que declara la huelga como derecho gremial, señalando que, sobre esta base, se reglamentará su ejercicio y efectividad.

La *trascendencia del artículo 85, numeral 3*, citado en primer término en este apartado, radica en que encuadra el fomento en sectores clave del quehacer nacional, como lo son la ilustración, la agricultura, la industria, y el comercio, en el ejercicio de la potestad legislativa.

Esto no debe llamarnos la atención considerando que:

a) Si el fomento se tradujera en instrumentos negativos, que supusieran limitación de derechos, no podría definirse sino por Ley en sentido orgánico-formal, y por razones de interés general, según resulta del artículo 7° de la Constitución[72].

[72] "Art. 7°. Los habitantes de la República tienen derecho a ser protegidos en el goce de su vida, honor, libertad, seguridad, trabajo y propiedad. Nadie puede ser privado de estos derechos sino conforme a las leyes que se establecieren por razones de interés general".

b) Si se definiera por instrumentos positivos, involucrando prestaciones, bienes o ventajas económicas o de seguridad, requeriría una ley de previsión presupuestal (art. 214[73] y concordantes); y también requeriría ley si tuvieran naturaleza honorífica, en virtud de lo dispuesto en el artículo 85, numeral 13[74].

Únicamente algún tipo de medio psicológico de propaganda podría escapar a esta reserva de ley, sin perjuicio de que, en todo caso, debería contar con la respectiva previsión presupuestal. Lo expresado confirma la vigencia, para Uruguay, del principio de legalidad antes mencionado como propio y caracterizante de la actividad de fomento.

Más allá de lo señalado, pueden aparecer normas con contenido de promoción o fomento, de carácter reglamentario de las disposiciones constitucionales y legales que constituyen la fuente por excelencia de esta actividad.

B) *Algunas previsiones legales y reglamentarias*

A continuación, hacemos un listado —que no pretende ni podría ser exhaustivo— de diversas disposiciones de rango legal y reglamentario, que se han venido sancionando a lo largo de los años, en Uruguay, con propósito de promover actividades consideradas de interés público. En general, definen aspectos institucionales y competenciales en la materia, y establecen beneficios como los antes analizados.

a) Ley 9.977 de 5 de diciembre de 1940, de Promoción de la Aeronáutica Civil (reglamentada por decreto 196 de 2017 de 24 de julio).

b) Decreto-ley 14.330 de 19 de diciembre de 1974, de Sociedades de Fomento Rural.

c) Decreto-ley 14.650 de 12 de mayo de 1977, de Promoción de la Marina Mercante de Bandera Uruguaya (reglamentada por decr. 383 de 1978 de 3 de julio).

d) Ley 16.906 de 7 de enero de 1998, de Promoción de Inversiones. En relación con las inversiones, también corresponde mencionar el artículo 202 de la ley 16.736 de 5 de enero de 1996, que crea, como persona pública no estatal, el Instituto de Promoción de la Inversión y las Exportaciones de Bienes y Servicios (reglamentado por decr. 214 de 1996 de 12 de junio). Entre sus cometidos, se incluye "realizar acciones promocionales tendientes a lograr el crecimiento de las inversiones extranjeras, así como de las exportaciones de bienes y servicios, y su diversificación en términos de mercados y productos".

[73] "Art. 214. El poder ejecutivo proyectará con el asesoramiento de la Oficina de Planeamiento y Presupuesto, el Presupuesto Nacional que regirá para su período de gobierno y lo presentará al poder legislativo dentro de los seis primeros meses del ejercicio de su mandato".

[74] "Art. 85. A la Asamblea General compete: [...] 13) [...] y decretar honores públicos a las grandes virtudes".

e) Ley 17.292 de 25 de enero de 2001, de Fomento y Mejoras del Empleo.

f) Artículo 307 de la ley 17.296 de 21 de febrero de 2001, que crea el Consejo Nacional de Innovación, Ciencia y Tecnología (CONICYT), con cometidos de promoción del desarrollo de las investigaciones en todos los órdenes del conocimiento, y de acciones conducentes al fortalecimiento del Sistema Nacional de Ciencia, Tecnología e Innovación.

g) Ley 17.503 de 30 de mayo de 2002, de Creación del Fondo de Reconstrucción y Fomento de la Granja (reglamentada por decr. 219 de 2002 de 14 de junio).

h) Artículo 240 de la ley 17.930 de 19 de diciembre de 2005, de Fomento Artístico Cultural (reglamentado por decr. 364 de 2007 de 1 de octubre).

i) Ley 18.084 de 28 de diciembre de 2006, con previsiones de promoción de la investigación y la innovación (reglamentada por decr. 166 de 2007 de 8 de mayo).

j) Ley 18.242 de 27 de diciembre de 2007, de Fomento y Desarrollo de la Producción Láctea (reglamentada por decr. 190 de 2012 de 29 de mayo).

k) Ley 18.284 de 16 de mayo de 2008, de Fomento Cinematográfico y Audiovisual (reglamentada por decr. 473 de 2008 de 6 de octubre).

l) Ley 18.437 del 12 de diciembre de 2008, con previsiones de promoción de la educación.

m) Ley 18.833 de 28 de octubre de 2011, de Fomento del Deporte Nacional (reglamentada por decr. 308 de 2015 de 24 de noviembre).

n) Ley 19.253 de 28 de agosto de 2014, con previsiones de promoción de la actividad turística.

o) Ley 19.529 de 24 de agosto de 2017, con previsiones de fomento de emprendimientos autónomos para personas con trastornos mentales.

p) Ley 19.717 de 21 de diciembre de 2018, de Fomento de la Producción con Bases Agroecológicas.

q) Ley 19.784 de 23 de agosto de 2019, de Promoción de Parques Industriales y Científico Tecnológicos.

r) Ley 19.820 de 18 de setiembre de 2019, de Promoción del Emprendedurismo.

s) Ley 19.889 de 9 de julio de 2020. El artículo 305 de esta ley crea la Agencia de Monitoreo y Evaluación de Políticas Públicas, asignándole los cometidos que su nombre indica. Su competencia en materia fomental es importante porque la evaluación supone —como la propia norma expresa— "la revisión sistemática y objetiva, a efectos de generar evidencia mediante la comparación entre lo proyectado y los resultados efectivamente obtenidos, a fin de promover iniciativas orientadas a mejorar el diseño, la implementación, la ejecución y los efectos de las políticas públicas, en especial de los programas, proyectos, objetivos y planes implementados por las respectivas unidades ejecutoras".

t) Artículo 412 de la ley 19.889 precitada, que comete a la Dirección Nacional de Integración Social y Urbana coordinar acción social conjunta del Plan Nacional de Integración Socio Habitacional – Juntos, creado por la ley 18.829, de 24 de octubre de 2011, la Unidad de Coordinación del Programa de Mejoramiento de Barrios y el Plan Nacional de Relocalización, proponiendo las políticas de prevención de formación de asentamientos irregulares, ejecutando las que sean aprobadas y promoviendo la inversión en soluciones habitacionales para sectores de menores ingresos.

u) Ley 19.973 de 13 de agosto de 2021, de Promoción de Políticas Activas de Empleo Remunerado de Jóvenes entre 15 y 29 años, mayores de 45 años y personas con discapacidad.

v) Ley 19.978 de 20 de agosto de 2021 (reglamentada por decr. 86 de 2022 de 17 de marzo), de Promoción del Teletrabajo.

Un ámbito en el que Uruguay ha sido muy exitoso en el desarrollo de políticas de fomento ha sido el de promoción de la generación de energía eléctrica a partir de fuentes renovables, que ha determinado un cambio ejemplar en la matriz energética del país.

En el marco de la política sectorial definida, y en aplicación de las Leyes de Energía (14.694 de 1 de setiembre de 1977), Orgánica de la empresa estatal UTE (15.031 de 4 de julio de 1980), y de Marco Regulatorio del Sector Eléctrico (16.832 de 17 de junio de 1997), así como del Reglamento del Mercado Mayorista de Energía Eléctrica (aprobado por decr. 360 de 2002 de 11 de setiembre); por decreto 77 de 2006 de 13 de marzo se imparte a UTE una directiva para "la celebración de contratos especiales de compraventa de energía eléctrica con proveedores a instalarse en territorio nacional que produzcan dicha energía a partir de la fuente eólica, de biomasa o de pequeñas centrales hidráulicas" (art. 1º).

Para la selección de los contratistas, preceptúa el cumplimiento de procedimiento competitivo conforme al Texto Ordenado de Contabilidad y Administración Financiera (TOCAF), además de otras reglas que incorpora el propio decreto, sobre la base de compraventa asegurada al proveedor de la energía durante el plazo contractual (máximo de 20 años), con la remuneración resultante del procedimiento competitivo mencionado (*"contratos take or pay"*).

Para la comparación de ofertas se consideraron —entre otros y además del precio— la integración de componente nacional, y los plazos de entrada en servicio y de contratación.

El pliego para el procedimiento fue aprobado por UTE previa opinión del Ministerio de Industria, Energía y Minería (art. 2º, num. III).

En este primer decreto de promoción de contratos de compraventa de energía de fuente renovable, se previó, además, que pudieran contratar en su marco, generadores individuales cuya potencia nominal a instalar no superara los 10 MW.

Las formas de medida de la energía entregada y las modalidades de entrega se derivaron a un acuerdo operativo que debe suscribirse entre las partes.

El generador debió asumir los costos de conexión y de las ampliaciones en la red, pero ha quedado exento del pago de cargos por el uso de la misma, y se le prohíbe la venta a terceros de energía eléctrica proveniente de las centrales asociadas a los contratos, durante la vigencia de los mismos.

Por otra parte, se le faculta a decidir su propio despacho, declarando aplicables en lo pertinente las disposiciones del Reglamento del Mercado Mayorista y las atribuciones de la Administración del Mercado Eléctrico (ADME).

El artículo 3° del decreto establece que los costos derivados de estos contratos, vinculados a la promoción de fuentes renovables, se incluyan en el cálculo de las tarifas de UTE.

El artículo 4°, por su parte, dispone que los contratos deben respetar los requisitos ambientales de la normativa vigente.

A continuación, se dictaron varios decretos de promoción de la incorporación de energía de fuentes renovables al sistema nacional: decretos 397 de 2007 de 26 de octubre (llamados para complementar el remanente de los 60 MW previstos en el decr. 77 de 2006), 296 de 2008 de 18 de junio, 299 de 2008 de 20 de junio, 377 de 2009 de 14 de agosto, 403 de 2009 de 24 de agosto (que establece lineamientos para acordar contratos de compraventa de energía hasta alcanzar una potencia nominal de 150 MW, con su modificativo 343 de 2010 de 28 de noviembre), 367 de 2010 de 10 de diciembre (para biomasa), 41 de 2010 de 1° de febrero, 367 de 2010 de 10 de diciembre, 159 de 2011 de 6 de mayo, 424 de 2011 de 6 de diciembre, 451 de 2011 de 19 de diciembre (para solar térmica), 50 de 2012 de 22 de febrero (que encomienda al MIEM a través de su Dirección Nacional de Energía la coordinación del Plan Solar, a efectos de promocionar y financiar la adquisición de equipamiento de energía solar térmica)[75], 113 de 2013 de 11 de abril (que establece que las centrales generadoras fotovoltaicas se despacharán siempre que estén disponibles y que no exista restricción operativa), y 133 de 2013 de 2 de mayo (que promueve la celebración de contratos especiales con proveedores que produzcan energía eléctrica de fuente solar fotovoltaica).

También cabe mencionar los decretos 158 de 2012 de 17 de mayo y su modificativo 433 de 2012 de 28 de diciembre, por los que se promueve la celebra-

[75] Este decreto se dicta en el marco de lo dispuesto en el art. 1° de la ley 18.585 de 18 de setiembre de 2009, que declara de interés nacional la investigación, el desarrollo y la formación en el uso de la energía solar térmica.

ción de contratos de compraventa de energía por parte de UTE a consumidores industriales que generen utilizando como fuente primaria la energía eólica.

En los sucesivos decretos vinculados a generación a partir de fuente eólica, de biomasa o de pequeñas centrales hidráulicas se fueron variando condiciones de la contratación, como la cantidad de MW de potencia nominal instalada, o la posibilidad de volcar al mercado Spot la potencia remanente inyectada a la red de UTE (caso del art. 2°, inc. 2° del num. IV) del decreto 397 de 2007 citado).

C) *El fomento en el marco de los entes territoriales*

Como surge del antes comentado artículo 50 de la Constitución, el fomento en el marco de los entes territoriales viene dispuesto, en Uruguay, desde la propia Constitución de la República, cuando refiere a impulsar "políticas de descentralización, de modo de promover el desarrollo regional".

Otras disposiciones constitucionales introducen regulaciones que van en el sentido de la adopción de políticas de descentralización. Tal es el caso del artículo 47, inciso 2°, numeral 1, literal c) (con la redacción dada por la reforma constitucional de 2004), cuando estatuye que la política nacional de aguas y saneamiento estará basada en "el establecimiento de prioridades para el uso del agua por regiones, cuencas o partes de ellas, siendo la primera prioridad el abastecimiento de agua potable a poblaciones".

También es el caso del artículo 230, cuando regula las atribuciones de la Oficina de Planeamiento y Presupuesto, asignando a este órgano potestades en materia de planes y políticas de descentralización.

En Uruguay, la descentralización territorial se estructura en la Sección XVI ("Del gobierno y de la administración de los Departamentos"), a cargo de los diecinueve gobiernos departamentales. El Capítulo I. de dicha Sección se abre con el artículo 262, cuyo inciso 5° dispone:

"Los gobiernos departamentales podrán acordar, entre sí y con el poder ejecutivo, así como con los entes autónomos y los servicios descentralizados, la *organización y la prestación de servicios y actividades* propias o comunes, tanto en sus respectivos territorios como *en forma regional o interdepartamental*".

En este marco constitucional, complementado por diversas leyes, entre las que cabe destacar la Ley Orgánica Departamental 9515 de 28 de octubre de 1935 y la Ley de Descentralización y Participación Ciudadana 19.272 de 25 de setiembre de 2014, cada gobierno departamental desarrolla actividad de fomento.

A vía de ejemplo, cabe mencionar algunas previsiones incluidas en el *Digesto Departamental de Montevideo*, volumen IV. Ordenamiento territorial, desarrollo sostenible y urbanismo[76]. En este ordenamiento, el artículo D.223.63 delinea la llamada *Área de Promoción*, como aquella "constituida por una unidad territorial objeto de intervenciones urbanas prioritarias, cuyo desarrollo tendrá proyecciones en todo el territorio. La designación de área de promoción implica la posibilidad de asignar a toda o a parte de ella, el régimen específico a efectos de la gestión del suelo".

La norma faculta el establecimiento de exenciones y rebajas tributarias a los titulares de bienes inmuebles comprendidos en las *Áreas de Promoción*.

D) *Los entes reguladores frente a las actividades de fomento*

Una primera cuestión para encarar es la de definir el alcance de la expresión "autoridad reguladora", a los efectos de este análisis.

Si definimos como autoridad reguladora a toda autoridad que regula, la cuestión se traslada a definir qué entendemos por regulación.

a) *Noción amplia de regulación.* De regulación podemos hablar en el sentido amplio empleado por SAYAGUÉS LASO cuando identifica la regulación de la actividad privada como una de las categorías de su clasificación de cometidos estatales.

Según será desarrollado más adelante, dicho cometido de regulación de la actividad privada implica el dictado de normas y se cumple, en principio, en ejercicio de función legislativa[77], como consecuencia de que están en juego derechos fundamentales.

El cometido de regulación mediante el dictado de leyes se complementa, explica SAYAGUÉS, con la realización de tareas concretas y prácticas, dirigidas a controlar, ayudar o encauzar las conductas de los particulares, con el objeto de ordenar y favorecer el desenvolvimiento de la actividad privada: actividad complementaria de constatación (registros), estímulo (privilegios, subvenciones, primas), orientación (controles, autorizaciones), fiscalización (inspecciones), etc. Estas tareas de carácter complementario han sido denominadas por el autor, como "aspectos administrativos de la regulación de la actividad privada".

La regulación de la actividad privada en un sentido amplio tiene, según expresa BRITO[78], carácter multiforme, revistiendo las modalidades que van

[76] Fuente: arts. 3° y D. 63 del decreto de la Junta Departamental de Montevideo 28.242 de 16 de setiembre de 1998; art. 11 del decreto de la Junta Departamental de Montevideo 34.870 de 25 de noviembre de 2013; y art. 1° del decreto de la Junta Departamental de Montevideo 34.889 de 5 de diciembre de 2013. Arts. 506.10, 506.11, 506.12 y 506.13 del TOTID que establecen beneficios tributarios para obras nuevas que se instalen en áreas de promoción.

[77] ENRIQUE SAYAGUÉS LASO, *Tratado de derecho administrativo*, Montevideo, 2022, versión actualizada, con coordinación de Carlos Delpiazzo y Cristina Vázquez.

[78] MARIANO BRITO, "Administración y regulación de la actividad privada", en *Régimen administrativo de la actividad privada*, Montevideo, 1990, págs. 225 y ss.

desde la regulación normativa —actos regla como la ley o el reglamento— hasta las operaciones materiales, pasando por disposiciones generales y actos subjetivos, contractuales y convencionales.

En la doctrina argentina, CASSAGNE define la regulación como una de las funciones esenciales del Estado subsidiario[79], "que se configura básicamente —en su dimensión normativa— como una típica emanación del denominado poder de policía"[80].

Como surge de lo que viene de exponerse, la actividad regulatoria se relaciona, en cuanto implica dictado de normas, con lo que SAYAGUÉS denomina regulación de la actividad privada y sus aspectos administrativos. Por una parte, la regulación podría verse, asimismo, como manifestación de esa actividad de policía concebida en un sentido muy amplio, operando en ocasiones mediante el uso de la coacción. No obstante, por otra parte, y si atendemos a su contenido de orientación de la actividad regulada mediante incentivos, la actividad regulatoria se nos presenta, también, vinculada al concepto de fomento y su *modus operandi*: la persuasión.

Un alcance tan amplio de la noción de regulación expande notablemente también el elenco de las autoridades que podemos llamar reguladoras.

b) *Noción restringida de regulación.* Sin embargo, más recientemente se ha reservado la expresión "autoridades reguladoras" para designar a ciertas autoridades a las que el propio ordenamiento jurídico positivo ha nombrado en esa forma. Estas autoridades reguladoras desarrollan actividad de regulación en un sentido más restringido que el explicado por SAYAGUÉS.

En este sentido y siguiendo a ARIÑO ORTIZ[81], puede definirse la regulación como "la actividad normativa en la que el gobierno condiciona, corrige, altera los parámetros naturales y espontáneos del mercado, imponiendo determinadas exigencias o requisitos a la actuación de los agentes económicos".

Con un enfoque similar, CASES PALLARES[82] señala como una de las características de esta actividad, su objetivo de corregir las disfunciones del mercado. El autor agrega su naturaleza altamente especializada y técnica.

[79] En el tomo I de su curso de Derecho administrativo (Buenos Aires, 1998, pág. 63), el autor destaca como rasgo predominante del Estado subsidiario, el ser "una organización binaria que se integra con una unidad de superior jerarquía que ejerce las funciones indelegables (justicia, defensa, seguridad, relaciones exteriores, legislación) pertenecientes al Estado como comunidad perfecta y soberana, unidad que se completa al propio tiempo con otra, mediante funciones desarrolladas por un conjunto de organizaciones menores que cumplen una misión supletoria de la actividad privada (educación, salud, servicios públicos)".

[80] JUAN C. CASSAGNE, "El servicio público y las técnicas concesionales", La Ley, 10/7/995, cit. por D. NALLAR, *El Estado regulador y el nuevo mercado del servicio público*, Buenos Aaires, 1999, pág. 114.

[81] GASPAR ARIÑO ORTIZ, *Economía y Estado*, Madrid, 1993.

[82] LUIS CASES PALLARES, *Derecho administrativo de la defensa de la competencia*, Madrid, 1995.

Desde la doctrina económica, la regulación ha sido definida como el modo de influir sobre el mercado, mediante la creación de un sistema de incentivos que naturalmente debería propiciar la competencia, guiando o restringiendo las decisiones económicas para conformarlas al interés público[83]. Ante la existencia de fallas del mercado (externalidades, monopolios naturales, asimetrías informativas, competencia excesiva, desigual poder de negociación), el Estado debe subsanarlas mediante incentivos.

Destaca NALLAR[84], que el concepto económico refiere a los efectos de la actividad: creación de incentivos, suplencia de fallas; en tanto que el concepto jurídico identifica los instrumentos: dictado de reglas. Pero en ambos conceptos aparece el mismo objetivo final: protección de la actividad regulada y sus actores.

El autor define la regulación como "actividad de naturaleza esencialmente reglamentaria, que interfiere mediante el establecimiento de reglas, directivas e incentivos sobre determinado sector del mercado, a los efectos de orientar decisiones procurando concretar por su intermedio el bien común, siendo sus características la subsidiariedad y la transitoriedad". Es subsidiaria porque actúa cuando el mercado no puede salvar el problema por sí mismo y transitoria porque debe retirarse una vez salvada la falla.

En una acepción restringida de regulación, esta aparece dirigida a actividades que se desarrollan en sectores con las particulares disfunciones antes mencionadas. Entre las actividades que presentan estas características, algunas de las primeras en que se institucionaliza la regulación son las llamadas *public utilities,* expresión empleada originariamente en los Estados Unidos de América para designar a actividades de interés público, creándose órganos administrativos con amplias atribuciones para regularlas[85]. La determinación de qué actividades constituyen *public utilities* corresponde al legislador, y normalmente recae en aquellas que tienen las características de monopolio natural, indispensabilidad del bien o servicio, incidencia económica general en el mercado o sector, necesidad de continuidad, regularidad y no discriminación en el acceso.

La denominación que, en español, recogería el sentido de la expresión en inglés es la de "actividades de utilidad pública".

A efectos de evitar conflictos de interés, el papel regulador se separa del cometido de diseño de las políticas sectoriales (que compete al poder ejecuti-

[83] Conf. J. VICKERS, y G. YARROW, *Privatization: an economic analysis*, 1998, The MIT Press, cit. por DANIEL NALLAR, *El Estado regulador y el nuevo mercado del servicio público*, Buenos Aires, 1999, pág. 111.

[84] NALLAR, ob. cit., pág. 118.

[85] DANIEL E. MALJAR, *Intervención del Estado en la prestación de servicios públicos*, Buenos Aires, 1998, págs. 159 y ss.

vo) y de la prestación del servicio[86], sin perjuicio de la necesaria coordinación ("principio de separación de roles").

La importancia del interés público comprometido, que define la necesidad de regulación, queda de manifiesto en los fundamentos del *leading case* en la materia, *Munn vs. Illinois* (1876). En dicho fallo, la Suprema Corte de los Estados Unidos de América hace caudal de la tradición histórica del ejercicio de poderes de control sobre actividades de utilidad pública. La sentencia recoge la siguiente idea: "cuando la propiedad privada es afectada por un interés público, cesa de ser Derecho privado solamente ... Cuando se consagra la propiedad a un uso en el cual el público tiene un interés, se ha en efecto cedido al público un interés en ese uso, y debe someterse a ser controlado por el público para el bien común".

La primera agencia administrativa federal fue creada en 1887 con la denominación de Comisión de Comercio Interestatal (*Federal Trade Commission*).

También suelen citarse como ejemplo de entidades reguladoras, las comisiones independientes europeas, que actúan en cada Estado miembro de la Unión Europea y sujetan su accionar a las directivas comunitarias.

Finalmente, corresponde destacar la tendencia a la creación de autoridades reguladoras en sectores con características diferentes a los mencionados, como es el caso de los mercados financieros, la actividad en el área de la salud o la educación, y aún cabe mencionar la regulación en materias completamente ajenas a los mercados antes aludidos, como puede ser el caso de la regulación en relación con la protección de datos personales o, incluso, con las compras estatales.

c) *La regulación social.* Algunas de las circunstancias señaladas, que plantean como necesaria la regulación, pueden presentarse en el ámbito de la seguridad social. Para ámbitos como este, alguna bibliografía distingue la categoría de "regulación social", más allá de que no existe total consenso sobre el alcance que se debe dar a dicha noción. Ello se explica, en parte, porque muchas veces existen importantes puntos de convergencia entre regulación social y regulación económica, sin perjuicio de las especialidades que puedan anotarse[87]. Es así como en un mismo sector o diseño regulatorio pueden encontrarse objetivos especiales de la regulación social a los que se suman objetivos de regulación económica, y viceversa.

[86] Conf. VIVIAN FOSTER, "Modernización y reforma del sector de agua potable y saneamiento", en *Conferencia regional sobre reforma y modernización de los servicios de agua potable y saneamiento para México, Centroamérica, Haití y la República Dominicana,* San Pedro Sula, Honduras, 29-30 setiembre y 1° de octubre de 1996.

[87] W. LILLEY, y J. C. MILLER, The new "social regulation", en https://www.nationalaffairs.com/storage/app/u ploads/public/58e/1a4/c3c/58e1a4c3c40a6424510355.pdf.

Ya en la segunda mitad de la década de los setenta aparece la referencia a esta especie de regulación, dentro del género, en virtud de las primeras regulaciones en materia ambiental, de ordenamiento territorial, de vivienda o de seguridad social, entre otras.

La condición que parece esencial en este tipo de regulación es la de su impacto directo sobre la población, en relación con el más indirecto que deriva de la regulación económica y que, como hemos expresado, opera fundamentalmente mediante incentivos para corregir disfunciones de los mercados.

d) *Autoridades reguladoras en Uruguay.* Puede decirse que, con la sanción de la Ley de Marco Regulatorio del Sistema Eléctrico Nacional 16.832 de 17 de junio de 1997 —que creara la Unidad Reguladora de la Energía Eléctrica (UREE)— el Derecho positivo uruguayo inaugura la era de las unidades, agencias o autoridades reguladoras, que incluye por primera vez en su denominación, una referencia a la actividad de regulación. La regulación en energía y agua está actualmente encargada a la Unidad Reguladora de Servicios de Energía y Agua (URSEA), originalmente creada por la ley 17.598 de 13 de diciembre de 2002.

Lo expresado es sin perjuicio de la existencia de otros precedentes normativos de asignación de competencia regulatoria.

En la materia de las telecomunicaciones, el regulador es la Unidad Reguladora de Servicios de Comunicaciones (URSEC), originalmente creada en el artículo 70 de la Ley de Presupuesto Nacional 17.296 de 21 de febrero de 2001, con competencia de regulación también en servicios postales.

Creadas como órganos con desconcentración no privativa, URSEA y URSEC tienen hoy —en virtud de la Ley 19.889— la naturaleza jurídica de servicios descentralizados.

En el área de servicios financieros, la regulación está a cargo de la Superintendencia de Servicios Financieros (SSF) del Banco Central del Uruguay, creada por el artículo 36 de la ley 16.696 de 30 de marzo de 1995, con la redacción dada por el artículo 9° de la ley 18.401 de 24 de octubre de 2008.

También se han asignado potestades de regulación en otros sectores de actividad, como los ya aludidos del control de datos personales, a través de la Unidad Reguladora y de Control de Datos Personales (URCDP), creada por la ley 18.331 de 11 de agosto de 2008, y el de las compras estatales, con la creación de la Agencia Reguladora de Compras Estatales (ARCE), en la Sección V (Eficiencia del Estado), Capítulo IV (arts. 329 y ss.) de la ley 19.889 antes citada.

Más recientemente, en la Ley de Reforma de la Seguridad Social 20.130 de 2 de mayo de 2023, se crea la Agencia Reguladora de la Seguridad Social.

E) *Potestades de fomento asignadas a algunas entidades reguladoras*

El artículo 2° de la ley 17.598 de 13 de diciembre de 2002 ha asignado a la URSEA el *fomento del nivel óptimo de inversión*, para la prestación de los servicios en las condiciones que fije la regulación sectorial (lit. E, 2).

En sentido similar, el artículo 72 de la ley 17.296 de 21 de febrero de 2001, ha establecido que la URSEC debe cumplir las actividades comprendidas en el ámbito de su actuación de conformidad con el objetivo de "*fomento del nivel óptimo de inversión*, para la prestación de los servicios en las condiciones que fije la regulación sectorial" (lit. B).

Con matices de redacción, en el literal E, 4) del antes citado artículo 2° de la ley 17.598 y en el literal D) del antes citado artículo 72 de la ley 17.296, se asigna a la URSEA y a la URSEC, respectivamente, la *promoción de la libre competencia* en los sectores regulados, sin perjuicio de los monopolios y exclusividades legalmente establecidos.

No obstante, este cometido se ha visto acotado por la nueva redacción que el artículo 135 de la ley 19.996 de 3 de noviembre de 2021 ha dado al artículo 27 de la Ley de Promoción y Defensa de la Competencia 18.159 de 30 de julio de 2007. En la nueva redacción, queda instituida la Comisión de Promoción y Defensa de la Competencia del Ministerio de Economía y Finanzas como órgano de aplicación de esta ley, "sin perjuicio de las competencias regulatorias de la URSEA, la URSEC y el Banco Central, en la materia".

A su vez, en materia de fomento, el artículo 331 de la citada ley 19.889 ha asignado a la *ARCE* elaborar guías para la contratación de bienes y servicios, con la finalidad de "*promover la adopción de estándares técnicos* que permitan comparar con objetividad niveles de calidad, costos y eficiencia, de forma de procurar un adecuado control de la ejecución y correcto cumplimiento de los contratos" públicos (num. 6); así como "el uso de las tecnologías de la información", observando los lineamientos y recomendaciones definidos por el poder ejecutivo, a fin de simplificar los procedimientos y favorecer el desempeño de compradores y proveedores, como herramientas para la mejora de la gestión y la transparencia del sistema de compras y contrataciones en el sector público (num. 12); y "generar mecanismos que provean información al ciudadano sobre las contrataciones que realicen las entidades estatales, de manera actualizada y de fácil acceso, promoviendo la transparencia del sistema y la generación de confianza en el mismo" (numeral 13).

Por su parte, en la antes citada Ley de Reforma de la Seguridad Social 20.130, se asignan numerosas atribuciones de promoción a la Agencia Reguladora de la Seguridad Social, que se crea en su Título X (arts. 236 y ss.).

En efecto, según el artículo 238 de la ley, compete a esta Agencia Reguladora *"promover"* el conocimiento de los derechos y obligaciones de los afiliados (lit. C), así como el *funcionamiento del Sistema de Información de Protección Social* con el asesoramiento de la Agencia para el Desarrollo del Gobierno de Gestión Electrónica y la Sociedad de la Información y del Conocimiento (AGESIC) en lo pertinente (lit. E); al igual que *investigaciones y planes de evaluación de los programas* que integran el sistema (lit. G). También debe promover una adecuada *planificación de la seguridad económica* futura (lit. D).

A esta Agencia se asigna, asimismo, la *promoción de la competencia* de los agentes en el mercado cuando se trate de actividades económicas desarrolladas en ese régimen, actuando como órgano de aplicación de la antes citada Ley de Promoción y Defensa de la Competencia 18.159 (art. 240, lit. H).

4. El fomento en el modelo nacional de economía: entre Estado social de derecho y pulsiones hacia la globalización

Sin duda, la Constitución uruguaya delinea un Estado social de derecho, con amplia recepción de la tutela de los llamados derechos económicos, sociales y culturales.

También incorpora disposiciones que reflejan pulsiones hacia la globalización o, al menos, hacia cierto grado de integración. Así, en su artículo 6° establece:

"En los tratados internacionales que celebre la República propondrá la cláusula de que todas las diferencias que surjan entre las partes contratantes, serán decididas por el arbitraje u otros medios pacíficos.

"La República *procurará la integración social y económica* de los Estados latinoamericanos, especialmente en lo que se refiere a la defensa común de sus productos y materias primas. Asimismo, propenderá a la efectiva complementación de sus servicios públicos".

Alguna legislación en materia de políticas sectoriales formuladas con enfoque de promoción también refleja esa perspectiva. A vía de ejemplo, puede mencionarse el artículo 202 de la ya citada ley 19.889, que crea diversos institutos dentro de la Dirección de Cultura del Ministerio de Educación y Cultura, para la promoción de las artes y difusión de la cultura.

Ellos son el Instituto Nacional de la Música, el Instituto Nacional de Artes Escénicas, el Instituto Nacional de Letras, el Instituto Nacional de Artes Visuales y el Instituto Nacional del Cine y el Audiovisual. En los cometidos asignados al segundo (promoción y desarrollo de las artes escénicas en todas sus manifestaciones), y al cuarto (promoción de las artes visuales y su amplia difusión), se enfatiza el fomento de vínculos regionales e internacionales.

5. Limitaciones y control jurisdiccional a las medidas de fomento

En Uruguay, el control jurisdiccional a las medidas de fomento se ha visto muy nítidamente reflejado en sentencias de la Suprema Corte de Justicia, en procesos en los que se ha solicitado la inconstitucionalidad de leyes con contenido de promoción.

En varios casos, la causal de inconstitucionalidad invocada para impugnar normas de fomento es la violación del principio de igualdad ante las cargas públicas.

Un proceso que puede tomarse como referencia es el que concluye con la sentencia 529 de 2021 de 26 de octubre, en que se demandaba la declaración de inconstitucionalidad de los artículos 3°, 4° y 6° de la Ley de Promoción y Desarrollo de Parques Industriales y Parques Cientifico-Tecnologicos 19.784 de 23 de agosto de 2019[88].

El artículo 3° establece la infraestructura mínima con que deben contar dichos parques, a efectos de poder ser habilitados[89]. El artículo 4° regula los llamados "parques especializados", disponiendo que serán fomentados por el poder ejecutivo "en determinado sector o área de actividad, pudiendo otorgar incentivos específicos a aquellos que cumplan con esta característica". El artículo 6°, al presente derogado por el artículo 300 de la antes citada ley 19.924, definía aspectos sobre la incidencia del impacto global del parque en relación con los beneficios otorgados.

En su demanda, el actor sostuvo que las normas impugnadas violentan los artículos 7°, 8° y 72[90] de la Constitución de la República, por vulnerar el principio de igualdad ante las cargas públicas.

La Suprema Corte de Justicia uruguaya desestimó la solicitud de inconstitucionalidad planteada, señalando que "no es posible afirmar que toda diferencia de trato sea discriminatoria, sino que puede existir una justificación objetiva y razonable que la ampare, lo que *a sensu contrario* deriva en la consideración

[88] Pueden verse, con temperamentos similares, en procesos en que se cuestiona la adopción de normas de fomento, las sents. 222 de 2020 de 30 de julio, 417 de 2022 de 24 de mayo, 550 de 2022 de 21 de julio y 266 de 2023 de 23 de marzo.

[89] La redacción vigente de este artículo ha sido dada por el art. 298 de la ley 19.924 de 18 de diciembre de 2020.

[90] "Art. 7°. Los habitantes de la República tienen derecho a ser protegidos en el goce de su vida, honor, libertad, seguridad, trabajo y propiedad. Nadie puede ser privado de estos derechos sino conforme a las leyes que se establecieren por razones de interés general.

"Art. 8°. Todas las personas son iguales ante la ley no reconociéndose otra distinción entre ellas sino la de los talentos o las virtudes.

"Art. 72. La enumeración de derechos, deberes y garantías hecha por la Constitución, no excluye los otros que son inherentes a la personalidad humana o se derivan de la forma republicana de gobierno".

de una situación discriminatoria cuando no persiga una finalidad legítima o cuando no exista una relación razonable de proporcionalidad entre los medios empleados y el fin que se quiere conseguir (Cfme. FERNANDO PÉREZ ROYO, "El derecho de propiedad y la prohibición de discriminación en su disfrute como límites al poder tributario en el Convenio Europeo de Derechos Humanos", CREDF, núm. 109-110,2001, pág. 36).

Y agregó: "[...] el principio de igualdad en sentido formal, históricamente, es equivalente a la prohibición de discriminación mientras que la igualdad en sentido sustancial se concreta en el empeño del Estado en garantir el efectivo goce de los derechos constitucionalmente protegidos, removiendo las condiciones de hecho que obstaculicen el desarrollo de la persona (Cfme. CITARILLA, MARÍA LUISA; *'La persona humana nell' ordinamiento giuridico in i diritti della personalità strategie di tutela inibitorie risarcimiento danni .internet a cura di serafino ruscica'*, Cedam, 2013, pág. 20).

"El precepto constitucional de igualdad es violado cuando la ley, sin un razonable motivo o sin una justificación constitucionalmente relevante, ante situaciones iguales dispone un tratamiento diverso y cuando ante situaciones diversas dispone un tratamiento idéntico (Cfme. Corte Constitucional Italiana, sentencia núm. 15 de 1960).

"La violación del principio de igualdad subsiste cuando situaciones sustancialmente idénticas son disciplinadas en modo injustificadamente diverso y no cuando esas diversidades de disciplina corresponden a situaciones no asimilables (Cfme. Corte Constitucional Italiana, sentencia núm. 155 de 2014).

"Ahora bien, a efectos de determinar si existe una violación del precepto objeto de examen cobra vital importancia el principio de racionalidad según el cual el criterio del juez debe establecer conforme al principio de justicia razonablemente la elección de parámetros que establezca una regla adecuada, proporcionada y no discriminatoria.

"El principio de racionalidad de la ley prescribe que una diversidad de tratamiento prevista por el legislador debe ser esencialmente racional, justificada y no arbitraria. No se prohíbe al legislador prever reglas diversas para situaciones diversas, lo que se veda es la diferenciación legislativa arbitraria (Cfme. Olivetti, Marco; 'I diritti fondamentali lezioni' Claudio Grenzi Editorie, 2015, pág. 163) (Considerando V)".

Citando doctrina uruguaya, la Suprema Corte sostiene que los criterios, lineamientos o pautas para el análisis de la juridicidad de la ley que legisla para un grupo de individuos deben consultar la razonabilidad de la distinción (criterio desarrollado originariamente por la jurisprudencia norteamericana), atendiendo también a los conceptos de "finalidad legítima" de la distinción y "juicio de racionalidad" (que se aprecia en la relación de medio a fin).

Y continúa:

"En lo que refiere a las causas de distinción podemos plantear el problema al menos en tres niveles diversos:

"a) En primer lugar, y como ha desarrollado con precisión Korzeniak, de la lectura de nuestra Constitución surgen diversas hipótesis en que la propia Carta impone, con variable alcance, la pertinencia de las distinciones. Por ejemplo en lo que refiere a los menores de edad, los artículos 40 y siguientes de la Constitución dan la pauta clara de que la distinción entre mayores y menores de edad no solo es razonable sino que en la mayoría de los casos, según las hipótesis que se analicen, la distinción resulta imperativa. En estos casos la causa razonable de la distinción se encontrará en el propio texto constitucional, por lo que el análisis de la razonabilidad de la misma no presentará dificultades de tipo alguno.

b) En un segundo nivel encontramos casos en que si bien la Constitución, en cierta forma, admite la posibilidad de la distinción, la misma por lo general no surge como preceptiva sino que se da una amplia discrecionalidad al legislador para su utilización o no. Esto lo encontramos por ejemplo en el *artículo 85 numeral 3 cuando habla de la competencia de la Asamblea General de expedir leyes para el fomento de la ilustración, agricultura, industria, etc. Con base en esta norma, en forma implícita, se autoriza al legislador a dictar normas particulares* por ejemplo para los sujetos comprendidos en la categoría de industriales, pero bien podrá la ley no efectuar distinciones de tipo alguno[91].

"c) Por último, encontramos hipótesis en que no surge de la Constitución, ni en forma explícita ni implícita, la causa de ciertas distinciones. Uno de los casos más interesantes de los últimos años, por la pluralidad de categorías que se establecían, lo encontramos en las leyes de refinanciación del endeudamiento interno, donde se distinguía entre deudores del sistema financiero y de otros acreedores, y a su vez, dentro de los primeros se distinguía según la actividad que desarrollaban (agropecuaria, industrial, comercial, prestadores de servicios y quienes no entraban en ninguna de dichas clases), y todavía se efectuaban categorizaciones múltiples entre los deudores amparados por la ley. La mayoría de las categorizaciones carecían de base constitucional, por lo que en estos casos era necesario analizar la razonabilidad de la causa de distinción, pero no buscando la misma en la Constitución, sino constatando que no resulten arbitrarias o caprichosas, y que no resulten contrarias a lo dispuesto en la Carta"[92].

[91] El destacado nos pertenece.

[92] Idéntica postura adopta la sent. 206 de 2022, de 15 de marzo, en proceso en que se pedía la declaración de inconstitucionalidad del art. 1° de la ley 19.949, que creó un impuesto de carácter mensual, denominado "Impuesto Emergencia Sanitaria COVID-19", gravando las remuneraciones y prestaciones nominales, en efectivo o en especie, derivadas de servicios personales prestados al Estado, gobiernos departamentales, entes autónomos y servicios descentralizados, personas de derecho público no estatal y entidades de propiedad estatal con participación mayoritaria.

En síntesis, puede observarse que —en el control jurisdiccional a las medidas de fomento, en Uruguay— tanto las impugnaciones como el enfoque adoptado por la Suprema Corte de Justicia se han concentrado particularmente en el alcance del principio de igualdad.

También puede observarse que, en los pronunciamientos jurisdiccionales, se ha consolidado la postura que cabe calificar de aristotélica, según la cual, la distinción establecida por la norma promocional será ajustada a Derecho siempre que no discipline situaciones sustancialmente idénticas en modo injustificadamente diverso y, a la inversa, que no discipline de modo diverso situaciones idénticas.

El control consulta la "razonabilidad" de la distinción y su "finalidad legítima", apreciándolas en la relación de medio a fin.

VENEZUELA

LA ACTIVIDAD ADMINISTRATIVA DE FOMENTO EN VENEZUELA

JUAN DOMINGO ALFONZO PARADISI*

En Venezuela no existe, ni se ha dictado como en la Unión Europea y otros países, un régimen que sistematice los principios y marco normativo en cuanto a la actividad administrativa de fomento[1], a pesar de que en la Constitución de 1999 se han establecido diversas normas que prevén la actividad de fomento en diversas áreas y sectores. Estas normas también sirven de instrumento para la intervención en la actividad económica, fundamentada en el Estado social de derecho y de justicia previsto en el artículo 2° de la Constitución, las cuales son cláusulas de amplio marco teórico de interpretación que acentúan el ámbito social y la intervención, y que muchas veces restringe el ejercicio de los derechos fundamentales que deben respetarse en un Estado de derecho.

En efecto, en Venezuela no se ha consagrado un régimen general para la actividad administrativa de fomento, no se ha previsto una ley marco para las subvenciones, ni para las ayudas, que desarrolle los principios y criterios con rango legal, sino que existen diversas normas de rango de ley, que integran el sistema y sobre las cuales tendremos que referirnos para extraer los lineamientos y límites previstos en las mismas. Esto obviamente no es lo ideal y se presta a una gran discrecionalidad, así como a una variedad y dispersión que puede implicar desviaciones en cuanto a la finalidad del interés público o solapamientos entre algunas leyes o normas con rango de ley (decretos leyes), que dificultan el control posterior y que pueden prestarse a casos de corrupción.

1. EL CONCEPTO DE LA ACTIVIDAD DE FOMENTO

En la medida de como el Estado interviene en el sistema económico, da origen a varias facetas de actuación como es, por ejemplo, el Estado regulador,

* Profesor de Derecho Administrativo I en la Universidad Central de Venezuela (UCV). Profesor de la Universidad Católica Andrés Bello (UCAB) en la especialización de Derecho Administrativo y en la Maestría en Derecho Constitucional.

[1] Consúltese con provecho en la doctrina venezolana sobre la actividad administrativa de fomento, fundamentalmente, JOSÉ PEÑA SOLÍS: *Manual derecho administrativo*, vol. III, Caracas, República Bolivariana de Venezuela Tribunal Supremo de Justicia, 2003. Véase, así mismo: ALLAN R. BREWER-CARÍAS, *Fundamentos de la administración pública,* tomo I, 2ª ed., Caracas, Editorial Jurídica Venezolana,1984; ELOY LARES MARTÍNEZ, *Manual de derecho administrativo*, 12ª ed., Caracas, Facultad de Ciencias Jurídicas y Políticas, 2001; JOSÉ ARAUJO-JUÁREZ, *Derecho administrativo. Parte general,* 1ª ed., Caracas, Ediciones Paredes, 2008.

Estado de control, Estado de fomento, Estado empresario, Estado planificador[2]. Para nuestro estudio nos interesa resaltar la actuación de un Estado de fomento, que constituye una "técnica de promoción y estímulo que tiene como fin el de fomentar las actividades de los particulares, con relación a los planes de desarrollo económicos de la nación, sin obstruir la iniciativa privada, la cual es protegida constitucionalmente"[3].

Por su parte, el profesor venezolano LARES MARTÍNEZ basado en la doctrina española mayormente citada por la doctrina venezolana como fundamento, JORDANA DE POZAS (1949)[4], ha definido la actividad administrativa de fomento como "La acción desarrollada por la administración, encaminada a estimular, ayudar y proteger a las empresas y particulares cuyas tareas sean favorables al interés general"[5].

La diferencia con las actividades de servicio público y la actividad de policía administrativa "no están en los fines perseguidos por una u otra forma de actividad, sino en las maneras de obrar, esto es en las «las técnicas operativas de la Administración».

"Así, en las actividades de policía se advierten, ante todo, las limitaciones de la libertad y de la propiedad en favor del mantenimiento del orden público. En los servicios públicos, la administración o quien suple la delegación realiza «prestaciones». En las actividades de fomento, la administración ni impone limitaciones a los derechos de libertad, ni realiza prestaciones para satisfacer directamente necesidades públicas, sino que, por diferentes medios, promueve, ayuda o estimula la creación y funcionamiento de empresas particulares, de cuyas tareas deberán desprenderse beneficios para la comunidad"[6].

Por tanto, la actividad de fomento se caracteriza por formar parte de las competencias de la administración, la cual se constituye como un título que la habilita para intervenir en la actividad de los particulares. De allí pues, la actividad de fomento se distingue por la ampliación de los derechos de los particulares sobre los que recaiga la técnica de fomento y estimula su actividad, cuando estas coincidan con el interés general. Las técnicas de fomento deben ser aceptadas voluntariamente por los particulares y estar dirigidas a incidir sobre el interés público o general.

[2] ALLAN R. BREWER-CARÍAS, *Fundamentos de la administración pública,* tomo I, 2ª ed., Caracas, Editorial Jurídica Venezolana,1984), pág. 107.

[3] *Ibidem.*

[4] L. JORDANA DE POZAS, "Ensayo de una teoría de fomento en el derecho administrativo", *en Revista de Estudios Políticos* núm. 48, 1949, pág. 46.

[5] ELOY LARES MARTÍNEZ, *Manual de derecho administrativo*, 12ª ed., Caracas, Facultad de Ciencias Jurídicas y Políticas, 2001, pág. 241.

[6] *Ibidem.*

Debería así el Estado, con fundamento en los principios y normas constitucionales, promover y estimular la competencia con la finalidad de crear y acrecentar los mercados y no, como ha sucedido en Venezuela en el pasado reciente, establecer controles y limitaciones a las libertades individuales y empresariales, mediante normas intervencionistas que limitan o coartan el desarrollo de las libertades, bajo el fundamento del Estado social.

2. Las formas típicas de fomento y sus actuaciones positivas: honoríficas, jurídicas, económicas (con especial referencia a la subvención)

El fin que persigue la administración pública con el fomento, como lo constituye promocionar las actividades de los particulares coincidentes con el interés público, es sumamente amplio, por lo cual se han construido distintos criterios de clasificación a los efectos de su sistematización. Así, hay técnicas de carácter positivo y negativo; mediante la primera, se otorga una ventaja directa a los particulares (subvenciones) o el caso de los premios; a través de las segundas se disponen ayudas, pero de manera indirecta, ya que suponen la exención de cargas u obligaciones (exenciones fiscales)[7].

Otro criterio de clasificación es según el estímulo o tipo de ayuda que otorga la administración. La doctrina venezolana[8] sigue el criterio de clasificación que sugiere Jordana de Pozas, que los clasifica en técnicas honoríficas (condecoraciones, premios, entre otras), técnicas jurídicas (concesiones de privilegios o dispensas) y técnicas económicas (subvenciones, exenciones fiscales, créditos avales, etc.).

A) *Medios de fomento honoríficos*

Es considerado un medio de fomento honorífico, cuando se trata de aquellas distinciones y recompensas entregadas con arreglo a las disposiciones establecidas por un ente del Estado, que las emane pudiendo ser a través de condecoraciones, trofeos y diplomas a personas jurídicas o naturales debido a méritos especiales. No obstante, la doctrina ha señalado que "[...] su calificación como medidas de fomento es altamente discutible. De promoción o fomento puede hablarse con propiedad solo en la medida en que pueda establecerse una relación directa causa a efecto entre una acción pública dirigida a un sujeto y la realización por este de una conducta o actividad de interés general.

"[...]

[7] José Peña Solís, *Manual de derecho administrativo*, vol. III, Caracas, República Bolivariana de Venezuela Tribunal Supremo de Justicia, 2003, pág. 245.

[8] Véase los criterios de clasificación en la doctrina venezolana: José Peña Solís, *Manual de derecho administrativo*, cit., pág. 248 y Eloy Lares Martínez, *Manual de derecho administrativo*, cit., pág. 242.

"Solo, pues, considérese integrantes de la actividad administrativa de promoción desde una perspectiva particularmente laxa"[9].

Bajo la misma línea del criterio anteriormente mencionado, se ha sostenido que la adjudicación de honores por los órganos oficiales es contrario al principio de igualdad. Sin embargo, el constituyente venezolano no ha creído que exista contradicción alguna entre dicho principio y la posibilidad de que el Estado estimule el mérito mediante el conferimiento de condecoraciones y honores.

Por ende, un ejemplo de estímulo a través de los medios honoríficos evidenciado en la legislación venezolana es mediante aquellas ordenanzas municipales que promueven el reconocimiento, ya sea académico dirigido a estudiantes de educación primaria y secundaria o aquellas que condecoran a profesionales que han aportado con su labor simbólicamente al municipio; este tipo de premio es otorgado según los criterios de cada municipio establecidos en la ordenanza.

Esta medida de fomento es dirigida al ámbito municipal para el fortalecimiento de las áreas en que se reconocen, por ejemplo, en el área del derecho público se otorgó recientemente en el Municipio Baruta del estado Miranda la Condecoración Municipal por el día del Abogado Henrique Iribarren Monteverde a profesionales seleccionados bajo el criterio de la ordenanza municipal[10] con el fin de promover la labor de los abogados al servicio de la comunidad por haber contribuido con el fortalecimiento del Estado de derecho; así como a profesores de universidades venezolanas que se hayan destacado por sus aportes científicos y académicos, en el derecho público y especialmente en el derecho municipal.

B) *Medios de fomento jurídicos*

Han sido definido por la doctrina venezolana, así:

Son aquellos que consisten en el otorgamiento de privilegios de modo que la empresa beneficiaria adquiere poderes jurídicos excepcionales[11]. Se trata del conferimiento de privilegios jurídicos o como lo ha señalado un sector de la doctrina española[12] "de concesión de dispensas frente a leyes y reglamentos prohibitivos".

Se ha indicado igualmente, que presentan la ventaja de que no generan gasto público[13], pero, de otra parte, se critica que vulnera el principio de igualdad

[9] JUAN ALFONSO SANTAMARÍA PASTOR, *Principios de derecho administrativo general II,* 2ª ed., Madrid, Iustel, 2009, pág. 358.

[10] Gaceta Municipal núm. 110-04/2023 Extraordinario (en los sucesivo Ext.) de fecha 23 de abril de 2023.

[11] ELOY LARES MARTÍNEZ, *Manual de derecho administrativo,* cit., pág. 242.

[12] FERNANDO GARRIDO FALLA, *Tratado de derecho administrativo*, 9ª ed., Madrid, Editorial Tecnos, 1989, pág. 285.

[13] JOSÉ VILLAR EZCURRA, *Derecho administrativo especial,* Madrid, Civitas,1999, citado por JOSÉ PEÑA SOLÍS, *Manual de derecho administrativo*, vol. III, Caracas, República Bolivariana de Venezuela Tribunal Supremo de Justicia, 2003, pág. 250.

constitucional[14]. Además, estas medidas de "privilegios jurídicos" para determinados particulares o beneficiarios se han criticado porque atentan contra el principio de libre competencia previsto en el artículo 299 de la Constitución de la República Bolivariana de Venezuela, desarrollado legalmente por la ley Antimonopolio[15], infortunadamente muy poco aplicada en la última década en nuestro país.

C) *Medios de fomento económico*

De acuerdo con la doctrina venezolana, consisten en las "ventajas de carácter patrimonial, concedidas por el Estado a empresas privadas que realizan tareas estrechamente ligadas al interés general"[16]. Son las principales y las más importantes dentro de las medidas de fomento[17]. El profesor Peña Solís, siguiendo a Jordana de Pozas, las clasifica en reales y financieras y estas últimas a su vez en directas e indirectas[18].

Por su parte, el profesor Lares Martínez[19] las clasifica en auxilios directos o indirectos.

Los auxilios directos se definen por constituir entregas de dinero, provenientes del presupuesto nacional, a favor de particulares que la administración pública se propone incentivar dentro los cuales se mencionan las subvenciones, las primas y los créditos.

Los auxilios indirectos consisten en dispensas o rebajas de impuestos que normalmente tendrían que pagar las personas jurídicas o naturales[20], esto mediante la exención y la exoneración. Es relevante resaltar que *exenciones fiscales* que, sin duda, no constituyen técnicas a*dministrativas* de fomento, ya que son de reserva legal y deben ser previstas mediante ley, por mandato constitucional en virtud del principio de reserva legal tributaria (art. 317 de la Constitución de la República Bolivariana de Venezuela, en adelante CRBV), constituyen medios fiscales de fomento económico y tienen una importancia singular en la política económica y en la legislación fiscal venezolana. En efecto, el artículo 317 de la Constitución vigente venezolana prevé:

[14] José Peña Solís, *Manual derecho administrativo,* cit., pág. 249.

[15] Gaceta Oficial (en lo sucesivo, G. O.) de la República Bolivariana de Venezuela núm. 40.549 de 26 de noviembre de 2014, que derogó la Ley para Promover y Proteger el Ejercicio de la Libre Competencia publicada en la G. O. 34.850 de 13 de enero de 1992.

[16] Eloy Lares Martínez, *Manual de derecho administrativo*, pág. 242.

[17] Según el profesor Peña Solís, La técnica económica de fomento "constituye el núcleo fundamental de la acción de fomento de la administración pública, en virtud de que todavía son utilizadas en muchos países en el marco de los correspondientes planes económicos y sociales para orientar el desarrollo en esos sectores".

[18] José Peña Solís, *Manual de derecho administrativo*, pág. 252.

[19] Eloy Lares Martínez, *Manual de derecho administrativo,* cit., pág. 243.

[20] *Ibidem.*

"No podrá cobrarse impuesto, tasa, ni contribución alguna que no estén establecidos en la ley, ni concederse, exenciones y rebajas, ni otras formas de incentivos fiscales, sino en los casos previstos por las leyes. Ningún tributo puede tener carácter confiscatorio".

a) *En cuanto a los auxilios directos: la subvención* es la más importante dentro de las medidas económicas de fomento. La subvención, "consiste en la entrega por parte de la administración pública de un aporte patrimonial, generalmente de carácter dinerario, a fondo perdido, a un particular para que este realice una actividad que necesariamente debe coincidir con un interés tutelado por la Administración"[21]. De tal manera, según el profesor PEÑA SOLÍS, se caracteriza por ser una atribución patrimonial generalmente dineraria o a veces en especie (hecho positivo) y por ello, las exenciones tributarias y exoneraciones (hecho negativo), no son calificadas como subvención.

El profesor JOSÉ PEÑA SOLÍS, describe que la característica de la total gratuidad es esencial a los efectos de un concepto restringido de subvención pudiéndose excluir, por consiguiente, a los anticipos, los avales, los préstamos, que sí implican la obligación de un pago de capital o intereses, o de ambos, por parte del particular o empresas perceptores.

Para que se dé en efecto la subvención, la atribución patrimonial tiene que ser a un particular, desde un punto de vista estricto. Además, el aporte efectuado por la administración debe tener relación con la actividad que desarrolla el particular, lo cual sirve como instrumento de control por parte de la administración. De lo contrario, en realidad, se trataría de una donación y no de la técnica económica de subvención.

En Venezuela no existe disciplina general legislativa sobre la figura de la subvención. Como se ha señalado, solo se tienen algunos dispositivos de rango legal que la consagran, como lo constituyen, por ejemplo, los artículos 33, 47 y 78 de la Ley Orgánica de Seguridad Social; el decreto ley que regula el Régimen Prestacional de Vivienda y Hábitat, el cual contempla la subvención bajo la denominación de subsidio (arts. 58 y 59) y la Ley Orgánica de Ciencia, Tecnología e Innovación (art. 42); de dichos dispositivos se trata de inferir o derivar los principios que rigen en Venezuela en cuanto a dicho medio de fomento administrativo.[22]

La subvención se puede clasificar en las siguientes clases: *primas, premios, becas y subsidios*. Las primas consisten en un aporte de dinero a los particulares; sus criterios de obtención son establecidos de manera previa por la administración pública y se basan en ciertos resultados cuantitativos o

[21] JOSÉ PEÑA SOLÍS, *Manual de derecho administrativo*, cit., pág. 266.

[22] *Idem, ibidem.*

cualitativos[23]. Por otro lado, los premios tienen como finalidad estimular actividades vinculadas al interés público, que pueden ser de diversos tipos como premios en literatura, cine, obras de arte, entre otros. Esta clase de subvención se considera que está dotada de una gran discrecionalidad y figura entre los medios económicos y los honoríficos.

A diferencia de los premios que no buscan propiciar la igualdad sino distinguir al particular ante la sociedad, tenemos las becas que entrega la administración a los particulares que carecen de recursos para educarse y así fomentar la enseñanza en su perfil al servicio público[24]. Por último, pero no menos importante en la clasificación, contemplamos los subsidios donde la mayoría de la doctrina suele identificar el subsidio con la subvención, pero otro sector sostiene que el subsidio es una modalidad de la subvención (relación género a especie). En este último caso, constituye "el aporte dinerario que hace la administración a una entidad financiera, para que esta lo utilice en armonizar las cuotas que en concepto de un préstamo debe pagar el particular cuya actividad origina el subsidio"[25].

a') *Régimen jurídico de la subvención.* En cuanto a la naturaleza jurídica de la subvención, parte de la doctrina venezolana ha sostenido que se trata de una donación o ayuda prestada por el Estado, mediante la entrega de determinadas cantidades de dinero a las empresas que las autoridades han acordado proteger[26]. Otro sector ha sostenido que la tesis de la donación o liberalidad ha sido superada, y que se trata de una figura propia del Derecho Público, según la cual ese aporte patrimonial no tiene ánimo de donación sino que está vinculado a la tutela de un interés público o general. Dentro de esta segunda tesis se presentan dos subcategorías, una primera que estima que "se trata de una relación contractual, que se configura entre la administración pública y el particular y, una segunda, que indica que se trata de un acto unilateral derivado de un acto administrativo anterior, que hace nacer en el particular un derecho de crédito frente a la administración, pero que lo coloca en una situación compleja de cargas y obligaciones"[27]. Nosotros estamos de acuerdo con que se trata de una figura propia del derecho público, dado que ese aporte no tiene ánimo de donación y está vinculado a un interés público y que en la mayoría de los casos se trata de un acto administrativo unilateral, salvo que exista la firma de un convenio o contrato entre la administración y el particular.

[23] *Ibid.*, pág. 270.

[24] *Ibid.*, pág. 271.

[25] *Ibid.*, pág. 271.

[26] Véase Eloy Lares Martínez, *Manual de derecho administrativo,* cit., pág. 243. Juan Alfonso Santamaría Pastor, *Principios de derecho administrativo general II,* cit., pág. 365.

[27] José Peña Solís, *Manual de derecho administrativo*, cit., pág. 273.

En la relación jurídica subvencional, la administración pública constituye una de las partes. Al instrumento normativo respectivo le corresponde determinar los órganos competentes para su otorgamiento[28]. La otra parte de la relación, la constituye el beneficiario o perceptor de los fondos públicos a los fines de realizar la actividad vinculada al interés público o general[29].

Con relación al procedimiento administrativo, con la finalidad de reducir la discrecionalidad administrativa en el otorgamiento de subvenciones y procurar su objetividad, se requiere y se precisa[30] el establecimiento de un procedimiento administrativo especial, que esté dotado de las garantías de objetividad, concurrencia, publicidad y eficiencia, así como de las fases de iniciativa, sustanciación y decisión. Sin embargo, infortunadamente no existe un procedimiento especial para las subvenciones y, por ejemplo, en el vigente Decreto Ley de Régimen Prestacional de Vivienda y Hábitat y las resoluciones emanadas del ministerio con competencia en la materia, no se prevén estas fases procedimentales, y por el contrario está dotado de gran discrecionalidad administrativa en cuanto al otorgamiento del subsidio directo habitacional. Dada la carencia de un procedimiento administrativo especial y a los fines de reducir los márgenes de discrecionalidad somos de la opinión que debe aplicarse de manera general las fases del procedimiento ordinario: iniciación, sustanciación y decisión previstas en la vigente Ley Orgánica de Procedimientos Administrativos, salvo que alguna ley o decreto ley prevea un procedimiento administrativo especial para el otorgamiento de la subvención.

Como acto unilateral o como relación contractual de Derecho Público, la subvención genera un derecho de crédito para el particular beneficiado, de tal manera que una vez la administración decide conceder la subvención, inmediatamente adquiere la obligación de hacerla efectiva.

El perceptor tiene la obligación de la realización de la actividad que sirvió de fundamento para concederle la subvención. Además de que la administración pública debe realizar un control con el fin de establecer que se esté cumpliendo con la actividad. En las leyes o decretos leyes que establecen subvenciones debe preverse, en virtud del principio de legalidad administrativa, las respectivas sanciones administrativas con sus causales y presupuestos de hecho o tipos administrativos y sus consecuencias jurídicas.

Entre las medidas financieras directas se encuentran, además de la subvención, los créditos que igualmente comportan una ventaja para el particular y se inscriben dentro del concepto de actividad económica de fomento, en tanto

[28] En algunos países de economías abiertas o de libre mercado es importante determinar la compatibilidad de la subvención respectiva con el principio de libre competencia.

[29] José Peña Solís, *Manual de derecho administrativo,* cit., pág. 275.

[30] *Ibid.*, pág. 276.

y en cuanto tenga como finalidad incentivar determinadas actividades de los particulares vinculadas a la tutela de un interés público, dándoles un tratamiento preferencial, que consiste, por ejemplo, en préstamos con intereses menores a los del mercado, o con lapsos más prolongados para el pago[31].

Esta técnica de fomento administrativo ha sido muy empleada en Venezuela y su otorgamiento ha estado influido por el clientelismo político, y por evidentes signos de corrupción. Por ello es muy importante establecer reglas y procedimientos claros. También figuran los anticipos que son "prestamos especiales en razón de que el prestatario no paga intereses y devuelve el capital en condiciones favorables" y finalmente los avales y garantías los cuales son "otorgados por la administración pública, para que el particular pueda obtener créditos de las instituciones financieras"[32].

b) *En cuanto a los auxilios indirectos*. Como se mencionó *supra*, los auxilios indirectos los componen las exenciones y exoneraciones fiscales, ambas sometidas al principio de reserva legal tributaria, cuyo objetivo es beneficiar al particular que la recibe, por evitar situaciones donde el "[...] hecho imponible jamás se verifica o aun verificándose, no habría obligación del pago de tributo, bien sea total o parcialmente, por la existencia de disposiciones legales negativas que eliminan o neutralizan las consecuencias que se derivarían por la causación de un hecho imponible"[33].

En primera instancia contemplamos la exención que según lo establecido en el artículo 73 del Código Orgánico Tributario[34] (en adelante COT), se define como la dispensa total o parcial del pago de la obligación tributaria otorgada por la ley; la disposición anteriormente mencionada deriva de la norma de raigambre constitucional (artículo 317 CRBV), que establece que la exención debe de estar establecida en ley formal, siendo un requisito esencial previsto en el artículo 3.2 del COT. Autores venezolanos como, por ejemplo, MANUEL ITURBE ALARCÓN, sostienen que dicha exención prevista en ley puede ser de diversas clases, entre otras, subjetiva u objetiva; la primera presupone un impedimento de los efectos derivados de un hecho imponible para las personas obligadas al pago; por otra parte, las exenciones objetivas son aquellas que impiden que se produzcan los efectos del hecho imponible con relación a los bienes, servicios o transacciones que constituyen el objeto del mismo. En consecuencia, las personas están exentas de cumplir con la obligación tribu-

[31] JOSÉ PEÑA SOLÍS, *Manual de derecho administrativo,* cit., pág. 253.

[32] *Ibidem.*

[33] MANUEL ITURBE ALARCÓN, "Los sujetos de la obligación tributaria", en *Manual venezolano de derecho tributario,* tomo I, Caracas, Asociación Venezolana de Derecho Tributario, AVDT, 2013, pág. 307.

[34] Publicado en G. O. 6.507 Ext, de 29 de enero de 2020.

taria, "[...] aun cuando se encuentren en el supuesto de hecho que establece la ley para que se genere esa obligación"[35]

Ambas clasificaciones están sujetas a ser exenciones permanentes por lo dispuesto en el derecho tributario venezolano, en vista de que no existe una determinación en la ley que defina el límite de tiempo para su vigencia. Véase como ejemplo las exenciones en el artículo 14 de la Ley de ISLR, como en los artículos 17, 18 y 19 de la Ley de IVA y en el artículo 8° de la Ley de IGTF.

En concordancia con lo mencionado sobre que la exoneración y la exención están sometidas al principio de reserva legal tributaria (art. 317 de la CRBV), de dicho principio se desprende la diferenciación entre ambos conceptos, ya que, aunque ambos pertenecen a la reserva y dispensan total o parcialmente el pago de una obligación, la determinación de los supuestos en que pueden ser concedidos parten de entes diferentes. En efecto, la exoneración es concedida por el poder ejecutivo y, por ende, no es producto del procedimiento previsto para la elaboración de leyes, sino por un decreto dictado por el poder ejecutivo (art. 3.3 del COT) y es autorizada por el poder legislativo. En cambio, la exención está prevista en la ley y es producto del procedimiento de ley previsto en la Constitución.

Esto significa que la exoneración, al no estar contemplada en la ley formal, tiene como característica ser temporal, según señala el artículo 75 del COT, la duración máxima del beneficio de la exoneración será de un año y, en caso de que se venza el término, está previsto la renovación hasta por el plazo máximo establecido en el artículo.

En Venezuela la práctica de la exoneración, como actividad administrativa de fomento, ha sido reiterada estos últimos cuatro años, aproximadamente, con un gran incentivo a la importación de productos. Sin embargo, es un hecho que durante un largo período el gobierno atacó mediante diversas políticas a las industrias a través de expropiaciones, ocupaciones, gran carga impositiva, al igual que otorgó subsidio a las empresas estatales y no así a las privadas. Pero, lo más relevante es que luego de haber creado un entorno en contra del sector industrial privado y colocar a las empresas privadas en una situación precaria, ha tenido una política de gran incentivo a las importaciones ("economía de puertos"), otorgando exoneraciones, extendidas por varios años a los impuestos de importación, así como al impuesto al valor agregado, creándose en consecuencia, entre otras cosas, una cantidad de "bodegones"[36] principalmente en la ciudad de Caracas.

[35] Manuel Iturbe Alarcón, *Los sujetos de la obligación tributaria,* cit., pág 309.

[36] Benedicte Bull, Manuel Sutherland, Antulio Rosales, "Venezuela: lujo, desigualdades y «capitalismo bodegonero»", en *Nueva Sociedad,* marzo, 2022, https://nuso.org/articulo/venezuela-lujo-desigualdades-capitalismo-bogonero/

D) *Medios de fomento técnicos*

"Consisten en la asistencia técnica prestada por el Estado a empresas privadas, con el propósito de favorecer el desarrollo cualitativo y cuantitativo de la producción nacional"[37].

3. Las fuentes de la actividad de fomento en Venezuela: Constitución, leyes, reglamentos y otras fuentes secundarias

A) *Fuentes de rango constitucional: la Constitución de 1999 y la actividad de fomento*

La Constitución de 1999 consagra un concepto muy amplio de fomento y "configura a la actividad administrativa de fomento como un título habilitante de intervención la actividad de los particulares en diversos sectores: económico, cultural, social, entre otros"[38].

No obstante, no existe un marco normativo que sistematice, así sea como grandes principios, tan importante actividad y que establezca una relación causal entre los auxilios financieros del Estado y la actividad de los particulares relacionadas con el interés público.

Existen en el ordenamiento jurídico venezolano muchas leyes y decretos leyes que prevé técnicas de fomento, tales como subvenciones, subsidios, exenciones, exoneraciones tributarias, créditos, prestamos, etc., pero su regulación, por *no obedecer a un marco conceptual definido*, se presenta, en forma dispersa, aislada y muchas veces de manera solapada.

Los diseñadores de política económica recurren a medidas o técnicas de fomento, pero de forma aislada y más desde una perspectiva asistencial que con una visión de desarrollo e incluso con contenido o "de corte proselitista", creando una política asistencialista o populista y ayudas o subsidios, teñida de carácter político, que se aleja así de los principios de igualdad y legalidad.

La Constitución de 1999 establece que Venezuela es un Estado democrático y social de derecho y de justicia (art. 2 CRBV), y ello incide en los preceptos constitucionales sobre la actividad de fomento. Así, desde el preámbulo de la propia Constitución vigente se recoge el elemento teleológico del concepto de fomento[39], dirigido al bienestar de los ciudadanos. En el artículo 3° se prevé expresamente que el Estado tiene como fines, entre otros, "la promoción de la prosperidad y bienestar del pueblo". En este sentido, la Constitución vigente establece una serie de sectores en los cuales puede incidir la actividad de fo-

[37] Eloy Lares Martínez, *Manual de derecho administrativo,* cit., pág. 243.

[38] José Peña Solís, *Manual de derecho administrativo*, cit., pág. 284.

[39] *Ibid.*, págs. 284 y ss.

mento y su promoción: salud, empleo, cultura, educación, ciencia y tecnología, deporte, desarrollo armónico de la economía nacional, manufactura nacional de materias primas provenientes de los recursos naturales no renovables, agricultura sustentable, desarrollo rural integral, pequeña y mediana industria, las cooperativas y las cajas de ahorro y artesanía, mediante facilidades crediticias. Las diversas disposiciones constitucionales demuestran la importancia que el constituyente le confirió a la actividad de fomento de los poderes públicos para tornar operativa la cláusula del Estado social, según el profesor PEÑA SOLÍS[40]. Por otro lado, se ha discutido si la previsión constitucional expresa de Estado social implica pretensiones inmediatas de parte de los ciudadanos. Aquí hay dos posiciones en la doctrina y en la jurisprudencia:

Una primera posición plantea[41]: "1) de dicha fórmula no es posible deducir pretensiones inmediatas por parte de los ciudadanos; 2) es en el desarrollo legislativo del Estado social que se efectúe donde desarrolla [*sic*] su eficacia práctica; 3) el Estado social es un criterio de interpretación de las normas infraconstitucionales y de orientación de la actividad de los poderes públicos; 4) existe una interdependencia entre la actividad de la fórmula jurídica y la realidad económica"[42].

Otro sector de la doctrina sostiene que "sí pueden ser deducidas pretensiones inmediatas por los ciudadanos, tesis al parecer seguida por las sentencias del Tribunal Supremo de Justicia en Sala Constitucional" caso de los "créditos indexados" (caso Asodeviprilara de 24 de enero de 2002)[43].

Esta *cláusula constitucional* del Estado social ha constituido en Venezuela el fundamento de la intervención de los poderes públicos y sus órganos en la realidad económica y social del país, mediante la regulación u ordenación y con la finalidad del bienestar de los ciudadanos y en pro de la denominada "procura existencial"[44]. Pero la ejecución del Estado social no puede desnaturalizar ni

[40] *Ibid.*, pág. 288.

[41] J. PÉREZ ROYO, "Estado social de derecho". en *Temas básicos de derecho constitucional I*, Madrid, Civitas, citado por JOSÉ PEÑA SOLÍS, *Manual de derecho administrativo*, vol. III, Caracas, República Bolivariana de Venezuela-Tribunal Supremo de Justicia, 2003, pág. 285.

[42] JOSÉ PEÑA SOLÍS, *Manual de derecho administrativo,* cit., pág. 285.

[43] Véase, además en este sentido, sentencia. del Tribunal Supremo de Justicia, Sala Constitucional 26-05-2004, caso: Federación Médica Venezolana y sentencia, de la misma sala, de 5 de octubre 2000, caso José del Carmen Rojas, según las cuales existe un emplazamiento a los poderes públicos a desplegar su aparato administrativo, y dicho emplazamiento tiene gradaciones, matices y efectos entre los diversos poderes públicos cuyo desarrollo debe ser objeto de control judicial, ya sea por pasividad u omisión del poder legislativo o por desarrollo insuficiente, pero no puede el poder judicial sustituir en su establecimiento, valoración, o consideración política al poder legislativo.

[44] Véase sentencia. del Tribunal Supremo de Justicia, Sala Constitucional, de mayo de 2004, "[...] debe señalar que el Estado social de derecho es el Estado de la procura existencial,

destruir el núcleo duro o contenido esencial de los derechos fundamentales, como la libertad individual, el libre desenvolvimiento de la personalidad, la iniciativa privada, la libertad económica, así como debe desarrollar y ejercer su actividad de ordenación y limitación dentro de los cauces establecidos por el ordenamiento jurídico y en pleno respeto a las garantías de la libertad económica (sents. del Tribunal Supremo de Justicia Sala Constitucional, en adelante TSJ-SC, de fecha 15.02.2003, caso Cervecera Nacional, y caso Inversiones Parkimundo de fecha 1.10.2003[45]). Como se ha señalado, el artículo 2°, que prevé el Estado Social, no se consagra de manera aislada, pues se establecen normas de rango constitucional que lo desarrollan y que pueden constituir fundamentos para la intervención de los poderes públicos e incidir sobre la actividad de los particulares en aras del interés público.

De otra parte, se establecen otros artículos en la Constitución, que hacen énfasis en los principios de orden económico: libre competencia, productividad, eficiencia (art. 299 CRBV) o que el Estado con la iniciativa privada promoverá el desarrollo de la economía nacional con el fin de generar fuentes de trabajo, alto valor agregado nacional, elevar el nivel de vida de la población y fortalecer la economía del país, así como la consagración de los derechos individuales: libertad económica (art. 112 CRBV), propiedad (art. 115 CRBV), con sus limitaciones por razones de orden económico o de interés social, pero que han motivado que la doctrina y la jurisprudencia sostengan que se trata de una Constitución "ambigua" o de "economía mixta"[46]; nosotros consideramos más acertadas las que han sostenido que la Constitución venezolana de 1999 estableció una Constitución que previó una economía social de mercado[47] y

su meta es satisfacer las necesidades básicas de los individuos distribuyendo bienes y servicios que permitan el logro de un estándar de vida elevado, colocando en permanente realización y perfeccionamiento el desenvolvimiento económico y social de sus ciudadanos".

[45] Véase, así mismo, Tribunal Supremo, Sala Constitucional, sentencias que realzan y dan valor de derecho fundamental a la libertad económica: 4 de mayo de 2000, caso Consocio Ayari, obligación de los poderes públicos de promover la libre competencia; 8 de diciembre de 2000, caso Transporte Sicalpar S.R.L, de 13 de diciembre de 2000, sobre el régimen del Distrito Metropolitano de Caracas y de 4 de diciembre de 2003, caso Almacenadora Caraballeda.

[46] Allan R. Brewer-Carías, "El derecho de propiedad y la libertad económica. Evolución y situación actual en Venezuela", en *Estudios sobre la Constitución*, libro homenaje a Rafael Caldera, tomo II, Caracas, Universidad Central de Venezuela Facultad de Ciencias Jurídicas, 1979, pág. 1139, Quien luego y con fundamento en las disposiciones de la Constitución de 1999, sostuvo que la Constitución de 1999 estableció una economía social de mercado. Consúltese del mismo autor, *La Constitución de 1999 comentada*, Caracas, Editorial Arte, págs. 203 y ss.

[47] Corte Suprema de Justicia, caso Pérez Alzurutt I, sent. de 15 de diciembre de 1998 y Tribunal Supremo de Justicia, Sala Constitucional, caso Pérez Alzurutt II, sent. de 6 de febrero de 2001. Véase así mismo, Juan Domingo Alfonzo Paradisi, "La Constitución económica y el decreto ley de Costos y precios justos", en *Análisis jurídico, económico y financiero*

que, por tanto, el Estado debe promover y proteger la libre competencia y permitir el desarrollo de la libertad económica de los particulares, como uno de los derechos fundamentales, pero inapropiadamente, desde nuestra perspectiva, la interpretación de esas normas constitucionales se ha inclinado por un desarrollo legislativo y jurisprudencial orientado hacia una economía intervenida y el establecimiento de una legalidad socialista, que incide sobre la libertad de los ciudadanos y de concentración de los poderes públicos en el poder ejecutivo, así como a una "permisión de legislación" por parte del poder judicial, especialmente de la Sala Constitucional del Tribunal Supremo de Justicia, al emitir sus sentencias sobre el contenido y alcance de normas y principios constitucionales.

La Constitución vigente de 1999 se basa en el principio de justicia social pero también en el de libre competencia y de eficiencia, así como en el principio de solidaridad, pero también en el de productividad, para asegurar el desarrollo integral y una existencia digna y provechosa de la colectividad. Por tanto, no puede extinguirse la iniciativa privada, la libertad individual, la libre competencia, la productividad, ni la eficiencia ya que la Constitución no prevé un régimen económico estatista, es decir, aquel que se fundamenta en la socialización o colectivización de la propiedad sobre los medios de producción, pero del mismo modo al ser titular del dominio público sobre el subsuelo y, por tanto, del petróleo, el Estado tiene la posibilidad de intervenir de manera muy importante en la actividad económica[48].

Por tanto, el Estado, basado en los principios constitucionales de libre competencia, productividad y eficiencia (art. 299), puede adoptar diversas modalidades de fomento que incentiven y promuevan la competencia y que eliminen las barreras de entrada y salida del mercado[49].

Además de estos principios rectores constitucionales, la Constitución vigente establece, en el marco de los derechos, la libertad general y, específicamente en el ámbito económico, el derecho de libertad económica consagrado en el artículo 112 de la CRBV. Así mismo, el Estado promoverá la iniciativa privada, así como la producción de bienes, la libertad de trabajo, empresa e industria, sin perjuicio de su facultad para dictar medidas para planificar, racionalizar y regular la economía e impulsar el desarrollo integral del país, lo que pone de presente nuevamente el sistema de economía social de mercado en el que se reconoce el derecho a la libertad económica, no como un derecho absoluto

---

del decreto ley de costos y precios justos. La categorización de bienes y servicios: registro, determinación e información de los precios, Caracas, Fundación de derecho administrativo, 2012, págs. 11 y ss.

[48] Juan Domingo Alfonzo Paradisi, "La Constitución económica y el decreto ley de costos y precios justos", cit. págs. 19-20.

[49] José Peña Solís, *Manual de derecho administrativo,* cit., pág. 272.

sino con las limitaciones que la Constitución y las leyes prevean, así como también las facultades y potestades del Estado para planificar, racionalizar y regular la economía en el país.

La Carta Magna venezolana también prevé una serie de competencias concurrentes, entre las cuales se encuentran los derecho sociales (derecho a la salud (art. 83 de la CRBV), derecho a la vivienda digna (art. 82 de la CRBV), derecho a la educación (art. 102 de la CRBV), derecho a la cultura (art. 99 de la CRBV), en las cuales coinciden tanto el poder nacional, los Estados miembros de la federación y el poder municipal y esas competencias son muy relevantes para el desarrollo del Estado social y el ejercicio de la actividad administrativa de fomento, que implica así mismo un concepto amplio de la actividad administrativa de fomento, no restringida a la administración pública nacional sino extendida a los estados y municipios en el marco de sus competencias. De igual manera, la Constitución establece competencias exclusivas: en el caso de los municipios el artículo 178 y en cuanto a los Estados miembros de la federación venezolana el artículo 164.

En nuestra opinión, el aspecto esencial o clave radica en cómo se alcanza "el bienestar de los ciudadanos". Si con una política pública intervencionista y asistencialista que no incentive la competencia, la iniciativa privada y la productividad o con una política pública que incentive mediante la actividad de fomento la competencia para aumentar la productividad y la eficiencia en favor de las libertades individuales y consecuentemente en el desarrollo del país, posición que sostenemos y con la cual estamos de acuerdo.

B) *Del concepto de la actividad de fomento en la Constitución*

Con arreglo a la tesis restringida, la actividad "administrativa" de fomento es realizada de forma exclusiva y excluyentemente por los órganos de la administración pública. Esta tesis restringida del fomento es correcta en el ámbito del derecho administrativo[50] como una categoría de la actividad administrativa.

No obstante, desde el ámbito constitucional, la tesis amplia también es considerada correcta. Esta tesis establece que la actividad de fomento puede provenir de cualquier poder del Estado, por ejemplo, de los poderes legislativo y ejecutivo, y puede ejecutarse mediante actos normativos (de rango legal o sublegal), y administrativos. No obstante, la doctrina y la jurisprudencia extranjeras han concentrado su esfuerzo en estudiar el concepto en el ámbito restringido, esto es, como proveniente de la actividad de fomento de la administración pública. Las normas constitucionales venezolanas relativas al fomento se aprecian en diversas y amplias materias, de suerte que el poder

[50] José Peña Solís, *Manual de derecho administrativo,* cit., págs. 288-289.

legislativo puede participar en la actividad de fomento, mediante la política fiscal y el incentivo a determinadas actividades de los particulares, como mediante la previsión de exenciones impositivas.

Con fundamento en las competencias concurrentes previstas en el texto constitucional, el poder nacional puede concurrir con los Estados y con los municipios, y estimular o promocionar cada uno actividades de los particulares en materias vinculadas con el interés general. Así las cosas, el fomento constituye una competencia concurrente entre los diversos entes políticos territoriales y se extiende sobre amplias materias que prevé la Constitución venezolana vigente. Así mismo, con fundamento en el artículo 157 constitucional, puede verificarse un proceso de descentralización político territorial y en consecuencia los Estados y los municipios pueden participar en otras actividades de fomento administrativo.

Por otra parte, es importante resaltar que la actividad administrativa de fomento debe estar sujeta al principio de legalidad. La Constitución venezolana, como norma superior del ordenamiento jurídico, establece que "La Constitución y la ley definirán las atribuciones que ejercen el poder público, a las cuales deben sujetarse las actividades que realicen" (art. 137 de la CRBV). Esto es, la administración solo podrá actuar válidamente si está habilitada por una ley previa; así, la actuación de la administración pública está determinada por el "bloque de legalidad" (normas constitucionales, legales o sublegales).

No puede haber ningún gasto público que no haya sido previsto en la Ley de Presupuesto (art. 314 de la CRBV). De igual manera, no podrá cobrarse ningún impuesto, tasa o contribución que no estén establecidos en la ley, ni concederse exenciones ni rebajas, ni otras formas de incentivos fiscales, sino en los casos previstos por las leyes (art. 317 de la CRBV). De ello, debe concluirse que la actividad de fomento de la administración pública está regida por el principio de reserva legal, y por el de legalidad. Así mismo, la actividad de fomento debe estar sujeta al principio de igualdad, con arreglo al cual la administración debe, dentro del margen de discrecionalidad que le otorga el ordenamiento, actuar absueltamente apegada a los cánones legales para no incurrir en discriminaciones y en la violación de este principio.

Las medidas de fomento invocan el principio de la libre competencia, y en tal sentido se afirma que desde el punto de vista económico las referidas medidas no pueden violar las reglas de la libre competencia[51] (art. 299 de la CRBV), lo cual, dado el excesivo intervencionismo del gobierno, ha estado muy abandonado y no se han respetado los principios y la legislación en materia de libre mercado y de libre competencia.

[51] Véase cómo se regula en la Unión Europea en el Tratado de la Comunidad Europea, art. 87.1.

C) *Fuentes de rango legal que regulan la actividad de fomento*

Ahora bien, como bien lo señala el profesor Peña Solís, ante "[...] la ausencia de unos o varios instrumentos jurídicos que disciplinen las actividades de fomento de manera sistemática, en los cuales se consagren diversas medidas, los presupuestos de procedencia, el monto de las medidas, el mecanismo de la acción concertada, la garantía de los principios de transparencia, objetividad, concurrencia y eficiencia en la adopción de las medidas, las causales de modificación, revocación y reintegro de las medidas, la responsabilidad administrativa de los perceptores, el control del ente conducente y del órgano de control externo sobre la actividad estimulada, solo resta, tratar de derivar esos lineamientos, de los múltiples instrumentos normativos que regulan bajo diversas denominaciones (estímulos, incentivos fiscales, exenciones, subsidios, becas, etc.) medidas de fomento"[52].

Así, se requiere enunciar y luego efectuar el análisis de las leyes y decretos leyes más relevantes que en Venezuela de manera aislada otorgan medidas de fomento. Entre las leyes y decretos leyes más relevantes, enunciados por la doctrina se pueden mencionar los siguientes:

Decreto con rango, valor y fuerza de ley de Régimen Prestacional de Vivienda y Hábitat[53]; Ley Orgánica del Sistema de Seguridad Social[54], decreto con fuerza de ley de creación, Estímulo, Promoción y Desarrollo del Sistema Microfinanciero[55], decreto con rango, valor y fuerza de ley de Reforma del decreto con rango, valor y fuerza de ley para la Promoción y Desarrollo de la Pequeña y Mediana Industria y Unidades de Propiedad Social[56], ley constitucional de Inversión Extranjera Productiva[57]; decreto Nº 2.171, mediante el cual se dicta el decreto con rango, valor y fuerza de ley orgánica para el Desarrollo de las Actividades Petroquímicas[58]; Ley Orgánica de Reforma Parcial del decreto con rango, valor y fuerza de ley orgánica de Ciencia, Tecnología e Innovación[59]; decreto con rango, valor y fuerza de ley de Reforma Parcial de la Ley del Banco de Comercio Exterior[60]; Ley que Regula y Fomenta la Multipropiedad y el Sistema de Tiempo Compartido[61]; Ley de Tierras y Desarrollo

[52] José Peña Solís, *Manual de derecho administrativo,* cit., pág. 291.

[53] G. O. 39.945, de 15 de junio de 2012.

[54] G. O. 39.912, de 30 de abril de 2012.

[55] G. O. 37.164, de 22 de marzo de 2001.

[56] G. O. 40.550, de 27 de noviembre de 2014.

[57] G. O. 41.310 de 29 de diciembre de 2017.

[58] G. O. 6.210 Ext. de 30 de diciembre de 2015.

[59] G. O. 6.507 Ext. de 1 de abril de 2022.

[60] G. O. 5.397 Ext. de 25 de octubre de 1999.

[61] G. O. 5.022 Ext. de 18 de diciembre de 1995.

Agrario[62]; decreto con valor y fuerza de ley orgánica de Turismo[63] y la Ley de Incentivo a la Exportación[64]. Por otra parte, se destacan los siguientes decretos que pueden prever medidas de auxilio indirecto: decreto con rango, valor y fuerza de ley de Reforma Parcial del decreto con rango, valor y fuerza de ley de Impuesto Sobre la Renta[65]; Ley de Reforma Parcial del decreto con rango, valor y fuerza de ley de Impuesto a las Grandes Transacciones Financieras[66]; decreto de reforma parcial del decreto con rango, valor y fuerza de ley que establece el Impuesto al Valor Agregado[67]; Ley Orgánica de Zonas Económicas Especiales[68]; decreto mediante el cual se adapta la Zona Económica Especial de la Península de Paraguaná del estado Falcón[69]; decreto mediante el cual se crea la Zona Económica Especial del estado La Guaira[70].

Se trata de una lista general, no acabada, pero ejemplificativa, para tener una idea de las diversas técnicas de fomento utilizadas por el legislador venezolano y por el ejecutivo nacional mediante decretos leyes y poder así precisar algunos de sus rasgos generales y las medidas que se contemplan.

Abordaremos algunas de estas normas de rango legal a los efectos de analizar las técnicas de fomento económico en ellas previstas:

1. En el área de seguridad social está vigente el decreto 6.243 con rango, valor y fuerza de ley orgánica del Sistema de Seguridad Social que establece en su artículo 47 ciertas donaciones, legados, subvenciones o liberalidades efectuadas por personas públicas o privadas a la Tesorería de Seguridad Social, que dispone:

"Los recursos para el funcionamiento de la Tesorería de Seguridad Social provendrán de las fuentes siguientes: aportes fiscales que asignen con cargo al presupuesto del Ministerio del Poder Popular con competencia en materia de previsión social, donaciones, legados, aportes, subvenciones y demás liberalidades que reciba de personas naturales o jurídicas, públicas o privadas, nacionales o extranjeras y, por los demás bienes o ingreso que, obtengan por cualquier título. La administración de estos recursos estará regida por una regla de severidad del gasto".

[62] G. O. 5.991 Ext. de 29 de julio de 2010.

[63] G. O. 6.152 Ext. de 18 de noviembre de 2014.

[64] G. O. 1.747 Ext. de 24 de mayo de 1975.

[65] G. O. 6.210 Ext. de 30 de diciembre de 2015.

[66] G. O. 6.687 Ext. de 25 de febrero de 2022.

[67] G. O. 6.507 Ext. de 29 de enero de 2020.

[68] G. O. 6.710 de 20 de julio de 2022.

[69] G. O. 6.756 Ext. de 10 de agosto de 2023.

[70] G. O. 6.756 Ext. de 10 de agosto de 2023.

En este decreto ley se considera la subvención como una liberalidad o donación y por ello ha sido objeto de crítica por la doctrina venezolana[71], y que si lo que se pretende es subsumirla como una actividad de fomento, debería estar vinculada a una actividad de interés público o general. En efecto, los artículos 33, 47 y 78 de la Ley Orgánica de Seguridad Social según la doctrina venezolana "responden a la connotación doctrinaria de una liberalidad y no a una técnica de fomento administrativo propiamente dicho[72]".

Además, la norma, curiosamente contempla a una empresa privada o persona natural como el sujeto que realiza la subvención, es decir que hace el aporte patrimonial a los órganos indicados del Sistema de Seguridad Social. Por tanto, al no provenir de la administración pública no se corresponde con el término subvención en estricto sentido. De igual manera, no se regulan en el decreto ley otros elementos de la técnica administrativa de fomento, derechos y obligaciones del perceptor, causales de revocación o reintegro entre otros.

2. En el área de vivienda y hábitat se ha dictado el decreto 9.048, mediante el cual se la reforma parcialmente del decreto con rango, valor y fuerza de ley de Régimen Prestacional de Vivienda y Hábitat[73]. El ejecutivo nacional, por medio del Ministerio del Poder Popular con competencia en materia de vivienda y hábitat, tiene la "potestad organizativa y un rol estratégico de establecimiento de políticas públicas en los ámbitos nacional, regional y municipal para el desarrollo del Sistema Nacional de Vivienda y Hábitat, de seguimiento y monitoreo de la ejecución programática, física y financiera, así como la coordinación de todas las instancias organizativas y territoriales" (art. 5º). El Ministerio, con el fin de ejecutar las competencias establecidas en el artículo 6º del decreto ley, trabaja en coordinación con el Banco Nacional de Vivienda y Hábitat, y su objeto consiste en actuar, según la política y planes aprobados conforme a la planificación centralizada, correspondiéndole la promoción, supervisión y financiamiento del Sistema Nacional de Vivienda y Hábitat y la administración exclusiva de los recursos de los fondos a que se refiere el decreto ley en comentario. Dichos fondos son para la administración y distribución de los recursos financieros del Sistema, que serán depositados y administrados en el fondo que corresponda tales como Fondo de Aportes del Sector Público, Fondo de Ahorro Obligatorio para la Vivienda, Fondo de Ahorro Voluntario para la Vivienda, Fondo de Garantías, Fondo de Contingencia. Entre las funciones de cada tipo de fondo, se encuentra específicamente la del Fondo de Ahorro Obligatorio para la Vivienda, que además de ser una reserva monetaria, constituye un requisito para la elegibilidad de los particulares

[71] José Peña Solís, *Manual de derecho administrativo,* cit., pág. 255.

[72] *Ibid.*, pág. 293.

[73] G. O. 39.945 de 15 de junio de 2012.

para ser seleccionados en el proceso de otorgamiento del subsidio, normativa contemplada en el artículo 55 y siguientes del decreto ley. Así se establece:

"Podrán acceder a los beneficios del Sistema Nacional de Vivienda y Hábitat todos los usuarios que efectúen los aportes a los respectivos fondos y cumplan con los requisitos que al efecto establezca el Ministerio del Poder Popular con competencia en materia de vivienda y hábitat".

En cuanto al subsidio directo a la demanda contemplado en el decreto ley de Régimen Prestacional de Vivienda y Hábitat, se sostiene que "reúne casi todos los indicadores que en el marco de la doctrina y del derecho comparado permiten definir a la subvención"[74] .

En este sentido, el artículo 58 del decreto ley prevé el subsidio directo habitacional, así:

"El subsidio directo habitacional constituye una ayuda directa del Estado de carácter no reembolsable, salvo la excepción prevista en este decreto con rango, valor y fuerza de ley y su reglamento. El subsidio directo habitacional está destinado a apoyar a los usuarios del Sistema para cualquier proceso u operación relacionada con la vivienda principal, siempre y cuando cumplan con los requisitos establecidos en la normativa dictada al efecto. El referido subsidio será otorgado por una sola vez, en una porción única o de manera progresiva. El Ministerio del Poder Popular con competencia en materia de vivienda y hábitat regulará lo relativo al subsidio directo habitacional".

Por su parte, el artículo 59 del decreto ley en comentario contempla el reintegro del subsidio directo habitacional, para el caso de enajenación de la vivienda dentro de los cinco años a partir de la fecha de otorgamiento del subsidio.

"Las beneficiarias o los beneficiarios del subsidio directo habitacional podrán enajenar la vivienda para la cual lo hubieren recibido. No obstante, si la enajenación se produce dentro de los cinco (5) años contados a partir de la fecha de otorgamiento del subsidio, este deberá ser reintegrado a su valor actualizado al momento de la enajenación".

Como lo ha destacado la doctrina venezolana, pareciera que el legislador se adscribe a la tesis que equipara el subsidio a la subvención[75]. Esto es, establece la subvención bajo la denominación de subsidio (art. 58) y se encuentran en el referido decreto ley que regula el Régimen Prestacional de Vivienda y Hábitat los siguientes indicadores: "La atribución patrimonial, concretamente de una suma de dinero, de un ente público, a un particular"[76], "usuario" del Sistema Nacional de Vivienda y Hábitat para la adquisición de una vivienda.

[74] José Peña Solís, *Manual de derecho administrativo,* cit., pág. 296.

[75] *Ibidem.*

[76] *Ibidem.*

Este subsidio es a fondo perdido, tal como lo establece el artículo 58, ya que "constituye *una ayuda directa del Estado de carácter no reembolsable*", esto es, sin obligación de restitución (art. 58 del decreto ley). El Ministerio con competencia en materia de Vivienda y Hábitat debe regular todo lo concerniente al subsidio directo habitacional (art. 58). De allí se puede sostener que se trata de *una relación jurídico-administrativa* entre el ministerio competente y el usuario, y que dicho subsidio será otorgado una vez que la autoridad competente determine, mediante un acto administrativo unilateral y de efectos particulares, el cumplimiento de los requisitos previstos por parte del usuario del Sistema[77]. Debe tratarse, una vez concedido, mediante el acto administrativo de efectos particulares, de un derecho subjetivo y del surgimiento de una obligación por parte de la administración concedente. No obstante, como se verá *infra*, hay sentencias en materia de subvenciones que han sentado que se trata tan solo de un interés legítimo.

Es necesario precisar que conforme a lo previsto en el artículo 59, parágrafo único, *eiusdem*, para el caso de que los beneficiarios del "subsidio" que enajenen la vivienda dentro de los primeros cinco años después de haberlo obtenido, deben reintegrar al ente concedente el monto del mismo. Se trata, según la doctrina[78], más que de una excepción, de la tipificación de una causal de incumplimiento de una obligación, para el supuesto de enajenación o venta de la vivienda dentro de los cinco años de adquirida.

Pareciera que el decreto ley consagra, aun en el marco de la doctrina del derecho administrativo, el concepto restringido de subvención, pues al erigir al particular como único perceptor, excluye la posibilidad de que pueda revestir ese carácter un ente público[79]. El particular es calificado como usuario del Sistema Nacional de Vivienda y Hábitat. En efecto, pueden acceder a los beneficios del Sistema Nacional de Vivienda y Hábitat todos los usuarios que hagan aportes a los respectivos fondos y cumplan con los requisitos que al efecto establezca el Ministerio del Poder Popular con competencia en materia de Vivienda y Hábitat (art. 55 del decreto ley en comentario). Esto es, pareciera preverse una relación de causalidad entre la "atribución patrimonial" y la actividad del particular (adquisición de vivienda principal). Sin embargo, en la práctica el subsidio a la vivienda, así como otras subvenciones, se ha politizado enormemente, existe gran discrecionalidad, se utilizan criterios partidistas o de afinidad política para la entrega de unidades de vivienda, lo cual,

[77] Se ha sostenido así mismo, el carácter consuntivo del subsidio, ya que una vez otorgado pareciera cesar cualquier relación entre concedente y usuario, salvo el caso de la enajenación de la vivienda producida antes de los cinco años de haberse otorgado el subsidio. Véase: José Peña Solís, *Manual de derecho administrativo,* cit., pág. 298.

[78] José Peña Solís, *Manual de derecho administrativo,* cit., pág. 297.

[79] *Ibid.*, pág. 296.

por cierto, también se materializa en otras políticas de carácter asistencialista del actual gobierno socialista como son los Comités Locales de Abastecimiento y Producción (denominadas bolsas CLAP), que consiste en un sistema de repartición y distribución nacional de bolsas con alimentos, e igualmente con la entrega en períodos pasados de artefactos eléctricos (lavadoras, neveras, etc.) o en este caso, como se ha indicado, con la entrega de viviendas vulnerando los principios de igualdad y de legalidad previstos en la Constitución vigente.

La subvención debe respetar los principios de sujeción al bloque de la legalidad, de igualdad, en el sentido de no establecer discriminaciones en el otorgamiento de los mismos y respetar la consignación presupuestaria dado que debe existir una partida para ese gasto. Sin embargo, ni el decreto ley ni la resolución del Ministerio contemplan un procedimiento constitutivo especial con las fases de iniciativa, sustanciación y decisión, por lo cual existe discrecionalidad administrativa, siendo lo deseable que se regulase por normas de rango de ley ese procedimiento para racionalizar y objetivar el subsidio directo. El decreto ley no contempla sanciones específicas para los beneficiarios que incumplan con la prohibición de vender la vivienda subsidiada en el indicado plazo de cinco años.

3. Área del sistema microfinanciero (está vigente el decreto ley de Creación Estimulo, Promoción y Desarrollo del Sistema Microfinanciero). Conforme al artículo 5 el ejecutivo nacional es el encargado de coordinar con los entes de ejecución, las acciones y decisiones necesarias para promover el desarrollo del sistema microfinanciero. El ejecutivo debe ejecutar las acciones y decisiones basadas principalmente entre otros lineamientos en la promoción de programas y mecanismos que estimulen la productividad y competitividad del sistema microfinanciero (art. 5 num. 1) y la promoción de la iniciativa e inversión pública o privada nacional e internacional, en la provisión de servicios de fomento y desarrollo para las microfinanzas, auspiciando la competencia sana y leal del mercado (art. 5 num. 3). De igual manera, para el cumplimento de estos objetivos, se prevé en el artículo 8 del decreto la creación del Fondo de Desarrollo Microfinanciero, el cual tiene por objeto principal apoyar las políticas de fomento, desarrollo y fortalecimiento del sistema microfinanciero en los términos de este decreto ley (art. 9). Será también un agente de financiamiento de los intereses no cobrados y los costos de transacción de los créditos otorgados sin intereses a los entes de ejecución y a los usuarios del sistema microfinanciero. Así mismo, se prevé en el decreto ley que "Los créditos otorgados a los entes del sector microfinanciero serán otorgados con o sin intereses, fundamentándose en la oportunidad. la necesidad de acceso inmediato y el tiempo de recuperación de los mismos".

Es importante resaltar que si el microcrédito es otorgado con intereses, de alguna manera se subsume en un financiamiento o modalidad de otorgamiento de créditos; sin embargo, si es otorgado sin intereses se identifica con la modalidad de subvención, ya que no hay pago alguno.

4. Pequeña y mediana industria. Mediante el decreto ley 1.413 se dictan las normas para la Promoción y Desarrollo de la Pequeña y Mediana Industria.

El decreto ley en comentario tiene por objeto regular el proceso de desarrollo integral de la pequeña y mediana industria, y unidades de propiedad social, a través de su promoción y financiamiento de sus recursos y de terceros. Se establecen como finalidades, entre otras: apoyar, fomentar, promocionar, expandir y recuperar a la pequeña y mediana industria y unidades de propiedad social, como factores fundamentales del fortalecimiento del modelo productivo del país, mediante el desarrollo de su capacidad instalada. Así mismo, se establece en el decreto que se debe garantizar el financiamiento de la pequeña y mediana industria y unidades de propiedad social, con las entidades financieras públicas o privadas, bancarias y no bancarias, a través de convenios, líneas de crédito, contratos de provisión de fondos, fideicomisos y cualquier otro contrato, en los términos previstos en el Decreto y en su reglamento (art. 2 nums. 2 y 4).

De igual manera, se establece que el presidente de la República puede conceder exoneraciones fiscales a los efectos de estimular a la pequeña y mediana industria y los proyectos de inversión. El artículo 10 del decreto ley establece:

"El presidente de la República, acorde con sus funciones y atribuciones establecidas en la Constitución de la República Bolivariana de Venezuela y a los fines de procurar la recuperación, fomento, promoción y desarrollo del sector de la pequeña y mediana industria y unidades de propiedad social, de acuerdo con la situación coyuntural, sectorial o regional de la economía, podrá exonerarlas total o parcialmente del pago de los impuestos nacionales generados por tales actividades, sin menoscabo de las disposiciones establecidas en las leyes que rigen la materia de inversiones".

5. En materia de ciencia y tecnología e innovación está vigente la ley orgánica de reforma parcial del decreto con rango, valor y fuerza de ley orgánica de Ciencia, Tecnología e Innovación. El artículo 41 de esta ley de Ciencia, Tecnología e Innovación establece que el ejecutivo nacional, a través de la autoridad nacional con competencia "diseñará e instrumentará los incentivos necesarios para estimular la formación e inserción de las cultores y cultoras científicos en las unidades de producción social, los órganos adscritos a la autoridad nacional con competencia en materia de ciencia, tecnología e innovación y sus aplicaciones, así como en las instituciones universitarias que respondan a los proyectos que permiten resolver las necesidades concretas vinculadas al Plan Nacional de Desarrollo Económico y Social de la Nación". Así mismo, la ley en comentario de Ciencia, Tecnología e Innovación también establece técnicas administrativas de fomento tales como becas y subvenciones. En efecto, en el artículo 42 de la referida ley se establece:

El ejecutivo nacional estimulará la formación de las cultoras y cultores en el área científica, tecnológica e innovación, mediante el financiamiento total o parcial de sus estudios e investigaciones, así como de incentivos, tales como becas, subvenciones o cualquier otro reconocimiento o incentivo que sirva para impulsar la producción científica, tecnológica, de innovación y sus aplicaciones, de acuerdo con lo establecido en el artículo 1 de esta ley".

6. Ley Orgánica de las Zonas Económicas Especiales, que tiene por objeto regular la creación, organización, funcionamiento, administración y desarrollo de zonas económicas especiales, así como los incentivos económicos, fiscales y de otra índole que resulten aplicables. Así se establecen como beneficiarios de los incentivos las personas jurídicas que ejecuten proyectos de participación en las zonas económicas especiales y que hayan suscrito el respectivo convenio de actividad económica (art. 27). Así las cosas, se prevén los convenios de actividad económica, que constituyen acuerdos celebrados entre las personas jurídicas, nacionales, extranjeras, públicas, privadas, mixtas o comunales interesadas en participar en las zonas económicas y la Superintendencia de Zonas Económicas especiales. Dicho convenio contendrá los incentivos económicos, fiscales, financieros y de otra índole que contemple el plan de desarrollo económico de la zona especial, así como los requisitos de desempeño, metas, inversiones comprometidas y demás obligaciones que deban ser cumplidas.

Las personas jurídicas públicas, privadas, mixtas o comunales que operen en las zonas económicas especiales podrán beneficiarse de los siguientes incentivos fiscales y aduaneros:

1. El reintegro tributario de importación (DRAWBACK), conforme al criterio que sea determinado por el ejecutivo nacional en el decreto de creación, cuyo procedimiento, se regirá conforme a lo previsto en la legislación en materia aduanera (art. 28).

2. El reintegro tributario en materia de otros impuestos nacionales, conforme a lo previsto en el decreto de creación dictado por el ejecutivo nacional, cuyo procedimiento de determinación, verificación, certificación y pago se hará conforme a lo previsto en el COT, así como las resoluciones que, para tales efectos, sean dictadas.

El 10 de agosto de 2023, se publican en G. O. 6.756, Ext. los siguientes decretos: decreto 4.838, sobre la Zona Económica Especial de la Dependencia Federal Isla La Tortuga; el decreto 4.839, que adapta la Zona Económica Especial Militar N° 1 del estado Aragua; con el decreto 4.840, se adapta la Zona Económica Especial de la Península de Paraguaná del estado Falcón, y el decreto 4.841 mediante el cual se crea la Zona Económica Especial del estado La Guaira que prevé incentivos fiscales, aduaneros y económicos.

7. Sector turístico. El decreto con rango, valor y fuerza de ley orgánica de Turismo.establece el fomento de la inversión turística, así: "El ejecutivo nacio-

nal impulsa y promueve la inversión nacional y extranjera en el sector turismo que contribuya a la generación de empleo, captación de divisas para el país, mejora de la calidad de vida de la población receptiva y transformación de recursos turísticos en productos turísticos sustentables y sostenibles". (art. 5 num. 5). En cuanto al diseño de la política de promoción, el Ministerio con competencia en la materia debe realizar los estudios que sirvan de soporte técnico para diseñar las políticas de promoción de la República, como destino turístico (art. 90). El Ministerio del Poder Popular con competencia en materia de turismo fomenta la calidad de los servicios, productos y destinos turísticos a través de certificaciones que constituyen elementos de diferenciación de estos y un mecanismo de reconocimiento de los turistas y visitantes y de acciones que permitan a su vez implantar y desarrollar el Sistema Nacional de Calidad Turística, de conformidad con las normativas aplicables sobre la materia (art. 95).

8. Leyes y decretos leyes que prevén auxilios indirectos, que constituyen técnica de fomento fiscal, que prevén exenciones y exoneraciones, entre las cuales citamos las siguientes de relevancia en Venezuela:

i) Decreto con rango, valor y fuerza de ley de Reforma Parcial del decreto con rango valor y fuerza de ley de Impuesto Sobre la Renta. En la legislación venezolana, en materia de impuesto sobre la renta, la ley exime en su artículo 14 el pago de impuesto, siendo esta una exención de clase subjetiva, a las siguientes personas: i) entidades venezolanas de carácter público, el Banco Central de Venezuela y Banco de Desarrollo Económico y Social de Venezuela, así como los demás institutos autónomos que determine la ley; ii) agentes y demás funcionarios diplomáticos extranjeros acreditados en la República; iii) las instituciones benéficas y de asistencia social; iv) los estudiantes becados por los montos que reciban para cubrir sus gastos de manutención, de estudios o de formación, entre otros.

En el mismo artículo se distinguen exenciones de clase objetiva en lo previsto en el numeral 11, porque aunque se beneficia una empresa nacional, que se dedica a la explotación de hidrocarburos y actividades conexas, solo recibirá la exención mediante el objeto de la actividad específica que realice, siendo esta por los "enriquecimientos extraordinarios provenientes del valor comercial que les sea reconocido por sus asociados a los activos representados por estudios previos, informaciones, conocimientos e instructivos técnicos, fórmulas, datos, grabaciones, películas, especificaciones y otros bienes de similar naturaleza relacionados con los proyectos objeto de asociación destinados al desarrollo de los mismos, en virtud de los convenios de asociación que dichas empresas celebren de conformidad con la ley orgánica que reserva al Estado la industria y el comercio de los hidrocarburos o mediante contratos de interés nacional previstos en la Constitución", y en el numeral 12 en el cual se establece una exención objetiva del impuesto sobre la renta a “Los enriquecimientos provenientes de los bonos de deuda pública nacional y cualquier otra modalidad de título valor emitido por la República”.

ii) Ley de reforma parcial del decreto con rango, valor y fuerza de ley de Impuesto a las Grandes Transacciones Financieras (G. O., 6.687, Ext. de 25 de febrero de 2022). De tratarse de una operación que se cancele en monedas distintas a la del curso legal o en criptomonedas distintas al Petro, a través del sistema financiero o fuera de este, la exención subjetiva es regulada en la Ley de Impuesto a las Grandes Transacciones Financieras, y es conferida en el artículo 8: 1) la República y demás entes político-territoriales; 2) el Banco Central; 3) las entidades de carácter público con fines empresariales o sin ellos, calificadas como sujetos pasivos especiales; 4) las operaciones cambiarias realizadas por un operador cambiario debidamente autorizado; 5) el primer endoso de cheques, valores, depósitos en custodia pagados en efectivo y cualquier otro instrumento negociable; 6) los débitos que generen la compra, venta y transferencia de la custodia en títulos valores emitidos o avalados por la República o el Banco Central de Venezuela, así como los débitos o retiros relacionados con la liquidación del capital o intereses de los mismos y los títulos negociados en la bolsa agrícola y la bolsa de valores; 7) las operaciones de transferencias de fondos que realice el o la titular entre sus cuentas, en bancos o instituciones financieras constituidas y domiciliadas en la República Bolivariana de Venezuela. Esta exención no se aplica a las cuentas con más de un o una titular; 8) los débitos en cuentas corrientes de misiones diplomáticas o consulares y de sus funcionarios extranjeros o funcionarias extranjeras acreditados o acreditadas en la República Bolivariana de Venezuela, entre otros.

En cuanto la regulación de la exención objetiva de las transacciones, esta se prevé en la Ley de Impuesto a las Grandes Transacciones Financieras (art. 9) en los pagos derivados de la relación del trabajo.

iii) Decreto constituyente de reforma parcial del decreto con rango, valor y fuerza de ley que establece el impuesto al valor agregado. En materia de IVA las personas se beneficiarán de la exención subjetiva de conformidad con el artículo 17 de la ley, que establece exenciones a importaciones: i) efectuadas por agentes diplomáticos y consulares acreditados en el país; ii) instituciones y organismos internacionales de los que forme parte la República; iii) instituciones u organismos que se encuentren exentos de todo impuesto en virtud de tratados internacionales suscritos por la República Bolivariana de Venezuela; iv) importaciones de bienes donados en el extranjero a instituciones, corporaciones y fundaciones sin fines de lucro y a las universidades para el cumplimiento de sus fines propios; v) importaciones de equipos científicos y educativos requeridos por las instituciones públicas dedicadas a la investigación y a la docencia, entre otros.

En el caso de la exención objetiva esta se prevé en el artículo 18 que establece las exenciones sobre bienes, productos del reino vegetal en su estado natural, especies avícolas, arroz, harina de origen vegetal, pan y pastas alimenticias, huevos de gallina, entre otros.

En cuanto las exenciones sobre la prestación de los servicios, estos se contemplan en el artículo 19 en los siguientes supuestos; i) el transporte terrestre y acuático nacional de pasajeros; ii) las entradas a parques nacionales, zoológicos, museos, centros culturales e instituciones similares, cuando se trate de entes sin fines de lucro exentos de impuesto sobre la renta; iii) suministro de agua residencial, aseo urbano residencial, entre otros.

iv) Decreto constituyente de reforma del decreto con rango, valor y fuerza de ley orgánica de Aduanas.

El artículo 127 de la Ley Orgánica de Aduanas, que establece la posibilidad de que el ejecutivo nacional conceda u otorgue exoneraciones en materia aduanera, concretamente señala lo siguiente;

"El ejecutivo nacional por órgano de la Administración Aduanera, podrá conceder exoneración total o parcial de impuestos aduaneros en los siguientes casos:

"[...]

"6. Para los efectos destinados a la industria, la agricultura, la cría, el transporte, la minería, la pesca, la manufactura y en casos de productos calificados como de primera necesidad".

En efecto, se ha considerado conceder exoneraciones y autorizar al ejecutivo nacional cuando exista producción nacional insuficiente y haya desabastecimiento en el país, como se desarrolla en el acápite siguiente relativo a los decretos de exoneraciones.

v) Decretos de exoneraciones del pago del impuesto al valor agregado, impuesto de importación y la tasa por determinación del régimen aduanero

El poder ejecutivo había dictado decretos de exoneración en materia de importaciones;, no obstante, la política de exoneración a las importaciones se afianzó y tomó gran auge económico en Venezuela, con fundamento en la Ley Orgánica de Aduanas y en el artículo 66 de la Ley del Impuesto al Valor Agregado, debido al decreto 4.080 de 26 de diciembre de 2019 (G. O. 6.497 Ext.), mediante el cual se exonera el pago del impuesto al valor agregado, impuesto de importación y la tasa por determinación del régimen aduanero, a las importaciones definitivas de bienes muebles corporales, nuevos o usados, en cuanto sea aplicable. Dichas importaciones pueden ser realizadas por los órganos y entes de la administración pública nacional, así como las realizadas con recursos propios, por las personas naturales o jurídicas. Ello ha implicado la exoneración de muchos bienes, así como un incremento en la importación de estos, con la consecuencia de crear los denominados "bodegones" y llenando así mismo los anaqueles de los mercados y supermercados, que dada la política de control de cambios y de precios establecida desde 2003 hasta 2018 aproximadamente, condujo a la escasez de productos porque se obligaba a producir a perdida.

El referido decreto 4.080 entró en vigor el 1° de enero de 2020 y la fecha de su vencimiento sería el 30 de junio de 2020, sin embargo, fue prorrogado mediante el decreto 4.241 (G. O. 41.911), de 30 de junio de 2020, que estableció como fecha límite el 31 de diciembre del mismo año. Dicha política continuó en años siguientes y actualmente se encuentra vigente el decreto 4.821, (G. O. 6.750, Ext.) de 1° de julio de 2023, con vigencia hasta el 31 de diciembre del mismo año.

D) *El fomento en el marco de los entes políticos territoriales*

En el caso venezolano como Estado federal (art. 4 de la Constitución), la actividad de fomento administrativa la realiza fundamentalmente el poder ejecutivo nacional (arts. 225 y 236 de la CRBV), pero también el gobernador estadal, que integra el poder ejecutivo de los estados miembros de la federación venezolana (art. 160 de la CRBV) y el alcalde y demás funcionarios de la rama ejecutiva de los municipios (art. 174 de la CRBV), que en el ámbito de sus competencias tienen actividades de fomento administrativo conforme a las competencias exclusivas atribuidas por la Constitución en los artículos 164, en el caso de los estados, y 178, para los municipios, desarrolladas estas por la Ley Orgánica del Poder Público Municipal[80].

Principalmente la actividad administrativa de fomento la desarrolla el ejecutivo nacional mediante técnicas diversas, no solo por el Ministerio de Producción y Comercio (antiguo Ministerio de Fomento[81]), sino también por medio de otros ministerios, institutos autónomos y empresas del Estado.

Las tareas de fomento económico las realizan el Ministerio del Poder Popular de Economía, Finanzas y Comercio Exterior, institutos autónomos y empresas del Estado (entre las cuales se debe mencionar Petróleos de Venezuela PDVSA). La actividad de fomento en vivienda la efectúa el ministerio del Poder Popular para el Hábitat y Vivienda.

[80] G. O. 6.015 Ext. de 28 de diciembre de 2010.

[81] Creado en Venezuela en 1863, su primer titular señaló que: "las funciones de ese Despacho eran «las del desarrollo material del país» en lo relativo a los numerosos agentes de nuestro progreso moral y material". Véase Eloy Lares Martínez, *Manual de derecho administrativo,* cit., pág. 244.

Las actividades de fomento de educación y de la cultura se realizan por medio de los ministerios: del Poder Popular para la Educación, del Poder Popular para la Cultura y el del Poder Popular para Ciencia y Tecnología En Venezuela, durante la década de los setenta hubo un extraordinario y exitoso fomento e incentivo a la formación en el exterior para estudios de postgrado denominado plan "Mariscal de Ayacucho" y más recientemente con fundamento en providencias administrativas emanadas de la Comisión Nacional de Administración de Divisas (CADIVI), desde 2003 a 2014 se financiaron con dólares "preferenciales" los estudios en el exterior.

Las medidas de fomento de la asistencia social las realiza el Ministerio del Poder Popular para la Salud e institutos autónomos adscritos a él. Así mismo, el gobierno socialista creó un programa social denominado "misión barrio adentro", el cual se caracteriza por la utilización de médicos cubanos y venezolanos para ofrecer servicios de salud a la población venezolana en las zonas pobres del país.

De igual manera, las competencias de los estados y municipios pueden ser ampliadas por la denominada *cláusula constitucional de descentralización,* con fundamento en el artículo 137 de la Constitución, y puede verificarse un proceso de transferencia de competencias desde el poder nacional a los estados y municipios y mediante ley a los entes territoriales menores.

Así mismo, recientemente se dictó la Ley Orgánica de Coordinación y Armonización de las Potestades Tributarias de los estados y municipios (G. O. 6.755[82] Ext. de 10 de agosto de 2023), que entre otros aspectos, establece al igual que la vigente Ley Orgánica del Poder Público Municipal, la posibilidad de otorgar exenciones y beneficios fiscales por parte de los concejos municipales que incentiven la actividad de los particulares.

En el caso de los estados miembros de la federación venezolana y los municipios, dentro de sus actividades en el marco de sus competencias concurrentes (salud, vivienda, educación, cultura, entre otras), pueden promover la actividad administrativa de fomento para los particulares en función del interés público e igualmente los municipios en el ámbito de las competencias exclusivas (art. 178 CRBV), y en el caso de los estados con base en el artículo 164 CRBV.

Los concejos municipales, mediante ordenanzas municipales, han acordado eximir del pago de impuestos a las actividades industriales, comerciales y de servicios durante cierto número de años, a las nuevas empresas industriales que se instalen en sus respectivos territorios (v. gr. exoneración de la alcaldía del Municipio San Francisco en el estado Zulia, mediante el decr. 0010-2022) o venderles a bajos precios terrenos de propiedad municipal para la construcción de sus plantas.

[82] G. O. 6.755 Ext. de 10 de agosto de 2023.

E) *Los entes reguladores frente a las actividades de fomento*

Los entes reguladores de la actividad administrativa de fomento en Venezuela son la Contraloría General de la República (CGR), debido al control posterior de los gastos y la Asamblea Nacional, en virtud de su función de control sobre el poder ejecutivo nacional, aunado al control judicial de la actividad administrativa de fomento que se explicará *infra*.

La regulación legal y el control externo tanto de la administración en su cometido de concedente, como el particular en el de perceptor de la subvención, están sujetos al control de la CGR, como se deprende el artículo 9°, numerales 6 y 12 de la ley Orgánica de la Contraloría General de la República y del Sistema Nacional de Control Fiscal[83].

En efecto, la CGR tiene competencia para controlar los gastos que realice el Poder Ejecutivo Nacional mediante la actividad administrativa de fomento (art. 9° num. 1 LOCGR). Se trata, en realidad, de un control general sobre los gastos de la Administración y sobre la utilización de fondos públicos. Ahora bien, el control por parte de la CGR se puede extender a las actuaciones de los particulares que se benefician de la actividad administrativa de fomento (art. 78 LOCGR). De allí pues, en estos casos, el control se extiende a la actividad realizada por los administrados que se ven beneficiados de ayudas, auxilios y fondos públicos. En este caso, ello no implica que los particulares sean parte de la administración pública, sino que se extiende la actividad contralora hasta los particulares que han recibido fondos públicos en cuanto al cumplimiento de los fines para los cuales fueron otorgados[84]

La Asamblea Nacional ejerce su función de control tanto sobre el gobierno nacional como sobre la administración pública nacional[85], de conformidad con las disposiciones de rango constitucional establecidas en los artículos 187.3, 222 y 223 de la CRBV. Así, para ejercer la función de control la Asamblea Nacional, tiene los siguientes mecanismos: las interpelaciones, las preguntas, las autorizaciones y aprobaciones parlamentarias previstas en la Constitución

[83] G. O. 6.013 Ext. de 23 de diciembre de 2010.

[84] SEBASTIÁN MARTÍN RETORTILLO BAQUER, "La actividad administrativa de fomento y el régimen de subsidios y subvenciones administrativas", en *Las formas de la actividad administrativa*: II Jornadas Internacionales de Derecho Administrativo Allan Brewer-Carías, Caracas, FUNEDA, 1996, pág. 237, sostiene para el caso español: en cierto modo, el planteamiento expuesto viene a constituir una inequívoca *publicatio* de la actividad privada que recibe auxilios, en cuanto queda sometida a la fiscalización del Tribunal de Cuentas".

[85] CARLOS GARCÍA SOTO, *La Asamblea Nacional: lugar en el sistema constitucional y funciones*, Caracas, Colección de Estudios Constitucionales y Parlamentarios núm. 4. Centro de Estudios de Derecho Público (CEDP), Universidad Monte Ávila, Editorial Jurídica Venezolana e Instituto de Estudios Parlamentarios Fermín Toro, 2016, pág. 70.

y en las leyes, así como puede declarar la responsabilidad política de los funcionarios públicos (art. 222 de la CRBV).

La Asamblea Nacional puede ejercer el control financiero[86] y su función contralora, entre otras, sobre el poder ejecutivo nacional, al aprobar las líneas generales del Plan de Desarrollo Económico y Social de la Nación (art. 187.8 de la CRBV); sobre la administración pública al aprobar la celebración de los contratos de interés nacional de conformidad con los artículos 150 y 187.9 de la CRBV; aprobar la celebración de contratos de interés público municipal, estadal o nacional con Estados o entidades oficiales extranjeras o con sociedades no domiciliadas en Venezuela (arts. 150 y 187.9 de la CRBV), y sobre el presupuesto público; al autorizar los créditos adicionales al presupuesto (art. 187.7 de la CRBV), aprobar el presupuesto anual de la nación (art. 313 de la CRBV), alterar las partidas presupuestarias (art. 313 de la CRBV), autorizar los créditos nacionales al presupuesto (art 314 de la CRBV), discutir y aprobar el presupuesto de gastos operativos del Banco Central de Venezuela (art. 319 de la CRBV), autorizar la reducción o modificación de la partida anual del presupuesto ordinario nacional asignada al sistema de justicia (art 254 de la CRBV). Así, la Asamblea Nacional puede ejercer un control previo sobre las políticas que debe ejercer el poder ejecutivo (vivienda, educación, salud, etc.), al tener potestad para aprobar el presupuesto anual de la nación, autorizar los créditos adicionales al presupuesto, y alterar las partidas presupuestarias. Además, tienen potestades para ejercer el control posterior mediante la aprobación de la memoria y cuenta de los ministros y del informe que debe presentar cada año el Contralor General de la República.

F) *El fomento en el modelo nacional de economía: entre Estado social de derecho y pulsiones hacia la globalización*

La actividad de fomento de la economía en Venezuela se ha basado en un gran intervencionismo del Estado, fundamentado en el Estado social. Ello ha implicado coartar o restringir los derechos fundamentales de libertad económica y propiedad, y ha sido un modelo económico estatista-socialista basado en los planes de la Patria 2013-2019 y 2019-2025[87], con mucho incentivo a la actividad estatal y muy poco al sector privado, con una política de ocupación de terrenos y propiedades privadas, y una política de expropiaciones o expoliaciones. Esa política ha ido disminuyendo en los últimos años y ha dado lugar así mismo a la derogatoria de los controles de precios y de

[86] José Guillermo Andueza, *El Congreso*, 3ª ed., Caracas, Ediciones del Congreso de la República, 1975, págs. 70 y ss.

[87] Véase el plan de la patria 2013-2019 publicado en G. O. 6.118 de 4 de diciembre de 2013 y el plan 2019-2030, publicado en G. O. 6.442 de 3 de abril de 2019.

cambios. Sin embargo, falta por restablecer una economía de mercado que dé seguridad a los inversionistas nacionales y extranjeros, fundamentada en las leyes de competencia.

G) *Limitaciones y control judicial a las medidas de fomento*

La actividad administrativa de fomento, como toda actividad administrativa está sometida al control judicial, esto es, tanto al control contencioso administrativo como al control constitucional de los actos dictados en ejercicio de la actividad administrativa de fomento. Así pues, hay que tener presente que muchos de estos actos se dictan bajo el ejercicio del poder discrecional de la administración, razón por la cual son relevantes los límites a los actos administrativos que se dictan en ejercicio de un poder discrecional[88]. En Venezuela, como se ha señalado, no existe una normativa general sobre las subvenciones como en España[89] o en la Unión Europea y por tanto habrá que aplicar el régimen de control general de los actos administrativos y su sujeción a la legalidad (bloque de legalidad) y su conformidad a los principios previstos en la Constitución, y observar el régimen previsto para cada subvención, aporte o subsidio, establecido en la ley o decreto ley correspondiente, a los efectos de verificar su ajuste o cumplimiento de requisitos previstos. En este sentido, en 1985 la Corte Primera de lo Contencioso Administrativo, en un caso entre la Fundación Orquesta Filarmónica de Caracas y el CONAC, en el

[88] Véase Sebastián Martín Retortillo, "La actividad administrativa de fomento y el régimen de subsidios y subvenciones administrativas", cit., págs. 238-239, quien sostiene: "Por una parte, desde la que precisamente se ha llamado teoría del 'doble nivel', elaborada básicamente por la doctrina alemana. Las medidas de fomento, es cierto, se actualizan, se hacen efectivas en no pocos supuestos a través de procedimientos de derecho privado; basta recordar, por ejemplo, entre otras muchas, todas las de carácter crediticio. Ahora bien, con carácter previo a estas actuaciones acostumbra a haber siempre otras de carácter administrativo, que califican la actividad, que subsumen el supuesto concreto de que se trata en los tipos que de aquella se hayan previsto para recibir los auxilios y que, en definitiva, son las que otorgan los beneficios. Las medidas de fomento las actualiza la Administración de forma procedimentalmente escalonada: se sirve de técnicas de distinta naturaleza, si bien es fácil constatar la inequívoca presencia de actuaciones jurídico-administrativas. Con ello se abre la vía para poder constatar de modo fehaciente la vinculación de esta actividad de fomento al ordenamiento jurídico en general, y de modo muy concreto, a los derechos fundamentales y a la eficacia de esos mismos derechos en relación con terceros. Relación, pues, entre las diversas fases procedimentales a través de las que se lleva a cabo la acción de fomento y que permite individualizar una acción administrativa que directamente abre acceso a los Tribunales de Justicia para el enjuiciamiento de tal actividad". Véase, igualmente, del mismo autor, Sebastián Martín Retortillo, *Derecho administrativo económico I*, tomo I, Madrid, La Ley, reimp. 1999, pág. 469.

[89] Real Decreto 887/2006, de 21 de julio, por el que se aprueba el reglamento de la Ley 38/2003, de 17 de noviembre, General de Subvenciones.

cual la Fundación interpuso un recurso contencioso administrativo contra el acto del CONAC que decidió suspender el pago de la subvención, por 14 millones de bolívares, que había sido otorgado el año anterior y que figuraba en la partida presupuestaria correspondiente al CONAC. En dicha sentencia la Corte señaló que "la Fundación Orquesta Filarmónica de Caracas no es titular de un derecho subjetivo sino de un interés legítimo frente a la administración, en tutela del cual tenía legitimidad para impugnar el acto que lo afectara, pero no así para pretender el cumplimiento por parte del organismo autor del acto de una conducta que no estaba sometida a una obligación precedente", lo cual se contrapone con los criterios desarrollados por sectores de la doctrina nacional en cuanto a la titularidad de un derecho subjetivo en cabeza del particular frente a una obligación de la administración concedente.

H) *Conclusión*

En Venezuela, en virtud del Estado social de derecho y de justicia establecido en la Constitución de 1999, una serie de normas constitucionales prevén la promoción e incidencia sobre la actividad de fomento, las cuales pueden ser desarrolladas por normas de rango legal, pero no existe un régimen legal racional y sistemático que discipline las actividades de fomento administrativo, lo cual implica una serie de normas, variadas y dispersas, muchas veces solapadas entre sí, así como implica también una gran discrecionalidad administrativa en su otorgamiento y, por ello, hay que revisar cada norma para poder derivar los lineamientos generales y las medidas o técnicas de fomento administrativo previstas.

La carencia de un régimen sistemático legal que regule la actividad de fomento administrativo económico también implica la posibilidad de desviación de la actividad realizada por los particulares en relación con la actividad de interés público o general y dificulta, así mismo. la labor de control administrativo y judicial, prestándose a desviaciones de recursos y a fuentes de corrupción, más si se considera que existe gran opacidad de información pública financiera al no publicarse el presupuesto nacional en la Gaceta Oficial, desde 2016. Aunado a esto, en Venezuela ha existido un excesivo intervencionismo en la actividad económica, se ha establecido una economía estatizada-socialista, que ha ofrecido poco incentivo y estímulo a la actividad privada de los particulares y más bien se ha cortado el desarrollo y ejercicio de las libertades y en los últimos veinte años no se ha incentivado la libre competencia. Por lo cual se requiere un sistema legal, que regule o discipline de manera clara y general la actividad de fomento, ofrezca seguridad a los ciudadanos y del mismo modo incentive la productividad, eficiencia y la libre competencia con la finalidad de alcanzar mayor grado de desarrollo en el país y elevar el nivel de bienestar de la población.

ESTUDIO
DE DERECHO COMPARADO

LAS ACTIVIDADES ADMINISTRATIVAS DE FOMENTO EN EL DERECHO COMPARADO

Giuseppe Franco Ferrari*

1. La categoría conceptual de fomento es típica del léxico jurídico del mundo iberoamericano y se encuentra en esa forma que se ha vuelto típica solo en los sistemas constitucionales y administrativos de estos países. En otros lugares, al menos en Europa continental, los instrumentos jurídicos atribuibles al contexto ibérico del fomento se pueden encontrar en casi todas las versiones hispanoamericanas bajo diferentes taxonomías, que no utilizan el concepto. Honores, ayudas públicas en forma económica, jurídica o técnica, incentivos, desincentivos y, sobre todo, subvenciones están presentes en casi todos los sistemas europeos y ciertamente no son desconocidos en los países del *common law*, empezando por el Reino Unido y los Estados Unidos. Sin embargo, falta totalmente su sistematización bajo la etiqueta de fomento u otra noción diferente.

En Europa continental, en particular, figuras jurídicas similares a las iberoamericanas aparecen de forma no sistematizada dentro de la disciplina denominada *Diritto pubblico dell'economia*, *Droit publique de l'économie*, *Wirtschaftsrecht*, y como tales tratadas en los manuales nacionales[1]. Asimismo, en el mundo anglosajón los manuales tratan estos temas siguiendo clasificaciones completamente diferentes. Por ejemplo, en el Reino Unido, los principales textos universitarios sobre el derecho administrativo no abordan el tema ni siquiera indirectamente[2]. A lo sumo, hay referencias a actividades de apoyo en los capítulos que tratan de la discrecionalidad de la administración pública. El texto más importante de actualización sobre las novedades del

* Profesor emérito de Derecho Constitucional de la Università L. Bocconi (Milano).

[1] V. por ejemplo, en cuanto a la doctrina francesa, P. Colin, *Droit publique économique: sources et priniples, sectuer public, regulation*, Paris, Gualino, 6ème éd., 2017; S. Bernard, *Droit publique économique*, Paris, Nexis, 2013; en cuanto a la doctrina italiana, G. Franco Ferrari (a cura di), *Diritto pubblico dell'economia*, Milano, Egea, 3a ed., 2017; en la alemana, J. Ziekow, *Oeffentliches Wirtschaftsrecht*, 6. Aufl., Munchen, C. H. Beck, 2024; J. Ruthig, S. Storr, *Oeffentiliches Wirtschaftsrecht*, Heilderberg, C. F. Müller, 5. Aufl., 2020.

[2] V. por ejemplo H. W. R. Wade, C.F. Forsyth, *Administrative Law*, Oxford, Oxford University Press, 12th ed., 2023; P. Leyland, G. Antony, *Textbook on Administrative Law, Oxford*, Oxford University Press, 7th ed., 2016 y el menos reciente pero clásico D. Foulkes, *Administrative Law*, London, Butterworths, 7th ed., 1995.

derecho público británico, el famoso *The Changing Constitution*, editado por Jeffrey Jowell y Dawn Oliver, y luego por Colm O'Cinneide[3], no toca el tema mínimamente. Ni siquiera el enciclopédico *English Public Law* publicado por Oxford University Press trata el asunto. Incluso los pequeños tratados sobre el derecho de las autoridades locales guardan silencio sobre el tema[4].

En el derecho constitucional irlandés, el manual principal lo menciona exclusivamente bajo los perfiles de las finanzas públicas y de regulación de la propiedad privada[5]. Lo mismo puede decirse de los textos de derecho administrativo[6], que como siempre abordan a lo sumo el tema de la discrecionalidad administrativa.

En el derecho administrativo estadounidense, de la misma manera, el centro del análisis de los académicos está representado por las reglas procesales de la acción administrativa y la estructura de las decisiones administrativas, así como por los recursos judiciales o cuasi-judiciales, sin atención específica a las prácticas atribuibles al fomento[7].

La comparación sincrónica, en este sector, es, por tanto, imposible a escala global y debe limitarse a los sistemas del mundo iberoamericano. A menos que se quiera realizar una búsqueda a fondo, pero necesariamente fragmentaria, de la infinidad de instrumentos presentes en otros sistemas, que pueden considerarse de alguna manera atribuibles a nuestro instrumento.

2. En el nivel diacrónico, por el contrario, también gracias al limitado horizonte espacial, la descripción del nacimiento y desarrollo en progresión temporal del concepto de fomento, con especial atención al mundo hispanohablante, es bastante sencilla.

Parece indiscutible que la categoría en cuestión surgió en la fase ilustrada del Estado absoluto, cuando el mercantilismo obligaba a las monarquías a opciones organizativas menos arbitrarias basadas en criterios de política económica racionalizados e inspirados en principios de cientificidad. En esta fase, las técnicas que sustentan determinadas orientaciones de la política comercial interior y exterior empiezan a estar dotadas de herramientas mucho más refinadas que las de la baja Edad Media y la primera fase del Estado absoluto, a las

[3] Oxford, Oxford University Press, 6th ed. 2007; 7th ed., 2011; 8Th ed., 2015; 9th ed., 2019.

[4] Como A. Arden, C. Baker, J. Manning, *Local Government Constitutional and Administrative Law*, London, Sweet & Maxwell, 2nd Ed., 2008.

[5] G. W. Hogan, G. F. White, J. M. Kelly, *The Irish Constitution*, Dublin, Toffel, 4th ed., 2003, Chs. 3.4 y 7.7.

[6] D. G. Morgan, *Hogan and Morgan's Administrative Law*, Dublin, Round Hall - Thomson, 4th ed., 2012.

[7] V. por ejemplo B. Schwartz, *Administrative Law*, Boston, Mass. Little, Brown & Co., 1991; K. E. Hickman, R. J. Pierce, Jr., *Administrative Law Treatise*, New York, N. Y., Wolters Kluwer, 7th ed., 2019.

que ciertamente se remontan las órdenes nobiliarias y los honores en general, instrumento de consolidación de las coronas y de su estructura dinástica. El cameralismo alemán se destaca en el campo del estudio y la regulación de medidas administrativas no policiales, a menudo llamadas, incluso fuera del mundo alemán, policía de bienestar, en contraposición a la llamada policía de seguridad[8]. Elementos de la economía, las finanzas, las ciencias agrarias, la tecnología y las ciencias administrativas, aún no autónomos como sucedería en el siglo XIX bajo la influencia positivista, contribuyen a dar una forma menos voluble y más racionalmente justificable a las políticas económicas.

La transformación del sistema francés es más drástica y pasa por la revolución. Durante el antiguo régimen la distribución de favores o restricciones correspondía al monarca y pertenecía al ámbito de los *privilèges* colectivos o individuales (*particuliers*), que correspondían, entre otras cosas, al régimen de la *patrimonialité* de los cargos públicos y a la *justice retenue* del rey[9]. La resolución del 4 de agosto de 1789 de la autoproclamada Asamblea constituyente borra repentinamente todo rastro de *féodalité*, incluidos los privilegios graciosos y odiosos. La racionalización, en nombre de la nación, de la estructura social y del aparato público tiende a proscribir cualquier forma de privilegio o iniciativa administrativa discrecional. Caen entonces los privilegios de favor y desfavor: la primacía del derecho general y abstracto tiende a eliminar cualquier medida que no esté relacionada con intervenciones racionales y no específicas. El Código Napoleónico perfecciona la racionalización, aunque con un enfoque ahora posrevolucionario. En la esfera del derecho administrativo no existe codificación sino todo lo contrario la supremacía del poder administrativo, probablemente por la necesidad de fortalecer el aparato público para resistir mejor la presión de las monarquías europeas hostiles; pero incluso en esta esfera la racionalidad igualitaria no deja lugar a formas de discreción grupal o individual.

Los honores también cambian de naturaleza: desde generosas donaciones del soberano hasta recompensas por los servicios prestados por el ciudadano a la nación.

En los países de habla alemana y al menos en algunos de los antiguos Estados italianos prerrevolucionarios, la codificación precede cronológicamente a la ola de influencia francesa y conduce a una racionalización tal vez no tan fuerte como la francesa, pero sí muy significativa[10].

[8] V. los escritos de PIERANGELO SCHIERA, y entre ellos "Cameralistica", en *Enciclopedia Treccani delle scienze sociali*, Roma, 1991.

[9] V. por ejemplo P. SUEUR, *Histoire du droit public français*, XVe-XVIIIe siècle, Paris, Puf, 4ème éd., 2009, tome I, págs. 269 y ss., tome II, págs. 11 y ss.; págs. 246 y ss.

[10] V. por ejemplo C. GHISALBERTI, *Unità nazionale e unificazione giuridica in Italia*, Roma-Bari, 1993, III y V.

En el contexto español, la resistencia antifrancesa, evidenciada por el repudio a la mentalidad de los afrancesados, y la reticencia a aceptar los principios revolucionarios y permitirles permear el sistema jurídico frena la penetración del fuerte racionalismo normativo propio del liberalismo posrevolucionario. Una hipótesis, quizás superficial, que podría formular un observador extranjero podría ser que la categoría de fomento, nacida en las instituciones del siglo XVIII y acogida por la doctrina, sobrevivió al absolutismo, pasando al modelo liberal y más allá, al constitucionalismo de la segunda mitad del siglo XX y en el Estado de bienestar, experimentando naturalmente numerosas formas necesarias de adaptación. De hecho, se trata de un contenedor conceptual y normativo fuertemente caracterizado por la discreción y originalmente orientado hacia el privilegio o al menos hacia una distinción no necesariamente racional.

No puede ser casualidad que en la historia institucional española, como señala el informe nacional, el concepto exista en el régimen pre-liberal, sea luego transpuesto a la Constitución de Cádiz, que representa la incierta cresta entre este régimen y el Estado de derecho en su forma aún inconclusa de monarquía moderada[11], en la versión que REBOLLO PUIG y BUENO ARMIJO definen como política o finalista, por lo tanto difundida en todas las posesiones españolas, y por consiguiente se consolidó organizativamente primero con la creación de la Secretaría de Estado y del Despacho de Fomento General del Reino y en 1851 con el cambio de nombre a Ministerio de Fomento. La terminología y los conceptos aparentemente no cambiaron durante el franquismo, cuando en realidad llegaron a maduración doctrinal con el célebre artículo de JORDANA DE POZAS citado en casi todos los informes nacionales de este volumen, aunque sea en su versión técnico-instrumental. La doctrina en lengua española posterior más acreditada, desde GARRIDO FALLA hasta BAENA DEL ALCÁZAR y CASSAGNE, desde GARCÍA OVIEDO y MARTÍNEZ USERO hasta ENTRENA CUESTA, elabora y perfecciona esta contribución pionera.

Estos conceptos finalmente pasan a la Constitución de 1978, donde el término se repite con frecuencia, ya a conclusión de un complejo proceso de heterogénesis de fines, como noción funcional para el nuevo modelo de Estado democrático-social, que a su vez tiende a organizarse sobre una de una plena racionalidad weberiana, eliminando las consideraciones morales de las matemáticas de las estadísticas del *welfare*, según la conocida expresión del joven WINSTON CHURCHILL, *Chancellor of the Exchequer* en el gobierno de Lloyd George a principios del siglo XX; sin embargo, ni siquiera el nuevo Estado puede prescindir por completo de alguna reserva de privilegios que deben

[11] V. por ejemplo M. F. MASSO GARROTE, *Significado y aportes de la Constitución de Cádiz de 1812 en el constitucionalismo español e iberoamericano*, Iuris tantum, 2011; J. C. CASSAGNE, El bicentenario de la Constitución de Cádiz y su proyección en Iberoamérica, AFDUC, 2012, pág. 335.

distribuirse generosamente en vista de la consolidación de la pertenencia al régimen constitucional y de la identificación con el civismo republicano, ni de incentivos y desincentivos generales, aunque racionalizados con respecto a etapas evolutivas anteriores.

En la mirada del estudioso comparatista, por tanto, las teorías del fomento se presentan como un ejemplo singular, y quizás extraordinario, del metamorfismo de un instrumento jurídico, que se adapta al desarrollo histórico de su propio sistema, o en este caso de un grupo importante de ordenamientos, y logra seguir siendo útil, si no esencial, en cada una de las etapas evolutivas de la modelización pertinente.

3.1. Dadas las consideraciones comparativas de carácter diacrónico realizadas anteriormente, la clara clasificación de los usos del concepto de fomento en concepto finalista (fomento como fin) y concepto técnico-instrumental (fomento como medio), enunciada por Rebollo Puig y Bueno Armijo, parece cumplirse por coexistencia, en el sistema español como en los latinoamericanos. Los mismos autores del capítulo dedicado al sistema español dan evidencia al origen liberal de las dos versiones del concepto y a la continuidad con el advenimiento de la forma del Estado social. Descripciones muy parecidas de la plasticidad de la categoría conceptual se encuentran prácticamente en todos los informes nacionales de América Latina.

Desde el punto de vista taxonómico, la doctrina ibero-americana habla de manera unánime de una tripartición entre medios de fomento honoríficos, jurídicos y económicos. En algunos ordenamientos se añaden medios ulteriores, aunque recordando sugerencias contenidas en escritos de autores españoles. Así, por ejemplo, los informes uruguayo y brasileño también mencionan los medios psicológicos, consistentes en el uso de símbolos capaces de generar sugestiones y orientar la opinión pública, aunque esta clase de discusión debe manejarse con gran sensibilidad porque, llevada al extremo, implica controles sobre las masas y ejercicios de poder al borde del respeto de la democracia, y los medios técnicos, con especial atención a los subsidios agrícolas, aunque con la advertencia que la distinción de los económicos es problemática. Fomento negativo puede definirse la introducción de cargas u obstáculos para dificultar actividades que no se quiere favorecer.

Un estatuto especial se reconoce en muchos contextos a las subvenciones, como en España con la Ley General de Subvenciones (LGSub) 38/2003 y su reglamento de desarrollo de 2006. En otros ordenamientos, la subvención consigue una conceptualización autónoma, pero no una disciplina normativa específica, como en Venezuela, donde las reglas dedicadas se encuentran en leyes sectoriales o en la ley orgánica del procedimiento administrativo, en Chile, Uruguay y Colombia.

3.2. Un tema de suma importancia, en el abordaje de los distintos tipos de medidas imputables a la categoría de fomento, es la regulación de las fuentes de derecho que pueden autorizar o prescribir su atribución. En el antiguo régimen, casi todas ellas pertenecían al poder real, a menos que la monarquía necesitara, como en realidad ocurrió casi solo en Inglaterra y en menor medida en Francia, la aprobación en el primer caso del Parlamento nacional y en el segundo de las asambleas locales, para recaudar fondos distintos de los imputables a la prerrogativa real.

En el Estado liberal de derecho, el principio de legalidad tenía que implicar, en términos generales, el uso de la ley, pero se sabe que en casi todos los sistemas europeos la regla estaba sujeta a numerosas excepciones: los gobiernos a menudo intentaban proceder con medidas de subvención e incluso a instrumentos negativos, que impliquen limitación de derechos, mediante reglamentos o en todo caso mediante actos que tengan fuerza secundaria. Paradójicamente, este fenómeno se acentuó más en las formas parlamentarias de gobierno, como en Francia e Italia, donde la búsqueda por parte de los gobiernos de un consenso de tipo clientelista, fuera del Parlamento, y de apoyo de los parlamentarios recomendó el uso de fuentes no sujetas al control de las asambleas legislativas. Continuó perteneciendo al jefe de Estado, de acuerdo con el principio monárquico, incluso en sistemas republicanos como el francés, debido a la supervivencia de antiguas prerrogativas, tal vez atenuadas por propuestas gubernamentales.

En el Estado de derecho contemporáneo, el principio de legalidad adquiere una rigidez cada vez mayor y a menudo está codificado en las cartas constitucionales. Además, la estructuración del modelo de *welfare* requiere la distribución en mucha mayor medida que en el pasado —para cumplir la función redistributiva propia del modelo mismo— de subsidios y desembolsos, en dinero o en servicios: esta actividad requiere el uso de aparatos burocráticos, que operan más fácilmente con actos administrativos, tanto generales ("*regulation*" en la terminología anglosajona) como particulares ("*adjudication*" en el mismo idioma). Por lo tanto, incluso en la última fase de la evolución del Estado contemporáneo, continúa existiendo una tensión entre fuentes primarias y secundarias, que ya no se debe al intento de eludir el principio de legalidad para favorecer prácticas particularistas o clientelistas, sino a la necesidad de no rigidizar el sistema de prestaciones sociales en un marco reglamentario difícil de modificar. Además, las disciplinas constitucionales normalmente imponen reservas legales para todos los casos en los que el fomento se traduce en instrumentos negativos, que suponga limitación de derechos, o que implique medidas fiscales de exención o exoneración, como en España, Uruguay, Venezuela, o en forma más generalizada para todo caso de disposición del gasto, como en Chile. En algunos casos, la Constitución no define explícitamente reservas legales, pero, atribuyendo al poder legislativo tareas como las de proveer la prosperidad del país o de promover la industria con leyes protectoras, de hecho se presume que habilite al legislador, en este caso el Congreso Nacional de Argentina, con la cláusula llamada de "Progreso y la prosperidad" (art. 75.18). Tal vez queda hasta posible aislar un gran número de disposiciones constitucionales que con varios matices terminológicos autorizan el rol de fomento o de promoción en diferentes sectores de la intervención pública en la economía, como en el caso de Perú. En la Carta Magna brasileña se encuentra la definición de objetivos fundamentales como los de garantizar el desarrollo nacional y promover el bien de todos sin discriminaciones (art. 3) y la atribución al poder legislativo de la "fiscalización contable, financiera, presupuestaria, operacional y patrimonial de la Unión".

En el nivel legislativo, normalmente falta una ley general de fomento, pero en algunos casos la existencia de un ministerio con competencia específica permite buscar normas generales en la ley de establecimiento. En Chile, por ejemplo, el Ministerio de Economía, Fomento y Turismo queda regulado por una Ley orgánica de 1953 (DFL 88), y también existe una agencia dedicada, la Corporación de Fomento de la Producción (CORFO).

Un instrumento peculiar utilizado solamente en Perú es el convenio de estabilidad jurídica, disciplinado por decreto legislativo, sobre cuya presumida fuerza de ley se ha pronunciado el Tribunal Constitucional.

En los ordenamientos federales o autonómicos con articulaciones regionales se pone, además, el problema de la distribución de competencias entre Estado nacional y entidades territoriales de segundo nivel. Este es en particular el caso de Brasil, Argentina y Venezuela.

Algunas relaciones nacionales evidencian el recurso a planes sectoriales como instrumento de racionalización de las políticas de fomento. La planificación como condición para el fomento parece especialmente importante en Brasil. La experiencia peruana evidencia el recurso a fondos, patrimonios separados con posible estructura administrativa, financiados por la ley de presupuestos, en sectores varios, como cultura y artes, telecomunicaciones, energía, forestas.

Al final, hay que subrayar que la globalización ha introducido vínculos de derecho internacional, sobre todo en América Latina, en razón de la participación en la Comunidad Andina y en otras organizaciones económicas, al lado de empeños que pueden derivar de la Organización Mundial del Comercio, y sobre todo del Acuerdo sobre Subvenciones y Medidas Compensatorias. Tales obligaciones a menudo presentan un carácter legislativo debido a su formal incorporación a los respectivos ordenamientos jurídicos con el instrumento de la ley. Debido a circunstancias históricas, que han implicado por dos siglos si no más problemáticas relacionadas con los Estados Unidos, su doctrina de

Monroe y su excepcionalismo, varios países latino-americanos han disciplinado también reglas y condiciones del fomento en el contexto de las inversiones extranjeras, como Perú.

En Europa todos los países miembros de la Unión Europea quedan obviamente vinculados a la disciplina de las ayudas de Estado que puede referirse a perfiles substanciales o procedurales[12].

3.3. Muchos otros conceptos son comunes a la doctrina española y a la latino-americana, aunque a veces la terminología cambie hasta profundamente. Se trata de un patrimonio conceptual compartido que incluye varios perfiles de la materia: por ejemplo, la idea de que las ventajas que concretan el fomento expanden la esfera jurídica de individuales, personas físicas o jurídicas, mientras que obras públicas o servicios no divisibles enriquecen una entera colectividad o conjunto comunitario; la necesidad para cada medida de fomento de ser funcional para satisfacer intereses públicos de la administración concedente; la aplicación de principios generales o fundamentales del derecho administrativo, incluidos en la Constitución o declarados por leyes, como transparencia, igualdad, proporcionalidad, conformidad a reglas presupuestarias, fidelidad al modelo de derecho de la economía aplicable en el ordenamiento.

3.4. Una tarea muy importante en el ámbito de subsidios públicos la desempeñan los organismos de control, a los que compete averiguar la legitimidad del otorgamiento del beneficio y la regularidad del empleo por las finalidades perseguidas. La regla general solo puede ser que la competencia, por lo menos para los subsidios económicos, pertenezca al ministerio que los ha concedido. A veces, el Ministerio de Hacienda, en cualquiera manera denominado, guarda un registro de las ayudas públicas. Bastante a menudo, otros órganos de control administrativo, tal vez con estatuto de autonomía constitucional, se sobreponen a los organismos políticos. En este grupo se encuentran la Contraloría General de la República en Chile y en Venezuela, las contralorías de Colombia, las unidades reguladoras de Uruguay, como en el campo de telecomunicaciones, servicios postales, datos personales.

El control general de poder legislativo sobre los ejecutivos nacionales incluye obviamente planes, presupuesto público y gasto: la relación venezolana describe muy analíticamente los posibles controles en el ámbito del fomento.

Por lo menos en el caso de Uruguay la agencia reguladora de los servicios de energía y agua (URSEA) ejerce directamente el fomento del nivel óptimo de inversión para la prestación de los servicios. La adopción de estándares técnicos no equivale a ejercicio de fomento, pero puede concurrir en la gestión de mecanismos de subsidio o subvención.

[12] V. por ejemplo L. Vogel, *European State Aid Law*, Bruxelles, Bruylant, 2ème éd., 2020 y J. J. Pierna López, *The Transformation of EU State Aid Law... and Its Discontents*, 60 CMLR 1623 (2023).

3.5. En cuanto al control judicial, como explica la relación española, el carácter favorable de las medidas de fomento y su origen histórico no contribuyeron a que ese control fuese intenso y penetrante. Más recientemente, el advenimiento del Estado democrático-social ha multiplicado la regulación de las formas de fomento con la aparición de normas de creciente densidad; incluso reglas a menudo constitucionales de transparencia e igualdad lo ha impulsado. Así, el antiguo arbitrio se ha convertido en una cierta discrecionalidad administrativa, con la consecuencia de aumentar el control de la jurisdicción contencioso-administrativos sobre los procedimientos relativos a las medidas de fomento. Los ordenamientos latinoamericanos han seguido un camino muy parecido, con posibles diferencias en las técnicas de análisis. Por ejemplo en Uruguay parece que las cortes se hayan concentrado particularmente en el alcance del principio de igualdad; en Brasil prevalece la atención a la legalidad; en Colombia el sindicado del contencioso administrativo se centra en la lucha contra el exceso de poder; en Argentina jurisprudencia y doctrina mayoritaria prefieren configurar el fomento como actividad bilateral.

Notas

Notas

Notas

Notas

Notas

www.libreriatemis.com

Impreso por: Lightning Source, an
INGRAM Content company para Editorial
Jurídica Venezolana International Inc. Inc.,
Panamá, República de Panamá.

LABORE ET CONSTANTIA

www.ingramcontent.com/pod-product-compliance
Lightning Source LLC
LaVergne TN
LVHW082028051026
849532LV00011B/3295
* 9 7 8 9 5 8 3 5 2 0 7 7 8 *